WTO贸易政策灵活性机制研究

Research on Trade Policy Flexibility Mechanisms in the WTO

韩逸畴 著

法律出版社
LAW PRESS·CHINA

中国（上海）自贸区法治创新研究基地
项目资助

序　言

这部专著是在韩逸畴博士学位论文的基础上修改写成的。五年前，在韩逸畴开始写毕业论文之前，他已经发表了相关主题的论文。我虽然研究WTO的争端解决机制多年，但从来没有从"有效违反契约"和"国际法的灵活性"角度来思考过这个问题。坦率地说，和他一起探讨博士论文写作的过程，也是我学习的过程。

历史告诉我们，国际法是一个开放和动态发展的系统。近些年来，技术发展、全球化、碎片化和新的非国家行为体之扩散，已经给国际法带来新的挑战。在一个急剧变化的世界中，对全球治理采用更具有灵活性和创造性的方法已成为史无前例的紧迫需要。国际社会权力转移和分散的倾向，也要求国际法进行新的调整和寻求新的平衡。因此，国际法不应该是静止的，其必须具有一定的适应性和灵活性，才能保持其有效性和相关性。

现实从来不是静止的，不确定性才是真实世界的本质。既然世界秩序并非一成不变，根植于其中的国际法必然要随之演化。国际法应当是由国家间行为和它们的规范性信念所持续塑造和重塑的一种"活的法律"。相应地，国际制度包括国际条约的设计必定体现出演化的结构。在过去十多年间，西方学术界对制度的理性设计和使用给予高度重视。有些学者集中讨论单个条约中灵活性条款，包括存续期间和再谈判、保留、国家加入条约的原因、争端解决、免责和退出。有些学者研究考虑这些条款如何在不同的问题领域运作，尤其强调灵活性在国际贸易和人权条约方面的作用。相关研究成果还涉及气候变化、国际水资源条约和武器贸易条约等更具体的国际法领域。

国际社会遍布各种形式的不确定性，对国际治理构成主要的挑战。2007年《世界贸易报告》研究的主题为国际贸易协定的设计。该报告指出，如果政府在面对变化时对于包容性和灵活性漫不经心，国际合作及其背后的协定就很可能会失败。2009年《世界贸易报告》主题为“贸易政策承诺与应急措施”，该报告考察贸易协定中可用的应急措施范围及其所发挥的作用。这些应急措施力图使国家能在承诺和灵活性之间取得平衡。这表明，WTO协定的草拟者意识到在不确定的经济环境中，成员方遵守贸易政策承诺与拥有政策制定的自主权之间存在某种紧张关系，因而需要平衡好贸易承诺刚性与规则灵活性之间的关系。因此，包括WTO协定在内，国际法律制度的设计，应当类似于国内法更为多样化，并保持一定的滑动尺度。

在WTO成立时，其管辖权的制度创新、条约规范增补和事实上的优先表明，多边贸易体制正变得日益制度化、法律化和规范化。“法律化”是国家增加相互之间承诺可靠性的主要方法之一，这也有利于降低贸易关系中的交易成本。但是，对于规则的聚焦造成WTO协定是一个完全契约的错觉。即WTO法可以为所有可能冲突问题给出答案，而争端解决就是适用正确法律文本。但是，这样理解“司法化”的结果可能适得其反。一味强调WTO法刚性的特点，而忽略其灵活性的一面，会导致一系列问题。首先，没有灵活性，可能无法解决不可预料的情况，从而不满意的当事方脱离体制而诉诸外部的解决方法；其次，过度拘泥于程序、法规和细节，可能会使争论者感到灰心和导致重要的问题得不到解决；最后，这可能招致某些“好战”的成员启动形式上正确但违反协定精神的争端。过于依赖条约的文本会失去GATT最初的精神和共享的合作意识。因此，WTO应维持一定水平的灵活性或退出机制。

本书的智识或贡献可能在于：首先，基于不完全缔约理论，分析WTO灵活性机制的理论基础、表现形式、实际运用情况及可能的改进方向。其次，提出WTO协定可视为国际层面的契约。因此，应根据WTO法规定权利的不同性质，采取三种不同的规则分别加以保护，而不是以单一的“责任规则”保护WTO权利。再次，本书在采取法律经济学分析方法的同时，也指出国际制度设计或选择中侧重功利逻辑的局限性。最后，指出遵守问题在一般国际法与

WTO法中存在共性和差别。作者认为，鉴于国际问题的复杂性和国际法的多样性，人们需要采取更精确化、更具有灵活性的方法设计国际法规则和研究国际法理论。

这是一部从不同角度分析WTO法律制度的理论专著，但又结合了许多案例，让人读来很有新鲜感。希望这部专著能引起更多的青年学者讨论这个问题。

朱榄叶

摘　要

本书主要研究WTO贸易政策灵活性机制。

本书共分五章。

第一章简要阐述不完全契约并以契约理论分析WTO协定，并指出其为自利和理性的贸易政策制定者之间缔结的不完全契约。因此，国际条约，尤其是贸易协定的设计，往往包括更多的灵活性机制，以便给予缔约方实施条约的灵活性。这样，缔约方也愿意接受条约中的不完全性，并利用条约中所提供的机会。本章还讨论契约的不完全性对缔约方的影响。如果协定中有太多的灵活性会增加其被滥用的可能性，例如，在经济、政治或其他压力使遵守不便时招致国家的机会主义行为；如果协定的不确定性太大或刚性太强，可能一开始就会阻止国家达成协定，或者很可能导致大量的违反。为控制这些风险，国家通常拟定一些灵活性机制，并将它们并入所谈判的协定中，它们也设计一系列漏洞填补策略以应对契约的不完全性。

第二章首先分析单边贸易措施的合法性判断标准。根据国际法，WTO成员拥有采取单边措施解决贸易对环境影响问题的法律权利，但是单边使用贸易措施迫使其他国家遵守进口国单边规定的政策，既不符合WTO法也不符合习惯国际法。其次，本书对WTO贸易政策灵活性进行法律界定。贸易政策灵活性手段应定义为任何契约内、合法的条款，其以偏离原先承诺履行的形式使事后自由裁量权合法化。这些"例外条款"被写入协定中以增加灵活性。除这些法律上的例外条款外，WTO成员还能使用很多非正式的、事实上的灵活性工具。本章还指出贸易政策灵活性在WTO中所起到的作用。首先,灵活性可起到安全阀的作用,否则政府在违反某些共同议定的自由化承诺时会感到有压力。其次,应急措施可用来当成保险机制,使政府可避免在很大程度上与不确定相联系的风险造成的损失。再次,贸易救济可扮演调整政策工具的角色,减少国内经济受到外部事件影响时的成本变化。最后,应急措施可充当一种补偿形式,使WTO成员方接受更快的贸易自由化。

第三章研究WTO协定承诺与灵活性冲突与协调有关的理论争议。WTO协定要求成员的贸易政策符合WTO纪律(根据财产规则实际履行),还是允许或甚至提倡成员通过支付补偿或接受同等贸易报复以“买断”它们WTO义务,关于这个问题的争论正在如火如荼地展开。很多学者宣称,只要成员愿意补偿受到影响的当事方,WTO体制将允许成员从违反它们的承诺中获益。“有效违约”理论的支持者认为,WTO法并不要求不惜一切代价地遵守。“有效违约”理论存在多重理论盲点,其并不为WTO成员所广泛接受。在WTO学术界,还有“遵守”说与“再平衡”说的两种学派之争。这两个对立的阵营也被称为“财产规则vs责任规则”“合法性观点vs有效性观点”“规则导向vs效率导向”或“契约观点vs条约观点”。“再平衡”说的支持者认为,WTO本质就像其前身GATT,为成员之间提供相互交换的市场准入机会。再平衡方法根植于这样的信念,即世界贸易体制从根本上是由产生“平衡减让”的贸易自由化互惠承诺所驱动。其基本上将争端解决的目的看作为加害方在不稳定的世界中提供保险安全阀。与此相反,某些学者认为WTO法是具有强制性的法律,补偿或贸易报复只是暂时方法,并不决定权利的最后改变。WTO执行机制和争端解决程序都是旨在促进遵守和阻止未来的违反。“遵守说”认为,现今WTO所珍视的基本价值和目的是多边贸易体制的安全性和可预见性。整个体制的中心向规则转移表明“再平衡”在WTO语境下所起到的作用越来越小。“再平衡”或“有效违约”方面在正常的争端解决程序中并不是主要的,甚至不起作用。上述学说都有其可取之处。但是,无论是它们所代表的“财产规则”或“责任规则”,都不能单独为WTO协定中复杂多样的权利提供周延的保护。

第四章研究现有WTO贸易政策灵活性机制之缺陷。本书认为WTO灵活性促进手段仍存在很多缺陷。首先,法律上免责机制的范围不足。其次,非正式灵活性机制具有制定门槛较低、适用范围较广、在政治上对于决策者而言更方便，以及附随的救济水平较低等特点。上述两种灵活性机制之间的区别，使划清增进福利的应急措施和WTO成员方投机行为之间的界限变得很困难。本章接着研究WTO执行体制存在的缺陷。例如，对于契约外和契约内行为采取相同的制裁方式和契约外救济存在系统性不足的问题。而且，报复作为救济机制对WTO成员方造成极大的不利：首先，报复从经济上来说没有意义。其次，当需要付出太高的政治和经济成本时，申诉方对于实施报复措施也许没有兴趣。研究结果表明，WTO政策灵活性机制和执行机制对于促进更好发展成果的帮助还不够。

第五章提出WTO贸易政策灵活性机制未来的发展方向。本章基于卡拉布雷西和梅拉米德的分析，讨论他们的模型可否在国际法尤其是WTO法中适用。例如，国际法目前如何保护权利？目前的保护水平是否根据卡拉布雷西和梅拉米德的预测？是否符合有效违约理论？什么是保护WTO权利的最佳方式？本书认为，首先，应当确定WTO权利保护的最佳水平。其次，鉴于WTO具有覆盖大量议题的协定，适宜根据WTO权利的性质确定采取不同的保护方式。根据具体权利或义务的性质分别采取责任规则、财产规则或不可让与规则保护WTO权利是合理的。例如，以责任规则保护市场准入权利，以财产规则保护集体性权利和以不可让与规则保护最低标准权利。根据责任规则，一方拥有单边取走另一方部分权利的选择权（如不需要所有者的事前同意），前提是他要补偿所有者损失。根据财产规则，双方当事人都有“实际履行义务”。但是，潜在的取走者可通过再谈判买断所有者的权利。其通常以补偿的方式，仍可通过获得所有者同意避免他的承诺。当缔约方决定某项规则具有不可让与性，他们选择禁止任何事后的灵活性：尽管发生外来的冲击，最初建立的内部契约结构要彻底地得到维持。人权就是普遍被接受的不可让与权利的例子，不能被取走或者进行交易。由于法庭有时需要解决重要的争端，当立法在某些条款上不够清晰时，其必须去填补漏洞。WTO争端解决机制就是成员方用以填补漏洞和解决该契约语意模糊的重要手段之一。

【关键词】世界贸易组织　不完全契约理论　贸易政策灵活性机制　有效违约　责任规则　财产规则　不可让与规则

Abstract

This paper mainly analyzes trade policy flexibility mechanisms in WTO regime. The book is divided into five parts.

Chapter One gives an introduction to incomplete contracts and engages in an analysis of the WTO based on contract–theory, and establishes that WTO is an incomplete contract concluded between self–interested and rational trade policymakers. Therefore, the designs of international agreements, especially trade agreements, tend to include more flexibility mechanisms, to give contracting parties flexibilities for implementation. In doing so, contracting parties are willing to accept the incompleteness of the agreement, and make use of the opportunities in the agreement. This chapter also discusses the influence of contractual incompleteness on the contracting parties. Too much flexibility in an agreement will increase the possibility of its abuse, such as engendering opportunistic behavior of states whenever economic, political, or other pressures make compliance inconvenient; too much uncertainty or too rigid in an agreement will prevent states from reaching a contract at the very beginning, or is likely to result in widespread violations. In order to manage the risks, states often draft an array of flexibility mechanisms and incorporate them into the agreements they negotiate. Besides, they also devise a series of gap–filling strategies to deal with contractual incompleteness.

Chapter Two first analyzes standards to judge the legitimacy of unilateral trade measures in the WTO. Members of the WTO have a legal right under international law to engage in unilateral measures to resolve trade–environment issues, but the unilateral use of trade measures to force other countries to comply with a policy unilaterally prescribed by the importing country conforms to neither the WTO law nor the customary international law. This book then examines the legal definition of WTO trade policy flexibility. Trade policy flexibility instruments are to be defined as any intra–contractual, legal provisions that legitimize *ex post* discretion in the form of a departure from performance as originally promised.This "escape clauses" were written in the agreement to increase flexibility. In addition to these *de jure* escape clauses, there are various informal, *de facto*, flexibility tools available to WTO members.This chapter also points to the roletrade policy flexibility plays in the WTO.Firstly, flexibilities may serve as a safety valve, without which governments may feel pressured to renege on certain negotiated liberalization commitments. Secondly, contingency measures can be used as an insurance mechanism, which allows governments to hedge against the risks associated with large degree of uncertainty. Thirdly, trade remedies may represent an adjustment policy tool, which reduces variations in the costs for the domestic economy when it is affected by external events. Fourthly, contingency measures can act as a form of compensation that allows WTO members to accept a more rapid pace of trade liberalization.

Chapter Three explores the theoretical debates on conflict and coordination between the WTO treaty obligation and flexibility. In the WTO a fierce debate is raging as to whether the treaty requires countries to bring their trade policies in line with WTO disciplines (specific performance under a property rule) or whether it permits, or even promotes, countries to "buy–off" their WTO obligations by paying compensation or suffering from equivalent trade retaliation (efficient breach under a liability rule).A number of scholars claim that the WTO system would gain from allowing countries to breach their commitments, as long as they would be willing to compensate all affected parties. Those scholars who advocate "efficient breach" theory hold that WTO law does not normatively demand compliance at all costs. Because there are many theoretical blind spots in the "efficient breach" , it has never been accepted by the WTO members. There is another dispute called "compliance vs. rebalancing debate" in the WTO scholarship. The rivalry of the two camps has also been termed as "property vs. liability rule" "legality vs. efficiency view" "rule vs. efficiency orientation" or "contract vs. treaty view" . According to rebalancing proponents, the essence of the WTO, just like the preceding GATT, is a mutual exchange of market access opportunities that WTO members grant to one another. The rebalancing approach is rooted in the conviction that the world trading system is fundamentally driven by reciprocal promises of trade liberalization which give rise to a "balance of concessions" . It basically views the objective of dispute settlement as supplying an insured safety-valve for injurers in a non-stationary world. By contrast, some scholars argue that WTO law is mandatory law with compensation or trade retaliation being merely temporary solutions which do not seal a final shift of entitlements. Both WTO enforcement mechanisms and dispute settlements are designed to induce compliance and deter future violations. Compliance advocates contend that the basic values and objectives cherished by the modern-day WTO are security and predictability of the world trading system.This gravitation of the whole system toward rules suggests that rebalancing has been playing a much smaller role in the WTO context.Rebalancing or efficient breach are not central or even operative in the normal DS processes.The theories mentioned above have some merits.However, neither the "property rule" nor "liability rule" stand alone can provide comprehensive protection for the complex and diversified entitlements in the WTO agreements.

Chapter Four studies the flaws in current WTO trade policy flexibility mechanisms. This argues that there are flaws in WTO flexibility enhancing devices. Firstly, the scope of *de jure* escape mechanisms is insufficient. Secondly, informal flexibility instruments have the features of lower enactment thresholds, possessing a broader scope of application, politically more convenient to policy-makers and accompanied by lower level of remedies. The differences between two kinds of flexibility mechanisms make it difficult to draw a line between welfare-enhancing contingency measures and opportunistic behavior of WTO members. Furthermore, the WTO applies the same remedy-substantially equivalent damages to legitimate non-performance (e.g.GATT article XIX and article XXVIII) as well as to a violation of the agreement (DSU article 22.4).This chapter then examines flaws in the system of enforcement.For example, intra-contractual and extra-contractual behavior is sanctioned in the same way, and extra-contractual remedies are systematically undercompensated. Furthermore, retaliation as a mechanism of remediation poses grave disadvantage for WTO members.Firstly, retaliation is economic nonsense.Secondly, complaining party may have no interest in implementing retaliatory measures, when both the economic and political costs are considered too high. The findings showed that WTO's flexibility mechanisms and enforcement mechanisms didn't function enough to promote better development outcomes.

Chapter Five gives advice to future directions of the WTO trade policy flexibility mechanisms. The chapter based on Calabresi and Melamed analysis, discusses whether their mode finds its application in international law, especially in the WTO law.For example, how does international law currently protect entitlements? Does this current level of protection accord to the predictions under the Calabresi and Melamed model? Does it conform to the theory of efficient breach?What is the best way to protect the entitlements in the WTO? This paper holds that to begin with, we should determine the optimal level of WTO entitlements protection. Secondly, given the WTO has agreements covering a wide range of issues, it is proper to take different ways to protect specific entitlements. It is reasonable to take different rules to protect WTO entitlements according to the nature of specific entitlement or obligation.For example, we can protect market access entitlements by liability rules; protect the collective entitlements by property rules, and protect minimum standards entitlements by inalienability rules.Under a liability rule, one party has the option to take away parts of the other party's entitlement unilaterally (i.e. without the owner's prior assent), under the condition that he compensates the owner for damages. Under a property rule, both parties are under a "specific performance duty". However, a potential taker can buy off the owner's entitlement through renegotiations. He can still avoid his commitments by securing permission from the owner, usually by paying for it. Whenever signatories decide on a rule of inalienability, they choose to prohibit any *ex post* flexibility. Despite the occurrence of external shocks, the originally established internal contractual structure is to be maintained once and for all. Human rights are an example of a set of ubiquitously accepted inalienable rights that cannot be taken away or traded. Since a court is required to settle urgent disputes at times, it is obliged to "fill the gap" when legislation is not sufficiently clear on some points in question.The WTO's dispute settlement mechanisms is one of the key instruments that states use to fill gaps and resolve ambiguities in this contract.

【Key Words】World Trade Organization, Incomplete Contract Theory, Trade Policy Flexibility Mechanisms, Efficient Breach, Liability Rules, Property Rules, Inalienability Rules

目　　录

导　言

一、研究背景

人类任何阶段的文明，都是为保持物种世代延续性的人工杰作。这得益于人类文明始终具有一种可容纳汹涌而至的变革之流的稳定框架。比起习俗、道德和宗教等社会调节工具，法律是更为直接、持久和有效的制度手段。一旦社会变革发生，法律也能使之稳定化和合法化。但是，法律保持稳定的刚性特点恰好又是其不能适应社会剧烈变化的软肋，因为变革自身总是逾越法律规则制定者的预期。在瞬息万变的国际贸易环境中，WTO协定同样面对各种变化的挑战。因此，其必须具有足够的灵活性，才可经受得住各种社会变革的冲击，以保持相关性和有效性。

近年来，国际法和国际机构不仅处理主权国家的跨国界活动，而且推动和保护跨国界的社会利益，促进环境保护、人权保护和贸易自由等价值的融合。包括国家在内的国际行为体通常使用“硬法”来调整它们之间的关系，以便减少交易成本，增加承诺之可靠性，扩大可利用的政治策略，解决不完全缔约的问题。但是，它们这样做也要承担巨大的成本，即“硬法”会限制它们的行为甚至主权。[1]由于不能预见未来争端的内容和

---

〔1〕 See Kenneth W. Abbott and Duncan Snidal, “Hard and Soft Law in International Governance”, *International Organization*, Vol. 54, Issue 3, June 2000, p.422.主权国家是国际社会最基本的行为体，经济全球化、信息技术革命和国际市民社会发展三种力量的推动，使跨国公司、大众媒体和非政府组织成为国际体系中重要的行为体。参见秦亚青：《世界格局、安全威胁与国际行为体》，载《现代国际关系》2008年第 9期，第2页。“大小不一、类型各异的实体在国际关系领域中‘行动’，使国家所处的环境变得更加复杂。”[英]克里斯托弗·希尔：《变化中的对外政策政治》，唐小松、陈寒溪译，上海人民出版社2007年版，第228～236页。

轮廓，国家特别不情愿作出将其提交给第三方裁断的承诺。[1]因此，在国际协定中规定强制性争端解决条款是一种例外情形，而非一种普遍规律。一方面，这样的条款会增加违反协定的制裁力度，从而增加当事方遵守的可能性；另一方面，争端解决条款对违约的当事方强加一种损失，因此国家必须平衡强制性争端解决条款的可靠性和遵守利益与违约发生时这种条款所强加的共同成本。[2]

当前，不确定性问题是国际治理制度建设面对的主要挑战。[3]出于包括不确定性[4]、国家对承诺问题折现的程度等原因，国家可能不希望或不能达成防止重新谈判的协定。因此，国家必须决定如何针对退出成本的水平权衡一项协定的内容（利益分配）。它们实际上必须决定把未来的相互作用从政治领域取出并放到法律领域。理解国家如何做出这种权衡，如何处理对未来转变的预期，有助于在国际合作的重要领域开启产生创造价值的国际协定之门。[5]

更确切而言，国家主要以条约机制为基础进行国际合作，但这种方式具有其局限性。一方面，为促进条约承诺的可靠性，国家需要设计争端解决条款、监督和复审机制等。另一方面，这些制度会增加违反条约时国家遭受的"净损失"，于是增加承诺可靠性的愿望就被避免损失的愿望削弱了。[6]原因在于，国际法有时比国家宪法的刚性还要强，如果把原因归咎于国际法的宪

---

〔1〕 See Madeline Morris, "High Crimes and Misconceptions: The ICC and Non-party States", *Law and Contemporary Problems*, Vol.64, No.1, Winter 2001, p.15.

〔2〕 See Guzman, "The Cost of Credibility: Explaining Resistance to Interstate Dispute Resolution Mechanisms", *Journal of Legal Studies*, Vol. 31, Issue 2, June 2002, p.303.

〔3〕 在国际贸易协定中，不确定性来自生产外部性、消费外部性和国内需求水平。See Henrik Horn, Giovanni Maggi and Robert W. Staiger, "Trade Agreements as Endogenously Incomplete Contracts", *American Economic Review*, Vol. 100, No. 1, March 2010, p.400.

〔4〕 在契约理论中，如何解决不确定性是个重要问题。Robert E.Scott 把契约不确定性理论适用于国际公法领域。See Robert E.Scott and Paul B.Stephan, *The Limits of Leviathan: Contract Theory and the Enforcement*, Cambridge: Cambridge University Press, 2006.

〔5〕 See Timothy Meyer, "Power, Exit Costs, and Renegotiation in International Law", *Harvard International Law Journal*, Vol. 51, No. 2, 2010, p.425.

〔6〕 See Andrew T. Guzman, "The Design of International Agreements", *European Journal of International Law*, Vol. 16, No.4, 2005, p.582.

法功能，[1]可能就不会将这视为其合法性的不足。于是，国际法的刚性被认为保护某种价值免受国内政府侵犯，或使民主化进程免受特殊利益集团不恰当影响的一种必要的保护措施。就这个意义上来说，人权条约经常被认为具有宪法的功能。但是，国际人权体制日益司法化，这种宪法功能也经常被质疑。当国际法庭被要求解释人权规则时，国内政治的解释性选择就会被减少。人权体制的司法化造成忽视具体适用和实现人权的危险。只要国家构成政治组织的主要形式，使民主自治成为可能，以及只要对于具体实现国际法认可的宪法价值没有达成一致意见，国际法律体制就需要对集体选择和文化语境有所反应以保持其合法性。因此，国际法律文件的刚性对国际治理的合法性和有效性都构成挑战。从国内的角度来看，国际法律文件的刚性会限制国内政府的自由，从而威胁到政府接受这些规则。[2]简言之，从国际合作的视角看，国家之间基于条约为基础进行合作，是国际社会大势所趋。但倘若有机会，国家还是会选择对自己约束最少、成本最低的规则体系。这也意味着，如何满足国家对制度设计灵活性的需求，是国际法需要解决的重要问题。

事实上，人们在很早之前就已经认识到灵活性的价值。在《论李维》一书中，马基雅维利赞扬罗马议会允许人们在受到攻击时暂时违背习惯和法律拿起武器和自我防卫的做法。议会认识到，鉴于这种必要性，立法必须适应环境，相反的立法是行不通的。议会决定，“无论公民必须做什么，应当让其同意去做，以便他们不会通过必要的违反来习惯于通过选择违抗。”议会有效地

---

〔1〕 在国际法律体系中，国际公法起到国内法律体系中宪法的功能。See Joel P. Trachtman, “The Domain of WTO Dispute Resolution”, *Harvard International Law Journal*, Vol. 40, No. 2, Spring 1999, p.350. 国际法律体系面临五大关键的结构性和系统性的挑战：分散与解体；规范与制度层级；遵守与执行；退出与免责；民主与合法。这些挑战提出治理、制度设计和分配权限等类似于国内法律体系通过宪法解决的问题。随着WTO的建立，国际宪政的前景变得光明。首先，WTO裁决者开始履行有点像国内宪法法官的功能。其次，通过类比于国内宪法的方式，至少当WTO法与国内立法或规定不一致时，WTO协定已获得某种更高的法律地位。See Laurence R. Helfer, “Constitutional Analogies in the International Legal System”, *Loyola of Los Angeles Law Review*, Vol. 37, Issue 2, Fall 2003, pp.193–237.WTO体制强有力的争端解决机制进一步确立这样的观点：WTO规则起到具有高于普通国家法令力量的超宪法文本作用。See Jeffery Atik, “Democratizing the WTO”, *George Washington International Law Review*, Vol. 33, Issue 3 and 4, 2001, p.452.法学理论家强调国际贸易协定在捍卫公共利益和限制政府行动方面的“宪法”作用。See World Trade Report 2007,iii. Available at http://www.wto.org/english/res_e/publications_e/wtr07_e.htm.Last visited on. March 20,2012. 例如，WTO可被视为一部“世界贸易宪法”，其通过追求贸易自由，限制国家的权力，保护个体自由免受政府侵犯。这也是WTO乃至国际法正当性的重要来源。

〔2〕 See Isabel Feichtner, *The Law and Politics of WTO Waivers: Stability and Flexibility in Public International Law*, Cambridge: Cambridge University Press, 2012, p.9.

隔绝法律的合法性与暂时性危机的消极后果。[1]马基雅维利还曾建议他的君王说："当信守承诺会危害他的利益，而且使他约束自己的理由不再存在的时候，一位精明的君主是应该这么做的……合法性基础的问题从来没有难倒一位希望为背信找到堂皇借口的君主。"[2]相似地，如果国内某种程度的压力使领导的持续遵守变得不可能，提供免责条款的协定将从这种灵活性规定中获益，因其可维护该协定的合法性。[3]

在自然法或宗教领域，似乎并不允许存在任何例外。在绝对道德律令的要求下，人们必须无条件地遵守某些永恒不变的准则。但在现实中，法律根植于发展和变化的社会，其必须具有能适应社会变化的灵活性。灵活性通常被视为制度性规则和程序如何适应新情况的一种表达。制度可能面临不可预期的情况或冲击，或面对来自国内联盟或国家群体希望改变重要规则或程序的新要求。[4]从功能主义的视角看，法律语境下的灵活性具有两种形式：一是内置于契约性协定中的灵活性，相关措施是法律内的（intra-legal）；二是来自"有效违约"（efficient breach）的法律外（extra-legal）灵活性，即相关行为在法律规定之外，但契约当事方必须补偿非违约方。前者在既定的法律框架内，并不违反条约。一般而言，契约中的灵活性可被称为钟形曲线（高斯函数），允许一定范围内行为的存在，即"合法的间隔"。在该合法的间隔内，所有的行为都被允许。至于如何划定该间隔的界限，取决于条约文本（明示的灵活性）或司法机构的解释（默示的灵活性）。[5]

在国际条约中，同样不乏促进灵活性之方法。国际制度具有会员资格、覆盖问题的范围、集中化的任务、控制规制和灵活性五个关键特征。灵活性通常被视为制度性规则和程序如何适应新情况的一种表达。制度可能面临不

---

〔1〕 See Krzysztof J. Pelc, *The Cost of Wiggle-Room: on the Use of Flexibility in International Trade Agreements*(Ph.D diss., Georgetown University, 2009), p.16.

〔2〕 Christian Gauss, "Introduction", in Niccolo Machiavelli, *The Prince*, trans. by Luigi Ricci,New American Library,1952,pp.92-93.转引自Oliver E. Williamson, *The Mechanisms of Governance*, New York, Oxford University Press, 1996, p.48。

〔3〕 See Krzysztof J. Pelc, *Making and Bending International Rules: The Design of Exceptions and Escape Clauses in Trade Law*, Cambridge, Cambridge University Press, 2016, p.26.

〔4〕 See B.Koremenos, Ch.Lipson and D. Snidal, "The Rational Design of International Institutions", *International Organisation*, Vol. 55, No. 4, Autumn 2001, pp.761-799.

〔5〕 See Anne van Aaken, "Smart Flexibility Clauses in International Investment Treaties and Sustainable Development: A Functional View", *The Journal of World Investment and Trade*, 15, 2014, pp. 831-832.

可预期的情况或冲击，或面对来自国内联盟或国家群体希望改变重要规则或程序的新要求。[1]条约是提供稳定性和确保和平法律关系的许多理念之平衡。首先，在条约法中无处不在的是“条约必须信守原则”，这是条约法之基石并被编撰在《条约法公约》第26条之中。但是，长期而言，严格遵守该原则并不总是提供促进和平的解决方案。这就把我们带到第二个概念，即作为避免冲突方法的“合理灵活性”（reasonable flexibility）。国际法委员会发展和编撰的条约法并不是对“条约必须信守”原则的刚性表达，而是在合理时提供例外。因此，在强调“条约必须信守”的同时，国际法委员会在实施义务不现实的情况下，将会确认许多“应急通路”（exit-routes），从而建立“合理灵活性”制度。“应急通路”可大致分为两组：一是由于强制性规则出现导致法律体制的改变，或随后缔结相同主题的条约，或出于情形的变化而适用情势变更原则。这对于条约体制而言都是外部因素。二是包括欺诈、强迫或实质违约等内部变化。在上述两种情况下，条约均可被宣告无效、终止或中止。[2]

正是在国家对刚性和灵活性制度的权衡之下，国际社会出现形式和内容不同的各种条约。有些国际条约经过谈判具有法律约束力，有些明确对不遵守的监控和制裁，有些根本没有审查方案。[3]条约之间形式和内容的差异表明，它们是各种利益协调和博弈的产物。例如，在谈判如何确定《核不扩散条约》的期限和再谈判条款时就曾引发激烈的争论。该谈判从1962年持续到1968年，迟至1967年苏联和美国（最初的起草者）竭力要求达成一项无期限条约，而德国和意大利强调不可能接受这样的期限。由于当时核能源作为一种权力来源的成本和收益都相当不确定，当事方都不清楚该条约将会对他们安全、经济和政治产生什么样的影响，最终谈判达成二十五年期限的条约，并每隔五年举行一次审议大会。这种制度设计选择的灵活性有助于国家解决合作

---

〔1〕 See B.Koremenos, Ch.Lipson and D. Snidal, “The Rational Design of International Institutions”, *International Organisation*, Vol. 55, No. 4, Autumn 2001, pp.761–799.

〔2〕 See Annemarieke Vermeer-Künzli, “The Merits of Reasonable Flexibility: the Contribution of the Law of Treaties to Peace”, in eds., Georg Nolte, *Peace Through International Law: The Role of the International Law*, Dordrecht, Springer, 2009, pp.77–80.

〔3〕 See Kal Raustiala, “Form and Substance in InternationalAgreements”, *The American Journal of International Law*, Vol. 99, No. 3, July 2005,p. 581.

问题。[1]

从20世纪70年代起，灵活性的理念也是欧洲一体化进程中所争议的主题。[2]《关于消耗臭氧层物质的蒙特利尔议定书》是为实施《保护臭氧层维也纳公约》而制定。这种演变的条约就是对一个管理型体制内对适应性和灵活性需求的应对之一。[3]国际劳工组织也是条约平衡普遍性与灵活性的很好例子。为行之有效，国际劳动标准必须在普遍的基础上适用于所有国家。但是，要吸引所有国家的参与，国际劳动标准必须为不同的文化和历史背景、成员方的法律体制和经济发展水平提供灵活性。因此，大多数标准在设定时，已经考虑到这种差异，因此尊重标准的灵活性，以便使其可能转化为各国的国内法和实践。例如，关于最低工资标准，并不要求缔约国确定某一个具体数额的最低值，而是要求缔约国建立一项法律机制，确保与其经济发展水平相洽的最低工资比例。其他标准也大多包括所谓的"灵活性条款"(flexibility clauses)，允许缔约国暂时采取较为宽松的标准，或是允许条款暂时不适用于某类特殊的工人，或是暂时先适用条款的一部分要求。[4]

在国际关系中，立法可被理解为"灵活性"的对立面。理想的立法类型应当在制度设计中体现出把"义务""精确性"和"授权"增加到最大限度的特征。"义务"表明政府在法律上受到一项国际协定的约束，该协定必须不能随着偏好的改变而被忽视。"精确性"表示一项协定具有明确地界定其对所参与政府的期待，可供解释的范围因此被缩小。"授权"意味着契约方将关于实施和争端解决的权威转移到一个独立的机构。很显然，在世界贸易秩序中并不存在这样类型的立法。WTO协定偏离上述所有三个特征。从宽泛的意

---

〔1〕 See Barbara Koremenos, "Loosening the Ties That Bind: A Learning Model of Agreement Flexibility", *International Organization*, Vol. 55, No. 2, Spring 2001, pp. 289–325.

〔2〕 See Funda Tekin and Wolfgang Wessels, "Flexibility within the Lisbon Treaty: Trademark or Empty Promise?" *EIPASCOPE*, Issue 1, 2008, pp. 1–7.

〔3〕 See Abram Chayes, Antonia Handler Chayes, *The New Sovereignty: Compliance with International Regulatory and Agreements*, Cambridge, Harvard University Press, 1998, p.226.

〔4〕 See International Labour Office, "Rules of the Game: a Brief Introduction to International Labour Standards", *International Labour Organization*, 2005, p.16;Joost Pauwelyn, *Optimal Protection of International Law- Navigating between European Absolutism and American Voluntarism*, Cambridge, Cambridge University Press, 2008,pp.67–68.

义上讲，这种偏离可被视为WTO协定灵活性之体现。[1]实际上，早在国际贸易组织被提议的宪章中，就涉及限制退出的权利和具有法律约束力的承诺。这样一项涉及广泛经济问题的文件很难谈判和草拟，其还激起美国的政治抵制。正是由于存在这些问题，参与国家批准GATT1947将其作为关税减让的一个低成本、过渡时期框架。GATT1947相对较软，它只是"临时"被批准，包括一项宽容的退出条款。随着时间的推移，当国家认识到更强硬的法律化在管理国际贸易方面的优势，GATT才发展成为WTO。但是WTO体制的历史，从其最早期1999年11月的部长级会议时起，都清楚地表明获得更强硬的法律是一个相当敏感和旷日持久的过程。[2]为处理国内法规所提出的复杂新问题，WTO将不得不采用较少刚性、更加灵活的争端解决体制，并不对每个问题都给出一个"正确"的法律答案。[3]正因如此，在国际法的发展过程中，很少看到有条约如同WTO协定一样，允许存在如此之多的灵活性条款。这种灵活性通过明示或者默示方式将与明示条款可预期的相关事项制度化。

综上所述，国际合作需要具有一定稳定性的制度。制度稳定性意味着现有的制度安排不仅仅由既有条件所决定（比较静态分析的重点），还要由该制度的历史发展所决定（路径依赖）。由于现有的制度反映它们的发展，它们与从头开始（*de novo*）创建的制度有很大的差别。一个重要例子是，与处在一个崭新的制度相比，新兴国家的声音在长久存在的制度中很可能被低估，而昔日强国的声音则被高估。由于制度粘性（institutional stickiness）和路径依赖，持续的选择不容易消除。制度粘性产生"稳定性/不稳定性"的制度悖论。制度稳定性是其价值的核心，因其使行为体能追求包括更新制度本身的计划在内的目标。的确，如果制度特别容易受外界影响，其在解决国家面对的问题时将起不到任何作用。但是，这种粘性同样意味着，制度久而久之会严重偏离国家的集体目标，不能有效地解决当前现实需求。正是给予制度价值的稳定性，同样使其随着外部条件变化而积累产生不稳定性的压力。制度设计最

---

〔1〕 See Alexander Roitinger, *The Institutional Design of Trade Policy Flexibility in the World Trading Order: Analysis and New Direction for Reform*（Ph.D.diss., Universität St. Gallen, 2004）, p.25.

〔2〕 See Kenneth W. Abbott and Duncan Snidal, "Hard and Soft Law in International Governance", *International Organization*, Vol. 54, Issue 3, June 2000, p.436.

〔3〕 See Claude E.Barfield, "Free Trade, Sovereignty, Democracy: Future of the World Trade Organization", *Chicago Journal of International Law*, Vol. 2, No. 2, Fall 2001, p.411.

大的挑战之一就是在粘性与灵活性之间找到最佳的平衡。[1]

当权力政治的因素过多渗透到国际制度之中，或者造成过高的成本时，必须严格设定条件和程序以防止缔约方滥用灵活性条款，但无论如何都应肯定国际条约需要一定的灵活性以吸引更多的参与和阻止退出。[2]如何在条约灵活性与承诺遵守之间保持最佳的平衡，这也是包括WTO协定在内的国际贸易协定在谈判与制定过程中需要面对的永恒主题。国际贸易协定的本质永远是热望从该协定中获得经济利益的缔约方之间的妥协。一方面，每个国际协定自然包含对每个国家自由行动的限制。另一方面，除非贸易协定包含相互遵守的义务，否则国家就不能完全得到希望从该协定中获取的经济利益。国家的首要考虑是维护主权和阻止对行动路线的限制。因此，国家更倾向于不具有约束力的协定和为其留下适当行动自由的协定。例如，国家可在制定协定时通过灵活或模糊起草、使用例外条款和虚化执行程序的方式达到目的。这种协定允许国家在遵守义务时的灵活性和保留外交博弈的余地。但是，国家行动空间越大，就会给国际商务带来越多的不确定性，贸易协定的经济目标受挫的可能性也就越大。[3]换句话说，灵活性也有不利的一面。例如，对条约条款进行再谈判以及单方面援引灵活性（如例外条款）的成本昂贵。国家还具有对条约灵活性条款予以利己解释而"搭便车"的动机。[4]

二、研究思路

戴高乐将军也有句名言："条约就像玫瑰花和妙龄少女，同样都有时间限

〔1〕 See Koremenos, Lipson, and Snidal, "Rational Design: Looking Back to Move Forward", *International Organization*, Vol. 55, No. 4, Autumn 2001, p.1076.制度粘性指大型的官僚机构不愿意放弃既有的政策和活动，自然倾向于惯性而不是改变。See Jonathan Garton, "The Judicial Review of the Decisions of Charity Trustees", *Trust Law International*, Vol.20, No. 3, 2006,p.166;Peter J. Boettke, Christopher J. Coyne and Peter T. Leeson, "Institutional Stickiness and the New Development Economics", *American Journal of Economics and Sociology*, Vol. 67, Issue 2, 2008, pp.331-358.

〔2〕 See Joost Pauwelyn, *Optimal Protection of International Law - Navigating between European Absolutism and American Voluntarism*, Cambridge, Cambridge University Press, 2008,pp.67-68.

〔3〕 See Dr. Arie Reich, "From Diplomacy to Law: The Juridicization of International Trade Relations", *Northwestern Journal of International Law and Business*, Winter, 1996 / Spring, 1997, pp.776-777.

〔4〕 See B.Koremenos, Ch.Lipson and D. Snidal, "The Rational Design of International Institutions", *International Organisation*, Vol. 55, No. 4, Autumn 2001, p.794.

制。"[1]条约是主权国家协调相互之间的利益而制订的，当国家利益随着国际形势发生变化，条约的内容也应当随之改变。[2]随着条约达到一定年限，其运行的环境与最初制定时变得不同，某些条款很可能需要重新解释甚至正式修改。缔约方一般希望保留条约，即使是以符合现在紧急情况的方式。后续协定和嗣后惯例旨在找到条约实施和解释具有理性和可预见性的灵活方法。[3]但是，这一灵活地解释条约的方法因为对于何为"惯例"和怎样从惯例中确定"条约"并不清楚而受到阻碍。由于日益多极化的全球社会中国家间的政治和经济利益分歧不断增多，多边条约无论是在大范围还是小范围内必定会发生相似的僵局。从GATT到WTO多边贸易体制的建立，就经历过无数次的谈判过程。即便如此，WTO成员一直为在乌拉圭回合谈判中正式通过但未能实现关于发展中国家公平的条约条款而受到批评。2001年11月，在卡塔尔首都多哈举行的世界贸易组织第四次部长级会议中开始新一轮多边贸易谈判。WTO成员希望根据分配正义，通过采纳公平、可持续和公平交易的条款以补救WTO协定中的这种失衡。[4]

法律规则不能一成不变，WTO的一般性规则和个别成员方的具体减让都在后续的谈判回合中周期性地被修正。但是，在主权国家林立的国际社会，要制定和修改符合各国一致利益需求的贸易规则，都不是一件简单的事。2008年7月29日，基于印度、中国与美国在"特殊保障机制"(special safeguard mechanisms)方面的歧见，这一试图开放贸易和促进发展，纠正世界贸易规则中的不合理成分，协调发达国家与发展中国家贸易利益之谈判，最终以悲壮的失败告终。这是国际格局变化对条约正式改变造成更大障碍的一个事例。

---

〔1〕 "Treaties are like roses and young girls, they last while they last".Annemarieke Vermeer-Künzli, The merits of reasonable flexibility: the contribution of the law of treaties to peace, in eds., Georg Nolte, *Peace Through International Law: The Role of the International Law,* Dordrecht, Springer, 2009, p.78.

〔2〕 随着时代的发展，条约中词语也要被赋予新的含义。在美国法中，法官对于采取演变解释(evolutionary interpretation)方法还是尊重立法原意解释方法是有分歧的，而在国际法中基本都是采取演变解释，这有一定的道理。WTO协定的含义就是这样不断地在司法解释中得到澄清。但是，DSU第3.2条明确规定，专家组和上诉机构不得增加或减损成员方在协议下承担的权利和义务。因此，研究WTO协议中现有的灵活性机制之实际运用情况，或在新一轮谈判中合理设计灵活性条款都显得尤为重要。

〔3〕 See International Law Commission, Report on the Work of its Sixtieth Session, *Treaties over time, in particular: Subsequent Agreement and Practice*, A/63/10, Annex A(2008), Last visited on June 10, 2011: http://untreaty.un.org/ilc/reports/2008/english/annexA.pdf.

〔4〕 See Marion Panizzon, "Fairness, Promptness and Effectiveness: How the Openness of Good Faith Limits the Flexibility of the DSU", *Nordic Journal of International Law*, Vol. 77, No. 3, 2008, p.279.

在WTO多边贸易谈判止步不前时，区域贸易协定呈现出雨后春笋的态势，例如由亚太经合组织成员国发起的《泛太平洋战略经济伙伴关系协定》(Trans-Pacific Strategic Economic Partnership Agreement，简称TPP)等。泛太平洋伙伴关系可能整合亚太的两大经济区域合作组织，即亚太经合组织和东盟重叠的主要成员国，成为亚太区域内的小型世贸组织。TRIPs通常被视为一项单方面有利于发达国家的协定，但是发达国家显然并没有获得他们在乌拉圭回合寻求的东西，某些发达国家现在试图提高知识产权的保护和执行标准，并在多边层面上通过双边或区域性的自由贸易区或体制转移来侵蚀TRIPs中的灵活性。美国和欧盟是这场运动最为突出和重要的催化剂，两者积极谈判TRIPS-plus条款，以提供增加覆盖面、标准和削弱基于TRIPs的灵活性。[1]为更有效地运作，WTO协定必须进一步发挥其条约刚性与灵活性微妙地结合之功能。否则，该多边贸易体制将无法继续有效和稳定地发挥作用，而逐渐为雨后春笋般涌现的区域贸易协定所替代。解决WTO规则刚性问题的正式答案即贸易政策灵活性，第三方仲裁可解决自由裁量权问题，但后者并非本书研究的重点，因其并不包括对初始减让的偏离，而是对这种偏离的一种解释。

从WTO法的功能看，其一方面作为国际公法和公共机构塑造全球市场并限制影响贸易的公共权威，另一方面作为成员方之间获得相互有利交易的契约。GATT的历次谈判都是贸易利益的谈判，这与诸如人权公约的谈判、一般国际原则的谈判形成鲜明对比。国际协定的谈判中，许多是一般规则或标准的谈判，谈判者之间首先存在的是价值观念或法律制度的冲突，谈判中并不涉及具体利益问题，尽管在后来的具体适用中可能产生影响。但GATT谈判不一样，贸易利益是谈判核心，利益互惠是谈判的指导原则。[2]在日本酒税案中，上诉机构报告认为WTO协定具有国际商业契约之性质。“WTO协定是一项国际条约——是契约的国际对应物。很显然，WTO成员在行使其主权以及追求各自的国家利益时讨价还价。为交换作为WTO成员所期望获得的东西，

---

〔1〕 See Bryan Mercurio, “‘Seizing’ pharmaceuticals in transit analyzing the WTO dispute that wasn’t”, *International and Comparative Law Quarterly*, Volume 61, Issue 2, April 2012, p.396.

〔2〕 参见韩立余:《既往不咎——WTO争端解决机制研究》，北京大学出版社2009年版，第29页。

他们同意根据其在WTO协定中做出的承诺行使其主权。"[1]将WTO法视为成员之间契约的概念在很大程度上关注源于贸易自由化的物质收益总体上归于每个成员。WTO成员之间的交易是"追求他们各自的国家利益"。该概念隐藏着贸易法对国家之间全球经济利益分配以及个人与国内立法关系的重要影响。[2]因此，将WTO协定类比为契约有利于研究贸易政策灵活性机制，但同时也要顾及国内利益集团等影响因素。

本书认为，WTO贸易政策灵活性机制的理论基础在于WTO协定可视为国际层面的"不完全契约"，因为在任何国际条约中都不能确定在未来所有情况下成员方的具体权利和义务。如何在承诺与灵活性之间取得平衡，2009年世界贸易报告将其称为制度的"结构性挑战"(architectural challenge)。[3]近年来，已经有很多学者从不完全契约的视角研究WTO体制。[4]由于缔约方在加入WTO时，不可能清楚地知晓成员间复杂的关系，也无法完全预见将来可能出现的种种不确定情况(every possible contingency)，这就是交易成本学派所谓的交易成本，最终导致谈判所达成的契约是不完全的，因此也不具有完备的可执行性。本书基于不完全契约视角，认为WTO协定本质应当被视为解决其所包含的问题，例如违约、救济等。例如，国家为何要缔结贸易协定？什么是协定中可交换的权利？以何种方式保护这些权利？什么构成WTO协定的"不履行"？"有效违约"理论在WTO实践中的地位和作用？上述内容与WTO

---

〔1〕 See Appellate Body Report, *Japan – Alcoholic Beverages*, WT/DS8/AB/R, WT/DS10/AB/R, WT/DS11/AB/R, adopted on 1 November1996, p.15.

〔2〕 See Isabel Feichtner, *The Law and Politics of WTO Waivers: Stability and Flexibility in Public International Law*, Cambridge, Cambridge University Press, 2011, p.38.

〔3〕 See World Trade Report 2009, Last visited on July 6, 2012. http://www.wto.org/english/res_e/publications_e/wtr09_e.htm. 在学术著作中，也将把有关灵活性的制度设计问题称为贸易体制的"结构性挑战"。See Krzysztof J. Pelc, *Making and Bending International Rules: The Design of Exceptions and Escape Clauses in Trade Law*, Cambridge, Cambridge University Press, 2016, pp.5–7.

〔4〕 See Giovanni Maggi and Robert W. Staiger, "The Role of Dispute Settlement Procedures in International Trade Agreements", *Quarterly Journal of Economics*, Volume 126, Issue 1, 2011, pp.475–515;Jeffrey L. Dunoff and Joel P. Trachtman, "Economic Analysis of International Law", *Yale Journal of International Law*, Vol.24, Winter 1999,pp.1–59; B.P.Rosendorff, Stability and Rigidity: Politics and Design of the WTO's Dispute Settlement Procedures,*American Political Science Review*, Vol.99, No.3, Aug.2005, pp.389–400;Heinz Hauser and Alexander Roitinger, Two Perspectives on International Trade Agreements, *Zeitschrift für ausländisches öffentliches Recht und Völkerrecht*, Vol. 64, No. 3, 2004, pp.641–658; Simon A. B. Schropp, *Trade Policy Flexibility and Enforcement in the WTO: a Law and Economics Analysis*, Cambridge, Cambridge University Press, 2009, p.2.

贸易政策灵活性机制都有联系。

基于以上思路，本书准备研究如下问题：

第一，WTO贸易政策灵活性机制存在的理论依据是什么？尽管很多学者认可WTO协定为不完全契约，但很少有人说明该协定为不完全契约的根源，以及这一根源如何影响条约的制定和形成。WTO贸易政策灵活性机制赋予成员特定情况下不履行的权利，这与“有效违约”理论、“条约必须信守”理论有什么样的联系？

第二，如何在WTO协定中理性设计贸易政策灵活性机制？具体而言，成员方是否允许暂时偏离其先前的承诺？WTO贸易政策灵活性机制是否能设计成随时可用的免责机制，即允许成员方“买断”其契约履行义务，或者设计成加害方和受害方之间的事前再谈判机制？受害方是否应该处于如同契约得到履行一样的地位？受害方是否应该从加害方由于不履行而获得的利益中得到合理的份额？为什么WTO成员方倾向于使用反倾销或反补贴措施，而不是GATT第19条规定的例外条款？对于“契约外”（extra-contractual）不履行的救济，应当伴随着何种执行机制以保护WTO协定中的贸易政策灵活性机制？

第三，如何避免条约灵活性的负面作用，与此同时充分地利用其积极的功能？条约中的灵活性机制并非万能药。过多的灵活性会削弱国际承诺的有效性。例如，GATS在适用上比GATT明显更加灵活。在GATS的结构中，几乎没有具有政治敏感性、保护主义的分歧是不能正式调和的。而且，对关键概念缺乏相关的法理和不完备的规则制定议程已经为创造性的解释提供额外的空间。鉴于参与者之间制度条件、政治关切等差异，灵活性是达成该协定的一个必要前提，但这不利于“早日实现服务贸易自由化水平的逐步提高”的关键目标。[1]因此，有必要研究WTO贸易政策灵活性机制可能的改进余地，以进一步发挥其正面作用。例如，WTO的免责机制与加害方的战略动机和受害方对于赔偿的需求是否相一致？是否能有效地阻止投机主义造成的偏离？WTO贸易政策灵活性机制及其执行可能的具体改革方向？

第四，本书对WTO协定承诺与灵活性有关的学术争论予以述评，并提出应当以“财产规则”“责任规则”和“不可让与规则”对不同的WTO权利给予

〔1〕 See Rudolf Adlung, “Services Negotiations in the Doha Round: Lost in Flexibility?” *Journal of International Economic Law*, Vol. 9, No. 4, December 2006, pp. 865-893.

相应的保护方式。理由在于：首先，随着国际法的“多样化”和“扩展”，不同规则之间存在不和谐、缺乏一致性和冲突。鲍威林提出可通过适用于不同体制内的技术规则解决这种问题。即国际法是一个可在特定体制之间进行技术性协调的学科体系。在GATT体制中，仲裁员在一定程度上将自身视为在技术层面管理贸易自由化，并对通过与贸易自由化目标不相关或会使其技术层面管理复杂化的规则引入“陌生的”(alien)价值(如环保主义)持有敌意。但是，现有WTO协定覆盖众多的议题，其复杂性超出GATT体制。WTO的制度目标已经远远超越GATT时期的自由贸易，而渗透到国际关系更为广泛的领域。美国龟虾案即是贸易与环境协调影响问题的标志性案件。〔1〕正如鲍威林所言，WTO法律体系不是一种“自我封闭的法律怪圈”，〔2〕其不可避免地涉及对于人类生存极为重要的环境保护和公共健康等价值。WTO争端解决机制不仅适用WTO规则，还可能涉及国际人权法、国际环境法和国际劳工法等国际法的其他一般规则的适用。因此，WTO仲裁员或其他解释者需要拥有在不同规则中选择以追求其目的的灵活性空间，但也产生如何确定约束这种灵活性的规则问题。其次，美国和欧洲对世界(包括国际法)的态度和看法存在很重要的区别。〔3〕大西洋两岸对于现代世界中的主权、规范与实证之间的关系以及科学在法律论证中的作用等问题的假设(assumptions)也有所不同。例如，美国由实用主义哲学形成的思想在欧洲影响很小；根深蒂固的规则怀疑主义奠定美国对法律的理解，但这不是欧洲对于法律尤其是国际法的主要方法。〔4〕

正是这些不同，造成学术界对国际权利保护水平有两种不同的理解，并

---

〔1〕 See Robert Howse,Multi-Sourced Equivalent Norms: Concluding Thoughts, in Tomer Broude and Yuval Shany, eds., *Multi-Sourced Equivalent Norms in International Law*, Oxford, Hart Publishing,2011,pp.322-323.

〔2〕 See Joost Pauwelyn, *Conflict of Norms in Public International Law: How WTO Law Relates to Other Rules of International Law*, Cambridge, Cambridge University Press, 2003, p.35.

〔3〕 美国学者罗伯特·卡根在《天堂与实力：世界新秩序下的美国与欧洲》一书中指出，欧洲正在摒弃实力，进入一个以法律、规则和跨国谈判与合作进行自我约束的世界。它正进入一个和平的、相对繁荣的后历史天堂，实现着伊曼努尔·康德所描述的“永久和平”。与此同时，美国却陷入历史的困境，还在一个无政府状态的霍布斯世界里动用实力。在这个世界里，国际法和国际规则是靠不住的，实现真正的安全、防务和推行自由秩序仍然依靠拥有和使用武力。See Robert Kagan, “*Of Paradise and Power: America and Europe in the New World Order*”, New York, Vintage Books, 2004, p.3.

〔4〕 See Guglielmo Verdirame, “‘The Divided West’: International Lawyers in Europe and America”, *European Journal of International Law*, Vol. 18, No.3, 2007, pp.553-580.

在WTO领域中出现是否可将“有效违约”理论适用于WTO，以及WTO执行目的是“再平衡”或“遵守”等争论。针对WTO体制所保护不同价值之间的协调问题和理论争议，本书参考美国学者Guido Calabresi 和A. Douglas Melamed所提出产权保护理论，即根据“财产规则”“责任规则”和“不可让与规则”三种基本规则保护WTO体系中的权利。这就有效地避免在多种权利所体现的价值产生冲突时，必须先确定其位阶效力关系才能有所取舍的理论困境。〔1〕该方法有利于从将WTO视为一个只接受完全遵守的严格、法律化体制，到将其视为逐渐演化成为只要满足某些条件，替代性的解决方法也将得到容许的更灵活的体制。这也同GATT/WTO走向越来越法律化、灵活性空间日益缩小的传统观点相反，即不是把GATT例外和再谈判条款视为需要尽可能快根除的先天缺陷。因此，将这三种规则引入到WTO法对于未来谈判中的规则设计和司法实践都有现实的借鉴意义。

三、选题意义

世界时时发生变化，创设新的秩序，并提出新的挑战。“无论期望是什么，冲突是不可避免的，冲突的解决是一个决定，而不是一次否定。与所有争端的裁决同时发生的是一次新的战争（冲突）。”〔2〕正如Douglass North所指出，我们生活在一个“非遍历性”（non-ergodic）的世界。在这个世界中，特定形式的事件再发生的概率是不确定的，因为人类减少不确定性和使所处环境变得可以理解的努力，会导致该环境持续不断地改变，从而对人们理解该环境构成新的挑战。今天我们对环境做出的改变，为明天创造一个新的环境。因此，对国际法的实证和理论研究也必须是一个持续的、不间断的和嵌入式的过程。〔3〕

---

〔1〕 See Joost Pauwelyn, *Conflict of Norms in Public International Law: How WTO Law Relates to Other Rules of International Law*, Cambridge, Cambridge University Press, 2003, pp.89-157.

〔2〕 “Whether desirable or not, conflict in inevitable, and resolution of conflict is a matter of decision, not a matter of sublation. All adjudications of disputes are simultaneously declarations of a new war [conflict].” William Rasch, *Sovereignty and its Discontents*, London, Birkbeck Law Press, 2004, p.40;See also Ronnie R.FYearwood,*The Interaction between World Trade Organisation (WTO) Law and External International Law*, Milton park, Routledge, 2012,p.91.

〔3〕 See Gregory Shaffer and Tom Ginsburg, The Empirical Turn in International Legal Scholarship, *American Journal of International Law*, Vol.106, No. 1, January 2012, p.45.

近些年，多哈回合谈判陷入困境，各国转而通过其他途径来促进的贸易发展，包括纷纷签订区域协定或双边经贸协定等方式，这不但造成如WTO等国际组织的功能性遭到质疑，成员方的实质贸易利益亦受到影响。目前，国际金融危机、欧洲债务危机等正在给全球经济造成不确定的消极影响。“世事无常住，万物皆流”，变化为人类生活状况所固有，但过于突然和迅速的社会变革也会给国家和民众形成困扰。一项国际条约的修改通常涉及众多国家的利益，造成国际法不能适应新的形势而得到及时的修改和完善，从而无法对新问题提供法律上的判断标准和解决方法。这种困境表明，国际制度的设计必须具有一定的灵活性，以应对复杂多变的国际形势变化。据此，本书研究WTO贸易政策灵活性机制与执行具有如下实际意义：

第一，有利于理解国际机构和条约规则的理性设计，并揭示国家在谈判国际条约和决定是否遵守这些条约时所面临的选择机会和限制因素。主权国家之间的多边合作往往是在机构和体制的建立过程中发生的，并围绕着体制中一系列明示或默示的原则、标准、规则和决策程序在国际关系的特定领域中展开。这些原则和程序意味着成员方享有的权利和承担的义务，同时反映成员间基于共同利益的合作模式。不同的国际机构有不同的组织结构。例如，世界贸易组织和世界卫生组织寻求非常广泛的会员资格，但经济合作与发展组织和八国集团等则有意限制其成员数量；石油输出国组织只涉及单一产品，《国际濒危动物贸易公约》只解决单一问题，国际货币基金组织则执行各种各样集中的任务甚至与成员国谈判敏感的经济政策；《外层空间条约》是围绕着刚性允诺的基础建立，世界贸易组织则允许成员方在面对异常情形时改变其义务。从成员资格、议题范围、主要任务和灵活性等可衡量的维度看，不同的国际机构和制度之设计蕴含不同的理念和应对不同的问题。[1]如果一项条约给予成员方灵活性的空间过多，很可能会损害到承诺的价值，与此同

〔1〕 研究最大化一项协定当事人共同盈余的努力有时被称为“理性设计”(rational design)。See Koremenos, Lipson, and Snidal, Rational Design: “Looking Back to Move Forward”, *International Organization*, Vol. 55, No. 4, Autumn 2001, pp. 1051-1082. “理性设计”的一个重要假设是，不确定性导致具有灵活性的制度。See Alexander Thompson, Rational Design in Motion: Uncertainty and Flexibilityin the Global Climate Regime, *European Journal of International Relations*, Vol.16, No. 2, June 2010, pp. 269-296.交易成本经济学认为，“组织的多样性”是一个可检验的假定，造成这种多样性的主要原因是为了节省交易成本。交易的属性不同，相应的治理结构即组织成本和权能也就不同，因此就形成交易与治理结构的不同配比。参见［美］奥利弗·E.威廉姆森:《论企业签约与市场签约》，段毅才、王伟译，商务印书馆2002年版，第539页。

时，如果过少也会致使规则无法维持。退出、例外条款和保留、修改程序、争端解决条款以及国际法庭适用的审查标准规范等风险管理工具都是条约设计的重要方面。但是，这些条款的存在并不能证明国家事实上将援引它们。如果适当地予以限制，退出和例外条款将很有用处。[1]问题在于，如果允许这样的例外，应该如何设置条件以免缔约方滥用权利？由于国家签订贸易协定主要旨在追求经济利益，在守约成本高于其履约利益等情形下，是否可允许其偏离条约中的承诺？深入研究这些问题，将有助于为WTO灵活性机制如何在实际中运用提供理论上的指导。

第二，有利于分析成员方遵守WTO协定的动机和现状。条约义务通常要求国家对现有行为做出广泛的改变，这些要求往往会左右国家批准和遵守条约的意愿。灵活性机制允许缔约方控制加入条约的风险，这将增加条约的吸引力，促进国家的加入与批准，最终推动国际合作的发展。例如，在基于条约的预期合作收益被证明是华而不实时，灵活性机制允许缔约方修改、重新调整甚至退出承诺，为他们提供避免损失的措施。因此，灵活性机制对于国家在条约遵守方面的计算有影响。如果条约中包含灵活性机制，国家就可以调整其承诺，因而避免大规模的违约现象。[2]通过明确WTO协定为“不完全契约”和研究WTO契约内(intra-contractual)[3]灵活性机制、契约的执行与成员守约的意愿等问题之间的复杂关系，将有利于理解国家制定贸易政策的动因和遵守多边贸易规则的趋势。以美国为例，其国内利益集团经常游说政府，影响在区域贸易协定中的贸易政策和在多边谈判中的减让；主张提高适用关税或就特定产品提供关税豁免；对美国商务代表处(United States Trade Representative，简称USTR)施加压力以增加对特定伙伴的执法力度；甚至推动行政当局实施或不实施WTO专家组和上诉机构的特定裁决；等等。

---

〔1〕 See Laurence R. Helfer, “Constitutional Analogies in the International Legal System”, *Loyola of Los Angeles Law Review*, Vol. 37, Issue 2, Fall 2003, pp.229-232.

〔2〕 See Laurence R. Helfer, Flexibility in International Agreements (January 3, 2013). in Jeffrey Dunoff and Mark A. Pollack, eds., *International Law and International Relations: Introducing an Interdisciplinary*, Cambridge, Cambridge University Press, 2012, pp. 175-176. Last visited on March 9, 2012. http://ssrn.com/abstract=1930379.

〔3〕 一个最理想的契约将能够规定所需的灵活性。它将在契约内的行为和契约外的行为之间有所区分。前者如由外部冲击(不曾预料到的意外事件)所引起的在契约上允许的行为，后者如可归因于机会主义行为的不被允许的行为。See Anne Van Aaken, International Investment Law Between Commitment and Flexibility: a Contract Theory Analysis, *Journal of International Economic Law*, Volume 12, Issue 2, 2009, p.518.

第三，有利于为国家利用WTO灵活性机制维护自身利益，以及在决定缔结其他国际条约时提供借鉴和参考。由于WTO贸易政策灵活性机制的存在，成员方在执行WTO项下的义务时便存在回旋余地或政策空间。国家在向WTO等国际组织和司法机构授予权力时，也可能在本国政治、经济等方面出现紧急情况时掌握暂时偏离条约义务的主动权。在WTO协定中，在贸易保护主义处于较高水平，而严格遵守国际条约不具有可行性的情况下，这些制度设计有利于为主权国家保留自由决策的余地，同时也能保证守约方在受到损失时得到适当的赔偿。例如，TRIPs虽然为所有成员方规定知识产权保护的最低标准，但也为平衡发达国家和发展中国家利益需求而留下一定的灵活性空间。TRIPs第1条、第7条和第8条为原则性灵活性条款，第6条、第13条、第26条和第30条为实体性灵活性条款。联合国人权理事会在报告中指出，TRIPs所包含的灵活性允许国家将其经济和发展的需要考虑在内。国家需要采取措施以促进对TRIPs灵活性的利用。缺乏解决来自发达国家的外部压力的能力使发展中国家和最不发达国家利用TRIPs灵活性以促进对药物的获取更加困难。特别报告员建议，发展中国家和最不发达国家应审查本国法律和法规，并考虑他们是否已经充分使用TRIPs灵活性和是否有必要修订他们的法律和政策以充分利用该灵活性。〔1〕由于条约灵活性机制是一种必要的"安全阀"，缔约方应充分利用这种制度上的便利。

第四，有利于分析WTO贸易政策灵活性机制及其执行的改革方向。〔2〕传统观点认为，条约一旦签署和批准，就标志着国际问题的终结。这是不准确的。条约必须能适应当时的世界形势，并必须继续适应形势的变化。简单地说，其必须像生物体那样演化，以适应所在的环境。如果一个条约不能演化，很快就会被废止或忽略。〔3〕国学大师钱穆在《中国历代政治得失》一书中指

〔1〕 See U.N. HUMAN RIGHTS COUNCIL, *Report of the Special Rapporteur on the right of everyone to the enjoyment of the highest attainable standard of physical and mental health*, paras.95, 96, 97, U.N. Doc. A/HRC/11/12 (Mar. 31, 2009).

〔2〕 由于全球经济环境发生根本性改变，某些贸易政策灵活性工具失去其作用。例如，随着世界上很多地方逐渐从很僵硬的固定汇率体制转变为更加灵活的汇率，虽然GATT第12条和第18条（乙）在限制进口以保护收支平衡方面仍然可用，但乌拉圭回合关于GATT收支平衡条款的谅解也对限制其使用范围的趋势予以确认。See Alexander Roitinger, *The Institutional Design of Trade Policy Flexibility in the World Trading Order: Analysis and New Direction for Reform* (Ph.D.diss.,) Universität St. Gallen, 2004, p.22.

〔3〕 See Jeffrey D. Myhre, *The Antarctic Treaty System: Politics, Law, and Diplomacy*, Boulder, Westview Press, 1986, p.1.

出："就历史经验论，任何一制度，绝不能有利而无弊。任何一制度亦绝不能历久而不变。历史上一切已往制度俱如是，当前的现实制度，也何尝不是。"[1]在国际社会中，贸易规则是政策协调制度化的产物。从本质上讲，世界贸易体制从GATT转变为WTO，是制度为适应环境变化的演变结果。WTO历次谈判也表明，多边贸易体制同样需要与时俱进地发展。

从现实角度看，运转良好的全球贸易体制是贸易促进和发展国家发展的前提。但是，同样被人们广泛认可的是，该贸易体制并没有为很多发展中国家的利益而运作。为改变该情形的多哈回合议程谈判也已失败。为改善现有体制，必须有为每个国家的谋利益的集体意识，以创造和维持在服务、农业和非农业产品贸易方面的市场准入。该体制同样必须能为每个国家追求和实施其本国优先事项提供必要法律灵活性。例如，从GATT时期到WTO体制都接受特殊和区别待遇原则，因为发展中国家需要更多的政策空间和额外的灵活性，最不发达国家更加迫切需要优惠待遇。特殊和区别待遇考虑到发展中国家各种例外和偏好（preferences）。例如，发展中国家从授权条款中获益，因为该条款为有利于发展中国家而允许对非歧视原则减损。因此，授权条款构成对互惠原则的一项例外，后者要求国家之间交换平衡的减让。[2]但是，现有WTO规则在很大程度上还是体现富国的利益。[3]这主要是因为国际贸易规则主要由西方国家主导制定，而制度设计者不可避免地要在规则中体现自身的利益需求或价值偏好。从这个意义上讲，研究现有WTO贸易政策灵活性和执行机制可改进的空间兼具理论和现实的双重意义。

四、文献综述

经济全球化意味着共享一些正式和非正式的制度、规则、标准。要理解WTO体制的运行，重要的不仅仅是分析规则本身，同时还要研究造就规则的经济和经济力量，以及各国遵守这些规则的动力。唯有如此，才能在对外经贸关系中更好地遵守和利用WTO规则。

---

〔1〕 钱穆：《中国历代政治得失》，三联书店2001年版，第2页。

〔2〕 See Anu Bradford and Eric A. Posner, "Universal Exceptionalism in International Law", *Harvard International Law Journal*, Vol. 52, No. 1, Winter 2011, p.29.

〔3〕 See Gary P. Sampson and W. Bradnee Chambers, *Developing Countries and the WTO: Policy Approaches*, Tokyo, United Nations University Press, 2008.

在本书研究过程中，所收集与参考的资料涉及经济学、政治学、国际关系和国际法等学科著作和论文中的理论观点。经济学家一般着眼于互惠的贸易自由化中产生的额外经济收益。可以公平地说，经济原理是WTO的核心。从ITO、GATT和WTO的筹备工作，经济历史学家的研究结果，都可算是支持ITO、GATT和WTO经济本质的论据；[1]政治经济学家思考选举政治如何有助于塑造有关合作的决策和国际承诺如何影响国内经济中利益冲突方的相对实力；国际关系学者试图就管理关系和共享信念等方面解释国家之间的合作；法学家强调WTO协定在维护公共利益和限制政府行为方面所起到的宪法作用。对上述多学科资料的提及，并不意味着本书试图展开详尽无遗的研究，而是希望以更加开放的态度抓住与研究主题相关的基础性理论。理由在于，专业化固然是学有所成的前提，但知识体系壁垒分明的界限，也是人们理解这个世界的一道樊篱。从经济学、国际关系和政治学等各门学科中提取证据，可形成对WTO研究既繁复但又具有逻辑一贯性的论证体系。当然，由于篇幅和行文需要，本书对法学之外的学科文献仅进行粗线条式的梳理，而将重点放在与国际法尤其是WTO法相关的文献上。

经济学家早就认识到灵活性的重要性。理性设计猜想（rational design conjecture）源于经济学，特别是契约理论。这有助于详尽阐述“灵活性随着外部世界状态的不确定性而增加”的理论。有两篇相当重要的论文对此进行理论上的说明。[2]

政治学家主要是从理性设计的角度研究灵活性。例如，2001年学者凯里迈诺斯、利普森和斯奈德尔研究国际制度的理性设计。作者提出，制度规则和程序成员应当如何适应新情况的问题。制度可能要面对不同形式的不确定

---

〔1〕 James N. Miller, *Origins of the GATT: British resistance to American multilateralism*, Jerome Levy Economics Institute Working Paper No. 318. Last visited on March 20, 2012. http://ssrn.com/abstract=256005 or http://dx.doi.org/10.2139/ssrn.256005;［美］道格拉斯·A.欧文：《备受非议的自由贸易》，陈树文等译，中信出版社2003年版。

〔2〕 Jo Anna Gray试图在微观经济学层面上建立不完全契约在宏观经济学层面引起粘性工资方面作用的模型。在Milton Harris和Bengt Holstrom的模型中，再谈判就是付出代价以获悉易变的世界状态的真实价值之代名词。在契约期限的模型中，付出缔约成本的频率和契约条款与所认知的世界并不能很好吻合的负效用之间存在基本的权衡。See Barbara Koremenos and Allison Nau, “Exit, No Exit, *Duke Journal of Comparative and International Law*”, Vol. 21, No.1, Fall 2010, pp.90–91;Jo Anna Gray, On Indexation and Contract Length, “*Journal of Political Economy*”, Feb., 1978,Vol. 86, No. 1,pp.1–18; Milton Harris and Bengt Holstrom, “On the Duration of Agreements”, *International Economic Review*, Vol. 28, No. 2, June 1987,pp. 389–406.

性，例如，不可预期的情况或冲击，或者面对国内联盟或成群的国家希望改变重要的规则或程序的要求。因此，需要研究制度需要什么样的灵活性以应对这些挑战。[1]作者对灵活性提出三个假设：(1)灵活性增加世界现状的不确定性；(2)灵活性增加分配问题的严重性；(3)灵活性随着数量而增加。每个假设都将灵活性的成本和收益考虑在内。另一方面，当不利的冲击发生时调整协议的可能性允许国家从合作中获利，而不必在情况变得让人不悦时把自己和协定绑在一起。[2]

在过去十多年间，国际法和国际关系学者对条约灵活性机制给予越来越多的关注。在法律界，不同的学者研究分析条约的保留(Goodman, 2002[3]; Swaine, 2006[4])、成员资格和投票规则(Goodman and Jinks, 2004[5]; Helfer, 2008[6])、框架公约和议定书(Setear, 1999[7])、软法(Guzman and Meyer, 2010[8]; Shaffer and Pollack, 2010[9])、对国际组织的授权(Alvarez, 2005;[10]Guzman and Landsidle, 2008[11]; Helfer, 2006[12])和对国际法庭的授权(Guzman, 2002[13], 2008[14];

---

〔1〕 See Koremenos et al., "The Rational Design of International Institutions", *International Organization*, Vol. 55, No. 4, 2001, p.773.

〔2〕 See Ibid., pp. 793-795.

〔3〕 See Ryan Goodman, "Human Rights Treaties, Invalid Reservations, and State Consent", *American Journal of International Law*,Vol. 96, No. 3, 2002,pp. 531-560.

〔4〕 See Edward T. Swaine, "Unsigning", *Stanford Law Review*, Vol. 55, No. 5, 2003, pp. 2061-2089.

〔5〕 See Goodman, Ryan and Derek Jinks, "How To Influence States: Socialization and International Human Rights Law", *Duke Law Journal*, Vol. 54, No. 3, 2004,pp. 621-704.

〔6〕 See Laurence R. Helfer, "Nonconsensual International Lawmaking", *University of Illinois Law Review*, Vol. 2008, No. 1, 2008,pp.71-126.

〔7〕 See John K. Setear, "Ozone, Iteration, and International Law", *Virginia Journal of International Law*, Vol. 40, No. 1, 1999,pp. 193-310.

〔8〕 See Andrew T.Guzman and Timothy Meyer, "International Soft Law", *Journal of Legal Analysis*, Vol. 2, No. 1, 2010, pp. 171-225.

〔9〕 See Shaffer, Gregory C. and Mark A. Pollack, "Hard vs. Soft Law: Alternatives, Complements and Antagonists in International Governance", *Minnesota Law Review*, Vol. 94, No. 3, 2010, pp. 706-799.

〔10〕 See Alvarez and José E., *International Organizations as Law-Makers*, Oxford, Oxford University Press, 2005.

〔11〕 See Andrew T.Guzman and Jennifer Lansidle, "The Myth of International Delegation", *California Law Review*, Vol. 96, No. 6, 2008,pp.1693-1724.

〔12〕 See Laurence R. Helfer, "Understanding Change in International Organizations: Globalization and Innovation in the ILO", *Vanderbilt Law Review*, Vol. 59, No. 3, 2006, pp. 649-726.

〔13〕 See Andrew T.Guzman, "the Cost of Credibility: Explaining Resistance to Interstate Dispute Resolution Mechanisms", *Journal of Legal Studies*, Vol. 16, No. 4, June2002, pp. 579-612.

〔14〕 See Andrew T. Guzman, "International Tribunals: A Rational Choice Analysis", *the University of Pennsylvania Law Review*, Vol. 157, No. 1, 2008, pp. 171-236.

Helfer and Slaughter, 2005〔1〕; Posner and Yoo, 2005〔2〕)、例外条款(Gross and Ní Aoláin, 2006〔3〕; Oraá, 1992〔4〕; Sykes, 1991〔5〕)和退出条款(Helfer, 2005〔6〕; Meyer, 2010〔7〕),以及条约形式和内容之间的关系(Guzman, 2005〔8〕; Hathaway, 2005〔9〕; Raustiala, 2005〔10〕)。

在2001年第4期《国际组织》"国际制度理性设计"专刊〔11〕发表后,社会科学界对条约灵活性的研究激增。有一组研究集中讨论单个灵活性条款,包括存续期间和再谈判(Koremenos, 2005〔12〕)、保留(Kearney and Powers, 2011〔13〕; Miles and Posner, 2008〔14〕; Neumayer, 2007〔15〕; Parisi and Ševčenko, 2003〔16〕)、争端

---

〔1〕 See Laurence R.Helfer and Anne-Marie Slaughter, "Why States Create International Tribunals: A Response to Professors Posner and Yoo", *California Law Review*, Vol. 93, No. 3, 2005, pp. 899 -956.

〔2〕 See Posner, Eric and John C. Yoo, "Judicial Independence in International Tribunals", *California Law Review*, Vol. 93, No. 3, 2005,pp. 957-974.

〔3〕 See Gross, Oren and Fionnuala D. Ní Aoláin, *Law in Times of Crisis: Emergency Powers in Theory and Practice*, Cambridge, Cambridge University Press, 2006.

〔4〕 See Jaime Oràà, *Human Rights in States of Emergency in International Law,* Oxford, Clarendon Press, 1992.

〔5〕 See Alan O.Sykes, "Protectionism as a "Safeguard" : A Positive Analysis of the GATT-Escape Clause with Normative Speculations", *University of Chicago Law Review*,Vol. 58, No. 1, 1991, pp. 255-305.

〔6〕 See Laurence R. Helfer, "Exiting Treaties", *Virginia Law Review*, Vol. 91, No. 7, 2005, pp.1579 -1648.

〔7〕 See Timothy Meyer, "Power, Exit Costs, and Renegotiation in International Law", *Harvard International Law Journal*,Vol. 51, No. 2, 2010, pp. 379-425.

〔8〕 See Andrew T.Guzman, "The Design of International Agreements", *European Journal of International Law*, Vol. 16, No. 9, 2005, pp. 579-612.

〔9〕 See Oona A.Hathaway, "Between Power and Principle: An Integrated Theory of International Law", *University of Chicago Law Review*,Vol. 72, No. 2, 2005, pp. 469-536.

〔10〕 See Kal Raustiala, "Form and Substance in International Agreements", *American Journal of International Law*, Vol. 99, No. 3, July 2005,pp. 581-614.

〔11〕 Source: "The Rational Design of International Institutions", *International Organization*, Vol. 55, No. 4, Autumn 2001, pp. 761-799.

〔12〕 See Barbara Koremenos, "Contracting around International Uncertainty", *American Political Science Review*, Volume 99, Issue 4, November 2005,pp.549-565.

〔13〕 Kearney, Patrick Michael and Ryan M. Powers, "*Veto Players and Conditional Commitment to U.N. Human Rights Agreements*", APSA 2011 Annual Meeting Paper, pp. 1 -27. Last visited on July 7, 2012. http://ssrn.com/abstract=1900266.

〔14〕 See Miles, Thomas J. and Eric A. Posner, "Which States Enter into Treaties, and Why?" University of Chicago Law and Economics, Olin Working Paper No. 420; University of Chicago, Public Law Working Paper No. 225, 2008, pp. 1-36. Last visited on 8 May 2012. http://ssrn.com/abstract=1211177.

〔15〕 See Eric Neumayer, "Qualified Ratification: Explaining Reservations to International Human Rights Treaties", *Journal of Legal Studies*, Vol. 36, No. 2, 2007, pp. 397-430.

〔16〕 See Francesco Parisi and Catherine Sevcenko, "Treaty Reservations and the Economics of Article 21(i) of the Vienna Convention", *Berkeley Journal of International Law*, Vol. 21, No. 1, 2003, pp. 1-26.

解决(Koremenos, 2007[1])、免责(Neumayer, 2011[2]; Rosendorff and Milner, 2001[3])和退出(Koremenos and Nau, 2010[4])。另一组研究考虑这些条款如何在不同的问题领域运作，尤其强调在国际贸易领域(Koremenos, 2002[5]; Kucik and Reinhardt, 2008[6]; Pelc, 2009a[7], 2009b[8])和人权条约方面(Cole, 2009[9]; Hafner - Burton, Helfer and Fariss, 2011[10]; Neumayer, 2007,[11]2010)。相关研究成果还更具体地涉及气候变化[12]、国际水资源条约[13]和武器贸易条约[14]等国际法领域。在过去十多年里，有大量对条约进行实证研究的作品。其中，灵活性机制等条约中特定类型的安排是学术界重要的研究内容。[15]

---

〔1〕 See Barbara Koremenos, "If Only Half of International Agreements Have Dispute Resolution Provisions, Which Half Needs Explaining?" *Journal of Legal Studies*, Vol. 36, No. 1, 2007, pp. 189–211.

〔2〕 See Eric Neumayer, "Do Governments Mean Business When They Derogate? Human Rights Violations during Declared States of Emergency", *Working Paper*, 2011, pp.1–42. Last visited on June 2, 2011. http://personal.lse.ac.uk/neumayer.

〔3〕 See Rosendorff, B. Peter and Helen V. Milner, "The Optimal Design of International Trade Institutions: Uncertainty and Escape", *International Organization*, Vol. 55, No. 4, September 2001, pp. 829–857.

〔4〕 See Barbara Koremenos and Allison Nau, "Exit, No Exit", *Duke Journal of Comparative and International Law*, Vol. 81, No. 1, 2010,pp.81–120.

〔5〕 See Barbara Koremenos, "Can Cooperation Survive Changes in Bargaining Power? The Case of Coffee", *Journal of Legal Studies*, Vol. 31, No. 1, 2002,pp.259–284.

〔6〕 Kucik, Jeffrey and Eric Reinhardt, "Does Flexibility Promote Cooperation? An Application to the Global Trade Regime", *International Organization*, Vol. 62, No. 3, 2008,pp.477–505.

〔7〕 See Krzysztof J.Pelc, "Seeking Escape: The Use of Escape Clauses in International Trade Agreements", *International Studies Quarterly*, Vol. 53, No. 2, 2009, pp. 349–368.

〔8〕 See Krzysztof J. Pelc, *The Cost of Wiggle-Room: on the Use of Flexibility in International Trade Agreements* (Ph.D. diss., Georgetown University, 2009).

〔9〕 See Wade M.Cole, "Hard and Soft Commitments to Human Rights Treaties, 1966–2000", *Sociological Forum*, Vol. 24, No. 3, 2009, pp.563–588.

〔10〕 See Hafner - Burton et al., "Emergency an Escape Explaining Derogation from Human Rights Treaties", *International Organization* (August 19, 2011), Vol. 65, No. 4. Last visited on June 12, 2012. http://ssrn.com/abstract=1622732.

〔11〕 See Eric Neumayer, "Qualified Ratification: Explaining Reservations to International Human Rights Treaties", *Journal of Legal Studies*, Vol. 36, No. 2, 2007, pp.397–430.

〔12〕 See Alexander Thompson, "Rational Design in Motion: Uncertainty and Flexibility in the Global Climate Regime", *European Journal of International Relations*, Vol. 16, No. 2, June 2010, pp. 269–296.

〔13〕 See Alena Drieschova, Itay Fischhendler and Mark Giordano, "The Role of Uncertainties in the Design of International Water Treaties: An Historical Perspective", *Climatic Change*, Volume 105, Issue 3–4, April 2011, pp.387–408.

〔14〕 See Cristiane Carneiro, "From the United Nations Arms Register to an Arms Trade Treaty–What Role for Delegation and Flexibility", *ILSA Journal of International and Comparative Law*, Vol. 14, Spring 2008, pp.477–497.

〔15〕 See Gregory Shaffer and Tom Ginsburg, "The Empirical Turn in International Legal Scholarship", *American Journal of International Law*, Vol. 106, No. 1, January 2012, p.12.

限于行文篇幅和个人能力所限，本书不能对相关的文献进行全面回顾和分析，而是更侧重研究与WTO贸易政策灵活性机制主题直接有关的文献资料。

第一为报告类。2007年世界贸易报告研究国际贸易协定的设计。该报告同时指出，如果政府在面对变化时对于包容性和灵活性漫不经心，国际合作及其背后的协定就很可能会失败。[1]2009年世界贸易报告主题为"贸易政策承诺与应急措施"，该报告考察贸易协定中可用的应急措施范围及其所发挥的作用。这些应急措施力图使国家能在承诺和灵活性之间取得平衡。[2]从某种意义上讲，WTO灵活性机制赋予成员方在某种情形下单边采取某种措施之可能性。国际法委员会《关于国家的单方面行为的第九次报告》研究单方面行动之定义和效力，[3]这有助于界定WTO灵活性机制所允许的合法单边行动和违反协定的单边贸易措施。还有两份凸显WTO改革争论的重要报告也值得参考。一是西雅图部长级会议的失败，促使当时的总干事Mike Moore邀请一批专家为制度改革提供建议，结果在2004年诞生名为《WTO的未来：应对新千年的制度性挑战》的报告(《萨瑟兰报告》)；[4]二是当人们为多哈回合的缓慢进展以及地区和双边贸易协定的扩散而忧心忡忡之际，华威委员会在2007年公布《多边贸易机制：出路何在？》(《华威报告》)。[5]

第二为论著类。第一类作品有关不完全契约理论。这是解释WTO贸易政策灵活性机制制度设计的关键。不完全契约理论的早期思想可追溯至1991诺贝尔经济学奖获得者科斯。[6]根据2009年诺贝尔经济学奖得主奥利弗·威廉姆森提出的契约理论，由于不确定性、信息不对称等因素，履约有时显得成本过高，或者甚至不可能，这就要求契约规则对可能发生的情况具有适应

---

〔1〕 See *World Trade Report* 2007, xxvi. Last visited on May 9, 2011. http://www.wto.org/english/res_e/publications_e/wtr07_e.htm.

〔2〕 See *World Trade Report* 2009. Last visited on December 10, 2012. at http://www.wto.org/english/res_e/publications_e/wtr09_e.htm.

〔3〕 A/CN.4/569/Add.1

〔4〕 Consultative Board to the Director-General Supachai Panitchpakdi (ed.)(2004): "*The Future of the WTO - Addressing Institutional Challenges in the New Millennium*", Last visited on October 10, 2011. http://www.wto.org/english/thewto_e/10anniv_e/future_wto_e.htm.

〔5〕 The Report of the First Warwick Commission, *The Multilateral Trade. Regime: Which Way Forward?* Last visited on December 16, 2011. http://www2.warwick.ac.uk/research/warwickcommission/worldtrade/report/contents.pdf.

〔6〕 参见聂辉华:《不完全契约理论的来龙去脉》，载《中国社会科学报》2011年2月24日，第11版。

性。[1]2016年诺贝尔经济学奖获得者奥利弗·哈特和本特·霍姆斯特姆也在不完全契约理论方面作出很大贡献。契约关系适应性之重要作用在国际贸易活动中体现得尤为突出，这也是研究WTO协定如何成为最佳的治理结构，以解决和克服其不可避免的不完全性之意义所在。[2]"更一般地说，治理关注的是各种形式的合约风险的鉴别、解释和缓解。"[3]第二类作品是用不完全契约解释WTO协定。施罗普认为，WTO协定为不完全契约，遗漏掉许多获利的机会。WTO协定灵活性机制可以促使成员方利用这些获利机会，从而实现帕累托效率。WTO协定首要目标是实现并保护相互满意的互惠市场准入的平衡；其次是在重要的贸易领域达成普遍的最低标准。根据WTO协定保护权利的不同，可采取三种不同的方法加以保护：方法一是市场准入权利，由责任规则来保护。成员方支付预期损害赔偿金即可违背市场准入承诺。方法二、方法三分别是最低标准权利、主要辅助性权利（如程序规则、透明度规则等），这些都由不可让与规则予以保护。[4]有学者根据政府面对来自国内利益团体要求限制贸易的政治压力之假设，从制度设计的视角研究在政治上合理的贸易协定，并认为在变化的情形下合理的机制应当包括对违反贸易协定的救济机制。[5]第三类作品也使用契约理论研究WTO。1972年圭多·卡拉布雷西和道格拉斯·梅拉米德合作发表《财产规则、责任规则和不可让与性："大教堂"的一幅景观》[6]，文中区分"财产规则、责任规则和不可让与规则"，并认为法律权利可以采取三种不同的方式加以保护："财产规则"用来防止非自愿转让财产；"责任规则"要求享有权利或侵犯权利的人支付法官判定的价款。世界知名WTO法专家约斯特·鲍威林在《国际法的最佳保护：在欧洲绝

[1] See Oliver E. Williamson, *The Mechanisms of Governance*, New York, Oxford University Press, 1996.

[2] 奥利弗·E.威廉姆森把每一种经济制度都还原为一种特殊的契约，在契约签订之前是交易，契约签订之后是治理。参见[美]奥利弗·E.威廉姆森：《资本主义经济制度——论企业签约与市场签约》，段毅才、王伟译，商务印书馆2002年版，译者序第1页。

[3] Oliver E. Williamson, *The Mechanisms of Governance*, Oxford University Press, 1996, p.5.

[4] Simon A. B. Schropp, *Trade Policy Flexibility and Enforcement in the WTO: a Law and Economics Analysis*, Cambridge, Cambridge University Press, 2009.

[5] See Mostafa Beshkar, "Optimal Remedies in International Trade Agreements", *European Economic Review*, Vol. 54, No. 3, 2010. Last visited on May 9, 2012. http://ssrn.com/abstract=1987180.

[6] See Guido Calabresi and A. Douglas Melamed, Property Rules, Liability Rules, and Inalienability: One View of the Cathedral", *Harvard Law Review*, Vol. 85, No. 6, April1972, pp. 1089-1128；[美]吉多·卡拉布雷西、A.道格拉斯·梅拉米：《财产规则、责任规则与不可让与性——一个权威的视角》，明辉译，载《哈佛法律评论·侵权法学精粹》，法律出版社2005年版，第275～324页。

对主义与美国自愿主义之间》一书中将上述三种权利保护方式具体运用到国际法领域，并提出国际权利的保护水平应介于“欧洲绝对主义”与“美国自愿主义”之间，在国际法中采取可变的保护方式能以契约自由化合法性的最低成本获得福利的最大化和有效性。他认为，国际法原则上并非不可让与的(inalienable)，其默认由财产规则而非责任规则所保护。[1]罗伯特·斯科特和保罗·斯蒂芬从契约理论的角度分析国际法的执行，并认为最佳的执行并不是最大化的执行。[2]第四类作品是研究国际贸易法中的制度“灵活性”。国际条约包含某些例外规定，以便政府应对不可预见的事件。这种制度“灵活性”是必要的，但该如何设计才能避免其被滥用？佩尔茨研究在不同的情形下，规则设计者为应对不可预见的事件而想出的解决办法。[3]

第三为国内外博士学位论文。施罗普以WTO协定为不完全契约出发，分析WTO现有体制中贸易政策灵活性和权利保护的现状，并提出具体的改进建议。[4]佩尔茨分析国家加入国际制度之原因，并认为所有国家对于违反承诺具有利益，尤其是发生条约设计者所能预见的外来冲击时。因此，灵活性机制起到暂时松开束缚关系的“安全阀”(safety valves)作用。论文论述在GATT/WTO等国际贸易协定中灵活性使用的诸多问题。作者指出，贸易协定中保持适当的灵活性是有益的，但如果太多会导致该灵活性被滥用。[5]亚历山大·罗伊廷格研究国际贸易协定和贸易政策灵活性的制度设计。该文讨论在缔结一项国际贸易协定之后政府对暂时性进口限制进行决策的能力。同时，也讨论国际贸易协定作为把贸易政策灵活性或进口配额的使用和保护主义以及决定提高进口壁垒条件制定为法典的制度。论文提出有关反倾销、反补贴税、

---

〔1〕 See Joost Pauwelyn, *Optimal Protection of International Law - Navigating between European Absolutism and American Voluntarism*, Cambridge, Cambridge University Press, 2008.

〔2〕 See Robert E. Scott and Paul B. Stephan, *The Limits of Leviathan Contract Theory and the Enforcement of International Law*, Cambridge, Cambridge University Press, 2006.

〔3〕 Krzysztof J. Pelc, *Making and Bending International Rules: The Design of Exceptions and Escape Clauses in Trade Law*, Cambridge, Cambridge University Press, 2016.

〔4〕 See Simon A.B. Schropp, *Trade Policy Flexibility and Enforcement in the WTO–Reform Agenda towards an Efficient "Breach" Contract*(Ph. D. diss., University of. St. Gallen, 2008).

〔5〕 See Krzysztof J. Pelc, *The Cost of Wiggle-Room: on the Use of Flexibility in International Trade Agreements*(Ph. D. diss., Georgetown University, 2009).

GATT保障条款和违反WTO协定等主题的制度改革。[1]国内相关的博士论文也体现出较高的学术水平。例如，李昕博士在《国际组织中的制度变化和制度适应能力》一文中，将国际组织中的制度适应能力作为考察的因变量，制度设计的五个重要维度作为自变量，从而确定机构的制度变化和适应能力之间的变量关系。[2]冯维江博士在《安全、不完全契约与国际规则》中指出，国家间的再谈判系用一组不完全契约对作为不完全契约的《联合国海洋法公约》进行补充。进而从不完全契约视角对中日东海争端作出分析。[3]杨宏力博士比较全面和客观地呈现克莱因不完全契约理论的面貌。[4]

同主题相关论文类资料数量更多，具有代表性的论文及其观点如下：在《作为内生性不完全契约的贸易协定》一文中，作者提出缔结贸易协定成本过高，因此最佳的协定可能是不完全的模型。尽管该模型比较简单，但对最佳的贸易协定结构以及这如何依赖于基本的缔约环境给予丰富的预测。文章认为，将缔约成本加以考虑有助于解释真实贸易协定的许多关键特征。[5]在《国际制度的优化设计：不确定性与例外》这篇论文中，作者认为，在面对国内不确定性和国际分配问题时理性地在国际协定中设计灵活性对于政治领导人而言很重要。[6]格雷戈里·谢弗和特拉赫特曼以“备选方案选择”(alternative choices)的可用性为重点的比较制度分析理解某一特定制度的发展，试图大体上从理性主义者（或法律和经济学）的框架理解WTO，以便为描述和评价条约草拟和解释选择的后果提供更好的方法。[7]韩国学者赵成埈批判对WTO理性的制度分析，并提出一个替代性的“社会学”框架。虽然理性主义对于

---

〔1〕 See Alexander Roitinger, *The Institutional Design of Trade Policy Flexibility in the World Trading Order: Analysis and New Direction for Reform* (Ph. D. diss., Universität St. Gallen, 2004).

〔2〕 参见李昕：《国际组织中的制度变化和制度适应能力》，上海外国语大学2011年博士学位论文。

〔3〕 参见冯维江：《安全、不完全契约与国际规则》，中国社会科学院2008年博士学位论文。

〔4〕 参见杨宏力：《本杰明·克莱因不完全契约理论述评》，山东大学2012年博士学位论文。

〔5〕 See Henrik Horn, Giovanni Maggi and Robert W. Staiger, “Trade Agreements as Endogenously Incomplete Contracts”, *The American Economic Review*, Volume100, Number 1,March 2010,pp.394-419.

〔6〕 See Rosendorff, B. Peter and Helen V. Milner, The Optimal Design of International Trade Institutions: Uncertainty and Escape, *International Organization*, Vol. 55, No. 4, September 2001, pp.853-854.

〔7〕 See Gregory Shaffer and Joel Trachtman, “Interpretation and Institutional Choice at the WTO”, *Virginia Journal of International Law*, Vol. 52, Issue 1, 2011, pp.103-153.粗略而言，比较经济分析源自Douglass C.North和Oliver E.Williamson所支持的“新制度经济学”，其中心主题是所有制度总是伴随着交易成本，因而可被备选方案所替代。See Sungjoon Cho, “Beyond Rationality: A Sociological Construction of the World Trade Organization”, *Virginia Journal of International Law*, Vol. 52, No. 2, Winter 2012, p.323.

WTO的运行极具启发性，但不可避免地忽视WTO丰富的社会维度，并因此留下各种各样的理论盲点，如对于制度演化和发展问题缺乏任何让人满意的解释。文章认为，WTO机构本体不能定义为一个契约，而应当是一个共同体。在WTO共同体里，其成员通过一个反复和程式化的过程（正式讨论）传达其思想，最终将这些理念制度化为规范。[1]韩国梨花女子大学崔源穆教授在《亚洲WTO暨国际卫生法与政策期刊》上刊载论文《区域特惠安排和保障规范：变异及其兼容》。该文指出，WTO协定和区域特惠安排下大量的保障机制系基于不同的理由履行不同的功能。全球保障措施和特殊保障等多边保障机制的主要作用，是在商定的贸易自由化完成后给予国内产业暂时的缓冲。为与这种救济相一致，WTO成员享有某种程度的政策灵活性和裁量权。[2]

自WTO建立，应当在何种程度上鼓励有效违反WTO规则就存在很多学术争议。沃伦·施瓦兹和艾伦·塞克斯认为，根据契约经济学理论，要求当事方对于任何复杂的协定，都提前规定他们在任何可想象的偶发事件下应如何行动，这也是不效率的。可能会出现“有效违约”符合当事方共同利益的情形。WTO争端解决程序不仅旨在解决争端，而且保证成员方遵守WTO协定下的义务。在作为阻止“不遵守”（non-compliance）WTO规则的机制方面，其作用应当得到关注。但是，还需对“不遵守”予以进一步区分：“有效违约”，即“不遵守”的结果是增进所有WTO成员利益；“无效率违约”，即“不遵守”导致所有WTO成员的收益总量减少。WTO争端解决程序应当作为鼓励前者而阻止后者的机制。[3]但对于WTO争端解决程序，他们并未进行实质性的详细分析。东京大学大学院清水刚教授用简单的博弈论模型分析现有WTO争端解决程序。他认为，“有效违约”和“无效率违约”在现有框架下都不能得到阻止。从这个意义上来说，争端解决程序并非按照沃伦·施瓦兹和艾伦·塞克斯所表述之方式运行。换言之，WTO成员方有故意从事可能或将会构成无效率违约行为的动机，如果该行为被认为与相关WTO协定不符之后，就会纠正

〔1〕 See Sungjoon Cho, “Beyond Rationality: A Sociological Construction of the World Trade Organization”, *Virginia Journal of International Law*, Vol. 52, No. 2, Winter 2012, pp.321–354.

〔2〕 See Won-Mog Choi, “FTAs and Safeguard Norms: Their Variation and Compatibility”, *Asian Journal of WTO and International Health Law and Policy*, Vol. 6, No. 1, March 2011, pp. 81–108.

〔3〕 See Schwartz, W. and A.Sykes, “The Economic Structure of Renegotiation and Dispute Resolution in the World Trade Organization”, *The Journal of Legal Studies*, Vol. 31, Issue 1, 2002, pp.179–204.

这些存在问题的措施。该动机不会因为国际社会其他成员的批评或采取报复措施而有所削弱。更进一步讲，在现有体制中不允许为过去发生的损害进行溯及既往的补偿，这就会增加“不遵守”的动机，特别是“无效率违约”。从这个意义上来说，现有WTO争端解决机制并不足以阻止违反协定行为的发生。[1]齐默尔曼认为，虽然WTO争端解决机制并不是为鼓励有效违约而设计，现有机制事实上容纳暂时的“不遵守”。[2]佩尔兹以补偿和贸易报复产生巨大的交易成本为由反对有效违反国际贸易协定。[3]柯林斯针对WTO争端解决机制在损失赔偿计算方面的双重无效率，即缺乏追溯既往的损失赔偿和不精确的损失赔偿评估提出解决方法，以便该体制能鼓励真正有效率的违约。[4]特拉赫特曼指出，从公共选择理论的视角将WTO争端解决机制分析为鼓励在政治上有效违约的体制，这对于如何改变现有体制以最大化一般公共福利并无多大助益。[5]

上述文献覆盖经济学、政治学、国际关系和国际法等多门学科，这些学术成果对于研究WTO贸易政策灵活性机制都是不可或缺的参考资料。但是，鉴于WTO自身就是涉及广泛议题的多边贸易体制，如果单纯从一个学科角度研究只能得出“真理的微粒”。因此，本书主要以国际条约法为重点，结合契约经济学理论和组织治理理论进行交叉研究，试图更全面地研究WTO贸易政策灵活性机制。人类面对的是一个时刻在变化的世界，并不存在放之四海而皆准的理论。本书甚至上述文献此时对某问题正确的论述，或许在彼时可能就显得不合时宜。既有WTO协定及其灵活性机制的设计，也不可能像人们所希望的那样，一直都能发挥积极的作用，持续地推动世界贸易的发展。因此，在多哈回合陷入僵局、国际金融危机和欧债危机困扰全世界之时，人们有必要反思甚至摒弃目前所信奉的理论，与时俱进地对多边贸易体制予以适当的修

〔1〕 清水刚（2007）.「WTO 紛争解決手続における非効率的違反の可能性—法と経済学的分析」，RIETI Discussion Paper Series 07-J-001。

〔2〕 See Claus D. Zimmermann, “Toleration of Temporary Non-Compliance: The Systemic Safety Valve of WTO Dispute Settlement Revisited”, *Trade, Law and Development*, Vol.3, No.2, 2011, pp.382-440.

〔3〕 See Krzysztof J. Pelc, See “Sing Escape: The Use of Escape Clauses in International Trade Agreements”, *International Studies Quarterly*, Volume 53, Issue 2, June 2009, pp.349-368.

〔4〕 See David Collins, Efficient Breach, “Reliance and Contract Remedies at the WTO”, *Journal of World Trade*, Vol. 43, Issue 2, 2009,pp. 225-244.

〔5〕 See Joel P. Trachtman, “The WTO Cathedral”, *Stanford Journal of International Law*, Vol. 43, No. 1, Winter 2007,pp.127-167.

正和更新，使其更能适应现实世界的需要。

上述资料的收集和研究，也有受到很多限制。首先，本研究主要依靠一人一时之力，难以无所遗漏地囊括所有重要的资料，更不必说透彻汲取其中的精华。其次，限于语言能力，本书主要使用中、英文文献所呈现之成果，对于日文、法文等其他外语学术资源则望洋兴叹，不免有无法一窥庙堂之富的遗憾。最后，在案例分析方面，本书对于诉讼过程中不易通过公开渠道取得的资料一无所知，仅能以WTO专家组和上诉机构的公开报告为论证之依据。

五、研究方法

首先，本书运用法经济学分析方法。在国际法的研究中，学者们最常用的方法就是将文献回溯、理论评价和改进措施相结合的论证方法，指出现行的制度以及制度应该改进的方面。这种研究方法最大的弱点是在实然法和应然法之间缺乏有力说服工具。法经济学的研究方法可为国际法的研究提供多学科的视角，并为其从经验科学到精确科学的转变提供有效的路径。在国际法的案例研究方面，由美国法律协会赞助出版的WTO案例研究丛书，其在研究WTO案例方面提供跨学科的视角，每个案例的分析都由一名法学家和经济学家共同执笔，其目的在于弥补理论经济学在WTO法，尤其是WTO争端解决案例方面研究的缺陷。同时，由于WTO协定所具有的经济属性，也需要这种综合性的系统研究方法。国际法的经济分析通常是基于各个部门法的法经济学理论所类推、类比而发展出来。[1]

本书借鉴契约经济学的理论，将条约类比为国际层面上的契约。条约同契约一样，当事方在规则设计的过程中也会权衡缔约成本和收益之间的得失。出于交易成本的考虑，最理想的契约为不完全的契约，缔约方不会事先规定未来所有可能出现的情况。WTO协定的法律性质为国际层面的不完全契约，这是研究WTO灵活性机制的前提和基础。法经济学研究方法对于"有效违约"理论是否可应用于WTO领域，以及WTO执行目的是遵守还是再平衡等学术争论都有很大的影响。根据法经济学成本-收益分析方法的思维方式和逻

〔1〕 参见张弛：《国际法学的"量子力学革命"——评法经济学在国际法研究中的应用》，载《东南学术》2012年第2期。See Henrik Horn, Petros C. Mavroidis eds., *The WTO Case Law of 2001: The American Law Institute Reporters' Studies*, Oxford, Cambridge University Press, 2004, pp.1-3.

辑，就必然采用个体主义研究方法指导WTO的研究。WTO完全依靠各成员国的同意而存在，因此可将每个国家视为独立的个体，各自有不同的利益追求。由于个体在本质上是追求权利的，必然以权利为思维起点，个体主义方法论与权利本位方法论也具有一致性。[1]

当然，法经济学分析简单地将国家假定为追求利益最大化的理性人，这并不能很好地解释国际关系中的所有现象。法学毕竟不是一门科学，数学、统计和科学的分析工具的作用无可估量，但这不是可嫁接使用到定性所有现象或解决所有问题的工具和方法。据此，本书以辩证的眼光运用法经济学研究方法，避免以经济效率的名义代替其他法律价值的存在。法经济学的两面性正如威廉姆森所言，“经济学的强大说服力也在于它在理性上的执着。毋庸讳言，理性可以、有时也确实被强调得过了头。过于理性，就是一种神话，或者说是一种病态了。但我们也无需下这样的一个断语：人类唯一可信的动机就是贪婪；而经济学之所以比其他社会科学更为成功，原因多半在于它主要强调的就是斤斤计较之心。”[2]

其次，本书运用实证研究方法。实证研究不是对规则制度本身的理论分析，而是研究规范适用和运行的实然状态。这主要表现在本书通过对反倾销、反补贴和例外条款等灵活性手段在现实中使用情况的数据统计，客观地反映出WTO成员方在经济和政治上受到冲击时，实际上利用灵活性机制所提供机会的情况。在守约成本高于违约代价时，成员方还可能选择违反WTO协定，与此同时接受非违约方的报复或者向受影响的成员方提供补偿。此外，“在WTO争端解决中，无论是上诉机构的观点，还是上诉机构和专家组的实际做法，都体现出明显的案例法的指导作用的特点。”[3]世界贸易体制从GATT发展到WTO，这期间积累的大量案例对于解释、理解和正确运用规则都是宝贵的参考资料，并有力地推动WTO法乃至国际法学科的向前发展。本书在论证过程中，也多处援引WTO专家组和上诉机构的报告，以增强观点的说服力和权威性。

---

〔1〕 参见李秀娜：《世界贸易组织法学方法论问题刍议》，载《当代法学》2006年第6期。

〔2〕［美］奥利弗·E.威廉姆森：《论企业签约与市场签约》，段毅才、王伟译，商务印书馆2002年版，第544页。

〔3〕 韩立余：《WTO争端解决中的案例法方法》，载《现代法学》2008年第3期。

经济学大家乔治·施蒂格勒认为，“在65岁以前去关注方法论问题是愚蠢的”。[1]本书对于在博士论文这样年轻而严肃的作品中谈论方法心存疑虑。尤其是，本书所参考的资料大多来自欧美国家，这意味着本书从概念到方法都要经过西方理论框架的过滤。在这种对西方文化路径依赖的“剪裁”“拼接”和“移植”过程中，我们还如何保证思想的自主性和独立性呢？从这个意义上说，“方法固然重要，但过分强调方法的重要性最易使自己的思想变得很肤浅，这种说法也不是没有道理。而且过分强调方法也容易使自己与真实的研究对象之间产生人为的隔膜而难以深入其堂奥，以致再精彩的逻辑分析也难免有隔靴搔痒之嫌。”[2]

---

〔1〕［美］詹姆斯·M. 布坎南：《经济学家应该做什么》，罗根基、雷家瑞译，西南财经大学出版社 1988年版，第2页。

〔2〕［日］佐藤慎一：《近代中国的知识分子与文明》，刘岳兵译，江苏人民出版社2008年版，译者的话，第3页。

第一章　WTO协定与不完全契约理论

第一节　WTO协定与不完全契约

一、不完全契约理论概述

19世纪美国最具有世界影响力的作家、哲学家亨利·大卫·梭罗在《公民的不服从》中有句名言："我有权承担的唯一的职责是，在任何时候做我认为正确的事情。"[1]在WTO协定的语境下，任何成员方也可这么说："我承担唯一的义务是，信守自己所作出的承诺。"无论是在个人层面或者国家层面，承诺都是人类安排未来的一种独特方式。在人力可能的限度内，固定于契约或协定中的承诺使缔约者的未来行为变得可预见、可信赖。

古典和新古典的世界是一个不存在不确定性的世界，所有市场参与者都被假定具有完备的知识，即便存在某种不确定性，也可通过概率计算将其转化为纯粹的"风险"。[2]新古典契约理论的假设是，"契约是在有秩序、不混乱、没有外来干扰的情况下顺利进行并完成的。这主要表现在：契约条款在事前都能明确地写出，在事后都能完全地执行；当事人还能准确地预测在执行契约过程中所发生的不测事件，并能对这些事件作出

---

〔1〕 Henry David Thoreau, *Civil Disobedience*, Raleigh, NC, Hayes Barton Press, 2012, p.3.

〔2〕 参见［美］富兰克·H. 奈特：《风险、不确定性和利润》，王宇、王文玉译，中国人民大学出版社2005年版，第4页。

双方同意的处理；当事人一旦达成契约，就必须自愿遵守其契约条款，若发生纠纷，第三者能强制执行契约条款。"[1]

但在现实中，制定一个完全契约，不仅不切实际，也不可行，因为缔约方不能完全预见未来可能发生的所有情形。[2]未来必定存在不确定性，只有未出现不可预见的情形，[3]并且承诺所固有的相互性没有遭到破坏时，履行诺言才具有合理性。当然，当市场条件变化对缔约者不利时，这种不确定性也会给机会主义行为留下可乘之机，其可能以契约前提的改变为由而不履行原先的承诺。

契约往往具有不完全性，其原因主要在于：外在环境的复杂性、不确定性；信息的不对称和不完全性；个人的有限理性（bounded rationality）等。这都导致当事人无法达成内容完备、设计周详的契约条款，或契约仲裁者不能证实或观察一切；契约之签订和执行需要一定成本；等等。各种因素表明，契约将不可避免是不完全的。[4]"所有复杂的契约都不可避免地是不完全的。这就是交易经济学的简史。"[5]

二、契约不完全性的原因

对于契约不完全性的原因，有些学者只是简单地用"不确定性"来描述。

〔1〕［美］科斯等著：《契约经济学》，李风圣主译，经济科学出版社1999年版，第12页。

〔2〕See Steven Shavell, "Damage Measures for Breach of Contract", *Bell Journal of Economics*, Vol. 11, No. 2, Autumn 1980, pp. 466-490.

〔3〕契约不完全表现为两种迥异的形式。第一，契约未能明确缔约方对特定的未来不测事件所承担的责任。例如，加盖一所房子第三层的缔约没有约定整栋房屋在建筑完工之前烧毁时缔约方各自的权利与责任。如果没有底下两层，也就无所谓加盖第三层，因此契约没有约定房屋烧毁的不测事件。第二种形式更微妙。如果不受将来的相关不测事件影响，缔约方的责任完全明确，但这些责任并非依将来的相关事件来确定，契约是不完全的。例如，就一方在房子附近建造车库的例子。契约规定一方有义务建造该车库，无论附近房屋在车库建造完毕之前是否烧毁。从另一个意义上讲，这一契约是不完全的。因为建造车库的义务没有充分考虑到将来的不测事件。如果房屋烧毁，缔约方可能需要调整契约条款。这属于不充分考虑不测事件的契约。法院承认第一种形式的不完全，也知道他们必须决定如何填补空白。参见［美］伊恩·艾尔斯等：《填补不完全合同的空白：默认规则的一个经济学理论》，李清池译，载《北大法律评论》2005年第2期。本书主要讨论不完全契约第一种形式。

〔4〕See Alan Schwartz and Robert E. Scott, "Contract Theory and the Limits of Contract Law", *Yale Law Journal*, Volume113,Issue3, 2003, pp.594-595. 经验证据表明，人实际上只能表现出有限的理性、有限的意志力和有限的自我利益。因此，应当对法律进行更复杂、更精确的经济分析。See Christine Jolls, Cass R. Sunstein and Richard Thaler, "A behavioral approach to law and economics", *Stanford Law Review*, Vol. 50, No. 5, May1998, pp.1471-1550.

〔5〕Oliver E. Williamson, *The Mechanisms of Governance*, New York, Oxford University Press, 1996, p.37.

以经济学家的用语，这种不完全性是“外生的”（exogenous），即来源于一个外部的因素，这并不取决于缔约方的具体决策。[1]在契约用语上，至少涉及对未来、其他当事方的行动[2]和契约条款的含义、范围的不确定性，还有信息不对称造成的不确定性等内容。具体而言，协定执行期间外部环境会不断变化，包括供求的相对变化、技术进步、市场结构的变化、特殊利益集团的分化与组合以及政府偏好的变化等，任何契约的签订都不可能事先考虑到未来各种可能发生的事件，也不可能把所有将要发生的事件全部详细地写入契约中。[3]

“合同的不完备有两个主要原因。第一，不确定性意味着许多可能的偶发事件的存在，探知不确定性与事先对所有可能性做出应对的费用会很昂贵。第二，特定合同的履行，诸如雇员对完成复杂工作投入精力的程度，衡量起来也可能费用昂贵。”[4]从经济学的角度看，契约不完全的原因可概括归为三类成本：一是预见成本，即当事人由于某种程度的有限理性，不可能预见到所有的或然状态；二是缔约成本，即使当事人可预见到或然状态，以一种双方没有争议的语言写入契约也很困难或成本太高；三是证实成本，即关于缔约的重要信息对双方是可观察的，但对第三方（如法庭）是不可证实的。由于这种“可观察但不可证实”的信息结构假设无须借助不成熟的有限理性模型，因此成为不完全契约理论的主要基础。[5]沃伦·施瓦兹和艾伦·塞克斯认为，不完全性是由成员方政府无法控制的外部因素造成。如果没有第三方强制执行，那么只有守约收益大于成本时，贸易协定才能得到履行。[6]本书主要从交易成本、有限理性和战略模糊（strategic ambiguity）等方面来解释契约具有不完全性之可能成因。

---

〔1〕 See *World Trade Report* 2009, p.28. Last visited on May 12, 2011. http://www.wto.org/english/res_e/publications_e/wtr09_e.htm.

〔2〕 即便缔约方能预期经济变数的可能改变，他们也很难预料到另一当事方的机会主义行为。

〔3〕 参见杨艳红：《WTO争端解决机制的不完全契约理论及启示》，载《中南财经政法大学学报》2011年第3期。

〔4〕［美］威特曼主编：《法律经济学文献精选》，苏力等译，法律出版社2006年版，第205页。

〔5〕 参见杨瑞龙、聂辉华：《不完全契约理论：一个综述》，载《经济研究》2006年第2期。See Jean Tirole, “Incomplete Contracts: Where Do We Stand,Incomplete Contracts: Where Do We Stand?” *Econometrica*, Vol. 67, No. 4, July 1999, pp.741–781;See *also* Eric S. Maskin and Jean Tirole, “Unforeseen Contingencies and Incomplete Contracts”, *Review of Economic Studies*, Vol. 66, Issue 1, January 1999,pp.83–144.

〔6〕 See Warren F. Schwartz and Alan O. Sykes, “The Economic Structure of Renegotiation and Dispute Resolution in the World Trade Organization”, *The Journal of Legal Studies*, Vol. 31, Issue 1, 2002, pp. 179–204.

(一)交易成本

霍恩、麦吉和斯泰格尔假定政府在设计贸易协定时会遇到两个基本挑战:首先是存在边境措施和国内措施等大量政策手段。这个特征表明该协定在其政策覆盖面上应具有广泛性。其次是在该协定期限内存在诸多不确定的情形。这个特征表明该协定应当高度状态依存。如果契约没有成本,这些特征不会造成麻烦。但在现实中谈判和草拟一项贸易协定都有重要的成本。协定越具体,这些成本可能更高,这包括该协定力图限制的政策和规定的偶发事件。[1]

研究表明,契约不完全性的关键原因,很可能是来自于交易成本。同缔约相联系的不同交易成本可分为:第一,在订立契约的过程中确定所有可能的偶发事件的成本;第二,在草拟正式契约和完成契约时涉及的成本。例如,用语言描述所有状态和反应;第三,同契约谈判相关时间成本,可称为"等待成本"。更具体地说,形成契约的过程就像轮流提案谈判的情形。商定契约所需时间越长,所付出的成本也就越大。第四,即便草拟契约的成本不是过分的高,认真阅读契约以保证其不包含有利于一方的陷阱,这也是件错综复杂和代价很高的事情。第五,推断最终的结果也可能代价昂贵。[2]换句话说,书写契约的成本(墨水成本)、阅读契约时所付出的成本(阅读成本)、信息搜寻成本、谈判成本、监督履约情况的成本和可能发生的处理违约行为的成本都是交易成本的构成部分。

交易成本理论是由科斯首先提出,并由威廉姆森、克莱因和张五常等人发展而来。根据科斯的定义,交易成本是指"为了完成一项市场交易,必须弄清楚谁是某人与之交易者,必须通告人们,某人愿意出售某物,以及愿意在何种条件下进行导致协议的谈判、签订合同并实施为保证合同条款得到遵守所必要的检查,如此等等。"[3]换言之,交易成本又称交易费用,是指为达成一笔交易所要花费的成本,也指买卖过程中所花费的全部时间和货币成本。这意味着人们交往、彼此合作达成交易以及缔约过程都要付出一定的代价。当缔

---

〔1〕 See Henrik Horn, Giovanni Maggi and Robert W. Staiger, "Trade Agreements as Endogenously Incomplete Contracts", *American Economic Review*, Vol. 100, No. 1, March 2010, p.395.

〔2〕 See *World Trade Report* 2009, pp.41-42. Last visited on June 8, 2012. http://www.wto.org/english/res_e/publications_e/wtr09_e.htm.

〔3〕 R. H. Coase, "The Problem of Social Cost", *Journal of Law and Economics*, Vol. 3, 1960,p.15.

约方写下偶发事件的成本超过利润，其将会理性地承受由此带来的不确定性。

威廉姆森认为，事前的成本就是在起草协议及协议谈判中发生的成本。如果打算生产的产品或提供的服务不同，事前的交易成本就会有所不同。事后成本则包括创建治理结构的成本和管理成本，具体包括监督成本、讨价还价成本、担保成本和产生、解决纠纷的成本等。〔1〕科斯所描述包括发现交易对象、协商成本和缔约成本等都属于事前交易成本。波提切利和麦吉提出外生—内生的成本两分法。〔2〕还有学者进一步划分为外生事前交易成本(exogenous ex ante TC)和外生事后交易成本(exogenous ex post TC)。前者包括筛选、寻找和处理信息，特别是谈判、协商、签约和合约执行的监督等活动所花费的成本，还有所有可能偶发事件造成的影响等。后者包括再谈判、诉讼、监控和执行成本。外生的交易成本是缔约方对外生的偶发事件的行为反应，是主观和单边引起的费用，也被称为是“战略行为”(strategic behavior)。这可发生在契约签署之前(事前)或在契约履行的过程中(事后)。战略性的搅乱战术可能由不对称或者私下透露的信息所负担。信息不对称可能会导致由“逆向选择”(adverse selection)产生的事前成本，或引起事后的“道德危险”(moral hazard)。但是，在信息对称的情况下，获悉信息的当事方也可能从事于所谓的“敲竹杠”、“套牢”或要挟。〔3〕

“交易成本的来源在于：第一，在复杂的、无法预测的世界中，人们很难预测未来事件，无法根据未来情况作出计划，往往是计划不如变化；第二，即使能够对单个事件作出计划，缔约各方也很难对这些计划达成一致协议，因为他们很难找到一种共同的背景来理解、描述各种情况和行为，过去的经验往往不起作用；第三，即便签约各方能对未来计划达成一致协议，也很难将其写清楚，比如，在出现纠纷时，法院不能明确这些契约条款的意思，而无法

〔1〕 参见［美］奥利弗·E.威廉姆森：《论企业签约与市场签约》，段毅才、王伟译，商务印书馆2002年版，第539～540页。

〔2〕 See Pierpaolo Battigalli and Giovanni Maggi, “Rigidity, Discretion, and the Costs of Writing Contracts”, *American Economic Review*, Vol. 92, No. 4, 2002, pp. 798-817.

〔3〕 See Simon A.B. Schropp, *Trade Policy Flexibility and Enforcement in the WTO –Reform Agenda Towards an Efficient “Breach” Contract*(Ph. D. diss., University of St. Gallen, 2008), pp.61-62. “在交易中，一方只会把对自己有利的信息告诉对方；除非对方肯花费很高的成本，否则就无法改变这种信息不对称的局面。”［美］奥利弗·E.威廉姆森：《资本主义经济制度——论企业签约与市场签约》，段毅才、王伟译，商务印书馆2002年版，第116页。

执行。”[1]

同样，由于缔约时不能完全预见涵盖于契约之中的所有交易事项及其未来可能产生之争议，不能考虑到外部环境和当事人行为的变化，WTO协定也是一个高度不完全的契约。契约条款的刚性因不能适应这种变化而引发刚性成本（rigidity costs），如果对一项偶发事件清楚地说明与允许或禁止的行为反应会产生自由裁量成本（the cost of discretion）。当一项协定的刚性很强时，其“自由裁量成本”就会很高。[2]相比于一般国际合作，WTO谈判过程更加复杂，交易成本也相应增加，因此设计灵活性较大的制度就成为该多边贸易体制的必然选择。

（二）有限理性

传统经济学总是在理性和自利的关键前提下，研究一切可能或最优的方法或机制。但是，考虑到人们可能会发生认知错误等局限，而且自利动机的假设也不能完全反映现实经济行为的所有动机。与此同时，也不能断定非理性和利他行为没有对经济活动产生的影响。因此，无论是现实世界中，甚至实验上，人们都未必完全理性，并据此做出最优的选择。

交易成本经济学据以运作的认知假设和自利性假设分别是有限理性和机会主义。“第一种假定认为，代理人主观上是想理性行事的，只不过要在有限的范围内才这样作。这一点是千真万确的，并且会对人们构思合同主题的方式起着巨大的影响。第二种假定认为，不能指望代理人会自觉信守承诺，因为他们在追求自己的目标时，会甩开协议的文字（规定），背离协议的精神。这种对人性的略带忧郁的看法在警告合同双方（以及研究履约实践的学者），要当心各种危险。当然，人们可能、偶尔也的确是疑心太重，谨慎过分。”[3]

有限理性被定义为“在意图上是理性的，但仅在有限程度上如此”的行为；机会主义则被定义为用诡计来追求自我利益。由于有限理性之故，所有复杂的合约都不可避免地是不完全的，而机会主义则使作为诺言（未得到可

---

〔1〕［美］科斯等著：《契约经济学》，李风圣主译，经济科学出版社1999年版，第25页。

〔2〕 See Henrik Horn, Giovanni Maggi and Robert W.Staiger, “*The GATT/WTO as an Incomplete Contract*”, Last visited on March 10, 2012. http://www.crei.cat/conferences/The_Economic_Effects_of_Globalization/activities/sc_conferences/29/papers/maggi.pdf.

〔3〕［美］奥利弗·E.威廉姆森：《资本主义经济制度——论企业签约与市场签约》，段毅才、王伟译，商务印书馆2002年版，第540页。

信承诺支持)的合同概念无效。这明显符合“理性精神”传统。但是,也得承认他们的局限性。因此,应把到目前为止被忽视的事后治理研究摆上研究日程的中心位置。有限理性对于经济组织的研究尤为重要。首先,“正是由于个体的人在知识、远见、技能和时间上都是有限的,组织才成为实现人类目的的有用工具”。要不是因为有限理性,所有的组织问题都将被瓦解,而有利于阿罗-德布鲁式的完全缔约或者机制设计性质的完全缔约。其次,头脑现在变成一种稀缺资源。这就意味着要把组织当做节约脑力这种稀缺资源的一种手段来研究。[1]

传统经济学的“理性人”假设是对亚当·斯密“经济人”假设的延续。但是,基于行为人稀缺的心理资源和系统固有的不确定性而产生的“有限理性”正逐步取代“经济理性”成为经济学研究的理性假设。[2]“人类学,尤其是现代精神分析学已经告诉我们,人类理性乃是人这种动物长久的历史性建构,人的精神根须还伸展下去达到其原始的土壤。然而,对非理性事物的发现却在理性本身的活动范围之外,它们是我们在生活中运用理性的顽强障碍,也是坚定的理性主义者依旧希望通过更加明智地运用理性这种工具本身得以绕过的障碍。而更加决定性的局限,乃是那些在理性运用范围之内、在物理学和数学这些较为精密的科学中已经显露出来的局限。”[3]

有限理性并不意味着非理性,而是人的愿望合理,但只能有限地做到。其假设观点的核心是简单意识到人类缔约错误。这表现在三个方面:首先,缔约方经常不能预期未来某种情形的存在,他们缺乏思考世界可能状态的想象力,无论是环境情形或者人类行动。因此,他们错误地把百分之零的概率指定为正面可能性的偶发事件。其次,缔约方把错误的可能性指定为可能的偶发事件,或者错误地说明其影响或大小。交易者通常省略重要的细节或者忽视其契约规定的动态影响。最后,缔约方经常写下相互矛盾的条款和就相反解释的措辞达成一致意见。有限理性可能导致对契约不完全性的疏忽。[4]

---

〔1〕 See Oliver E. Williamson, *The Mechanisms of Governance*, New York, Oxford University Press, 1996, p.6, pp.36–37, 42–43.

〔2〕 参见袁艺、茅宁:《从经济理性到有限理性:经济学研究理性假设的演变》,载《经济学家》2007年第2期。

〔3〕 [美]威廉·巴雷特:《非理性的人——存在主义哲学研究》,上海译文出版社1992年版,第38页。

〔4〕 See Simon A.B. Schropp, *Trade Policy Flexibility and Enforcement in the WTO –Reform Agenda Towards an Efficient "Breach" Contract*(Ph. D. diss., University of St. Gallen, 2008), pp.62–63.

现实的环境中存在大量的不确定性和信息的不完整性，决策者不会花费无限的时间和精力去收集和处理信息，并且又囿于认知能力本身的局限，其理性认知能力受到心理和生理上的客观限制。[1]

基于有限理性的假设，国家在缔结条约时也不能完全预测到可能的外部突发事件，也没有能力估计其所带来的后果。如果当事方预见到所有相关的偶发事件，即可将其并入契约之中，从而为规避风险提供保护。但常识和法院判例表明这样的预见并不合理。无论当事人如何有经验并小心地设计其契约，由于“未能预见之偶发事件”（unforeseen contingencies），其永远都要面对风险。[2]例如，语言方面的限制意味着国家的代理人可能无法通过语言、数字或图表清楚地表达其知识或感觉，并以某种方式让其他人理解。此外，一方当事人出于机会主义考虑，可能不会披露其单独占用的信息，排除某些特定问题的谈判。例如，一方当事人可能隐瞒从契约中将会增加的总收益，以便增加自己在这些收益中的份额。在缔约过程中，由于当事人有限的知识不可能预见所有未来可能出现的偶发事件，如果对契约义务在所有相关的偶发事件进行列举和谈判，所耗费的成本将不可估量。因此，当事人有时可能放弃对低概率和不重要的偶发事件条款的谈判。博弈论对默认规则（default rule）的分析就是以所有契约具有不完全性的假设开始。当争端出现时，法院使用默认规则填补这些契约漏洞。[3]

在国际贸易领域，同样存在诸多不确定性和信息的不对称。例如，根据一项贸易协议，富国同意逐渐减少对来自穷国农业的进口障碍，穷国反过来同意在知识产权保护方面进行投资以造益于富国出口商。如果富国预期其农业生产者能转而生产不必面对进口竞争的农作物，或者在其他方面使其资产获利，就会达成该协议。如果国内农业结构重整的成本超过可能来自协议中的任何共同收益，可能是出于生产中不可预料的技术改变、储存或运输方法，富国可能想要调整其义务以减少这些成本的灵活性，但他们保留灵活性就会

---

〔1〕 See John Conlisk, “Why Bounded Rationality?” *Journal of Economic Literature*, Vol.34, No.2, 1996, pp.669–700.

〔2〕 See L. Anderlini, L. Felli and A. Postlewaite, “Courts of Law and Unforeseen Contingencies”, *The Journal of Law, Economics, and Organization*, Volume 23, Issue 3, 2006, pp. 662–684.

〔3〕 See Jeffrey L. Dunoff and Joel P. Trachtman, “Economic Analysis of International Law”, *Yale Journal of International Law*, Vol.24, Winter 1999, p.34.

减少穷国达成协议和投资于其中的动机。[1]在WTO法学界，有学者认为不确定性的关键是国内参与者偏好的不明确，[2]或者不知道未来的时间里决策者的政治压力。[3]

国际贸易协定具有不完全性主要是由于交易成本及行为人有限理性的存在。这种不完全性分为两大类：首先是疏忽型不完全性，它是因未预见到的或然事件造成的，或由于协定用语的不准确和语意不清晰导致。缔约方认为他们已经明确一个问题，即应该以全面和明确的语言加以规定。但所选择的语言事实上存在相反解释的可能性，或者疏忽地留下可被一方当事人恶意滥用的漏洞。还可能出现的情况是所出现的偶发事件根本没有被预期到会发生。其次为预见型不完全性，这又可包括四种情形：因为未来或然事件发生概率的不确定性造成的必然型不完全性；因信息不对称或不完全造成的战略型不完全性；因详细订立某一条款的成本太高而造成的效率型不完全性；因信息不对称与成本收益考虑造成的必要型不完全性（战略型和效率型不完全性之结合）。疏忽型和可预见型不完全性之区别在于，在前者的情况下当事方只能假定不完全性迫在眉睫，而后者当事方知道这一事实并相应地行动。[4]

（三）战略模糊

波提切利和麦吉认为，要描述相关的偶发事件成本过高，这就产生契约不完全性的两种可能形式：刚性和灵活性。前者意味着当事方的义务对外部状态并不是充分地偶然发生；后者意味着契约并不规定当事方行为的充分细节。[5]麦吉和斯泰格尔使用简单形式的模糊逻辑，提出有一种本质上模糊不清的契约语言。这指的是第三种契约不完全性：模糊性。本书主要是研究拥有信息优势的缔约方，战略性地利用信息不对称获利，从而造成契约不完全的

---

〔1〕 See Robert E. Scott and Paul B. Stephan, *the Limits of Leviathan, Contract Theory and the Enforcement of International Law*, Cambridge, Cambridge University Press,2006, pp.61–62.

〔2〕 See H. V. Milner and P. B. Rosendorff, "Democratic Politics and International Trade Negotiations: Elections and Divided Government as Constraints on Trade Liberalization" , *Journal of Conflict Resolution*, Vol.41, No.1, February 1997,pp.117–146.

〔3〕 See B. P.Rosendorff, "Stability and Rigidity: Politics and Design of the WTO's Dispute Settlement Procedures" , *American Political Science Review*, Vol. 99, No. 3, August 2005, pp. 389–400.

〔4〕 See Simon A. Schropp, *Trade Policy Flexibility and Enforcement in the WTO: A Law and Economics Analysis*, Cambridge, Cambridge University Press, 2009, pp.61–77.

〔5〕 See Pierpaolo Battigalli and Giovanni Maggi, "Rigidity, Discretion, and the Costs of Writing Contracts" , *American Economic Review*, Vol. 92, No. 4, 2002,pp. 798–817.

情形。

条约法的本质是不精确和不完全性。[1]条款精确性和模糊性的最优组合也是契约设计中的重大挑战。[2]不完全契约和模糊的法令一样，都为相关的行为者留下剩余的灵活性。最优的契约可能是不完全的。[3]首先，同模糊的法令一样，模糊性的价值在于降低成本。这种模糊性可在管理机构和法院准立法性的程序中得到填补。政府经常有意使协定不精确或不完全，留待随后的国家实践澄清或加强。[4]其次，在获取私人信息方面处于有利地位的缔约方不希望契约具有完全性。契约中的不完全性和法令中的模糊性一样，可能源于行为者战略性的行为。契约具有不完全性，可能是因为缔约方在谈判的过程中不想披露私人信息；立法者制定模糊的法令，可能是想避免引起公众愤怒的责任后果，而把解决模糊词语的不利结果交给管理机构或法院解决。[5]换句话说，缔约一方出于策略考虑，可能会保留增进缔约总体收益（“饼的尺寸”）的信息，以增进他在缔约收益中的个人份额（“饼的份额”）。在国际贸易过程中，关于可靠性或缺乏可靠性的大量有关信息在实质上均属私人信息，即不能与他人分享和交流的信息。这就可能产生机会主义的行动，亦即造成战略性质的不确定性。契约不完全性源自于战略模糊，即当事方以从中获利的方式隐瞒契约中的信息以影响对手的行为。[6]当一方当事人比其他当事人拥有更多信息时，其可能会有意让契约不完全，以控制对方的行为。[7]例如，两国签订贸易协定，一方可能希望契约中能包含某些情形下允许违约的条款，为

〔1〕 See Sébastien Jodoin, “Engagement and Escape: International Legal Institutions and Public Political Contestation”, *Journal of International Law and International Relations*, Volume 6, Number 1, Summer 2010, p.4.

〔2〕 Albert Choi and George Triantis, “Strategic Vagueness in Contract Design: The Case of Corporate Acquisitions”, *Yale Law Journal*, Vol. 119,Issue 5, March 2010,p.924.

〔3〕 例如，《联合国海洋法公约》在扩大沿海国的管辖权和缩小公海自由的调整过程中留下空间和余地，这就是海洋法中的剩余权利问题。参见周忠海：《论海洋法中的剩余权利》，载《政法论坛》2004年第5期。

〔4〕 See Laurence R. Helfer, “Constitutional Analogies in the International Legal System”, *Loyola of Los Angeles Law Review*, Vol. 37, Issue 2, Fall 2003, p.196;Joel P. Trachtman, “The Domain of WTO Dispute Resolution”, *Harvard International Law Journal*, Vol. 40, No. 2, Spring 1999, p.346.

〔5〕 See Gillian K. Hadfield, “Weighing the Value of Vagueness: An Economic Perspective on Precision in the Law”, *California Law Review*, Vol. 82, Issue 3, May 1994,pp.547−550.

〔6〕 See I. Ayres and R. Gertner, “Filling Gaps in Incomplete Contracts: an Economic Theory of Default Rules”, *Yale Law Journal*, Volume 99, Number 1, 1989,pp.87−130.

〔7〕 See E. Rasmusen, “Explaining Incomplete Contracts as the Result of Contract-Reading Costs”, *Journal of Economic Analysis and Policy*, Vol. advances.1, Issue 1, 2001,pp.1−30.

避免给贸易伙伴造成不可靠的印象并减少达不成这项协定的可能性，其最终可能放弃提出这样的建议。此外，在复杂的交易中，也不可能同时解决所有的问题。因此，当事方可能会故意地让契约不完全，而希望能在往后的交易过程中逐渐达成共识。

契约不完全通常是设计巧妙的契约之重要特征。如果契约包含明显的漏洞，就能为当事人提供很大的自由裁量权。[1]"因此，契约的不完全并不意味着缺乏远见。相反，当事人会初步设计出各种替代的缔约方案，并比较它们的后果。"[2]如果因为不可能提高规则明确化的程度，或这样做的成本过高，政府在制定一项不够精确的协定之后，可能愿意授权给独立的机构来填补协定中的漏洞。从某种意义上来说，这种授权是彻底的，留给政府的灵活性很少。但是，精确性并非都是可取的，低水平的精确性可能是有意的选择。尤其是在未来不确定时，政府可能宁可让一项国际协定不精确，避免在面对不可预见的发展时陷入不利的最初让步之中。只要出现解释的问题，政府将走到一起进行再谈判。[3]可见，使契约不完全可能更符合当事人的利益。特别是，如果一方当事人在完全契约中违背其承诺，另一方只能付诸耗费成本和时间的法律手段。相反，如果契约是不完全的，其就可能以较小的成本对违约方进行报复。这种报复的威胁可为双方长期维持更好的结果提供帮助。[4]此外，由于审阅契约的成本与草拟契约的成本一样重要，即便复杂的条款确实能够造益于双方当事人也会被彻底否定。[5]

此外，条约起草过程中的缺陷也是造成契约不完全之原因。这与谈判时可预见的情形或不可预期的情形有关。前者是外交实践和多边条约谈判不可避免产生有缺陷的条约。例如，条约语言中的不一致、空白或矛盾可能是由于疲倦的谈判者或漫不经心的起草者粗心草拟所致。在谈判的过程中，如果

〔1〕 See D. Bernheim and M. Whinston, "Incomplete Contracts and Strategic Ambiguity", *American Economic Review*, Vol. 88, No. 4, September 1998, pp.902–932.

〔2〕 See Oliver E. Williamson, *The Mechanisms of Governance*, New York, Oxford University Press, 1996, p.45.

〔3〕 See Alexander Roitinger, *The Institutional Design of Trade Policy Flexibility in the World Trading Order: Analysis and New Direction for Reform* (Ph. D. diss., Universität St. Gallen, 2004), p.28.

〔4〕 See *World Trade Report* 2009, p.42. Last visited on May 20, 2011. http://www.wto.org/english/res_e/publications_e/wtr09_e.htm.

〔5〕 See E. Rasmusen, "Explaining Incomplete Contracts as the Result of Contract-Reading Costs", *Journal of Economic Analysis and Policy*, 2001, Vol.1, No.1, pp.1–30.

律师受到邀请，通常也是在最后阶段才参与。虽然律师参与并对草拟约文起指导作用，但妥协的代价是约文的模棱两可。条约各方面无非是一种认同分歧的协议。据说，在乌拉圭回合谈判晚期，谈判者并不情愿让律师解决条约语言中的不一致和所谓漏洞。内置的保障措施（built-in safeguards），如起草或审议小组，有利于减少但不可能完全规避条约起草造成缺陷的风险。[1]后者指当事方在缔约时并未想到具体情形。这是因为人们客观上难以在事前就完全列举一项交易所有可能的状态。

伊恩·麦克尼尔曾提到，法律体系"没有作出守信的彻底承诺"。契约补救一般都是法律体系所能提供的最弱的措施。即使这样，也有许多条款和技巧限制着这些补救措施：不可能性、挫折、错误、操纵性解释、补偿、非法性、强迫、不正当影响、昧良心、能力、实体表现条款、可分割性、欺诈行为等。几乎任何契约条款都能够而且确实使法律体系对守信的承诺不完全。[2]

三、WTO协定的契约本质

政治经济学是把"方法论的个人主义"（methodological individualism）和"理性选择理论"的经济学概念适用于政治决策领域。政治过程被理解为获得优势互补的方式。[3]在传统的经济学理论中，对人的行动持理性（经济人）的假设占据主导地位。新古典经济学家继承和发展古典经济学家理性人的假定。理性选择理论对人的行为的假定包括以下内容：个体的行动决定是合乎理性的；个体可以获得足够充分的有关周围环境的信息；以及个体根据所获得的各方面信息进行计算和分析，从而按最有利于自身利益的目标选择决策方案，以获得最大利润或效用（利润或效用最大化假定）。方法论的个人主义又称个人主义方法论，是将社会的发展看作是许多个人的聚集，并以此视角来解读和研究。其核心思想是：社会理论的研究必须建立在对个人意向和行为研究的基础之上，分析研究对象的基本单元是有理性的个人，并由此假定

〔1〕 See Isabelle Van Damme, *Treaty Interpretation by the WTO Appellate Body*, Oxford, Oxford University Press, 2009, pp.141–142.

〔2〕 See Ian R. Macneil, "The Many Futures of Contracts", *Southern California Law Review*, Vol.47, No.3, 1974, p.730.

〔3〕 See Simon A. B. Schropp, *Trade Policy Flexibility and Enforcement in the WTO: a Law and Economics Analysis*, Cambridge, Cambridge University Press, 2009, p.135.

集体行为是其中个人选择的结果。[1]

同契约一样，条约也规定当事人之间的权利和义务。从这个意义上来说，条约是国际层面上的契约。[2]贸易协定可被视为一种商业契约，而不是一套行为规范。[3]国际法是国家之间的契约，有时是一个明确的契约（条约），有时是一个默示的契约（国际习惯法）。正如私人缔约方通常从相互履行他们的义务中获益，国家通常从履行国际法下的义务中获益。[4]从本质上说，国际协定就是国家之间允诺的交换。无论它们是成熟的条约或者仅仅是意图的声明；无论它们要求对国内实践的完全改变或者只是反映目前的行为；也无论它们是否包含执行条款。在国际关系中的一项国际协定，简直就是常见的私人契约的类似物，只不过其当事方是国家或政府而非私人个体、企业或协会而已。一项国际协定可广范地定义为有条件承诺的交换，每个国家借此宣称只要其他国家的行动与承诺相一致，其也将以某种方式行动。[5]法院时常重复条约是国家之间契约的格言。契约理论可为法官解释条约提供一种新的语言和一套新的工具，为法院解决条约中的歧义条款提供一致和基础牢固的框架。[6]当然，国家与私人个体交换的允诺之间也存在很重要的区别。然而，与契约相类比很有用处，因其能为研究国际协定提供很好的起点。例如，科斯定理就是来自契约理论的最基本的想法。在没有交易成本的情况下，当事人商议一

---

〔1〕 参见张弛：《国际法学的“量子力学革命”——评法经济学在国际法研究中的应用》，载《东南学术》2012年第2期。

〔2〕 “合同”（contracts）和“契约”（covenants）指的是理解国际协定的两个不同然而并非不相容的概念。国家缔结“合同”以增进利益，缔结“契约”以体现规范性承诺。在国际法学界，以利益和规则导向的协定在本质上是可互换的。See Kenneth W. Abbott and Duncan Snidal, “Hard and Soft Law in International Governance”, *International Organization*, Vol. 54, Issue 3, June 2000, p.424.

〔3〕 See Michael Finger, “A Diplomat's Economics: Reciprocity in the Uruguay Negotiations”, *World Trade Review*, Vol. 4, Issue 1, March 2005, pp.28–29.契约理论不仅适用于国际贸易法，这种方法论也可用以分析投资法中的承诺与灵活性机制。See Anne Van Aaken, “International Investment Law between Commitment and Flexibility: A Contract Theory Analysis”, *Journal of International Economic Law*, Vol. 12, Issue 2, 2009, pp. 507–538.

〔4〕 See Eric A. Posner and Alan O. Sykes, “Efficient Breach of International Law: Optimal Remedies”, “Legalized Noncompliance,” and Related Issues (March 7, 2011), *U of Chicago Law and Economics*, Olin Working Paper No. 546; Stanford Law and Economics Olin Working Paper No. 409, p.9. Last visited on June 12, 2012. http://ssrn.com/abstract=1780463.

〔5〕 See Richard B. Bilder, *Managing the Risks of International Agreement*, Madison, University of Wisconsin Press, 1981, p.5.

〔6〕 See Curtis J. Mahoney, “Treaties as Contracts Textualism, Contract Theory, and the Interpretation of Treaties”, *The Yale Law Journal*, Vol. 116, No. 4, January 2007, pp. 824–857.

个有效的契约，即可产生最大可能共同盈余的契约。契约条款会为该盈余提供某些分配。从本质上讲，WTO一揽子协定是国际条约。因此，[1]WTO是一个国际公法契约，[2]也是一个福利最大化的契约。[3]传统政治经济学派认为，WTO是利己主义政治官员之间相互受益的政治契约。[4]在日本酒税案中，上诉机构报告也认为WTO多边贸易协定是国际层面上的契约。[5]

其次，国际条约被类比为契约，其有效性也是来自当事人的协议。[6]WTO成员资格就是通过国家愿意为该体制规则所约束的契约（以条约为基础）同意获得的。正如所有契约一样，最大化来自贸易中的收益符合缔约方的利益。[7]在WTO中，成员资格等同于契约甚至也被上诉机构自身所认可。[8]当两个国家双边协商的贸易关系受挫而发生争端时，WTO成员之间的关系进一步被类比为契约，这并不是由于多边规则被违反。同国内法相比，WTO反制措施近似于因另一方当事人违约而中止或不履行一项契约义务。[9]从英美契约法的视角考虑WTO救济也许恰如其分，该制度为DSU救济机制的缺乏弹性（inflexibility）问题提供有见地的解决方案，因此WTO义务也可被视为贸易伙伴之间的契约。[10]国际社会与私人市场的相似之处在于，国际社会也是以个体

---

〔1〕 参见顾婷：《WTO法的国际公法属性》，载《东方法学》2009年第3期。

〔2〕 See Andrew T. Guzman, “The Design of International Agreements”, *European Journal of International Law*, Vol. 16, No.4, 2005, p.585.

〔3〕 在这个契约中，所有不同的制度选择被简化为个体偏好和经济福利考虑。See Gregory Shaffer and Joel Trachtman, “Interpretation and Institutional Choice at the WTO”, *Virginia Journal of International Law*, Vol. 52, Issue 1, 2011,pp.105–107.

〔4〕 See PC Mavroidis, “Remedies in the WTO legal system: between a rock and a hard place”, *European Journal of International Law*, Volume 11, Issue 4, 2000, p.790.

〔5〕 See Appellate Body Report, *Japan – Alcoholic Beverages*, WT/DS8/AB/R, WT/DS10/AB/R, WT/DS11/AB/R（adopted November 1 1996）, p.15.

〔6〕 See Jeffrey L. Dunoff and Joel P. Trachtman, “Economic Analysis of International Law”, *Yale Journal of International Law*, Vol.24, Winter 1999, p.30.

〔7〕 See Warren F. Schwartz and Alan O. Sykes, “The Economic Structure of Renegotiation and Dispute Resolution in the World Trade Organization”, *The Journal of Legal Studies*, Vol. 31, Issue 1, 2002, p.180.

〔8〕 See Appellate Body Report, *Japan – Alcoholic Beverages*, WT/DS8/AB/R, WT/DS10/AB/R, WT/DS11/AB/R, adopted on November 1 1996, p.15.

〔9〕 Joost Pauwelyn, “Enforcement and Countermeasures in the WTO: Rules Are Rules – Toward a More Collective Approach”, *American Journal of International Law*, Vol. 94, 2000, p.340.《条约法公约》第60条也规定，“条约因违约而终止或停止施行”。

〔10〕 See David Collins, “Efficient Breach, Reliance and Contract Remedies at the WTO”, *Journal of World Trade*, Vol. 43, Issue 2, 2009, pp. 225–244.

或团体行为者为主体聚集、合作或交易的场所。[1]其中，所交易的内容不仅涉及货物贸易、服务贸易，还有国家权力之分配。从这种意义上来说，WTO就是个体为相互之间利益最大化，就特定议题相互交换国家权力之合作平台。

最后，条约如同契约一样，不能处理所有未来的偶发事件，即都具有不完全性。在契约理论中，一个众所周知的难题是如何处理不确定性。贸易法和投资法的一个普遍特征是在经济和金融方面经常出现不断发展变化的情况。过于严格和不灵活的契约可能会损害缔约方的共同盈余，因此在事前承诺和事后灵活性之间应当有所权衡。[2]在国内法中，为达成一项最大化共同福利的契约，当事人会缔结具有法律约束力的契约。该契约会反映有效率的交易；当事人之间的争端通常由国内法院，或可能是某种形式的强制性私人仲裁来解决；在额外监控的边际收益超过边际成本时也将会提供监控。[3]但是，国际协定似乎与上述描述不一致，因为其比国内契约具有更大的不完全性。因此，国家之间的协定通常不使用常见和容易使用的机制来增加承诺的可靠性。国家经常缔结软法协定而非条约，通常无法提供任何争端解决程序和经常要求很少或不要求对履行的监控或核实。对于所有国家预见和计划的不可能性，条约设计者必须寻找允许国家调整其义务以适应不断发展情况的方式，同时维护协定的合法性。[4]当然，上述区别或许正好表明国内契约的主体与国际条约的主体都被假定为理性主体，根据自身利益需要设计规则。[5]

当然，理性主义范式也有理论盲点。例如，如果WTO被视为成员之间一个功能性的工具（契约），那么就假定其条款被预先规定，只有很小的余地进行制度变迁。伴随着对根据《维也纳条约法公约》对文本通常含义解释的痴

〔1〕 See Jeffrey L. Dunoff and Joel P. Trachtman, "Economic Analysis of International Law", *Yale Journal of International Law*, Vol.24, Winter 1999, p.13.

〔2〕 See Anne Van Aaken, "International Investment Law between Commitment and Flexibility: A Contract Theory Analysis", *Journal of International Economic Law*, Vol. 12, Issue 2, 2009, pp. 507–538.

〔3〕 See Andrew T. Guzman, "The Design of International Agreements", *European Journal of International Law*, Vol. 16, No.4, 2005, p.587.

〔4〕 See Krzysztof J. Pelc and Johannes Urpelainenz, *On the Use of Efficient Breach in International Agreements,* p.4. Last visited on March 20, 2012. http://peio.vweb10-test.gwdg.de/files2011/papers/Pelc,%20Urpeleinen%2007.12.2010.pdf.

〔5〕 使用促进可靠性手段（credibility-enhancing devices）产生两种主要的效果：一是增加给当事人产生利益的遵守；二是当一项义务被违反时，使用导致当事人损失结果的制裁。因此，在决定是否使用促进可靠性手段时，国家必须考虑到增加遵守的收益与声誉制裁成本之间的基本权衡。See Andrew T. Guzman, "The Design of International Agreements", *European Journal of International Law*, Vol. 16, No.4, 2005, p.599.

迷，理性主义对无效率或过度授权给司法机构怀有忧虑。这种墨守原文决定论被描述为一种预编程序式的制度选择，假定在很大程度上忽视WTO规范可通过行动者在WTO内的社会互动和正式讨论而自发地形成。由于WTO成员之间权力和资源的非对称分布，任何国际政治过程都易于受到各种偏差的影响。在谈判和诉讼时，来自发达国家强大和足智多谋的官僚和利益群体往往胜过发展中国家。〔1〕

本书出于研究方便将WTO协定类比于契约，如同将其简单比喻成为共同盈利之故而组建的公司协会，但其在事实上的复杂程度甚至可与礼俗社会相提并论。当然，由于提前规定缔约方应当如何在每一个未来场景行动的具体事项将是不可能或过于复杂和费用高昂，从这个意义上说国际贸易协定确实同私人契约一样都是不完全的。〔2〕

四、WTO协定为不完全契约

在国际贸易领域，如果国家独自理性制定的贸易政策能够改善本国的贸易条件，这就有可能恶化其他国家的贸易条件而产生外部性。根据贸易条件理论（terms-of-trade theory），政府可利用贸易协定摆脱由贸易条件驱动的“囚徒困境”（prisoner's dilemma）。〔3〕即便如此，国际贸易协定也不能覆盖所有可能的政策领域和未来的偶发事件，其原因在于：首先，协定不得不过分限制国内决策，因而其在政治上难以实现。其次，权衡性政策在某些政策领域不可避免。最后，即便可以想象有一个完全贸易协定可管制影响贸易流动的所有决策领域，这样的协定也将是成本太高。〔4〕正如克莱因所说，契约的不完全性有两个原因：一是不确定性意味着存在大量可能的偶然性，且要预先了解和明确针对这些所有可能的反应，其费用相当高；二是履约的度量费用也是

〔1〕 See Sungjoon Cho, “Beyond Rationality: A Sociological Construction of the World Trade Organization”, *Virginia Journal of International Law*, Vol. 52, No. 2, Winter 2012, pp.325-326.

〔2〕 See Claus D. Zimmermann, “Toleration of Temporary Non-Compliance: The Systemic Safety Valve of WTO Dispute Settlement Revisited”, *Trade, Law and Development*, Vol.3, No 2, 2011, p.384.

〔3〕 See Kyle Bagwell and Robert W.Staiger, “What Do Trade Negotiators Negotiate About? Empirical Evidence from the World Trade Organization”, *The American Economic Review*, Volume 101, Number 4, June 2011,pp. 1238-1273.

〔4〕 See *World Trade Report* 2009, p.28. Last visited on May 18, 2011. http://www.wto.org/english/res_e/publications_e/wtr09_e.htm.

很高。关于不完全契约存在的原因，仍是契约理论研究的前沿领域。第三方能否验证、能否成为契约不完全的原因是最近争论的焦点。[1]

由于WTO管辖权的制度创新、条约规范增补和事实上的优先，现有多边贸易体制正变得日益制度化、法律化和规范化。法律化正是国家增加其承诺可靠性的主要方法之一。但是，对于规则的聚焦造成WTO是一个完全契约的错觉。WTO协定日益迈向"司法化"给人造成其包含所有可能冲突问题的答案，以及争端解决就是适用正确法律文本的印象。但是，这种"司法化"方法可能适得其反。首先，这导致解决不可预料情况的灵活性丧失和不满意的当事方可能远离该体制和诉诸外部的解决方法。其次，过度服从于程序、法规和尊重法律的细节可能会使争论者感到灰心和导致重要的问题得不到解决。最后，这可能招致好战的成员启动形式上正确，但违反协定精神的争端。批评者认为，过于依赖条约的文本会失去GATT最初的精神和共享的合作意识。[2]约斯特·鲍威林指出，WTO不能信奉更多的法律化，而是要维持一定水平的灵活性或退出机制。特别是，其必须抛弃一揽子的正统观念和允许差别化。此外，该体制应继续提供内容广泛的实体性例外、有意义的保障机制、豁免、关税和其他再谈判，在发生不遵守的情况下暂时性的补偿或中止，以及在第三方权利保持不变时对WTO法的偏离等。必须澄清和坚持的是，这些灵活性和退出机制，包括在国际法更大的环境里适用WTO法，并不是需要通过逐步法律化来治愈的天生缺陷。[3]

由于在加入WTO协定之前，没有任何成员方能对未来事件的影响，或其贸易伙伴可能采取的贸易政策有全面的知晓，它们也无法预知是否会出现什么紧急情况，将导致其成为加害方或者受害方。在谈判开始时，每个贸易协定的可能成员都面对这样的困境：在未来不确定性面前，对事后调整机制都有一种偏好；与此同时，每个成员都希望避免成为投机性背叛的牺牲品，因而倾向于支持契约的严厉性。在这种情况下，签约方最可行的应对方法是评估条约体制中灵活性和执行的效率、可行性和可靠性。但是，由于涉及领域众

---

〔1〕［美］科斯等：《契约经济学》，李风圣主译，经济科学出版社1999年版，第15页。

〔2〕 See *World Trade Report* 2007, pp.280–281. Last visited on January 10, 2012. http://www.wto.org/english/res_e/publications_e/wtr07_e.htm.

〔3〕 See Joost Pauwelyn, "The Transformation of World Trade", *Michigan Law Review*, Vol. 104, No. 1, October2005, p.8.

多，WTO协定是在面对未来巨大的不确定性下谈判而来，即便将GATT第19条、第20条、第21条和第28条设定为内置的（build-in）灵活性机制，谈判者也不可能预期偏离协定的所有情形是否达到共同最优的结果。除实体性不完全之外，WTO还具有程序或司法上的不完全。一般法律使契约完善的作用表明，没有制度是一座孤岛，每个制度都处在更广阔的制度环境中。但是，WTO通常将其与大部分的国际公法制度环境相隔离，其并不支持直接适用体制外的规则。专家组和上诉机构只限于适用实体WTO法，而无权适用一般实体国际法或其他常规国际法。[1]

将WTO协定视为一种不完全契约，是因其不能为预见未来所有的意外事件或制定条件反应。情况改变和政治现实都要求适时调整，国内政策出于各种原因要求对某些承诺进行修改。[2]霍恩、麦吉和斯泰格尔认为，GATT/WTO如同所有贸易协定一样，明显是高度不完全的契约。从不完全契约的视角，有助于理解GATT/WTO的三个核心的特征：首先，除根据国民待遇条款国内的政策必须具有非歧视性，以及对国内补贴有所管制两个例外之外，该协定只约束贸易手段的水平，相比之下，国内手段主要留给政府自由裁量；其次，约束大体上为刚性，也有允许暂时性保护的例外条款；最后，只约束关税的上限，而低于界限部分留给政府自由裁量。[3]即便当政府认识到不断变化的情况，并表示出修改和重新设计其合作性安排的意愿，贸易协定在某种意义上总是不完全的。协定不能预见所有的不测事件。因此，虽然制度和契约条款能减少与契约不完全性相关的不确定性，也无法完全消除这些不确定性。这就带来两个启示：一是争端为契约不完全性的自然结果；二是不完全性的解决需要在灵活性和适应性与保持可预见性和稳定性之间达成微妙的平衡。[4]

在学术界，很多学者从不完全契约的进路研究WTO。例如，美国哥伦比

〔1〕 See Joel P. Trachtman, "The Domain of WTO Dispute Resolution", *Harvard International Law Journal*, Vol. 40, No. 2, Spring1999, pp.344-349.

〔2〕 See Michael Finger, "A Diplomat's Economics: Reciprocity in the Uruguay Negotiations", *World Trade Review*, Vol.4, Issue1, March 2005, p.31.

〔3〕 See Henrik Horn, Giovanni Maggi and Robert W. Staiger, "Trade Agreements as Endogenously Incomplete Contracts", *American Economic Review*, Vol. 100, No. 1, March 2010, p.394.

〔4〕 See *World Trade Report* 2007, p.361. Last visited on September 21, 2011. http://www.wto.org/english/res_e/publications_e/wtr07_e.htm.

亚大学马弗鲁第斯教授就认为WTO协定是不完全契约。[1]WTO至少在为其成员提供谈判的场所和设定稳定单边的关税方面有所贡献。WTO还建立支持贸易自由化的法律框架，以解决来自单边界定贸易政策所引起的消极外部性。如果没有由WTO促进的互惠关税减让，就可能出现螺旋式报复性关税的风险。如果没有WTO，任何国家都不会产生提供这种好处的动机。虽然这种好处延伸到成员方，以及成员方和非成员方之间的优惠贸易协定，但非成员方被排除在全球公共物品之外。鉴于大量的未决问题，WTO独特的争端解决功能自身也是一种全球公共物品，因为WTO就是这样使最初不完全的契约完全。[2]马弗鲁第斯和亨里克·霍恩从GATT是不完全契约的概念出发，认为这种不完全性招致以邻为壑类型的行为，而国民待遇义务对此并不能提供完美的救济。GATS和GATT同样是一个在义务上不完全的契约，国民待遇在单边政策偏离共同议定的目标时作为惩罚而存在。[3]GATS寻求在自由化目的与尊重公共政策目的之间保持平衡。为此，其必须迎合WTO成员不同的文化、政治和社会传统。成员方可界定何种服务在政府行使权力的范围之列。根据GATS第1.3(b)条，成员方拥有界定何种服务属于政府行使权力范围之列的自由。该条款就是一个不完全契约，原则上需要在该条款规定的总体指导下通过WTO成员层面的管理自治加以完善。[4]TRIPs要求WTO成员方之间的知识产权权利有某种程度上的调和，并因此为不同类型的知识产权权利设定最低的标准。但是，TRIPs和其他（不完全的）法律的联系并不完全确定。因此，

---

〔1〕 See Petros C. Mavroidis, "*Trade in Goods*, Reviewed by Maria J. Pereyra and Christopher Clinton", *International Trade Law and Regulation*, Vol. 14, Issue 3, 2008, p.75.

〔2〕 See Fabrizio Cafaggi and David D. Caron, "Global Public Goods amidst a Plurality of Legal Orders: A Symposium", *Journal of International Economic Law*, Vol. 23, Issue 3, 2012, pp.647-648;Ernst-Ulrich Petersmann, "Mini-Symposium on Multilevel Governance of Interdependent Public Goods Introduction and Overview: A Research Agenda for Making 'Global Public Goods Theory' More Policy Relevant", *Journal of International Economic Law*, Vol. 15, Issue 3, 2012, pp.709-719; Daniel Bodansky, "What's in a concept? Global Public Goods, International Law, and Legitimacy", *European Journal of International Law*, Vol. 23, Issue 3, August 2012, pp.651-668.

〔3〕 See Henrik Horn and Petros C. Mavroidis, "Still hazy after all these years: the interpretation of national treatment in the GATT/WTO case-law on tax discrimination", *European Journal of International Law*, Vol. 15, Issue 1, 2004, pp.39-69;Petros C. Mavroidis, "Highway XVI Re-visited: the Road from Non-discrimination to Market Access in GATS", *World Trade Review*, Vol. 6, Issue 1, 2007, p.22.

〔4〕 See Juan A. Marchetti and Petros C. Mavroidis, "What Are the Main Challenges for the GATS Framework? Don't Talk about Revolution", *European Business Organization Law Review*, Vol. 5, No. 3, 2004, p.528.

TRIPs在允许TRIPs权利被国家自由裁量的审查权所回避、减损或丧失方面具有不完全性。GATT是刚性和灵活性的结合，一方面契约义务对于经济和政治环境的变化基本上不敏感，另一方面国家在设定政策方面拥有很大的余地，例如可采用边境措施或者国内措施来操控贸易条件。知识产权保护就是一种“国内的”措施。[1]鉴于商业规模的标准因情境而定，无论某种水平的非法复制是被视为以一种商业规模出现，还是有关适当标准的裁决只能以手头现有作品必不可少的市场数据作出。因此，就没有包含“商业规模”的明确定义而言，TRIPs是不完全的。[2]《反倾销协定》也是一个不完全契约。其中各种不一致和漏洞由专家组和上诉机构来填补。[3]卡莫尔·萨奇和特拉赫特曼还运用不完全契约理论分析WTO的具体案例。[4]

WTO协定不完全性体现在：其一是刚性，即其规则不能随着外部环境的变化而变化。其二是灵活性，即各国政府在执行贸易政策时有很大的酌情处理权，可自由地选择某些贸易保护主义政策。其三是模棱两可性，即契约条款具有多种语义。这是各国为化解未来国内政治压力的有意选择，尤其是在意见出现分歧时达成共识的一种方式。简言之，WTO协定不完全性体现在其为刚性的承诺和缔约方在权衡性政策领域部分或者根本不受到限制的未来决策之结合。前者表明协定不能随着外部环境的变化而变化；后者意味着国家许多政策工具不受贸易协定的约束。WTO协定对成员方的贸易政策进行约束，但在国内政策方面留给国家很大的自由裁量权，只受到国民待遇原则和

〔1〕 See Kamal Saggi and Joel P. Trachtman, “Incomplete Harmonization Contracts in International Economic Law: Report of the Panel”, *China-Measures Affecting the Protection and Enforcement of Intellectual Property Rights*, WT/DS362/R, adopted March 20 2009, *World Trade Review*, Vol. 10, Issue 1, 2011,pp.81-82; Kamal Saggi and Joel P. Trachtman,Incomplete Harmonization Contracts in International Economic Law: Report of the Panel, *China-Measures Affecting the Protection and Enforcement of Intellectual Property Rights*, WT/DS362/R, adopted March 20 2009, In Henrik Horn and Petros C. Mavroidis eds., *The WTO Case Law of 2009: Legal and Economic Analysis, Oxford,* Cambridge University Press, 2011,pp.63-86.

〔2〕 See Kamal Saggi and Joel P. Trachtman,Incomplete Harmonization Contracts in International Economic Law: Report of the Panel, *China-Measures Affecting the Protection and Enforcement of Intellectual Property Rights*, WT/DS362/R, adopted March 20 2009, In Henrik Horn and Petros C. Mavroidis, *The WTO Case Law of 2009: Legal and Economic Analysis*, eds., Cambridge University Press, 2011,p.79.

〔3〕 See Petros C. Mavroidis, Patrick A. Messerlin and Jasper M. Wauters, “The Law and Economics of Contingent Protection in the WTO”, *International Trade Law and Regulation*, Vol. 15, Issue 1, 2009,p.32.

〔4〕 See Kamal Saggi and Joel P. Trachtman, “Incomplete Harmonization Contracts in International Economic Law: Report of the Panel”, *China-Measures Affecting the Protection and Enforcement of Intellectual Property Rights*, WT/DS362/R,（adopted March 20, 2009）,*World Trade Review*, Vol. 10, Issue 1, 2011, pp.63-86.

国内补贴方面的限制。国家可能希望对其认为“太重要”而不能受制于贸易规则的问题如“国家安全”保留政策空间。[1]

第二节 WTO灵活性机制的理论基础

如上所述，国际贸易协定本质上是不完全契约。政府认识到未来某个时间可能出现偏离义务的需要，也知道维护一项协定长期稳定性的意义重大，因而赋予国际贸易协定允许暂时性的偏离而不必对其终止的机制。具体而言，虽然来自自由贸易的收益被广为认可，但开放性使得经济更容易受到外来不利的贸易冲击之伤害也众所周知。GATT建立者觉察到受到损害的竞争集团可能运用这样的冲击作为违背GATT协定的借口，这就是GATT体制内提供关税义务例外的原因。这些例外允许政府保护受损害产业的同时，并不放弃其他行业获得的关税自由化。[2]同样，WTO设计者也意识到经济环境的不确定性和契约漏洞（contractual gaps）存在的严重性，通过设计WTO贸易政策灵活性手段（trade policy flexibility instrument）允许成员方在其贸易承诺范围内拥有某种程度的灵活性和能够采取用以处理在做出贸易承诺时无法预知情形的措施。这也可称为贸易应急措施、安全阀或者例外条款，但上述措辞尚不足以涵盖其所有内容。[3]在WTO体制中，设计这些灵活性条款主要理由在于：契约漏洞的必然存在、经济环境的不确定性和国内政治因素的影响。

一、契约漏洞的必然存在

由于WTO协定不能决定性地和清楚地规定重要的偶发事件而存在漏洞，这就在不可预期和意外情况的发生时造成“遗憾”的空间。例如，一个国家内

---

〔1〕 See *World Trade Report* 2012, p.72. Last visited on June 18, 2013. http://www.wto.org/english/res_e/booksp_e/anrep_e/world_trade_report12_e.pdf.

〔2〕 See Ronald D. Fischer and Thomas J. Prusa., “WTO Exceptions as Insurance”, *Review of International Economics*, Vol.11, Issue 5, November 2003, p.745.

〔3〕 See Kornel Mahlstein, Simon A.B. Schropp, *“The Optimal Design of Trade Policy Flexibility in the WTO”*, HEI Working Paper No. 27,2007, p.1.

保护主义的冲击可能会严重地威胁到某些国内进口竞争或出口行业，并随后威胁到某些团体的福利或就业，或经济发展和社会团结。对于受影响的WTO成员，如同先前商定那样履行可能不再合适或对缔约方都有效率。[1]

首先，条约谈判者不能知晓所有未来的偶发事件，因此需要制定出允许他们对此有充分反应的条款。但是，仍然存在两个问题。第一，偶发事件到底是否已经发生通常不能确定，因此这些条款在实践中不容易操作，反而成为许多国家实行贸易保护主义的借口。有学者认为，这种条款是WTO/GATT体制中具有负面影响的法律漏洞。“GATT允许的各种不同的保障措施，特别是反倾销措施，这是贸易体系中一个很重要的漏洞。这些措施会严重削弱WTO自由化的活力，并且降低WTO对那些寻求保护以免受国内保护主义游说集团影响的政府的重要性。虽说如有必要，任何国际协定应允许成员方背离有关规则，GATT也不例外，但主要问题是允许成员方恢复保护的漏洞太多了。”[2]第二，条约中确实可能存在疏忽大意的漏洞。缔约方在谈判复杂的契约时犯错：忽略重要细节、写下相互矛盾的条款或忽视规则的动态效果。一个条约可能并不涉及某个问题，反对某个问题，或完全忽略解决某个问题。文本空白（textual silences）一般被认为是可能需要填补的漏洞。在特定事实面前是否填补漏洞产生旁观者（特别是在争端利益相关者）眼中的司法造法。关于填补漏洞的论述似乎假定，要不是法律漏洞，条约语言将会是完全的。这是在拟定条约时不能实现的愿望和假定。[3]第三，语言表达在其已被广泛接受的核心含义之外还有不确定性的外围。国际规范的语言中富含在这种意义上模糊的表达。众所周知，如“侵略”“自卫”“战争”“干预”或“战斗员”，这些词语在适用于实践之前都模棱两可，因而需要深思熟虑的解释。而且，很多法律措辞并没有简单系统地阐述一项规则或原则。有些标准是一般性的，其他的很详尽；有些表示政策或目标，其他的制定权力、义务或权利；有些使用规范的语言，其他的是描述性语言等等。此外，法律语言中经常使用评价

〔1〕 See Simon A. B. Schropp, *Trade Policy Flexibility and Enforcement in the WTO: a Law and Economics Analysis* (Ph. D. diss., University of St. Gallen, 2008), pp.1–2.

〔2〕 Bernard M. Hoekman and Michael M. Kostecki, *The Political Economy of the World Trading System: From GATT to WTO*, Oxford, Oxford University Press, 1995, pp.164–165.

〔3〕 See Isabelle Van Damme, *Treaty Interpretation by the WTO Appellate Body*, Oxford, Oxford University Press, 2009, p.111.

术语,《公民权利和政治权利国际公约》中“不必要的延误”“不人道或有辱人格的待遇”是明显的例子,“公平”和“公平原则”是相似的例子。这些表达中内含的不确定性成分表明,需要跨文化地解释这些词语。承认这些界限不明的含义和解释的需要,对国际法更加客观而区别于政策的假定构成初步的威胁。根据“相对不确定性”(relative indeterminacy)理论,法律的不确定性只是一个边际现象,是确定的法律信息流动中一次偶然的干扰。这通常在法律“漏洞”(gaps)或“缺陷”(lacunae)理论下被讨论。[1]在WTO协定中,成员方可能同意受制于解释的措辞,例如“适当反措施”“严重损害”“不可预见的发展”“最大努力”或“相同产品”等。[2]WTO协定中规则或措辞的模糊性容易引起纠纷,例如在1998年海龟案中,当事方对“可用竭的天然资源”这一规定的理解就相互抵触,关键是对“可用竭的”这样的形容词产生理解上的差异。为避免适用上的困难和成员方利用法律漏洞,争端解决机构经常要用尽各种方法解释规则。再如,美国商务部征收反倾销税时使用“归零法”,长期以来引起很多国家的不满,从而在WTO体制内引发一系列争端。第四,很多争端的出现,是涉及模棱两可措辞的善意冲突。在这些情形下,国家通常真的不确定自己有义务做什么,以及对它们善意行为可能产生惩罚效果的制裁。这样的惩罚不但缺乏震慑效果,而且可能被证明是对贸易体制有所动摇,并为破坏该体制者提供政治弹药。[3]在争端解决的案件中,大多数辩护方可能确实善意地争辩说,它们相信争议中的措施符合WTO协定相关条款的规定。[4]在当事人都相信法律站在自己一边而决定诉讼时,与妥协相反的获胜愿望和热情会占据主导地位,争端解决就成为在真正的偏离义务和以为出现偏离义务的错误认识之间予以区分的过程。因此,在WTO历史上,只有较少案件是在专

---

〔1〕 See Martti Koskenniemi, *From Apology to Utopia: The Structure of International Legal Argument*, Cambridge, Cambridge University Press, 2005, pp.38–40.

〔2〕 See *World Trade Report* 2007, p.118. Last visited on March 9, 2012. at http://www.wto.org/english/res_e/publications_e/wtr07_e.htm.

〔3〕 See Warren F. Schwartz and Alan O. Sykes, “The Economic Structure of Renegotiation and Dispute Resolution in the World Trade Organization”, *The Journal of Legal Studies*, Vol. 31, Issue 1, 2002, p.201.

〔4〕 See Appellate Body Report, *Canada - Export Credits and Loan Guarantees for Regional Aircraft* – Recourse by Canada to Article 22.6 of the DSU and Article 4.11 of the SCM Agreement, WT/DS222/ARB, adopted on February 17, 2003, para.3.99.

家组刚开始工作时当事方就达成妥协的。[1]

其次，为找到最佳的妥协，谈判者可能故意在条约确定的范围内留下某些未解决的事项。条约措辞可能经常有意不表达所形成的共识，相反地去掩饰未能达成的共识。在多边契约特别是政治契约中，条约措辞所表达的约定内容可能远不如其所隐藏的不一致内容（non-agreed content）重要。[2]“考虑到数目众多的参加者以及各国在谈判条约时大相径庭的利益，条约规范经常是模糊不清和模棱两可的。它们的通过要求所有参加国家的一致同意，而不像大多数国内法立法时所要求的简单多数”。[3]在一个动态的、非稳定的世界中，缔约方有意地留下契约漏洞既是理性的，也是有效率的，这有利于避免拟定一个完全契约。[4]就所有可能的环境条件调查、起草和对契约义务的讨价还价所需的成本太高，这使契约完全不切实际。因其包含的成本超过收益。特别是当契约相对复杂和表现出很多低概率的影响契约履行价值的偶发事件时情况更是如此。鉴于交易成本的负担显著，缔约方接受未来世界状况和可能反应的不确定性。因此，缔约方必须参加如何处理不可预期的偶发事件之事前谈判。[5]

换句话说，缔约方鉴于成本等考虑，可能会有意在契约中留下一些不确定性。[6] 由于缺乏共识，WTO成员忽略某些词语、规则或条款，这是条约制定

---

〔1〕 E.g. *EC – Measures Affecting Butter Products*, WT/DS72, or *EC – Trade Description of Scallops*, WT/DS12 and 14.

〔2〕 See Julius Stone, Fictional Elements in Treaty Interpretation – A Study in the International Judicial Process, *Sydney Law Review*, Vol.1, 1953–1955, p.347.

〔3〕 See Joost Pauwelyn, *Conflict of Norms in Public International Law: how WTO law relates to other rules of international law*, Cambridge, Cambridge University Press, 2003, p.93.

〔4〕 See Pierpaolo Battigalli and Giovanni Maggi, “Rigidity, Discretion, and the Costs of Writing Contracts”, *American Economic Review*, Vol. 92,Issue 4, 2002,pp.798–817. 在谈判中常常发生这种情况，具有共同利益的双方，由于对未来发展趋势看法不同，而最终没有在销售、合并或技术转让等方面达成协议。双方都坚信自己对未来的预测是正确的，而对对方的判断嗤之以鼻，因此他们很难做出任何让步。类似的僵局似乎很难被打破。不过幸运的是，一种简单有效的方式可以帮助有分歧的双方达成协议，避免谈判陷入僵局。这种方法就是利用相机合同，遗憾的是这种合同经常为人们所忽视。相机合同是因事制宜地制订条款的，即它的条款只在有争议的不确定事件真正发生之后才会生效。

〔5〕 See Simon A. B. Schropp, *Trade Policy Flexibility and Enforcement in the WTO: a Law and Economics Analysis*, dissertation of the University of St. Gallen, pp.70–71.

〔6〕 交易成本经济学承认包罗一切的完备契约不是一个可行的选择（由于有限理性的缘故），但坚持认为许多经济代理人有能力学习，有能力遇见、感知风险，并在合约关系中考虑到各种风险，从而有能力设计出各种敏感的制度。事实上，有限但又刻意的理性被解释成不完全但深谋远虑的缔约。See Oliver E. Williamson, *The Mechanisms of Governance*, New York, Oxford University Press, 1996, p.9.

过程中有意留下的空白。故意的空白(deliberate silences)有时被描述为“建设性的模棱两可”(constructive ambiguity)或“有计划的”(studied)漏洞或模糊不清，这对国际、国家或地方(sub-federal)层面的任何制度造成概念上的问题。[1]例如，国家在TRIPs谈判过程中有意地并入模棱两可的条款。在谈判中处于不利地位的较不发达国家可利用这些模糊性防御持续扩张的知识产权权利，甚至还可能借此从TRIPs谈判的失利中夺回一城。这些灵活性相当重要，因为较不发达国家通过模糊条款的仔细解释，或许有能力在维持谈判过程中为他们合理保留政策空间的同时，促成满足他们需要的语言。[2]这种贸易协定可称为“理性不完全契约”(rationally incomplete contracts)。即内生地推导出契约对于未来事件的不确定性，从而导致契约具有不完全性，但不需要放弃理性的假设。[3]DSU第3条第2款明确说明，将这些空白放回到条约中并不是专家组或上诉机构的任务。但是，谈判者有时也可能打算将该事项委托给第三方。[4]对于有意模糊不清的WTO条款，专家机构可在事后裁决何种行为价值最大化，比起事前预测成员方在很多可能出现的情形下何者对其更有利，可能是促进互利行为的一种更好手段。裁决违反义务的情形，通过成为某一特定问题的标准案例，可能因此提供一项公共物品。在不利裁决之前缺乏制裁的行为，可能因此被视为鼓励国家就其争端提起诉讼，以此作为为所有人澄清规则的一种方式。[5]

最后，即便是国际司法机构的裁定中也有许多模糊和不精确的措辞。在执行国际争端解决者作出的决定——包括国际法院和WTO争端解决机构作出的——方面经常出现的模糊之处使人们很难明确地知道那些拒绝遵守裁定的国家要承担什么样的“责任”。尽管马弗鲁第斯根据一般国际公法试图

[1] See Jackson, *Sovereignty, the WTO and Changing Fundamentals of International Law*, Cambridge, Cambridge University Press, 2006, p.184.

[2] See Peter K. Yu, “The International Enclosure Movement”, *Indiana Law Journal*, Vol.82, Issue.4, Fall 2007, p.864.

[3] See *World Trade Report* 2007, p.117. Last visited on May 20, 2011. http://www.wto.org/english/res_e/publications_e/wtr07_e.htm.

[4] See Isabelle Van Damme, *Treaty Interpretation by the WTO Appellate Body*, Oxford, Oxford University Press, 2009, p.143.

[5] See Warren F. Schwartz and Alan O. Sykes, The Economic Structure of Renegotiation and Dispute Resolution in the World Trade Organization, *The Journal of Legal Studies*, Vol. 31, Issue 1, 2002, p.201.

澄清WTO《关于争端解决规则与程序的谅解》(Understanding on Rules and Procedures Governing the settlernend of Disputes,DSU)允许采取的救济措施,但在违反WTO义务的情况发生时,可以获得哪些法律上的集体或个别救济,或者在作出这些判定时应该遵循哪些程序,目前仍然是不清楚的。[1]例如,WTO上诉机构的裁决对于保障措施在什么时候是允许的并没有明确有力地表达出前后一致的原则。与其说为解决文本难题提供有用的指导,不如说他们使得WTO成员方适用保障措施更加困难。[2]专家组成员在评估和权衡事实如科学证据时还有可能出现错误。这些错误可能是对某些证据"故意忽视"(deliberate disregard)或"有意曲解"(willful distortion)的结果,或更可能是出于疏忽或善意所致。专家组有可能歪曲某些科学证据,未能以很好的理由考虑某些科学证据,或者错误地认为某些重要的证据不相关而拒绝考虑。与此同时,专家组可能真心相信他们已经公平地评估手上的所有证据。[3]

上诉机构的解释性实践表明,有时一项明显的空白事实上并不是条约中的"漏洞"。例如,在日本酒精饮料案中,上诉机构使用"省略一定具有某种含义"的表述。[4]在加拿大汽车案中,上诉机构指出"省略在不同的语境下可能具有不同的含义,省略就其内在本质而言,并不一定是决定性的。"[5]在美国碳钢案中,上诉机构注意到,某一特别的条约规定对特定问题的"空白"(silent)"一定具有某种含义"。[6]在欧共体关税事务案中,上诉机构和专家组认为,"DSU或WTO其他涵盖协定都没有阻止申诉方通盘或全面地质疑应诉方的体制"。逻辑而言,对于程序性限制的空白意味着没有适用限制。因此,难以从判例中提炼出一般的原则。[7]这种有意地"空白"有时意味着将解决某

---

〔1〕 参见[美]何塞·E.阿尔瓦雷斯:《作为造法者的国际组织》,蔡从燕等译,法律出版社2011年版,第722~723页。

〔2〕 See Alan O. Sykes, "The Safeguards Mess: A Critique of WTO Jurisprudence", *World Trade Review*, Vol. 2, No. 3, 2003, pp.261-295.

〔3〕 See Michael M. Du, "Standard of review under the SPS Agreement after EC - Hormones II", *International and Comparative Law Quarterly*, Vol. 59, Issue 2, April 2010, p. 446.

〔4〕 Appellate Body Report, *Japan - Taxes on Alcoholic Beverages*, WT/DS8/AB/R, WT/DS10/AB/R, WT/DS11/AB/R, p.18.

〔5〕 Appellate Body Report, *Canada-Autos*, WT/DS139/AB/R, WT/DS142/AB/R, para.138.

〔6〕 Appellate Body Report, *US – Carbon Steel*, WT/DS213/AB/R, para.65.

〔7〕 See Isabelle Van Damme, *Treaty Interpretation by the WTO Appellate Body*, Oxford, Oxford University Press, 2009, p.127.

事项的权力给予争端解决机制，因而专家组或上诉机构可在有限范围内解释法律。此外，在澳大利亚关于苹果进口措施的纠纷中，澳大利亚完成一项充斥着科学不确定性的进口风险评估。该评估的质量和可靠性是争端当事方争论的核心。该案提出这样的问题：当一项评估在不确定的科学事实下完成时，该项评估是否在专家组审查的权限之外？多高程度的不确定性会影响到专家组评估的能力？[1]

二、经济环境的不确定性

在当代社会，全球化已经成为不争的事实。WTO成立和运转是经济全球化的一个重要的里程碑。全球化所带来的影响，不仅仅停留在国际交往和经济层面，同时还表现为风险的全球化。例如，在某个地方发生的地震、海啸、禽流感、核辐射、战争、经济危机或者金融危机等事件，都有可能波及整个国际社会。德国学者乌尔里希·贝克提出"风险社会"的概念，指出所有国家和民族皆被纳入到一个休戚与共、相互依存的"风险共同体"。无论风险之来源为"天灾"或者"人祸"，其不变的特点就是具有不确定性，在造成巨大的损害后果之前并不为人们所预见，或者难以阻止其成为现实或者控制其蔓延。"风险是生活和社会互动不可避免的方面。人类通常必须在不确定的条件下做决定，此时他们不能确定将要发生的结果，或某一特定的决定或行为将最终将会有益而非有害。政府官员也发现他们在这种情况下做出外交决策。"[2]在经济活动过程中，再没有什么现象比不确定性更普遍。半个世纪以来，不确定性逐渐成为经济研究的基本假设。2002年，由于"在不确定性条件下人类判断和决策"领域的卓越开拓，丹尼尔·卡尼曼、弗农·史密斯获得诺贝尔经济学奖。[3]

回顾历史的长河，人类一直在经济危机造成的苦难中成长，同时又反过来影响经济的走势。从1857年具有世界性特点的普遍生产过剩危机、1929～1933年资本主义世界经济危机、1973～1975年石油危机，直到1997年

〔1〕 See Simon A. Schropp, "Commentary on the Appellate Body Report in Australia–Apples (DS367): Judicial Review in the Face of Uncertainty", *World Trade Review*, Vol. 11,Issue 2, April 2012, pp.171–221.

〔2〕 See Richard B. Bilder, *Managing the Risks of International Agreement*, Madison, University of Wisconsin Press, 1981, pp.11–12.

〔3〕 参见[美]富兰克·H. 奈特：《风险、不确定性和利润》，王宇、王文玉译，中国人民大学出版社2005年版，第2页。

东南亚金融危机，都在世界范围内产生极大的破坏力。历次世界性经济危机的爆发，都给各国经济造成沉重的打击，其破坏力并不啻于一次普遍性的战争。尤其是当发达国家完成工业化之后，随着经济发展的重心逐渐从第二、三产业转移，虚拟经济的无形性和不可度量性使诱发危机的因素更具有隐蔽性。然而，对于周期性和波段式的经济危机，由于引起其爆发的因素趋于复杂化和多元化，很难为人们所把握和预见。英国女王有句著名的评价，经济学家已经多次没能预测到经济衰退，而且会完全被随之来的金融危机给难住。其原因在于：首先，经济是一套包含着很多运行部分的复杂机制，人们没有办法把各种影响经济增长的因素孤立开来，而经济学家往往忽略非经济因素动机的重要性。其次，虽然经济学家"理性预期"的方法在把人作为有思想的个体而不是简单的小经济微粒方面有一定的优点，但是理性预期模型要求普通的公民去做复杂的计算，貌似除经济学家之外的任何人都会认为这是非理性的。[1]由此可见，经济学尽管享有科学的殊荣，但其同物理、数学一样具有局限性，经济分析方法在任何情况下都是不完备的。现实世界极为复杂，我们永远也无法运用同一种办法来处理各种各样的复杂因素。[2]

面对世界性经济危机的爆发对国内政治与经济形成的巨大冲击，处于困境中的各国政府通常会重新寻找那个古老的"损友"，即贸易保护主义。例如，通过使用出口补贴、关税和货币贬值来寻求"外需"，进而支持本国的就业和民众收入。这最终会导致全球经济发展秩序和世界对外贸易格局的调整，包括国际关系和法律秩序的重建。2008年秋季源于美国金融业部门的国际金融危机，无论就其影响的深度还是广度而言，都是自大萧条以来最为严重的一次，没有任何国家可以在这场全球性的经济衰退中幸免于难。2009年，世界经济发生了自"二战"以来的第一次全面萎缩，世界GDP下降了2.2%，同期世界贸易总额更是以14.4%的惊人速度下降，是80年来世界经济发展所受到的最大挫折（World Bank，2010）。[3]经济环境的不确定和人类的有限理性是一个问题的两面。首先，理性人基于判断的经济学大厦本身也存在根本性的

---

〔1〕 See Buttonwood, *Economic History: Muddled models*, Last visited on October 20, 2011. http://www.economist.com/blogs/buttonwood/2012/07/economic-history.

〔2〕 参见［美］富兰克·H. 奈特：《风险、不确定性和利润》，王宇、王文玉译，中国人民大学出版社2005年版，第4～5页。

〔3〕 参见林毅夫：《新结构经济学——重构发展经济学的框架》，载《经济学（季刊）》2011年第1期。

漏洞；其次，大多数经济行为源于人类理性的动机，但在很多情况下也受到动物精神的支配，这就是经济发生波动的重要原因。[1]

鉴于经济环境的不确定性，经济风险时常发生且主要表现为对人类造成整体性冲击的经济危机和金融动荡。因为各国法律制度不同和政治利益相互冲突，此时最重要的问题就是如何就避免、解决风险或分担其造成的损害达成一致意见。然而，如果事先没有协议或约定，在缺乏国际条约规范的情况下，国家之间往往无法事后达成一致。因此，WTO理所当然地肩负起构建全球贸易法律保障机制的重任。从1948年1月1日GATT临时生效到1995年1月1日WTO正式生效至今，世界贸易基本上围绕着GATT/WTO为核心的多边贸易体制进行。GATT/WTO的规则设计者意识到在不确定的经济环境中，成员方遵守贸易政策承诺与拥有政策制定的自主权之间存在一定的紧张关系，因而需要平衡好规则之刚性与灵活性的关系。首先，WTO体制体现出多边贸易体制从“权力导向”向“规则导向”转变。正如彼德斯曼教授所言，“通过规则限制我们行动的自由和自我施加制度性限制，是设计来保护我们免受自己激情和不完美理性风险的理性反应。”[2]其次，规则应当具备一定的灵活性，才能有效地应对经济方面的不确定性。例如，2009年世界贸易报告主题就是“贸易政策承诺与应急措施”。该报告考察贸易协议中可用的应急措施范围及其所发挥的作用。同时也提及例外条款或安全阀，这是允许政府在其贸易承诺范围内拥有某种程度的灵活性和能够用以处理贸易承诺做出时无法预知情形的措施。应急措施力图在承诺和灵活性之间取得平衡。这种并不违反WTO规则的贸易保护行为有所增加也貌似非常合理。但是，灵活性过多可能会损害到承诺的价值，但过少也会致使规则无法维持。[3]

在当前经济全球化过程中，不可避免地隐藏着国家乃至全球性的社会经济风险，并产生国家遵守国际贸易协定承诺与在紧急情况下获得灵活性需要

---

〔1〕 凯恩斯是“动物精神”（animal spirits）一词的原创者。美国诺贝尔经济学奖获得者乔治·阿克洛夫和耶鲁大学经济学教授罗伯特·希勒在《动物精神》一书中从人的各种非理性冲动行为来解释宏观经济的波动。See George A. Akerlof and Robert J. Shiller, *Animal Spirits: How Human Psychology Drives the Economy, and Why It Matters for Global Captitalism*, Princeton, Princeton University Press, 2009.

〔2〕 Petersmann, “How to Constitutionalize International Law and Foreign Policy for the Benefit of Civil Society?” *Michigan Journal of International Law*, Vol. 20, No. 1, Fall 1998, p.1.

〔3〕 World Trade Report, 2009, WTO website, Last visited on August 16, 2011. http://www.wto.org/english/res_e/publications_e/wtr09_e.htm。

之间的矛盾。2007年，国际金融危机爆发，以许多国家的经济遭到重创。为保护本国产业，一些国家纷纷实施贸易保护措施，在WTO框架下反补贴、反倾销、保障措施等贸易救济的案件数量呈迅速上升的趋势。2010年，在欧盟经济初显复苏之时，再次受到主权债务危机的沉重打击，致使欧洲一体化建设、欧元信誉以及欧盟的国际地位受到严重影响。面对不断加重的主权债务危机、日益上升的失业人数和社会动荡，使得欧盟贸易保护态度更趋明显。在国际经济形势总体恶化或一国内部出现经济或政治方面的动荡时，国家通常都会采取贸易保护措施以短期内增加本地产品的出口，但这就会伤害与贸易伙伴之间的合作关系。WTO法律制度正主导着全球多边贸易体制，各成员方必须以现有贸易规则为基准制定自身的贸易政策。倘若成员方因利益需要而贸然采取贸易保护手段，就可能违反其在WTO协定下所承担的国际法义务，从而引发国际贸易摩擦等一系列问题。与此同时，如果WTO协定需要经常修改，经济活动将因信息成本和缺乏可预见性而受到损害。即便是在突然或剧烈因素的影响下，成员方一般不会寻求永久性的修改，而是采取务实的做法力图在既有WTO体制下获得暂时性的调整。因此，充分利用WTO协定贸易政策灵活性机制以及在今后的条约中合理设计类似的条款意义重大。

三、国内政治因素的影响

如果经济学家统治世界，就将不需要世界贸易组织。经济学家对自由贸易的方法基本上是单边的，即国家通过追求自由贸易服务于自己的利益，而不管其他国家怎么做。如果经济学理论当道，全球自由贸易将从不受限制的追求国家利益中自发地出现，而不需要国际贸易条约。但是，世界并非为经济学家所统治。[1]在现实中，政府面对限制贸易的经济和政治动机，国际合作需要通过国际体制进行。在世界政治中推广合作理念的自由制度主义者指出，国家是利己主义的行为者，并承认国家利益并不总是协调的。制度可为国家在无政府的世界中共享信息和减少不确定性提供一个平台。[2]而国家

---

〔1〕 See Paul Krugman, "What Should Trade Negotiators Negotiate About?", *Journal of Economic Literature*, Vol. 35, No. 1, March 1997, p.113.

〔2〕 See Christina Fattore, "Interest Group Influence on WTO Dispute Behaviour: A Test of State Commitment", *Journal of World Trade*, Volume 46, Issue 6, 2012, p.1262.

实施国家条约的能力，也受到国内政治的不确定性之影响。[1]正如美国宪法对GATT形成具有直接影响，要更好地理解现行美国贸易立法就应将其置于GATT框架内一样，对贸易和政策的研究要顾及国际与国内体制的相互关系。在以贸易条件、承诺方法和公共选择理论等视角解释国际贸易协定所带来的收益时，都会涉及国内政治因素的不确定性问题。WTO贸易政策灵活性机制正是应对这种国内政治不确定性的重要制度。

（一）“承诺方法”

国家签订条约主要是意图从国际合作中获得收益。传统理论认为，一项国际贸易协定中的利益是消除消极的贸易条件外部性（negative terms-of-trade externalities）。[2]如果没有这样的利益，国家将继续做出单边的决定。条约通过明确国家的义务，监督国家遵守这些义务，并允许国家采取互惠战略促进合作。

另一种为国家从贸易协定中获得收益提供解释的是所谓承诺方法（commitment approach）。据此，贸易协定是国家面对国内利益集团时增强其贸易政策可靠性的一种手段。国际政治著作已经开始重视从实证或行为的角度设计国际协定。[3]当传统研究贸易协定的方法强调贸易政策中缺乏效率的国际来源（例如，国家以不合作的方式行动的诱惑）时，承诺理论则关注缺乏效率的国内来源。贸易协定的承诺方法专注于国际协定的国内功能，提出国际贸易协定可解决明显的内向型国内问题。该方法的支持者认为，政策制定者只是利用通过具有法律约束力的国际契约所产生的外部压力，以克服政府和私人部门之间的战略互动造成国内的低效率。签订贸易协定是为了限制政府对贸易政策未来的自由裁量权。通过在违反契约的情

[1] 国内政治和不确定性对国家外交事务起到至关重要的作用。See George W. Downs and David M. Rocke, *Optimal Imperfection? Domestic Uncertainty and Institutions in International Relations*, Princeton, Princeton University Press, 1995; See *also* Joost Pauwelyn, *Optimal Protection of International Law- Navigating between European Absolutism and American Voluntarism*, Cambridge, Cambridge University Press, 2008,p.69.

[2] See Alexander Roitinger, *The Institutional Design of Trade Policy Flexibility in the World Trading Order: Analysis and New Direction for Reform*（Ph. D. diss., Universität St. Gallen, 2004）, p.9.

[3] See Alan O.Sykes, “Protectionism as a ‘Safeguard’: A Positive Analysis of the GATT ‘Escape Clause’ with Normative Speculations”, *University of Chicago Law Review*, Vol.58,No.1, 1991, pp.255-305; Koremenos et al. “The Rational Design of International Institutions”, *International Organization*, Vol.55, No.4, 2001, pp. 761-799; Rosendorff, et al., The Optimal Design of International Trade Institutions: Uncertainty and Escape, *International Organization*, Vol.55, No.4, 2001, pp.829-857.

况下将国内贸易政策制定者暴露于制裁，他们就能可靠地对贸易自由化作出承诺。

根据不完全契约理论，国家在履行国际条约的过程中难免遭遇到无法预见的冲击，这可能使得继续履行原先义务代价过高或者在根本上不可行。鉴于这样的考虑，政府在设定贸易政策时可能无法对私营机构或议会做出可靠的经济或政治承诺。特别是政府面临国内政治压力去违反协定措辞的情形出现时，国家也无法保证其将来肯定能够履行条约中的承诺。其原因在于，为最大化其再次竞选的机会，决策者必须不断地平衡国内支持出口行业和支持保护主义者的利益。条约同国内法令一样很容易受到利益集团的“寻租”(rent-seeking)，其并不必然能提高国家的福利。政府批准国际法和国内法一样都是为获得最大化的政治支持。〔1〕“政府被要求遵守国际承诺，但与此同时，他们必须获得国内的支持以继续执政。”〔2〕因此，对国际贸易协定的承诺被用来当成防备国内行动者的信号，表明政府无法承受违反其最初契约承诺的后果。〔3〕该方法强调国际贸易协定对于政府及其国家政治和经济选民之间关系的后果。换言之，将国际贸易协定视为限制国家未来自由裁量空间的手段。政府是面对其国内的选民对做出自由贸易政策的承诺。

承诺理论的第一种变体是“时间不一致”(time inconsistency)问题。“贸易协定的承诺理论认为，成员方政府在向私人部门做出政策承诺后会受到国内利益集团的阻挠，导致政府政策选择的时间不一致性。”〔4〕当设定贸易政策时，政府可能无法对私营机构或议会做出可靠的经济或政治承诺。这就导致“时间非连续性”问题。这是发生在政府决定在未来的某个时候实施某特定政策，但当该未来期间来到时发现该政策并非最佳的状况。因此，政策将要

---

〔1〕 See Rachel Brewster, “The Domestic Origins of International Agreements”, *Virginia Journal of International Law*, Vol. 43, 2003, p.503.

〔2〕 Christina Fattore, “Interest Group Influence on WTO Dispute Behaviour: A Test of State Commitment”, *Journal of World Trade*, Volume 46, Issue 6, 2012, p.1262.

〔3〕 See Simon A. B. Schropp, *Trade Policy Flexibility and Enforcement in the WTO: A Law and Economics Analysis*, Cambridge, Cambridge University Press, 2009, p.147.

〔4〕 罗良文、杨艳红:《世界贸易体制的经济学研究进展》，载《经济学动态》2011年第6期。

在未来实施的声明并不可靠。[1]这些压力的大小随着时间的推移而不同，有时可能会太强烈而导致维持代价昂贵的国际承诺暂时显得不可能。但是，即便是对于未来遵守成本不能确定，在足够长时间范围里合作收益的预期价值也许是积极的。问题是，如何设计一项协定以便暂时的、在政治上急迫的违反不会招致报复的漩涡。[2]

当然，对于国家随着时间的推移而改变主意的原因，还有更多理论方面的解释。例如，现实主义理论假定，国家在任何给定的时间点改变其立场取决于它们如何认知其本国的利益。现实主义者相信，各国都在为取得和维持权力而坚持不懈地奋斗。国际法律制度及随着时间过去而产生的各种规范，是源自平衡国家利益和维护权力的共同追求。相反，自由主义理论并不特别看重国家间不懈改变的权力争夺，而是认为国家充当其国内选民利益的代理人。因此，国际法律规则主要是作为国内法律变化的结果而随时发生变化。建构主义认为，国家也可能由于其在国际领域的经验而改变主意。久而久之，国家的利益可能因为其他国家的期望和了解或其加入的国际组织而受到影响。[3]

承诺理论的第二种变体是“自缚手脚”(hand-tying)方法。由于国际组织可发布信息来影响一国的国际声誉和国内民众对该国政府的看法，更多地授权给国际组织将有利于阻止该国政府在国际合作中的背叛动机。“如果违背在国际制度框架下所做的承诺，国家将会受到国际听众即其他国家和国际组织的惩罚，无论这种惩罚是直接报复还是声誉损失。这样，国家就可以通过参与国际制度来捆住自己的手，向国内或者跨国行为体发出明确信号来表明

---

〔1〕 See *World Trade Report* 2009, pp.22-23. Last visited on May 18, 2012. http://www.wto.org/english/res_e/publications_e/wtr09_e.htm; See *also* Andrew T. Guzman., “Why LDCs Sign Treaties That Hurt Them: Explaining the Popularity of Bilateral Investment Treaties”, *Virginia Journal of International Law*, Vol. 38, 1998,pp.658-659. Last visited on June 6, 2012. http://works.bepress.com/andrew_guzman/15. “时间非连续性偏好”(time-inconsistent preferences)问题指人们的行为是不耐心的，愿意尽可能早地得到利益，而将成本尽可能地延迟。

〔2〕 See Jeffrey Kucik and Eric Reinhardt, “Does Flexibility Promote Cooperation? An Application to the Global Trade Regime”, *International Organization*, Vol. 62, No. 3, Summer 2008,p.480.

〔3〕 See Joost Pauwelyn, *Conflict of Norms in Public International Law: How WTO Law Relates to Other Rules of International Law*, Cambridge, Cambridge University Press, 2003, pp.14-15.

其守诺意图，从而有助于国家做出可信的承诺。”[1]

从比喻意义而言，WTO就像一根桅杆，政府将自己捆绑其上以逃避各种压力。例如，在20世纪90年代末，中国经济改革者意识到亟须加入WTO，借助其成员资格作为政治外壳，与国内反对经济模式改革的力量进行国内谈判。这种自我“束缚”的策略，至少可使成员方的政治市场失灵得到部分纠正，因为背离贸易协定的承诺就要对受影响方给予赔偿。然而，在制定高效率的贸易政策和安抚国内利益集团的需求方面如何权衡，要取决于政府将自己捆绑在桅杆上的决心大小。在这种情况下，WTO灵活性机制对于成员方政府顾前瞻后的摇摆不定无疑起到定心丸之功效。WTO允许对企业给予紧急保护，这就向企业发出一个信号：“即政府不能或不会让自己承诺受限于一定水平的干预或支持所约束。这种保护将消极地影响某些企业的经营，由于这些企业可能把这种保险纳入他们的管理决定中，这反过来可能产生所谓‘时间不一致’的问题。如果某一政府正在实施自由化计划，而企业由于期望能够在将来得到进一步的保护而未进行必要的调整，那么政府不给予这种保护（或者取消临时紧急保护）在政治上就不是最佳的选择。”[2]

承诺理论的第三种变体是经济学文献“立宪主义”（constitutionalism）之延伸。这根植于公民有能力签订社会契约以克服所有集体行动问题、防止政府失灵和控制社会排他主义团体“寻租”行为的信念。在特殊利益群体对保护主义势不可挡的压力面前，国际贸易协定起到额外的宪法限制作用，是个人的第二道宪法防线。贸易协定之签订可被视为国家宪法的逻辑延伸，旨在保障后者的运行。因此，对于一个国家的公民而言，国际贸易协定是防备政府行为不当和游说影响的国际靠山。[3]故此，WTO/GATT能起到限制滥用保护主义的贸易政策之作用。

（二）“公共选择理论”

从经济学的视角来看，WTO为防备损害经济效率的国内政策提供重要的

---

〔1〕 田野：《国际制度对国内政治的影响机制——来自理性选择制度主义的解释》，载《世界经济与政治》2011年第1期。

〔2〕 Bernard M. Hoekman and Michael M. Kostecki, *The Political Economy of the World Trading System: From GATT to WTO*, Oxford, Oxford University Press, 1995, p.191.

〔3〕 See Simon A. B. Schropp, *Trade Policy Flexibility and Enforcement in the WTO: a Law and Economics Analysis*, Cambridge, Cambridge University Press, 2009, p.149.

保护。这种看法始于表明自由贸易有利于国家的众所周知的经济分析。自由贸易符合国家的利益(除特殊的情形之外),因为消费者从自由贸易中的收益总是超过生产者的损失。即便自由贸易对工人和国内生产者会造成损失,这也可通过转移支付来自贸易中的收益直接赔偿给工人和生产者。因此,自由贸易是最好的政策。大多数选民是消费者,如果为经济利益投票,他们会选择非保护主义的政策。因此,如果自由贸易不是所选择的政策,那肯定是民主程序已经从大多数人或者民主的意愿偏移到特殊利益集团。这种解释为公共选择理论所支持。〔1〕

"揭开不同的政府官员在谈判不同条约时的面纱,不同的私人利益集团在不同的条约背景下起作用。在WTO中主要是产业;在联合国环境规划署中主要是环境利益集团。"〔2〕某些强大产业的私人利益对于谈判具有很大的影响,例如以医药公司或劳工说客为代表的利益团体。据观察,有组织的利益通常比消费者等扩散性的利益对决策有更大的影响。更重要的是,政府行政部门对于这些利益可能比议会更敏感。因此,国际立法可能受到有组织的特殊利益特别强大的影响。〔3〕其中,利益集团的"事前游说"(*ex-ante* lobbying)影响到一国对贸易协定的选择,"事后游说"(*ex-post* lobbying)影响到受制于贸易协定约束的贸易政策之选择。当然,只有所签订协定为政府的贸易政策选择留下自由裁量权,"事后游说"才具有意义。例如,如果该协定有征收关税上限,那么政府可自由选择低于关税上限的关税率。〔4〕保护主义要求的可能性随

〔1〕 See Peter Gerhart, "Two Constitutional Visions of the World Trade Organization", *University of Pennsylvania Journal of International Economic Law*, Vol. 24, 2003,pp.17-18. 贸易政策是特殊的公共物品。虽然由政府制定,却受政府本身、国内外利益集团以及贸易体制的约束,涉及各种政治经济因素。公共选择理论把贸易中的不同经济主体划分为不同的利益集团,注重分析各利益集团的动机和行为,为填补政策形成的理论与政策形成的现实之间的鸿沟奠定基础。参见都亳:《WTO贸易救济制度的政治经济学分析》,载《世界贸易组织动态与研究》2010年第2期。

〔2〕 Joost Pauwelyn, *Conflict of Norms in Public International Law: How WTO Law Relates to Other Rules of International Law*, Cambridge, Cambridge University Press, 2003, p.15.

〔3〕 这一发现与认为WTO法主要价值在于捆绑政府之手以免其成为特殊利益牺牲品的宪法论者之主张相矛盾。See Isabel Feichtner, *The Law and Politics of WTO Waivers: Stability and Flexibility in Public International Law*, Cambridge, Cambridge University Press, 2011, p.49; Markus Krajewski, "Democratic Legitimacy and Constitutional Perspectives of WTO Law", *Journal of World Trade*, Vol.35, No.1, 2001, pp.168, 181.

〔4〕 See Giovanni Maggi and Andres Rodriguez-Clare, "A Political-Economy Theory of Trade Agreements", *American Economic Review*, Vol. 97, No. 4, September 2007, pp.1374-1406.

着有能力明确地表达这种要求的参与者数量的增多而增大。行政当局不是总能抗拒这样的压力，甚至当其违反国家利益时也是如此。例如，美国历史上最声名狼藉的《斯姆特——霍利关税法案》(The Smoot-Hawley Tariff Act)就是以其发起者两个共和党议员所命名。确实，贸易政策很容易由于其有益于有限的行业团体而造成互相支持和投票交易。《斯姆特——霍利关税法案》就被修正过上千次。就美国来说，立法力度(legislative dynamics)实际上保证任何保护单一行业的努力将会被转换为保护许多行业的立法。[1]

作为集中的团体，工人和所有者可从政府行动中获得大量收益。因此，这些团体具有很强的动机为保护主义政策提供政治资助和选举支持。相比之下，从自由贸易中获益的群体如消费者，虽数量众多但就个体而言规模较小。这些团体为自由贸易政策花费时间和金钱游说的动机相对较少。而且，他们在监控立法者以确定其代表是否整体上屈服于利益集团而牺牲社会利益上还面对着很高的代理成本。基于这些原因，公众可能选择对近乎所有贸易政策保持“理性地无知”(rationally ignorant)。保护主义团体还享有额外的优势，即其可利用民主主义情感。这些情绪通常深植于一国的传统与文化，可通过产生公共物品对政治产生积极的影响。例如，促进冷战结束后东欧共同抵制极权主义压迫的共同防御与援助。不幸的是，这些情绪也为大量保护主义措施提供伪装。例如，“购买美国货”和国内含量法律(domestic-content laws)看起来是为了发展美国产业，但实际上旨在使利益集团得到好处，而牺牲了公众利益。[2]

从民主政治的要求来说，国内利益集团是民众向决策者表达其意愿的主要渠道。其对决策的参与可能会支持符合民众偏好的政策或阻止只是反映政府精英利益的政策，从而改进决策的过程。但是，利益集团也有自身的利益，当国家对外政策与自身利益相冲突，其必然会游说国家对国内产业采取

〔1〕 See Krzysztof J. Pelc, *The Cost of Wiggle-Room: on the Use of Flexibility in International Trade Agreements* (Ph. D. diss., Georgetown University, 2009), p.60.

〔2〕 See John O. McGinnis and Mark l. Movsesian, “The World Trade Constitution”, *Harvard Law Review*, Vol. 114, No. 2, December 2000, pp.523-525. 不同观点认为，贸易政策对于衡量投票选举候选人的影响来说缺乏显著性。选民并不认为贸易是一个很重要的话题。大多数选民不知道政客对贸易的立场。即便是在支持保护主义团体内的个体，他们也不清楚代理人的政策。See Alexandra Guisinger, “Determining Trade Policy: Do Voters Hold Politicians Accountable?”, *International Organization*, Vol. 63, Issue 3, Summer 2009, p.553.

保护主义的政策。尤其是一国经济遭到外部巨大冲击时，政府迫于压力原因承受违反国际条约所带来的声誉等损失，而暂时迎合国内利益集团的要求。即便是对于未来遵守成本不能确定，在足够长时间范围里合作收益的预期价值也许是积极的。这或许是大多数国家在大多数时候遵守条约的主要原因。[1]

从国内利益集团的角度来看，民主变革和政策承诺之间的紧张关系给国内利益集团制造政治上的不确定性。现任政府可制定政策，但国内利益集团并不清楚这些政策会持续多久。下一轮选择产生的政府并不必然支持这样的政策。因此，选举必定会给现行政策的未来造成不确定性。这就给国内利益集团带来两难的选择：今日获得的游说收益可能会在明日带给另一个不同的集团。为保护其收益免于选择的变化，利益集团试图在其偏好的政策制定后加以巩固。[2]政策一旦成为现状，通过国内程序改变就相当困难或者政治上成本太高。相比之下，国际条约比起国内法令具有优势。例如，根据美国法，国际条约可加强政策的效力，如果没有国际条约，政策随时可能发生变化。这些影响都能导致国内利益集团寻求国际谈判而不是国内立法。国际法和国内法的政治区别不明显，利益集团既可能为前者，也可能为后者游说，这取决于何者更能有效地达到其政策目的。[3]在违反、退出或改变条约的成本和国际条约的司法解释这两个因素的共同作用下，通过条约所确定的义务比起国内法令规定的政策承诺而言，更具有稳定性和持久性而成为国内利益集团不可或

---

〔1〕 WTO之功能及所谓成就主要在于其明确表明为“扩大货物和服务的生产和贸易为目的”，该目标通过允许成员方交换互惠承诺，治理国内出口导向利益以平衡来自国内进口集团的压力的方式，从而降低全球范围内的贸易壁垒。此外，由于WTO建立可执行、有法律约束力的协议而起到解决“时间非连续性偏好”（time-inconsistent preferences）问题。国家领导人对全面地减少贸易壁垒具有长期的利益，但其可能面对恢复针对性的贸易壁垒周期性的压力以保护特殊利益集团。在这种情况下，在国际层面作出可靠的承诺可减少否定要求保护的国内政治成本。See Krzysztof J. Pelc, *The Cost of Wiggle-Room: on the Use of Flexibility in International Trade Agreements*（Ph. D. diss., Georgetown University, 2009）, pp.99–100.

〔2〕 See Rachel Brewster, “The Domestic Origins of International Agreements”, *Virginia Journal of International Law*, Vol. 43, 2003, p.512.

〔3〕 值得指出的是，利益集团的游说可能会影响政府对参加和履行条约的决定，但引渡和军备控制条约更多是体现国家之间的合作而非利益集团的活动。See Rachel Brewster, “The Domestic Origins of International Agreements”, *Virginia Journal of International Law*, Vol. 43, 2003,pp.502–503;Joost Pauwelyn, *Optimal Protection of International Law Navigating between European Absolutism and American Voluntarism*, Cambridge, Cambridge University Press, 2008,pp.71–72.

缺的选择。[1]

自从乌拉圭回合谈判后，许多成员方的经济利益集团变得更加活跃，WTO谈判更大的透明度使监督政府如何保护特殊利益变得更容易。因此，政府面对更大的激励为利益集团需要去获得国外的市场准入和拒绝让外国的货物、劳务与资本参与国内市场。[2]换句话说，贸易决策者为最大化其再次当选的机会，正面对着越来越大的平衡国内支持出口和支持保护利益的压力。可见，国内方面似乎不仅是国家将权力授予国际机构的主要动力，也是给国际义务施加限制的来源。这种张力的结果是国家增加承诺与约束性的行动之间经常的优柔寡断。[3]国内的政治支持始终是容易变化的因素，这些易变的环境条件对于贸易决策者而言是必须持续面对的外来冲击。

多哈回合谈判僵局至少部分原因是国内政治已制约美国和欧盟行使领导地位的能力。两者所余留的保护主义集中于特别有影响力的行业，最明显的是农业。而且，公众对贸易自由化的怀疑正在增加。与此同时，出口导向型的利益集团对多哈回合谈判的支持减弱，部分因为贸易伙伴单边自由化和通过双边或区域协定的事实或预期自由化已经或将会实现市场准入的情况改善。因此，每个政体的国内行动者更喜欢维持现状。因为维持现状比起正在提议的任何方案，都是达成“谈判协议的最佳选择方案”（best alternative to negotiated agreement）。此外，美国和欧盟相对较高的批准门槛给那些更满足维持现状者助一臂之力，使政治平衡更加倾斜于反对自由化的一端。结果，以双层博弈论（two-level games）的语言，美国和欧盟都有小的“获胜集合”（win-sets）。美国和欧盟国内“获胜集合”的狭隘性对多哈回合谈判已经产生显著的意义，新兴经济体与日俱增的影响已经削弱了他们把国际谈判向国内

---

〔1〕 根据条约必须信守原则，即便缔约当时对条约的衷心拥护已不复存在，国际法也不会因国内民主政策的改变而为条约的遵守创造一项例外。因此，利益集团影响政府决策而签订的条约，不会因国内的民主变革而轻易地有所改变。除非国内经济受到巨大的外来冲击，利益集团的压力达到足以让政府违背条约承诺的程度，政府才会考虑是否要承受违约的成本。

〔2〕 See Valentin Zahrnt, “Domestic Constituents and the Formulation of WTO Negotiating Positions: What the Delegates Say”, *World Trade Review*, Vol.7, Issue 2, 2008, pp.410–411.

〔3〕 See Krzysztof J. Pelc, *The Cost of Wiggle-Room: on the Use of Flexibility in International Trade Agreements* (Ph. D. diss., Georgetown University, 2009), p.2.

更能接受的结果发展的能力。[1]贸易协定可被视为双层博弈，有两个契约在起作用。一个是在国家之间，另一个在国家与市民或国家的议会及其行政部门之间。后一个契约可能存在道德风险，因为国家之间的贸易协定可能通过该层次的行动得到修改。[2]

贸易决策的国内政治条件变化对WTO谈判具有重要的影响。首先，所谓国家之间谈判的双层博弈论，第一层次是国内政治，即国内选民和利害相关者必须首先明确地表达立场；第二层次是国际政治，国家必须在它们之间达成共识。[3]国家的议会和公民社会团体等参与程度越深，国家政策越是会倾向于保护主义。其次，国内政治影响的不确定性使不喜欢风险的政府在考虑接受WTO义务时更加犹豫。相似地，成员方在谈判中的灵活性为响应更多的决策参与者而减少。最后，带有政治动机的政府越是努力从合作中获取利益份额，国内观众席上的旁观者给予的关注也就越多。[4]因此，只要发生不可预见的情况，例如一个国家内突然出现贸易保护的势头，从而损害到某一社会团体的福利或者就业，受到影响的成员方就可能不愿意履行事先达成的协议。一国决策者有时会面对不可预料但很尖锐的政治压力去保护特定产业，比起

〔1〕 See Alasdair R. Young, "Transatlantic Intransigence in the Doha Round: Domestic Politics and the Difficulty of Compromise", in Amrita Narlikar eds., *Deadlocks in Multilateral Negotiations: Causes and Solutions*, Cambridge, Cambridge University Press, 2010, pp.123–124. Robert D. Putnam采用"双层博弈"的概念解释对外政策的国内根源，他指出国内政治和国际关系存在千丝万缕的联系，国家领导人在国内政治和国际政治两个棋盘上同时进行政治博弈。国际层次的博弈是指"谈判者讨价还价达成暂时协议"的过程；国内层次博弈是指"在选民团体中讨论是否要批准这一协议"的过程。See Robert D. Putnam, "Diplomacy and Domestic Politics: the Logic of Two-level Games", *International Organization*, Volume 42, Issue 3, June 1988, pp.427–460. "获胜集合"是双层博弈理论的中心概念，指国际协议在（包括政府部门、利益集团、各社会阶层）国内的行为体中获得批准的可能性。获胜集合越大，国际协议越可能达成；获胜集合越小，越难以达成协议。获胜集合的大小取决于国家权力的分配、领导人的政策偏好、政治制度及谈判战略等因素。参见钟龙彪、王俊：《中国和平崛起中的"双层博弈"》，载《美国研究》2007年第4期。

〔2〕 See Joel P. Trachtman and Philip M. Moremen, "Costs and Benefits of Private Participation in WTO Dispute Settlement: Whose Right is it Anyway", *Harvard International Law Journal*, Vol.44, No.1, Winter 2003, p.243.

〔3〕 See Joost Pauwelyn, *Optimal Protection of International Law: Navigating European Absolutism and American Voluntarism*, U.of St. Gallen Law and Economics Working Paper No. 27, p.34. Last visited on August 12, 2012. http://ssrn.com/abstract=1019415 or http://dx.doi.org/10.2139/ssrn.1019415.See Gregory Shaffer, "If Only We Were Elephants": The Political Economy of the WTO's Treatment of Trade and Environment Matters, in Tomer Broude, et al., eds., *The Politics of International Economic Law*, Cambridge, Cambridge University Press,2011,pp.385–387.

〔4〕 See Valentin Zahrnt, "Domestic Constituents and the Formulation of WTO Negotiating Positions: What the Delegates Say", *World Trade Review*, Vol. 7, Issue 2, 2008, pp.412–413.

简单地为一项国际义务所缚，他们宁可在不过分违反国际条约或遭受国际惩罚的情况下选择暂时对国内的政治支持者让步。无论任何时候，贸易保护主义都是不同利益集团的需求与政府所提供的供给之间相互作用的结果。如果政府降低保护水平，就会引起那些因为自由化而受损的利益集团的反对。

可见，国家在外贸政策的制定和贸易协定的履行过程中往往受到国内行业协会、消费者或者其他政府部门等利益集团的反对意见以及其他外部原因的干扰。可能输掉选民的外部因素，政府内部改变或者对于外国适用补贴的诱惑等情况，都可能成为政府中止其贸易承诺的原因。因此，如果不确定性很高，而可期待的利益很少，风险厌恶（risk averse）的国家将会避免对刚性制度作出承诺。但是，如果不确定性很低，并且潜在的收益很高，在这些更为有利的条件下，制度的灵活性就变得很重要。[1]“政治现实，特别在处于从高度扭曲的贸易体制向更为自由的政策立场转变过程中的国家，往往决定了要有一种机制的存在，以允许在来自进口产品的竞争过于激烈而使结构调整超出社会承受能力的情况下再度实行临时保护。事实上，这种保障机制很可能是使影响深远的自由化（far-reaching liberalization）在政治上能够通得过的前提条件。”[2]因此，国家希望所缔结的条约具有一定灵活性，“这有助于国家应对一个不确定的世界，减少终止或者放弃的成本，或使得再谈判变得更容易。”[3]对于多边贸易体制而言，如果每个国家迫于国内利益集团的压力，而不考虑其行为对其他国家的影响是好或坏时，该体制的有效性就必将受到侵蚀。国内利益集团的存在导致国家授权给国际机构，同时使过于刚性的协定不稳固。尤其在外来冲击（exogenous shocks）之后，即市场条件出现意想不到的变化，要求进口救济的压力可能达到在制度内遵守呈现出在政治上不可行的程度，作为面对这种压力和允许国家对意外事件的反应方法，所有贸易协定都为其成员提供一定程度的灵活性。[4]

---

〔1〕 See B.Koremenos, Ch.Lipson and D. Snidal, “*The Rational Design of International Institutions*”. *International Organisation*, Vol. 55, No. 4, Autumn 2001, p.793.

〔2〕 Bernard M. Hoekman and Michael M. Kostecki, *The Political Economy of the World Trading System: From GATT to WTO*, Oxford, Oxford University Press, 1995, p.191.

〔3〕 Andrew T. Guzman, “The Design of International Agreements”, *European Journal of International Law*, Vol. 16 ,No.4, 2005, p.591.

〔4〕 See Krzysztof J. Pelc, *The Cost of Wiggle-Room: on the Use of Flexibility in International Trade Agreements*（Ph. D. diss., Georgetown University, 2009）, p.3.

从某种意义上来说，GATT条款虚弱的执行力可理解为处理不确定性的利益集团对保护的要求的一种机制。[1]“因此，GATT更像是一个绅士俱乐部，而不是一个法律体制。其目的是解决贸易问题，而非创造或澄清贸易法。适应经济和政治现实胜于法治的可预测性。”[2]WTO的成立和争端解决机制的运行，在很大程度上有效地抑制了可能破坏多边贸易体制稳定性的单边贸易制裁，但国家出于各种需要采取单边贸易措施而损害他国利益的情况仍然层出不穷。从某种意义上来讲，国内利益集团的压力仍是驱使国家采取某些违背贸易协定的措施之部分原因。[3]原因在于，WTO自身不能执行规则或裁决，还得依靠成员方自觉实施与WTO协定一致的国内政策，或运用影响力去影响其他成员方实施符合WTO规定的贸易措施。此时，在国内层面的博弈中，利益集团或选民对WTO规则或裁决的遵守与否起到很重要的政治影响。因此，虽然有学者认为，争端方拖延乃至拒绝执行DSB裁决，在很大程度上是资源和财力的缺乏或政治上的能力卑微的结果，但对于欧盟、美国等实力强大的WTO成员而言，明显拖拉或不情愿执行DSB裁决更可能是国内利益集团左右政府决策的结果。[4]

为从事后灵活性（*ex post* flexibility）中获益和减少国内逐渐累积的反对贸易自由化的压力，WTO法律体系提供贸易政策灵活性手段允许加害方局部违约，例如暂时撤回事先同意的契约履行。只要满足某些前提条件，加害方即可不履行原先约定的义务，最主要是应对此种回溯行为（back-tracking behavior）的受害者进行补偿。[5]WTO协定中规定有大量的应急措施，有些条款只可用于一整套预先确定的情形，其他条款与特定情形并无联系，但规定国家可被允许豁免或承诺再谈判的程序条件。对于这两种条款，WTO协定的

---

〔1〕 See George W. Downs and David M. Rocke, *Optimal Imperfection? Domestic Uncertainty and Institutions in International Relations,* Princeton, Princeton University Press, 1997.

〔2〕 Joost Pauwelyn, “The Transformation of World Trade”, *Michigan Law Review*, Vol. 104, No. 1, October 2005, p.13.

〔3〕 See Leonardo Baccini, “Explaining Formation and Design of EU Trade Agreements: The Role of Transparency and Flexibility”, *European Union Politics*, Vol. 11, Issue 2, 2010, pp.195-257.

〔4〕 See Naboth Van den Broek, “Power Paradoxes in Enforcement and Implementation of World Trade Organisation Dispute Settlement Reports: Interdisciplinary Approaches and New Proposals”, *Journal of World Trade*, Vol.37, No.1, 2003, p.136.

〔5〕 See Kornel Mahlstein and Simon A.B. Schropp, *The Optimal Design of Trade Policy Flexibility in the WTO*, HEI Working Paper, No. 27, 2007, pp.1-2.

设计者已经规定可暂时性中止或没有时间限制改变承诺的措施。[1]

综上所述，公共选择理论强调高度集中的特殊利益集团比起分散的利益可更好地利用政府和政客。这就很好地解释政府需要外部压力以实施符合其选民利益的自由贸易政策之原因。[2]理性选择理论为国内政治并入国际制度设计的分析提供几种不同的方式。国内政治需要明确地予以解决，以理解某些国际制度的安排。[3]简言之，国内政治因素对于条约规则的制定和条约在国内的实施都具有很大的影响。

（三）"外部性方法"

国际法学家和经济学家也强调从"外部性方法"（externalities approach）的视角来理解国际贸易协定。当政府有可能对国内利益要求进行反应，政府间关系就成为焦点。政府缔结贸易协定以限制外国政府政策的消极后果。"外部性方法"是以国家为中心，讨论贸易协定作为减少外国决策对国内政府或福利消极影响的协调手段，强调政府间合作可能带来的收益。争端解决主要不是关于实际履行，而更多是涉及有关保持权利与义务的平衡。互惠不仅是谈判新协定，也是指导争端解决的重要规范。[4]

当一国采取单边贸易保护政策如设置进口关税时，会导致世界市场价格的变化，外国出口商须承担一定的调整成本，降低产品的出口价格，从而改善该国的贸易条件。这种情形的存在往往使政府设置的单边贸易保护水平要高于最有效率条件下的水平，如关税的设置往往高于最优关税的水平。如果所有国家独立和理性制定贸易政策，各国都会因彼此之间较高的壁垒而遭受福利损失，并直接导致各国政策普遍存在的低效率。此时，共同削减各种保护措施就成为双方可以接受的实现合作的有效途径。为实现该目标，各国以规

〔1〕 See *World Trade Report* 2009, p.40. Last visited on May 16, 2012. http://www.wto.org/english/res_e/publications_e/wtr09_e.htm.

〔2〕 See Heinz Hauser and Alexander Roitinger, "Two Perspectives on International Trade Agreements", *ZaöRV 64*（2004）, p.644. Last visited on March 29, 2012. http://www.zaoerv.de/64_2004/64_2004_3_a_641_658.pdf.

〔3〕 See Koremenos, Lipson, and Snidal, "Rational Design: Looking Back to Move Forward", *International Organization*, Vol. 55, No. 4, Autumn 2001, p. 1072.

〔4〕 See Heinz Hauser and Alexander Roitinger, "Two Perspectives on International Trade Agreements", *ZaöRV 64*（2004）, p. 658. Last visited on June 16, 2012. http://www.zaoerv.de/64_2004/64_2004_3_a_641_658.pdf.

则为基础，进行彼此间的政策协调和交易。[1]

国家通过贸易限制改变贸易条件以增进自身的福利，但同时将其负面影响强加于其他国家，这就是所谓“贸易条件的外部性”(terms-of-trade externality)。当政府决策过程受到本国选民利益或利益集团等因素的左右，就容易忽略其对贸易伙伴的影响，最终可能导致他国的利益受到损害。特别是在主要大国违反国际法时，它们很少真正受到其他国家或国际组织的制裁或者报复，致使其在国际法上享有非同一般的舒适(exceptional luxury)。[2]一项国内政策措施对外国的影响决定于该偶发事件的贸易相关水平。一个国家的行动可能主要是为解决国内问题，但恰好轻微影响国际贸易平衡。但是，针对经济大萧条的保护主义政策往往会引起很大的贸易影响。例如，1929年和1931年的美国《斯姆特——霍利关税法案》触发灾难性后果。此后，美国国会通过授权给予政府与其他政府对关税减让进行谈判的权力。[3]

从外部性的视角看，政府缔结国际协定以协调各自的行为，这将有利于使外部经济和政治成本减至最小限度。需要注意的是，这样的缔约必然是不完全的。最优的响应将取决于未来走向中所有的变量；就外部条件而言，包括供求和需要、技术进步和市场结构的变化等变量；政治成本包括特殊利益集团组织或密度的改变、选举周期和政治上多数人的变化；政治献金在政府社会福利函数中所占的权重也有可能发生变化。这些多样化的因素及其发展所表示的不确定特征，都使不可能达成预见未来的国际协定，并就这些变量的发展采取因情况而异的行动。因此，从政府的角度看，任何协定都具有过于刚性的特征。[4]刚性和灵活性是不完全契约的两个显著的特征。[5]

由于法律漏洞和经济环境不确定性的不可避免，国家贸易协定条款需要

---

〔1〕 参见张嗥:《多边贸易谈判中的政策协调与交易》,载《经济经纬》2006年第2期。

〔2〕 See Onuma Yasuaki, “International Law in and with International Politics: The Functions of International Law in International Society”, *European Journal of International Law*, Volume 14, Issue 1, 2003, p. 119.

〔3〕 See Simon A. B. Schropp, *Trade Policy Flexibility and Enforcement in the WTO: a Law and Economics Analysis*, Cambridge, Cambridge University Press, 2009, pp.175-176.

〔4〕 See Heinz Hauser and Alexander Roitinger, “Two Perspectives on International Trade Agreements”, *ZaöRV 64*(2004), pp.653-658. Last visited on December 14, 2012. http://www.zaoerv.de/64_2004/64_2004_3_a_641_658.pdf.

〔5〕 See Pierpaolo Battigalli and Giovanni Maggi, “Rigidity, Discretion, and the Costs of Writing Contracts”, *American Economic Review*, Vol. 92, No. 4, 2002,pp. 798-817.

有一定的适应性。国际贸易协定的"承诺方法"强调法律权利与义务之界定和两者冲突时的实际履行;"外部性方法"强调以国家为中心的观点和契约必然不完全所带来的对灵活性之需求。成员缔结WTO协定的主要动机在于确定市场外部性和国际贸易领域的最低标准。WTO灵活性机制体现出法律自身平衡利益之功能,即在刚性与灵活性之间合理设计规则,以协调成员方的不同利益需要之功能。至于刚性与灵活性之界限,也应当基于市场准入外部性(market access externalities)和最低标准(minimum standard)来考虑。例如,GATT之建立主要限制过度的单边主义。换言之,为了获得外国市场货物和服务市场准入,国家缔结国际贸易协定以获得和保护相互可接受的互惠市场准入平衡。但是,市场准入外部性不能单独解释贸易领域为何和如何将相对较新的问题如TRIPs、TRIMs和ILP协定归并到WTO体制之中。比起设置具有普遍约束力的标准,这些新协定的本质与赋予和维持互惠市场准入的关系不大。当GATT和GATS是双边市场准入协定时,这些新协定及其中各种成分应该被描述为增加多边贸易体制互动效率的"积极整合契约"(positive integration contracts)。[1]换言之,国家一方面可根据互惠市场准入的水平对国际贸易协定作出一定程度的承诺,另一方面这样的承诺必须符合该协定宗旨或目标所要求的最低标准。

从宏观方面讲,以美国"1994年主权大辩论"为例,国家在加入WTO时必然要考虑到WTO多边主义与本国经济主权之间的关系。从微观方面而言,例如保障措施等规则是法律试图在外国出口商的市场准入利益与保护国内产业避免外国竞争的利益之间达到一种折中。[2]正是WTO协定中灵活性条款的存在,使得成员方国内经济政策和相关法律在受到WTO规则制约的同时,在特定的情形下特别是在本国安全受到严重损害时可暂时背离WTO 的有关义务。这既能打消国家加入WTO的顾虑,也避免成员方为特定时期国家政治和经济利益的需要而不得不退出该组织,从而在合理实施国际法与保护国家利益之间达成一种平衡。

---

〔1〕 See Simon A. B. Schropp, *Trade Policy Flexibility and Enforcement in the WTO: a Law and Economics Analysis*, Cambridge, Cambridge University Press, 2009, p.187.

〔2〕 See Isabel Feichtner, *The Law and Politics of WTO Waivers: Stability and Flexibility in Public International Law*, Cambridge, Cambridge University Press, 2011, p.42.

第三节 国际协定不完全性之影响及其应对

一、契约不完全性对缔约方的影响

如果相信加入一项国际协定的预期利益会超出或至少不少于其预期成本时，国家通常会加入该国际协定。但每个国家都知道未来是不确定和不可预测的，即使是最好的判断或评价都可能被证明是错误的，现在似乎是一个不错交易的协定可能结果很糟糕。当国家相信一项预期的协定具有后果不堪设想之可能，就会将该可能性加以考虑以决定是否值得加入该协定。总的来说，国家加入一项国际协定或其他合作性协定的决定会涉及对风险的考虑。经验表明，风险是国家不能达成互惠的协定之主因。[1]这种风险包括国家经常不确定另一个国家是否会履行其在协定下的义务，或者其他与协定有关的事件。[2]

当事方在签订契约时通常面临这样的难题。他们希望签约之时能鼓励每个当事方都能在契约关系中投资以最大化可期待的共同收益。但是，他们还希望在未来所有不确定得到解决的契约履行时仍然获得最大化的价值。当然，这两个目标之间存在内在的和不可约的（irreducible）的张力。为激发合作事业中的投资积极性，任一当事方都希望保证对方实现承诺。但后来发生的事情，可能致使僵化的承诺与最大化共同盈余的契约目标不相一致。[3]在国际层面，当国家根据可得的信息达成协议后，可能会发生超乎国家控制范围和无法预测的事情。如果他们预见会发生改变其期待利益的情形，就根本不会对该协议有任何的承诺。[4]如果不可预见的情形使某一当事方为完成契约投资的成本超过对方原本可从契约中获得的价值，当事方会希望一种灵活性

〔1〕 See Richard B. Bilder, *Managing the Risks of International Agreement*, Madison, University of Wisconsin Press, 1981, p.12.

〔2〕 See Richard B. Bilder, *Managing the Risks of International Agreement*, Madison, University of Wisconsin Press, 1981, p.13.

〔3〕 See Robert E. Scott and Paul B. Stephan, *The Limits of Leviathan, Contract Theory and the Enforcement of International Law*, Cambridge, Cambridge University Press, 2006, p.61.

〔4〕 See Barbara Koremenos, "Contracting around International Uncertainty", *American Political Science Review*, November 2005, Volume 99, Issue 4, pp.549–565.

以调整任何未来情形造成契约不再有利可图的投资。但如果契约中为解决这种愿意而改变其措辞，当事人承诺的可靠性就会受到损害。这反过来可能导致另一方当事人拒绝承担其在契约项下的互惠义务。因此，任何一方当事人不仅想要确保他方的承诺，同时也想要保护适应未来不确定性的灵活性。[1]

国家加入国际机构是因为能从相互之间有约束力的承诺中获得益处，与此同时发生的是，国家违反这些承诺也有获得利益的可能性，特别是当随后的外部冲击并不为条约设计者所预见时。一项贸易协定在促进国家之间合作的同时，也减少或消除政府在设定关税和回到单边贸易保护的自由裁量权。[2]不可预见的政治或经济冲击等因素都可能提高遵守条约的成本，国家可能通过条约再谈判、修改或发布官方解释推翻法庭的扩张性裁决（expansive rulings）。遵守成本的增加也可能导致国家发布一项废止条约的通知，并重新加入保留相关更改条款的条约。但这种策略具有争议，其在国际法中的合法性也悬而未决。[3]国内利益群体的存在也使得国家授权给国际机构和在协定中做出刚性承诺的不稳定。

毋庸置疑，国际协定是国家之间合作的主要方式。在某些情形下，国家可能希望剥夺它们的灵活性，以作为增强总体遵守某一特定规范的一种承诺手段。为确保其意图，政府如同契约当事方，通常会采取某些步骤限制其行动自由或对违反承诺施加成本。[4]但是，由于协定经常涉及风险，国家又不愿意加入涉及大量风险的协定，如何提高国家处理风险的能力就显得尤为重要。[5]这些风险包括反映“最不妥协或风险规避国家”（the most intransigent or risk-averse nations）所偏好的“最低标准”（lowest common denominator）条款的倾向；什么国家会加入一项协定的不确定性；预测缔约方将来行为的困难；

---

〔1〕 See Robert E. Scott and Paul B. Stephan, *The Limits of Leviathan, Contract Theory and the Enforcement of International Law*, Cambridge, Cambridge University Press, 2006, p.61.

〔2〕 See *World Trade Report* 2009, p.24. Last visited on January 12, 2012. http://www.wto.org/english/res_e/publications_e/wtr09_e.htm.

〔3〕 See Laurence R. Helfer, “Not Fully Committed? Reservations, Risk, and Treaty Design”, *Yale Journal of International Law*, Vol. 31, Issue 2, Summer 2006,pp.370-371.

〔4〕 See Joel P. Trachtman and Philip M. Moremen, “Costs and Benefits of Private Participation in WTO Dispute Settlement: Whose Right Is It Anyway”, *Harvard International Law Journal*, Winter Vol.44, No.1, 2003, p.241.

〔5〕 See Richard B. Bilder, *Managing the Risks of International Agreement*, Madison, University of Wisconsin Press, 1981, p.3.

加入协定后会产生什么后果的不确定性；国际法庭或复审机构以不利于一个或多个缔约方的方式解释协定的可能性。[1]假设国家也是理性之存在，他们根据自身利益而行动。[2]当事人加入协定时必须在条约和非约束性协定（non-binding accord）之间有所选择。两者区别在于条约更可能引起遵守，这就是条约被认为是合作最有效的手段之原因。然而，条约是一把“双刃剑”。如果存在遵守利益，其肯定是违反条约比违反非约束性协定产生更大的成本，即与违反条约相关联的声誉和直接损害必须更大。在条约和软法手段之间选择时，当事人面临一个折中。增加共同受益的条约产生更高水平的遵守，但发生违约时也对违约方施加更大程度的惩罚。[3]因此，如何合理地设计条约，以控制国际合作中的风险，就成为各国普遍关心的问题。

换言之，在国际制度设计和国际法立法过程中，既要使国际机构和国际法变得灵活，也要保持其有效性。对于国家而言，在缔约谈判的过程中也会再三考虑，是否有必要批准一项广泛改变现有行为的多边条约。由于顾及国内或者国外经济、政治等对国家守约能力的冲击，在缔结一项规定广泛义务的条约时，国家倾向于期待条约中包含灵活性机制（flexibility mechanisms），使国家在遭遇不确定情况时能够修改、重新调整或背弃其承诺。[4]在国际法中，“灵活性机制”一词通常用来指《京都议定书》中建立的机制，以使对于成员方而言遵守承诺更加划算。例如，第6条、第12条和第17条分别确定联合履行机制、清洁发展机制和国际排放贸易机制共3种境外减排和减排额度交易的灵活性机制。它们代表着第一次在国际环境条约中为环境目的而大规模地利用市场主导型的机制。[5]

由于经济的不确定性因素，国家尤其希望在贸易协定中享有一定的自主

---

〔1〕 See Bilder, *Managing the Risks of International Agreement*, Madison, University of Wisconsin Press, 1981, pp.64–65.

〔2〕 See Andrew T. Guzman, “The Design of International Agreements”, *European Journal of International Law*, Vol. 16, No.4, 2005, p.586.

〔3〕 See Andrew T. Guzman, “The Design of International Agreements”, *European Journal of International Law*, Vol. 16, No.4, 2005, p.597.

〔4〕 当然，对于存在极大不确定性的领域，原则上可对协定的用语进行文本上的再谈判。但是，当涉及大量的成员时，再谈判在时间和资源上就显得代价昂贵。See Koremenos, et al. “The Rational Design of International Institutions”, *International Organization*, Vol. 55, No. 4, 2001, pp.794–795.

〔5〕 See Duncan Brack, Michael Grubb and Craig Windram, “*International Trade and Climate Change Policies*”, London, Earthscan, 2000, p.116.

权，这也是WTO协定中规定各种灵活性条款之主要原因。目前，所有的国际贸易协定或安排实际上都含有保障措施条款，WTO也不例外。从广义上讲，"保障措施保护"（safeguard protection），是指在贸易协定中准许成员方政府在特定情况下撤销或者停止履行其协议规定的正常义务，以保护（保障）某种更重要的利益。由于保障措施条款既是一种保险机制，又发挥着安全阀的作用，它们对于贸易自由化协议的存在及运作至关重要，既为政府提供在必要时违背特定自由化承诺的途径，同时也规定一定条件的限制（安全阀）。如果没有这些条款，各国政府可能不愿签署这种大量减少保护的协议（保险动机）。[1]

二、契约不完全性的漏洞填补策略

如前所述，当国家对与他方的合作产生兴趣，但因为协定的风险可能超过其收益，而不确定是否要这样做。对此，其可能采取如下解决方法：第一，直接拒绝参加该协定。当然，不加入协定可能也有风险和机会成本。第二，国家可能暂时忽视风险，希望这样的问题不会出现，或者当其出现时，他们可通过进一步谈判，或者更广泛的国际法律秩序所建立的规则和程序，尤其是有关国际协定的解释和实施的习惯国际法的规则来解决问题。第三，国家可改变其对协定中所涉及风险之看法，判定其并没有最初认为的那样大。第四，国家可尝试取得协定实质性条款之调整，补偿其遭遇到的风险。第五，国家可能直接相信其预期的条约伙伴会以避免使其遭受损害的方式行事，而克服其对协定中风险的担忧。第六，国家可设法在协定中并入特定的风险管理条款，以将其风险认知改变或减少至其愿意加入该协定的程度。[2]在以上国家应对协定所蕴含风险的可能方法中，前五种方法或多或少都存在一定的缺陷，最后一种较为可行。

还有学者提出，可采取漏洞填补战略以应对契约之不完全性。第一，在契约之不完全性不是太高，且拟定契约付出的成本不会超过其收益时，起草综合的准完全契约。第二，设计"契约内"的灵活性机制，也就是使背离最初

---

〔1〕 See Bernard M. Hoekman and Michael M. Kostecki, *The Political Economy of the World Trading System: From GATT to WTO*, Oxford, Oxford University Press, 1995, p.161.

〔2〕 See Richard B. Bilder, *Managing the Risks of International Agreement*, Madison, University of Wisconsin Press, 1981, pp.15–18.

的允诺合法化的事后自由裁量条款。这包括紧急措施和默认规则。第三，认识到契约不完全性之不可避免，契约方采取旨在减少争端或紧张的预防战略，以阻止任何可能的机会主义行为。机会主义可通过内在加强信任和合作关系而得到抑制。为达到此目标，可采取两种方法：一是勤勉调查、收集信息、谈判等，尽力把契约写到最好；二是仔细拟定序文语言，展示出契约的大体精神和当事方的共同意图。第四，有意委托以前不参与的，公正的第三方填补漏洞。在当事方预见的紧急事件迫近时，当事方应该会事后同意这一点看，法官假定理性当事方期待通过编制一项条款或解释一项既有条款来填补漏洞。[1]综上所述，填补契约不完全性的策略事实上主要有两个路径：一是努力使契约完全；二是接受其不完全性并利用其提供的机会。现实生活中，缔约方以混合的漏洞填补技巧编制其契约，这取决于所交换权利的数量和性质。换言之，缔约方为解决其契约之不完全性而设计一个制度框架或治理结构。理论上，缔约方评估其交易的每一种权利，试图提前使用其对不同类型的不确定性和不完全性之解释，并尽可能形成最有效率的漏洞填补条款。[2]

（一）设计灵活性机制

不完全契约包含漏洞。事后，契约漏洞使得来自贸易的收益不能实现，这可能在不可预期的偶发事件发生时在契约当事人之间造成“遗憾”(regret)。这要借助于契约灵活性机制处理。灵活性规则是“契约内”(intra-contractual)不履行安排，其由对“契约外”行为进行惩罚的执行手段所支持。[3]

---

〔1〕 See Simon A. B. Schropp, *Trade Policy Flexibility and Enforcement in the WTO: a Law and Economics Analysis*(Ph. D. diss., University of St. Gallen, 2008,), pp.84-101.

〔2〕 See Simon A. B. Schropp, *Trade Policy Flexibility and Enforcement in the WTO: a Law and Economics Analysis*, Cambridge, Cambridge University Press, 2009, pp.98-99.

〔3〕 See Simon A.B. Schropp, *Trade Policy Flexibility and Enforcement in the WTO-Reform Agenda towards an Efficient "Breach" Contract*(Ph. D. diss. University of. St. Gallen, 2008,), xiii.相似地，也有“内条约”(intra-treaty)或“外条约影响机制”(extra-treaty influence mechanisms)(如转移支付或制裁以诱使或强制国家遵守其最初条约协议)的说法。See Laurence R. Helfer, "Not Fully Committed? Reservations, Risk, and Treaty Design", *Yale Journal of International Law*, Vol. 31, Issue 2, Summer 2006,p.375.

条约正式的灵活性手段包括保留(reservation)[1]、逐步采用条款(phase-in provisions)、可选择条款(optional clauses)、退出条款(exit clauses)[2]、再谈判(renegotiation)[3]、日落条款(sunset provisions)和例外条款[4]等法律机制。非正式的实践包括自动解释(auto-interpretation)、不参加(nonparticipation)、不遵守(noncompliance)、生效要求(entry-into-force requirements)、存续期间条款(duration provisions)和对适用领土的限制(limitations on territorial application)等。即便是同一种灵活性手段,在不同的条约中也有很大的差异。比如,就存续期间条款而言,关于外汇干预的《广场协定》只有六周的存续期间。《万国邮政联盟》没有设置期限,并已经持续超过一百年。在再谈判条款方面,《国际咖啡协定》每六年进行一次再谈判,但《南极条约》在首个三十年并没有再谈判条款,随后应任何当事方的要求进行再谈判。不同条约这些条款的变化并不是随意的,而是根据每一协定语境的独特方面和当事方的偏好,来自于他们深思熟虑的选择。[5]

对"契约外"行为进行惩罚的手段包括硬法、争端解决、监督和执行机制。但是,在国际协定中一般很少提供强制性争端解决的方法。国家更愿意

---

〔1〕 Swaine有说服力地提出,保留的能力为所有国家增强条约承诺的深度和广度,保留行为透露关于一个国家声誉及其遵守国际法倾向的有用信息。从这个角度讲,保留并非国家为获得更广泛的条约参与而勉强地容忍,而是有利于促进国家之间合作有用的条约设计工具。See Edward T. Swaine, "Reserving", *Yale Journal of International Law*, Vol.31, No.2, 2006, pp.307-366.允许保留的条约条款并不存在于真空,而是同其他条约制定者用以解决国际事务中普遍的风险和不确定性的灵活性策略(flexibility devices)并肩运行。See Laurence R. Helfer, "Not Fully Committed? Reservations, Risk, and Treaty Design", *Yale Journal of International Law*, Vol. 31, Issue 2, Summer 2006,p.379.许多国家谈判的多边条约最后可能包含某些国家不能接受的条款,因其遵守条约的成本超出其他国家遵守带来的收益。保留使得多边条约更容易达成,且可避免代价昂贵的再谈判需要。See Eric A. Posner and Alan O. Sykes, *Efficient Breach of International Law: Optimal Remedies, "Legalized Noncompliance," and Related Issues* (March 7, 2011), U of Chicago Law and Economics, Olin Working Paper No. 546; Stanford Law and Economics Olin Working Paper, No. 409,p.40. Last visited on December 18, 2012. SSRN: http://ssrn.com/abstract=1780463.

〔2〕 See Laurence R. Helfer, "Exiting Treaties", *Virginia Law Review*, Vol. 91, No. 7, 2005,pp.1579-1648; See Swaine and Edward T., Unsigning, *Stanford Law Review*, Vol.55, No.5, 2003, pp.2062-2089.还可称为withdrawal clauses或denunciation clauses。See Barbara Koremenos, "When, What, and Why Do States Choose to Delegate?", *Law and Contemporary Problems*, Winter Vol. 71, No. 1,2008, p.152.

〔3〕 See Barbara Koremenos, "Contracting around International Uncertainty", *American Political Science Review*, Volume 99, Issue 4, November 2005,pp.549-565.

〔4〕 See Peter Rosendorff and Helen V. Milner, "the Optimal Design of International Trade Institutions: Uncertainty and Escape", *International Organization*, Vol. 55, No. 4, Autumn 2001, pp. 829-857.

〔5〕 See B.Koremenos, "Loosening the Ties that Bind: A Learning Model of Agreement Flexibility", *International Organization*, Volume55, Issue2, March 2001, p.290.

对争端保留控制的余地而非将其交给第三方裁断。当争端发生时，国家更希望通过讨价还价和外交手腕解决争端而不是由第三方裁定。此外，由于害怕败诉，国家也会拒绝采用争端解决条款。[1]因此，在国际协定中使用强制性争端解决条款是例外而非原则。一方面，这些条款对违约行为增加制裁，从而增加当事方遵守的概率；另一方面，当违约时，争端解决条款也给当事方施加成本。国家必须在遵守强制性争端解决条款的利益与违约发生时这些条款施加的成本之间寻找平衡点。[2]

在过去十余年间，在制度主义框架内研究的学者就已经仔细观察国家并入国际条约中的设计元素。国家有很多方式可供使用以增加国际协定的灵活性，也有可作为增加其实体承诺可靠性的工具。[3]研究指出，缓解条约承诺的条款可能会使国家更可能塑造条约和做出更深度的减让。“灵活性条款”(flexibility provision)指“一项国际协定中任何允许国家中止先前商定的减让而不违反或废止协定措辞的条款”。[4]这种暂时免责于契约义务而不招致其他伙伴过度报复的机会可能会鼓励国家加入更深的合作性协定和持久地维持这些义务。这可称为“灵活性假设”(flexibility hypothesis)。该观点表明，与直觉相反，缓解条约承诺的正式条款可在事实上加强合作。[5]制度化理性设计的几个特征，即灵活性、控制和集中化解决制度可如何设计以适应包括在最初设计时不可能完全预期到的发展变化。特别是“灵活性猜想”(flexibility conjecture)描述制度如何适应不可预见的变化。在这种情况下，个体行为者有权使其行为适应新情况，但必须以遵守和维持制度安排稳定性的方式去做。集中化和控制特征表明制度自身有权使其规则适应解决新的和不可预期的情况。因此，可能需要授权秘书处以特定的运作活动实施组织的目标，或授权

〔1〕 See Andrew T. Guzman, “The Design of International Agreements”, *European Journal of International Law*, Vol. 16 ,No.4, 2005,pp.593–594.

〔2〕 See Andrew T. Guzman, “the Cost of Credibility: Explaining Resistance to Interstate Dispute Resolution Mechanisms”, *Journal of Legal Studies*, Vol.16, No.4, June 2002, pp.303–326.

〔3〕 See Timothy L. Meyer, “Soft Law as Delegation”, *Fordham International Law Journal*, Vol. 32, No. 3, February 2009, pp.896–897.

〔4〕 Rosendorff, B.Peter and Helen V.Milner, “The Optimal Design of International Trade Institutions: Uncertainty and Escape”, *International Organization*, Vol. 55, No. 4, Autumn 2001, p.830.

〔5〕 See Jeffrey Kucik and Eric Reinhardt, “Does Flexibility Promote Cooperation? An Application to the Global Trade Regime”, *International Organization* , Vol. 62, No. 3, 2008, Summer 2008, pp.477–478.

专家组对成员争执的一项规则进行解释。[1]

例如，《南极条约》第7.2条规定，自本条约生效之日起满三十年后任何时间内，如经任何缔约国提出召开会议的请求，应举行缔约国全体会议，以审查本条约的实施情况。这就为南极条约体系的未来修改留下可能性。《海洋法公约》所规定同意受约束的灵活性机制旨在促进该公约得到普遍性的接受。该具有独创性的方法纯粹是实用主义和为适应这种特殊情形。[2]《海洋法公约》第155条也规定，在商业生产开始进行15年后，大会应召开审查本部分和有关附件支配勘探和开发"区域"资源制度的会议。这些有关条约体制形式和内容的灵活性，在某些情况下有可能用来论证以一种灵活方式对于条约现有规定的正当性。[3]

再如，为减少违反人权条约的事例发生，某些人权条约授权国家可在紧急情况下（武装冲突、内战、暴乱、严重的经济冲击、自然灾害和相似的威胁）"减损"其适用，即为应对危机而中止某些公民和政治自由。与此同时，这些条约的草拟者也预想出对"减损"的国际限制，国际通知连同监督机制将限制紧急期间对权利的中止。人权条约中的"减损"是对国内政治不确定性的理性应对，这使得政府在面对严重的威胁时，能够从选民、法院和利益团体争取到时间和法律呼吸空间，同时向这些对象传递对权利的偏离是暂时性和合法的信号。[4]与此同时，由于紧急状态对公民正常权利行使的极大限制，各国宪法与法律都对实施紧急状态的前提、程序、实现等问题有明确规定。目前国际条约方面的研究表明，灵活性条款能促进国际环境问题的外交解决。[5]也有些人权条约旨在支配国家范围之内的行为，其实体性条款并不解决国家之间

〔1〕 See Koremenos, Lipson and Snidal, Rational Design: Looking Back to Move Forward, *International Organization*, Vol. 55, No. 4, Autumn 2001, p.1077.

〔2〕 See M. Fitzmaurice, O. A. Elias and Olufemi Elias, *Contemporary Issues in the Law of Treaties*, Utrecht, Eleven International Publishing, 2005, p.267.

〔3〕 See William Elliott Butler, *Control over Compliance with International Law*, Dordrecht, Nijhoff Publishers, 1991, p.109.

〔4〕 See Emilie M. Hafner-Burton, Laurence R. Helfer and Christopher J. Fariss, "Emergency and Escape: Explaining Derogations from Human Rights Treaties", *International Organization*, Vol. 65, Fall 2011, pp. 673-707.

〔5〕 See Christopher Marcoux, "Institutional Flexibility in the Design of Multilateral Environmental Agreements",*Conflict Management and Peace Science*, Vol.26, No.2, April 2009, pp.209-228.

的分配问题，因此并不需要并入成本昂贵的灵活性条款。[1]

灵活性不需要拘泥于形式。“软”国际法允许国家设计与完全法律化相比不那么正式的安排以应对不确定性。虽然“软法”经常被视为是国际法的“失败”，但因其灵活性可能代表着更高级的制度适应。[2]正如软法，很多促进灵活性的工具能减少单边改变或偏离法律承诺所应受到的惩罚。就这个意义上说，促进灵活性的工具可被视为使法律更能响应政治现实的机制。这就为国家、政策制定者或政治家在谈判协定时提供保险。[3]

具有灵活性的条约，其优势在于可容易适应偏好的变化或新的科学知识。其不利之处在于，如果引入更多灵活的规则修正或重新解释国际条约，国家将冒着对条约关系投资损失的不可逆转风险。它们事前可能并不愿意在国际条约中承担大量的义务。[4]过多的灵活性条款可能会在经济、政治或其他压力下导致遵守条约方面的不方便。这种机会主义也会产生更加致命的后果。由于担忧其他缔约方随后可能援引条约的灵活性机制逃避遵守的义务，倾向于合作的国家投资所需资源以实施和遵守条约的动机就会减少。[5]如果缔约方随时都可能以任何理由退出条约关系，他们就不能信赖在这样的关系中能获取利益，从而就会产生投资不足的问题。这就意味着国家倾向于缔结能消除或限制退出机会的条约，这与其最初期望获得更多退出机会的观点刚好相反。[6]因此，对条约用语的再谈判和例外条款的使用成本都很高。

期待随着时间的推移而变得更加强大的国家，通过接受一项协定中提高

---

〔1〕 See Barbara Koremenos, “Can cooperation survive changes in bargaining power? The case of coffee”, *Journal of Legal Studies*, Vol.31, No.1, January 2002, p.280.

〔2〕 See Barbara Koremenos, et al., eds., *The Rational Design of International Institutions,* in Barbara Koremenos, et al., eds., *The Rational Design of International Institutions*, Cambridge, Cambridge University Press, 2004, p.34.

〔3〕 See Timothy L. Meyer, “Soft Law as Delegation”, *Fordham International Law Journal*, Vol. 32, No. 3, February 2009, pp.900–901.

〔4〕 See B. Boockmann and Paul Thurner, “Flexibility Provisions in Multilateral Environmental Treaties”, *International Environmental Agreements: Politics, Law and Economics*, Vol. 6, No. 2, Springer 2006, pp.113–135.

〔5〕 See Swaine and Edward T., “Unsigning”, *Stanford Law Review*, Vol.55, No.5, 2003, p.2074.

〔6〕 但也有学者认为，允许国家“合法地”偏离或避免某种条约承诺的规则和实践包括退出条约，甚至部分退出习惯国际法。See Eric A. Posner and Alan O. Sykes, “Efficient Breach of International Law: Optimal Remedies, Legalized Noncompliance, and Related Issues”（March 7, 2011）, *U of Chicago Law and Economics*, Olin Working Paper No. 546, 2011; Stanford Law and Economics Olin Working Paper No. 409, 2011. Available at SSRN: http://ssrn.com/abstract=1780463; See Curtis A. Bradley and Mitu Gulati, “Withdrawing from International Custom”, *Yale Law Journal*, 2010, Vol. 120, pp.202–275.

退出成本的正式条款而承担一种机会成本。退出成本可促进法律规则的稳定性而具有分配的含义。在加入一项协定之前,"上升的"国家通常会要求从合作中获取更大份额的利益,或者通过使用退出条款、日落条款和影响该协定合法性的条款减少退出成本。[1]从某种意义上来说,在受到不确定性影响的某些主题领域,如果条约中并入灵活性条款可能会增强其可靠性。违约对国际合作造成极大损害,这通常可因为再谈判条款的存在而得以避免。到目前为止,再谈判条款被国际商界认为是在新的经济环境下起到恢复现状的功能。这些条款的功能也只限于使契约适应于变化的情况,它们并不证实对契约进行全部调整的正当性。再谈判条款不应当导致某一缔约方获利,而是维持或回复契约的平衡,以适应变化的情况。[2]

国际贸易协定中应急措施的存在,是国家为阻止因契约不完全之缺陷而进行的制度设计。既然贸易协定不能考虑到所有可能的外部事件,就需要允许有可调整性的贸易政策。以自我为中心的贸易谈判者就开始精心制作和写下他们贸易协定的基本措辞,布置相互的实体权利和支持贸易交易的制度设计(辅助权利和灵活性规则)。与此同时,缔约成员决定其合作的水平,例如互惠市场准入减让的水平和最低标准的总体适用水平。在缔约之后,缔约方在改进的条件下和根据贸易协定的规则持续地交换货物和服务。[3]

(二)建立争端解决机制

在不确定性和信息不对称的假设下,契约方意识到其没有能力拟定一个完美无暇的契约。由于文本不能完全与他们真实所欲相符合,缔约方知道契约不能如同书写那样被执行。不确定性和信息不对称的存在所造成的潜在冲突可通过两种方式解决:一是受害方当事人(未必是真正的受害方)可能决定采取单边报复行为,通常被称为"自卫式正义"(vigilante justice)或自助机制,这最终可能产生贸易战的局面。二是理性的缔约方可能希望遵守义务的冲突

---

〔1〕 See Timothy Meyer, "Power, Exit Costs, and Renegotiation in International Law", *Harvard International Law Journal*, 2010, Vol. 51, No. 2, pp.379–425.

〔2〕 See Klaus Peter Berger, "Renegotiation and Adaptation of International Investment Contracts: The Role of Contract Drafters and Arbitrators", *Vanderbilt Journal of Transnational Law*, Vol.36, October 2003, p.1365.

〔3〕 See Simon A. B. Schropp, *Trade Policy Flexibility and Enforcement in the WTO: a Law and Economics Analysis*, Cambridge, Cambridge University Press, 2009, pp.200–201.

解决听从一个独立的争端解决机构和承诺接受其裁决。[1]通常来说，争端主题对于一个国家来说越是具有重要性和敏感性，或者特定争端的裁断结果越是不确定，国家越是不愿意将其提交给第三方裁断。[2]芭芭拉·凯里迈诺斯通过实证研究发现，包含争端解决条款的国际协定通常解决复杂的合作问题，即以不确定性、类似囚徒困境的动机背叛和时间非连续性为特征的条约更有可能包含这样的条款。国家授权给国际机构的深度和类型，应当根据授权对于国家面对解决个别合作问题的重要性而定。[3]

随着20世纪末法经济学的兴起，法学研究范式与政治经济学研究范式逐渐融合，并形成WTO争端解决机制的法经济学研究分支。这一研究从不完全契约理论视角分析争端解决机制，认为其不仅具有强制实施的作用，还具有更多的经济效率功能，例如，具有鼓励“效率违约”、提供谈判舞台和为 WTO 制度提供灵活性的作用等。[4]与契约之不完全性相对应，争端解决机制具有四种功能：一是当契约模棱两可时起到解释契约条款的作用。二是当契约具有灵活性时起到填补遗漏的作用。即与灵活性相关的是争端解决机制填补遗漏的角色。三是当契约过于刚性时起到允许修订契约的作用。四是当契约非常清晰时，争端解决机制起到实施契约的作用。[5]

“一般例外条款的措辞宽泛而且相当含糊，没有补偿或批准的要求，也没有通知的要求。这意味着唯一的纪律就是争端解决机制。”[6]再如，在WTO协

---

〔1〕 See World Trade Report 2007, p.119. Last visited on Octorber 20, 2012. http://www.wto.org/english/res_e/publications_e/wtr07_e.htm.

〔2〕 See Madeline Morris, “High Crimes and Misconceptions: The ICC and Non-party States”, *Law and Contemporary Problems*, Vol. 64, No.1, 2001, p.18.

〔3〕 See Barbara Koremenos, “If Only Half of International Agreements Have Dispute Resolution Provis ions, Which Half Needs Explaining?” *The Journal of Legal Studies*, Vol. 36, No. 1, January 2007, pp. 189-212; Barbara Koremenos, “When, What, and Why Do States Choose to Delegate?”, *Law and Contemporary Problems*, Vol. 71, No. 1,Winter 2008,pp.152-153.

〔4〕 参见杨艳红:《WTO争端解决机制的不完全契约理论及启示》，载《中南财经政法大学学报》2011年第3期。学界对于不完全契约并没有一个普遍接受的定义。See Tirole, “Incomplete Contracts: Where Do We Stand, Incomplete Contracts: Where Do We Stand?” *Econometrica*, Vol. 67, No. 4, July 1999, p.743.

〔5〕 See Henrik Horn, Giovanni Maggi and Robert W. Staiger, Trade Agreements as Endogenously Incomplete Contracts, *American Economic Review*, Vol. 100, No. 1, March 2010, p.415; See also Giovanni Maggi and Robert W. Staiger, *On the Role and Design of Dispute Settlement Procedures inInternational Trade*, NBER Working Paper No. 14067, 2008. Last visited on August 12, 2012. http://www.econ.pitt.edu/course_docs/cid129_maggi_staiger_dsp_paper_052208.pdf.

〔6〕 Bernard M. Hoekman and Michael M. Kostecki, *The Political Economy of the World Trading System: From GATT to WTO*, Oxford, Oxford University Press, 1995, p.191.

定中，并没有一条共同议定的冲突规则来正式确定其附件如GATT、GATS和TRIPs之间的关系。因此，这些协定所包含规则之间的确切联系就有待通过WTO争端解决机制来界定。[1]从执行的角度而言，很多案件还没有争端解决机构的正式裁决即在磋商阶段得到解决，这个阶段可能会促进当事者双方进行信息交换。如果磋商可以让双方对是不是存在违反义务的情况有所澄清，那么有些案件就可得到提早解决。因此，争端解决机制发挥不同程度的司法能动性作用之重要性，在各个方面起到使不完全契约变得完全的角色。[2]

三、在国际条约中设计灵活性机制

与本书研究WTO协定相关，国际条约中为规避不可预见的风险采取的具有灵活性的制度设计主要体现为例外条款、退出机制和“不遵守”等形式。

（一）例外条款

例外条款或保留等被认为是促使国家同意成为国际机构成员、维持接受和高水平遵守的必要退出机制。[3]鉴于要求贸易保护的压力有时会达到峰值水平，使得对国际条约的遵守在政治上再也不具有可行性，绝大多数贸易制度都包含某种形式的例外条款。[4]例外条款是一项国际条约中允许国家中止其先前达成的减让而不违反或取消该协议措辞的任何条文。[5]例外条款通过授权缔约方在危急情况下暂时偏离条约规则以减少不确定性。从某种意义上

---

〔1〕 See Claude Chase, “Norm Conflict Between WTO Covered Agreements – Real, Apparent or Avoided?”, *International and Comparative Law Quarterly*, Vol.61, Issue 4, October 2012, p.792.

〔2〕 See Giovanni Maggi and Robert W. Staiger, “The Role of Dispute Settlement Procedures in International Trade Agreements”, *Quarterly Journal of Economics*, Volume 126,Issue 1, 2011,pp.475-515; Giovanni Maggi and Robert W. Staiger, “*On the Role and Design of Dispute Settlement Procedures in International Trade Agreements*”, NBER Working Paper, No.14067, 2008. Last visited on June 8, 2012. http://www.econ.pitt.edu/course_docs/cid129_maggi_staiger_dsp_paper_052208.pdf.

〔3〕 See Isabel Feichtner, *The Law and Politics of WTO Waivers: Stability and Flexibility in Public International Law*, Cambridge, Cambridge University Press, 2012, p.10.

〔4〕 See Krzysztof J. Pelc, “Eluding Efficiency: Why Do We Not See More Efficient Breach at the WTO?” *World Trade Review*, Vol.9, Issue 4, 2010, p.632.

〔5〕 在人权语境下，例外条款也显得特别重要。如果没有这样的例外选择，国家在面对紧急情况时将很可能因为不正当地压制“可克减的权利”（derogable rights）而违反国际法。大多数的国际贸易协定都有例外条款，但是其性质常因在不同协定中而有所差异，从而也成为谈判中激烈争论的话题。例如，在NAFTA和GATT乌拉圭回合谈判中，反倾销和反补贴法律成为阻碍各国达成协议的重要问题。从20世纪40年代起，GATT就逐渐建立保障机制使国家在随后而来的大量贸易自由化协定中免受进口的压力。这包括例外条款、反补贴惩罚、反倾销法令和国家安全例外。

说，例外条款可被解释为国家为其在未来某个时间将有不同偏好的可能性而设计的制度。[1]例外条款可适当地应对国内不确定性。国家可能接受特定的合作条款，但随后的国内冲击可能使履行这些条款在政治上显得相当困难，此时国家希望暂时性地从他们的义务中获得解脱。[2]

一般而言，如果条约中包含例外条款，即可鼓励更多的国家批准该条约，并能谈判确定更深的条约义务。例如，如果两个国家准备缔结一项贸易协定，但一国担心未来某一时刻国内某产业将要求保护其免受外部竞争，这种国内政治的不确定性可能会阻止该项协定的达成。如果起初就商定在该情形下国家可免于承担某些义务，那么当事方就能在特定情况下通过消除违约成本而减少缔结这项条约的预期成本。国际条约的缔造者合理地选择一种成本，使得例外条款既不能太便宜（很容易使用，这样会减少合作的收益），也不能过于昂贵（使用频率如此之少，从而增加系统性崩溃的可能性）。几乎所有的贸易协定中都包含某种形式的"保障"条款，允许国家免于谈判中所商定的义务。一方面，这样的例外条款很可能侵蚀国际贸易协定贸易自由化效果和可靠性。另一方面，例外条款也通过增加国家政策制定者的某些裁量权而增强协定的灵活性。[3]

对于例外条款，可得出如下结论：首先，例外条款的制定是对国内不确定情况下一种有效的平衡手段。当国内领导人无法预见未来国内需要多大程度的保护，这些条款可提供允许其接受一项国际贸易自由化协定的灵活性。更通常的观点是，政治领导人对于维持未来遵守国际协定的能力越是有不确定性，就越可能谈判包含有例外条款的国际协定。这有助于解释例外条款为什么在国际贸易协定中盛行，而在军备控制协定中就不那么常见。在这种语境下，灵活性指的是在一个精心设计的制度系统中对于不可预期事件的适应和反应的能力。其次，为使例外条款有用和有效率，就其使用必须施加某种成本。即援引例外条款的国家必须为此付出一定的成本，否则频繁援引例外条

---

〔1〕 See Koremenos, Lipson and Snidal, "Rational Design: Looking Back to Move Forward", *International Organization*, Vol. 55, No. 4, Autumn 2001, p.1073.

〔2〕 See Barbara Koremenos, "Contracting around International Uncertainty", *American Political Science Review*, Volume 99, Issue 4, November 2005, p. 561.

〔3〕 See Rosendor, B. Peter, Helen V. Milner, "The Optimal Design of International Trade Institutions: Uncertainty and Escape", *International Organization*, Vol. 55, No. 4, Autumn 2001, p.829.

款就会损坏该协定。付出成本表明其未来的遵守意向。在此，国际制度起到为其他国家行为提供某种特定信息的作用。最后，例外条款使最初的协议更容易达成。其灵活性让国家对协定中长远收益的分割感到放心。如果没有某种例外条款，很多贸易协定对国家而言将不具有政治可行性。这可解释当理性的政治领导人对于未来不确定，特别是面对不可预期的国内政治压力时，在他们的国际承诺中设计灵活性的原因。这些例外机制有助于政治领导人在不牺牲其国内政治立场的情况下维持国际合作，减少来自国内和国际政治成本高昂和相互冲突的压力，使国际合作与国内政治的成功能更好地相容。〔1〕

世界总是处于动态、不平稳的不确定状态之中，这是国际条约中规定例外条款的前提条件。事实上，本国政策制定者不仅对于国内可能在政治、经济等方面出现的意外情况无法完全预测，其对于另一个国家政治等情况也只有有限的知晓，由此造成任何意图缔约的国家都只能掌握不充分的信息。此外，这些不确定性具有持久的影响，因为每个国家在任一时期所面对的新的冲击，都可能由国内团体所施加的政治压力大小所决定。这对于解决国家对条约灵活性和适应性的需要而言具有潜在的重要影响。通过允许国家暂时偏离其条约义务，使任何程度的贸易自由化合作都得以维持。对例外条款的使用附加一种成本，是阻止其被滥用的可行做法。通过这种成本来补偿贸易伙伴，从而限制其适用并增进效率。〔2〕合理的赔偿方案决定着例外条款所发挥的作用。当然，即便不存在对灵活性条款使用的限制，也不一定导致大规模的滥用行为。国家总是在试图维持彼此之间关于什么构成可接受行为的期待。换句话说，为避免给缔约伙伴创造一个“危险的先例”，国家在例外条款的使用上具有自我克制的倾向。〔3〕

(二)退出条款

退出条款为国家终止其条约义务或从一个政府间组织成员资格中退出

---

〔1〕 See Rosendor, B. Peter and Helen V. Milner, “The Optimal Design of International Trade Institutions: Uncertainty and Escape”, *International Organization*,Vol. 55, No. 4, Autumn 2001,pp.852-853.

〔2〕 See Mathias Herzing, *Essays on Uncertainty and Escape in Trade Agreements*, Institute for International Economic Studies, Stockholm University, Monograph Series, No.50, 2005, p.4. Last visited on December 20, 2012. http://www.su.se/polopoly_fs/1.57460.1321520832!/50MH.pdf.

〔3〕 See Krzysztof J. Pelc, *Making and Bending International Rules: The Design of Exceptions and Escape Clauses in Trade Law*, Cambridge, Cambridge University Press, 2016, pp.3-5.

创造合法的公共机制。[1]条约必须信守原则是国际法律体系的基础。没有国家能够在未经其同意的情况下强迫其接受一项条约，也不能违反其意愿被迫加入一个政府间国际组织。但是，一旦国家通过国内立法程序加入条约，就必须善意遵守其对条约的承诺。当然，条约和地缘政治学都不是深植于静态的环境，当政治形式或国内偏好破坏条约的目的或使其措辞的负担过于沉重或不合时宜，国际法指导国家避开单边行动而支持其与条约伙伴进行谈判。国家可暂时中止条约，或修改其措辞，或全部废止该条约。这种明确要求国家必须遵守条约或在废止和修改方面合作的条款被称为声明条约无效（denunciation）或退出条款（withdrawal clauses），其允许国家退出先前已经批准的生效条约。当国家意图从先前批准的国际条约中单边退出，终止条约下的法律义务及其作为缔约方的身份，其通常会援引条约中的退出或废止条款。即便条约中不存在这样明示的条款，缔约方可能仍拥有退出的机会。[2]

因此，国家在协商创造条约义务的同时，通常也会在条约中制定退出的权利，有时以一段时间的通知为条件。即便它们没有明确签订这样的协定，某种主题的条约有时也会自身表明有一项具体的退出权利。即便条约中不存在一般意义上的退出权，国家往往在情势发生根本性变化时拥有某种退出权。国家还有能力通过使用保留或利用“克减条款”（derogation clauses）避免适用条约的特定条款。[3]事实上，在大量的国际双边和多边条约中都有退出条款，广泛涉及人权、贸易、环境保护、军备控制和知识产权等领域。从根本上讲，国家的退出行为属于单边行动，这并不要求其他国家的同意或认可，该行为的完成只需要向其他缔约方提供通知即可。此外，与违反条约义务的国家相比，援引退出条款退出条约的国家占据不同的地位，其面对不同的负担和

---

〔1〕 See Laurence R. Helfer, “Exiting Treaties”, *Virginia Law Review*, Vol. 91, No. 7, 2005, pp.1580 -1582. 根据《条约法公约》第70条第1款，国家退出条约会终止其在条约下未来的义务，但这不影响当事国在条约终止前经由实施条约而产生之任何权利、义务或法律情势。

〔2〕 《维也纳条约法公约》第56条对于“废止或退出并无关于终止、废止或退出规定之条约”有如下规定：（1）条约如无关于其终止之规定，亦无关于废止或退出之规定，不得废止或退出，除非：（甲）经确定当事国原意为容许有废止或退出之可能；或（乙）由条约之性质可认为含有废止或退出之权利。（2）当事国应将其依第一项废止或退出条约之意思至迟于十二个月以前通知之。在WTO体制内，任何成员方都无法运用一般条约中的“保留条款”来排除可能有损国家主权的条款适用，除非该成员方选择不加入或退出。根据《WTO协定》第15条第1款，各国政府作为WTO的成员，只要提前六个月发出通知，都有权退出这个组织。

〔3〕 Curtis A. Bradley and Mitu Gulati, “Customary International Law and Withdrawal Rights in an Age of Treaties”, *Duke Journal of Comparative & International Law*, Volume 21, Number 1, Fall 2010, p.1.

利益，对受到制裁的不同期待，不同的声誉后果，以及来自其他国家的不同反应。[1]

国家援引声明条约无效条款因情形而异，例如，由于国内利益集团偏好的改变，或条约义务的变化，或者政府间组织功能的扩充等等。退出条约的后果也是多种多样，例如，孤立（当朝鲜退出《国际核不扩散条约》后，导致其在国际社会上处于孤立地位）、菜单式多边主义（*a la carte* multilateralism）（加勒比国家从一项人权条约中退出，然后试图重新批准保留死刑的相同条约）和创建规则或制度相互抵触的新条约体制（冰岛声明《国际捕鲸规则公约》无效，并与其他支持捕鲸的国家建立北大西洋航海捕鱼协会）。从诸如此类的事例可见，退出为国家从现有国际合作形式中脱离或理性地重新配置提供一种机制。[2]在其他一些情况下，国家追求退出或威胁退出并不是要摆脱将来与其他国家的合作，而是在政府间组织或以条约为基础的场合增加其话语权。因为在某些条件下，呼吁将胜过实际退出。[3]例如，美国在20世纪七八十年代退出国际劳工组织和联合国教科文组织。在每个实例中，美国使用退出或退出威胁——组织支持的丧失和这些基金的迟滞，迫使组织改变其行为后更新其成员资格。苏联及其盟友在20世纪50年代也采取相似的方法，暂时地退出但后来又重新加入世界卫生组织、联合国教科文组织和国际劳工组织。[4]

国际条约中退出条款的广泛使用所产生的影响，由上述国际关系中的事例可见一斑。然而，在国际法和国际关系中对于退出条款的研究比较少。有的学者为过往的“退出”作为“无政府状态的面具，削弱以条约为基础创造国际义务的整个框架”感到痛惜。这种消极的观点可能反映包括国际法最黑暗事件之一在内的条约退出历史，即国际联盟的失败。当时德国、意大利、日本和其他联盟成员行使其退出该组织的权利，从而避免这个全球机构意图对其施加的实际上很温和的制裁。这也部分解释《联合国宪章》并不包含一项明示的退出条款的原因。在国际关系领域，同样也忽视国家何时和为何退出一

---

〔1〕 See Helfer, Laurence R., “Exiting Treaties”, *Virginia Law Review*, Vol. 91, No. 7, 2005, p.1582.

〔2〕 See Helfer, Laurence R., “Exiting Treaties”, *Virginia Law Review*, Vol. 91, No. 7, 2005, pp.1583–1584.

〔3〕 参见［美］阿尔伯特·O.赫希曼：《退出、呼吁与忠诚——对企业、组织和国家衰退的回应》，卢昌崇译，经济科学出版社2001年版，第4～5页，第16～19页。

〔4〕 See Helfer, Laurence R., “Exiting Treaties”, *Virginia Law Review*, Vol. 91, No. 7, 2005, p.1584.

项条约。更确切地说，该领域的学者只为缔约方设计或合作或背叛的两种选择。对于国家谈判制定退出条款的原则，这些条款的表现形式、功能和适用条件都值得从理论和实践角度加以研究。[1]条约退出条款经常与其他五花八门的灵活性策略相关联或者作为其替代品而运作，例如，主题事项、成员资格限制、保留、期限和修改规则、例外条款和再谈判条款，即条约订立者用以解决国际事务中普遍的不确定性的风险管理工具。[2]因此，退出和废止条款事实上起到保险单的作用。将这些灵活性条款类比为保险市场是恰当的，两者都是为应对少见的困难时期。如果一项协定结果很糟糕，国家可将它们作为结束以条约为基础的合作的低成本选择。这些条款也能鼓励更多国家加入条约。此外，还能使国家谈判更具有深度和广度的承诺。当然，如果条约中的退出条款容易被引用并被机会主义地援引，国家之间合作的意愿就可能会受到抑制。

国家对于国际条约的遵守或退出，与个人与企业关系中的忠诚和退出具有一定的相似性。赫希曼认为，在大多情况下，忠诚可使得退出"进退维谷"。忠诚所形成的退出障碍有一个上限，这与保护性的壁垒差不多。对幼稚工业施以保护性关税通常是被认可的，因为这可使地方产业获得成长的机会，忠诚也发挥类似的作用。为退出制造某种特殊性的制度障碍并无可厚非，这能使衰落而有望恢复的组织不至于因无障碍的退出而过早夭折。当面临每况愈下而令人痛心的局面时，某成员也可以超然物外并一如既往地对组织保持忠诚，但如果前景黯淡、没有人挺身而出或借助于某事件扭转局面的话，"愚忠"行为是不大可能发生的。[3]退出是面对令人不满的表现时组织上的放弃机制。呼吁是组织内的校正和再生机制。除了确定这两种对不完全履行反应的基本类型，赫希曼的基本观点是确定两者之间存在一种零和博弈关系。笼统地讲，对呼吁更强烈的"发泄"，可减少在退出机制方面的压力，并能引起更加复杂的自我校正过程。相比之下，退出的终止会导致增强呼吁的要求。赫希曼发

〔1〕 See Helfer and Laurence R., "Exiting Treaties", *Virginia Law Review*, Vol. 91, No. 7, 2005, pp.1585-1586.

〔2〕 See Kal Raustiala, "Form and Substance in International Agreements", *American Journal of International Law*, Volume 99, Issue 4, November 2005,pp.581-614.

〔3〕 参见[美]阿尔伯特·O.赫希曼:《退出、呼吁与忠诚——对企业、组织和国家衰退的回应》，卢昌崇译，经济科学出版社2001年版，第83～84页。

展他的学说是为解决市场的行为，但是他明确表明退出和呼吁的概念可能也适用于在任何组织环境里的成员行为。[1]

一方面，国家经常使用退出的方式来表达对某个体制的不满。例如，1965年1月20日，印度尼西亚为抗议马来西亚获选为安理会非常任理事国而决定退出联合国。1966年9月28日，印尼返回其在联大的席位。1984年12月，美国直接宣布退出联合国教科文组织。直到“9·11”事件后，美国需要重塑和联合国的关系时才重新入会。再如，在国际法院作出对美国不利的裁决之后，美国1985年宣布退出国际法院的诉讼程序，并中止1956 年《美国和尼加拉瓜友好通商航海条约》和美国对国际法院强制管辖的接受。为响应欧洲人权法院废除死刑的决定，几个加勒比国家退出伦敦枢密院的管辖，这些国家后来建立新的加勒比法院。希弗认为，该事件是对人权裁定者忽视国家偏好作出响应的一个退出实例。[2]在20世纪90年代中期，美国和欧共体还采用退出战略结束产生WTO的乌拉圭回合贸易谈判。它们退出包含对发展中国家特殊条款的GATT，并以“一揽子”的方式批准WTO协定，迫使发展中国家接受大量符合美国和欧洲利益的义务。这些例子表明国家如何使用退出和威胁退出，以便在以条约为基础的谈判场合增加它们的声音和重塑更能准确反映它们利益的条约承诺。[3]另一方面，在不能或不愿意选择退出时，国家通常会利用呼吁来传达其态度。[4]例如，在某些情形下，国家可对一项国际法庭的裁决完全置之不理。2002年，国际法院对尼日利亚与喀麦隆之间的边界争端作出裁决，尼日利亚采取既不接受也不排斥法院裁决的立场。1980年，伊朗不理会国际法院要求其释放人质的裁决。国际组织的例会也允许国家以正式的方式表达不满。国家经常在联合国大会上批评国际法院，这种讯号对于阻止法院的失

---

〔1〕 See J. H. H. Weiler, “The Transformation of Europe”, *Yale Law Journal*, Vol. 100, No. 8, June 1991, p.2411; See also Tom Ginsburg, “Bounded Discretion in International Judicial Lawmaking”, *Virginia Journal of International Law*, Vol.45, No. 3, Spring 2005, pp. 657−668.

〔2〕 See Laurence R. Helfer, “Overlegalizing Human Rights: International Relations Theory and the Commonwealth Caribbean BacklashAgainst Human Rights Regimes”, *Columbia Law Review*, Vol. 102, No.7, November 2002,pp.1832−1911.

〔3〕 See Laurence R. Helfer, “Flexibility in International Agreements”, *International Law and International Relations: Introducing an Interdisciplinary*, Jeffrey Dunoff and Mark A. Pollack, eds., Cambridge University Press, 2012, p.185. Last visited on March 30, 2012. SSRN: http://ssrn.com/abstract=1930379.

〔4〕 See J. H. H. Weiler, “The Transformation of Europe”, *Yale Law Journal*, Vol. 100, No. 8, June 1991, pp.2412−2428.

控具有重要的作用。[1]即便是常设机构也受制于预算限制。例如,美国时常以不给联合国及其机构会费作为表达其不满的一种方式。2011年10月31日,在教科文组织会员国以表决方式接纳巴勒斯坦为会员国的当天,美国宣布拒绝支付即将于当月到期的约6000万美元会费。

赫希曼所关于呼吁和退出的理论框架后来也被应用于WTO的语境下。约斯特·鲍威林(Joost Pauwelyn)教授主张,在国际贸易体制中,退出和呼吁之间存在一种反向、双向的关系。大致地讲,"退出"指的是该体制法律约束的强度。低水平退出的体制具有很强的执行机制和很少的合法背叛机会。相反,具有高水平退出的体制为国家提供大量的背叛机会。"呼吁"是将缔约方参与、商议或在相关规则制定过程考虑在内的能力。国家在这些过程中的作用越大,其在该体制中的声音越高。为合法和有效地减少保护主义壁垒,贸易体制必须适当地平衡退出和呼吁的关系。通过在呼吁和退出之间保持合适的平衡,缔约方有理由期待积极地参与规则的制定过程和名副其实地遵守争端解决机制。世界贸易体制是从GATT1947高水平退出和低水平呼吁的结合向WTO低水平退出和高水平呼吁的结合之中演变而来。换句话说,世界贸易体制是从具有很多例外条款和虚弱执行的较低纪律性或法律的技术性操作,演变成为具有较高纪律性或法律(严格规则和自动执行)的全球组织。但是,目前世界贸易体制正失去平衡。这些年来,其逐渐超越进口关税技术方法的使用,而覆盖更多政治上敏感的领域,如卫生法规和知识产权。由于世界贸易体制在很大程度上是通过使出口利益与国内政治隔绝来克服保护主义,其仍然过于技术化和脱离大众的支持,在很多方面已经变得过于僵化或法律化,而不能响应代议制政治的灵活性要求。换句话说,WTO缺乏继续进行其高度纪律性和合法化运转的大众支持、忠诚度和输入合法性。[2]"呼吁/退出的分析认为,如果我们期待国家遵守一项不利的贸易裁决,贸易体制必须为这些国家提供塑造导致该裁决的规则的充足机

〔1〕 See Tom Ginsburg, "Bounded Discretion in International Judicial Lawmaking", *Virginia journal of International Law*, Vol.45, No. 3, Spring 2005,pp.660-666.

〔2〕 See Joost Pauwelyn, "The Transformation of World Trade", *Michigan Law Review*, Vol. 104, Issue 1, 2005, pp.4-6.

会。"[1]以软木案裁决为例,缺乏呼吁和对加拿大软木工业如何运作显著分歧的意见,导致美国拒绝遵守专家组的裁决。[2]

虽然退出的事前利益是可观的,允许容易退出的条约也会对未来合作造成阻碍。这种阻碍之一是在经济、政治或其他压力造成遵守成本昂贵或者不方便时,国家会机会主义地援引退出条款(或可信地威胁要这么做)。而且,由于担心它们的条约伙伴可能会退出,更倾向于合作的国家投入在条约遵守方面的激励就会很少。这些对合作的阻碍因素表明,政府应当通过消除或限制退出机会以使得条约更加持久。[3]在基于强制模式的争端解决体制中,从法律体制的条约甚至该组织中退出,是国家希望避免司法审查的唯一可能性。一般而言,义务的解除决定于既定法律体制的结构。例如,如果某成员方希望不受制于WTO争端解决机制的管辖,其必须一并从该组织中退出。但是,一个国家可从《欧洲人权公约》中退出,仍然保持着欧洲理事会成员的身份。[4]

(三)不遵守

传统观点认为,国际法中只适用非正式的执行。学者们一直都认为,由于国际机构缺乏军队或传统的强制工具,法律执行必然主要依赖国家的有影响力行为者之不协调合作。因此,现代对国际法合法化的讨论忽视执行问题。传统国际法的定义关注于法律确信,即来自法律义务感的实践而非不加掩饰的偏好(naked preference)。如此,争论围绕着什么构成法律义务,而不是"不遵守"(noncompliance)的后果是什么。也就是说,当前的分析忽视不遵守的

---

〔1〕 Daniel N. Adams, "Back to Basics: The Predestined Failure of NAFTA Chapter 19 and its Lessons for the Design of International Trade Regimes", *Emory International Law Review*, Volume 22, Number 1,Fall 2008, pp.277-278.

〔2〕 Daniel N. Adams, "Back to Basics: The Predestined Failure of NAFTA Chapter 19 and its Lessons for the Design of International Trade Regimes", *Emory International Law Review*, Volume 22, Number 1,Fall 2008, p.210.

〔3〕 See Laurence R. Helfer, "Flexibility in International Agreements", *International Law and International Relations: Introducing an Interdisciplinary*, Jeffrey Dunoff and Mark A. Pollack, eds., Cambridge University Press, 2012, p. 185. Last visited on May 9, 2012. http://ssrn.com/abstract=1930379.

〔4〕 See Cesare P.R. Romano, "The Shift from the Consensual to the Compulsory Paradigm in International Adjudication: Elements for a Theory of Consent", *New York University Journal of International Law and Politics*, Vol. 39, No. 4, Summer 2007, pp.861-862.

后果。[1]

"不遵守"与"违约"并不是等同的概念。条约的"不遵守"并不意味着"违约"。制定规则的初衷是为其内容能得到遵守，如果法律允许违反就不能称之为法律，规则也就不成为规则。在美国等某些发达的国内法律体系中，虽然偏离规则和背离原则行为的发生，例如"公民不服从"和自卫（vigilantism）相对较少，但并不是因为国内法一贯正确，而是权威的立法、执法和司法机制创造了纠正它们的规则，规则本身就反映着共同体价值并且足够具体，遵守规则对于公共秩序的持续很重要，而且行政权力在必要时具有执行该体系规则的方法。但是，国际法体系无论在立法或者法律执行方面都达不到这样高级的水平。该体系自我纠错和自我执行的能力相当有限，从而在愿望和权威、程序和政策之间造成缺口。这就是国家在缺乏有效决策和控制机制时，有时觉得有义务采取行动填平国际法体系中的运行鸿沟的原因。这些行动有时具有合法性，有时违反现行法律，即违反国际法。后者可称为"运行的不遵守"（operational noncompliance），即保持不完全有效体系的"不遵守"。这对意识到国际法律体系虚弱的国际法学者提出特别的挑战。[2]

鉴于国际法的上述特点，在某种情形下"不遵守"条约可能并不违反国际法。如果一方被违反国际法的行为所损害，此后自身以正当报复的方式"违约"，该"违约"就不应当被视为是对法律的违反，例如，贸易协定所授权的报复措施。有效违约也是"不遵守"的情形之一。有学者研究"有效违反国际法"的问题，即讨论国家违反WTO规则并在此后接受授权报复的情形是否违反国际法。[3]齐默尔曼认为，WTO争端解决机制的设计并非用来鼓励"有效违约"，但以香蕉案为例，只要成员方接受"不遵守"的代价，DSU现有设计至少

---

〔1〕 See Robert E. Scott and Paul B. Stephan, *The Limits of Leviathan Contract Theory and the Enforcement of International Law*, Cambridge, Cambridge University Press, 2006,pp.10-11.

〔2〕 See Cogan, Jacob Katz, "Noncompliance and the International Rule of Law", *Yale Journal of International Law*, Vol. 31, No. 1, 2006, pp. 189-191.

〔3〕 See Eric A. Posner and Alan O. Sykes, *Efficient Breach of International Law: Optimal Remedies, "Legalized Noncompliance," and Related Issues* (March 7, 2011), U of Chicago Law and Economics, Olin Working Paper No. 546; Stanford Law and Economics Olin Working Paper No. 409, p.10. Last visited on December 14, 2012. http://ssrn.com/abstract=1780463.

在事实上容忍暂时“不遵守”。[1]

WTO体制允许在某些情形下暂时的“不遵守”。因此，被裁决违约的成员方并不是必须在DSU第21.3条所规定的“合理期限”结束之前确立合规，而是在例外的情形下能选择“购买”额外的时间，这不构成WTO法律框架的弱点反而是其优势所在。[2]广泛接受的观点认为，WTO争端解决机制事实上（虽然不是严格意义上）行使着违约并补偿（breach and pay）机制的职责。[3]有学者甚至认为，不履行自身就是一种灵活性机制，有时可起到某种必要的安全阀作用，是一项隐含的退出选择而非体系中的内在缺陷。[4]在某些情况下，对契约的“不履行”（non-performance）或“免责”（escape），比起遵守先前所做的贸易承诺更值得赞誉。[5]

值得注意的是，尽管对于条约的形式和内容可以适用一些灵活的方法，但根据条约必须信守原则，缔约方仍须善意地履行条约和按照既定的规则对其进行解释。同“运行的不遵守”可填补既有国际法规则中的漏洞，并可能推动国际法发展的作用相比，国际条约中的灵活性机制更能维护法律的可预测性、安全性和稳定性。

---

〔1〕 See Claus D. Zimmermann, “Toleration of Temporary Non-Compliance: The Systemic Safety Valve of WTO Dispute Settlement Revisited”, *Trade, Law and Development*, Vol.3, No 2, 2011, p.402.

〔2〕 一方面，长期“不遵守”毫无疑问将会从总体上高度地损害该体制，侵蚀WTO法的可靠性和逐步实现贸易自由化的重要福利取得机制。另一方面，现有“契约内”和“契约外”灵活性方法对于获得主权国家持续遵守WTO协定这样限制性和复杂的法律框架也至关重要。See Claus D. Zimmermann, “Toleration of Temporary Non-Compliance: The Systemic Safety Valve of WTO Dispute Settlement Revisited”, *Trade, Law and Development*, Vol.3, No.2, 2011, pp.403-404.

〔3〕 See B. P.Rosendorff, “Stability and Rigidity: Politics and Design of the WTO's Dispute Settlement Procedures”, *American Political Science Review*, Vol.99, No.3, Aug.2005,pp.389-400.

〔4〕 See Joost Pauwelyn, *Optimal Protection of International Law: Navigating European Absolutism and American Voluntarism*, U. of St. Gallen Law and Economics Working Paper No. 27. Last visited on October 9, 2012. http://ssrn.com/abstract=1019415 or http://dx.doi.org/10.2139/ssrn.1019415.

〔5〕 在《哈姆雷特》第一幕第四景中，也出现过“还是不去遵守较好”这样的观点。“But to my mind, though I am native here. And to the manner born, it is a custom. More honor'd in the breach than the observance.” William Shakespeare, *Hamlet*, Act 1, Scene 4, 7-16.

本章小结

不完全契约理论的研究方法正越来越成为企业理论、国际贸易、法律、公司金融、公司治理和宏观经济学等领域的基础工具。对于经济学家而言，契约不完全性意味着不能考虑到所有可能发生的情况，对法学家而言，这表明缔约方之间的权利义务没有明确规定。国际法类似于契约法，两者都是来自人类和组织发现和改善支持合作行为机制的重复努力，这就是契约理论家所谓“共同生产社会福利”。[1]交易成本、有限理性和战略模糊等都是造成契约不完全的原因。

WTO协定是国际层面的契约，究其本质也是不完全契约。其不完全性表现在刚性、灵活性和模棱两可性。WTO协定为应对不确定性因素的灵活性制度设计，即本书所研究之WTO贸易政策灵活性机制。WTO协定与私人契约的对比令人信服地解释其包含授权给成员方以“契约内”的方式偏离它们义务的明确条款之原因。例如，WTO为其成员方提供一定数量的灵活性而不产生会损害成员方之间既有相互减让的平衡的违反义务结果。GATT1994第19条中的例外条款在以前的GATT中就业已存在，《保障措施协定》、GATT1994第28条通过再谈判修改关税减让表的详细条款和GATS第21条修改预定的服务承诺都调节这样的“契约内”灵活性。[2]

契约漏洞的必然存在、经济环境的不确定性和国内政治因素的影响共同构成WTO贸易政策灵活性机制的理论基础。首先，WTO协定具有法律的共性，即不可避免地存在法律上的漏洞。其次，经济环境具有极大的不确定性，这就导致贸易协定的缔约方不可能在所有情况下，都愿意或者有能力保证履行原来协定下承担的义务。最后，国内政治因素对于国家缔结和履行贸易协定都有重要的影响。

关于契约不完全性对缔约方的影响，以及缔约方对此采取许多应对方法。

---

〔1〕 See Robert E.Scott and Paul B.Stephan, *The Limits of Leviathan: Contract Theory and the Enforcement*, Cambridge, Cambridge University Press, 2006, p.24.

〔2〕 See Claus D. Zimmermann, “Toleration of Temporary Non-Compliance: The Systemic Safety Valve of WTO Dispute Settlement Revisited”, *Trade, Law and Development*, Vol.3, No 2, 2011, pp.384-385.

这种影响表现在：缔约方希望作出可靠的许诺，以激发其缔约伙伴在共同盈利活动中的投资。但是不确定的未来和私人信息问题对目标之达成造成极大的障碍。由于不确定性，缔约方要想使共同盈利投资的契约最优化和对变化的情况有适当反应并不容易。即便当事人可完全描述所有未来情形，也可能无法顺畅地核实其观察到的履行情况。[1]对于契约不完全性，国家可采取多种应对策略。首先，在条约中设置灵活性机制。这主要表现在国际条约中通常规定例外条款、退出条款等灵活性机制等。其次，契约不完全性要求契约进行适应性调整，并在履约难以保证时考虑引入第三方实施机制等应对方法。

---

〔1〕 See Robert E.Scott and Paul B.Stephan, *The Limits of Leviathan: Contract Theory and the Enforcement*, Cambridge, Cambridge University Press, 2006, pp.25–26.

第二章　WTO贸易政策灵活性机制的界定、表现与作用

第一节　WTO贸易政策灵活性机制的法律界定

如前所述，WTO协定可视为国际层面的不完全契约，法律漏洞和经济环境不确定性等都会催生国家采取单边贸易措施的冲动，此时就产生如何判断该措施是符合条约规定的合法行为，抑或违反条约义务的非法行为的问题。国家可运用的贸易政策灵活性工具形式多样，且没有公认统一的定义。但因其主要的特征表现为国家的单边行动，因而需要确立界定该行为法律性质的标准。据此，本书主要从单边贸易措施在WTO协定中适法性之判断标准出发，讨论WTO灵活性机制法律性质及其界定。

关键问题在于，如何区别是属于WTO灵活性机制的"契约内"行为或者违反国际法义务的"契约外"行为。前者属于WTO灵活性设计，其背后蕴含一种简单的逻辑：外来事件是独立的，关于它们再次出现的可能性信息，人们无法知晓。根据定义，这不是寻求保护的政府或国内群体故意造成的。因此，当发生这些事件时，援引灵活性条款是合法的。WTO这类制度通过只允许由"不可预见的"事件引起的情形免责，旨在阻止滥用灵活性和螺旋式报复的可能性。这也有利于减少WTO成员行为的不可预见性。[1]相反，对"契约外"的行为应该给予

〔1〕 See Krzysztof J. Pelc, *Making and Bending International Rules: The Design of Exceptions and Escape Clauses in Trade Law*, Cambridge, Cambridge University Press, 2016, pp.10–11.

法律上的负面评价，对其施加惩罚等不利的法律后果，以阻止此类行为的再现。

一、单边贸易措施概述

单边行动通常指的是强国对弱国所采取的单边贸易制裁措施，在现实中主要是美国使用301条款进行的单边报复措施。[1]在国际法学者看来，单边主义经常像是相当于脏话的用语。如果将一个行为定性为"单边的"，就如同在谴责该行为。"单边主义"这个词语背后所隐含的意思，包括傲慢自大、漠视他人、支配或控制甚至是非法的等。[2]因此，虽然美国人一直关心维护他们何时和如何参与国际事务的特权，但他们很少使用"单边主义"这个词语。从严格的法律角度而言，单边主义意味着采取单边法律行动。相比于条约行为，单边行动是通过一个法律主体（"个体单边行动"，individual unilateral acts）或集合体里通常被赋予法律人格的单一主体群来表达意愿（"集体单边行动"，collective unilateral acts）进行。[3]源于20世纪90年代的金枪鱼——海豚案（WT/DS381），即有关单边PPM（process and production method，生产过程和生产方法）环境贸易措施争议，就是"个体单边行动"的著名案例。[4]该案主要争论焦点是，美国是否可以适用没有经过多边协商的单边贸易措施试图改变其贸易伙伴国墨西哥金枪鱼出口的生产过程和生产方法。欧盟单方面向他国航空公司征收"碳排放税"则是"集体单边行动"的适例。印度环境与林业部长贾彦西·纳塔拉简批评欧盟此举是"以气候变化为名推行变相的单边贸易措施"。[5]

---

〔1〕 参见强永昌、权家敏：《贸易争端解决机制及其选择研究综述》，载《经济评论》2010年第3期。

〔2〕 See Bodansky, "What's so bad about Unilateral Action to Protect the Environment?" *European Journal of International Law*, Vol.11, No. 2, 2000, p. 339.

〔3〕 See Pierre-Marie Dupuy, The Place and Role of Unilateralism in Contemporary International Law, *European Journal of International Law*, Volume 11, Issue 1, 2000, p.20.

〔4〕 美国根据其《海豚保护消费者信息法》规定了在美国销售的金枪鱼上使用"海豚安全"等标签的标准，标准之一是捕鱼装置（是否使用袋状围网）。按照这一标准，墨西哥渔船用最传统最常用的捕鱼方式捕获的金枪鱼不能再使用"海豚安全"标签。而根据其他一些保护海豚国际条约的标准，使用"海豚安全"标签要求考察的是对海豚造成的死亡率和严重伤害，而不考虑是否使用了袋装围网。

〔5〕 India and Other Countries to Jointly Oppose the European Union Forced Air Carbon Tax, Last visited on 8 Mar. 2012. http://www.cnmilitary.info/india-and-other-countries-to-jointly-oppose-the-european-union-forced-air-carbon-tax/.

在国内层面上，主权和领土管辖的范围一般没有什么争议，单边行动一般不会成为什么问题。问题往往是发生在国际层面上。国家每天都在采取单边措施，完全依据国内法律或政策单方所采取的某种措施，一般不存在国际法层面的适法性问题。只有一个国家试图将其价值观施加于他国，而他国不同意时，该单边行动才会引起争议。〔1〕当一国施加强制性的单边措施以规制具有广泛影响的问题，而否定其他受影响国家在决策过程中的话语权时，该措施的合法性就很容易受到质疑。尤其当一种文化自认为优越于其他文化时，随之而来的就是单向输出（unilateral export）而非最有利于追求全球进步的多边对话。但是，从正面的角度看，由于多边谈判可能因各种原因而失败，单边主义有时是保护更重要价值的唯一可行途径。〔2〕如果有效的多边行动显得不可能，选择就不在于单边主义与多边主义，而是在单边主义和“不行为”（inaction）之间。〔3〕

因此，对于国家单边行动的评价不能一概而论。一方面，从利益重要性的视角而言（如保护环境，或保护个人免于暴行伤害），单边行动不应当必然受到负面评价。例如，在外层空间长期缺乏以条约为基础的划界，最终可能导致为空间管理目的而通过建立划界管辖领域的单边国家立法。〔4〕再如，国家主张对国际犯罪行使普遍管辖权，因其包含大量国家自由裁量的成分而具有单边性质，但由于其旨在实施国际公认的规则而为国际法所允许。在环境领域，港口国对于违反国际规则与标准的海洋环境污染管辖权，这种做法也得到《联合国海洋法公约》的认可。有时，合法性颇具疑问的国家单边行动会鼓舞其他国家采取类似做法，甚至导致一项新的习惯国际法规则的产生。大陆架和专属经济区制度的发展，这个造法过程就是对国家管辖权单边扩张的

〔1〕 See Philippe Sands, “Unilateralism, Values, and International Law” , *European Journal of International Law*, Vol. 11, Issue 2, 2000, pp.291-302.

〔2〕 See Ankersmit, et al. “Diverging EU and WTO Perspectives on Extraterritorial Process Regulation” (February 17, 2012), *Minnesota Journal of International Law* Online, Spring 2012, pp.16-17. Last visited on 5 Mary. 2012. http://ssrn.com/abstract=2007098.

〔3〕 See Bodansky, What’s So Bad About Unilateral Action to Protect the Environment?,*European Journal of International Law*, Vol.11,No.2, 2000, pp.339-347.

〔4〕 André Nollkaemper, *Unilateralism/Multilateralism*, Max Planck Encyclopedia of Public International Law, Oxford University Press, 2011, para.42.

反应。[1]

另一方面，在经济全球化不可阻挡的趋势下，只要一项跨境交易以劣于境内相似交易的方式被对待，这种国内制度在WTO框架下就具有歧视之嫌疑。纯粹为"可持续发展目的"而制定的法规，如果扮演单边贸易措施的角色，其在WTO语境下也是有争议的。[2]国家出于保护环境等需要所采取的贸易措施很有可能波及其主权管辖范围之外，特别是当强国采取的单边贸易措施威胁或未经他国同意强加义务于对方时，[3]该行为的合法性更可能受到其他国家的质疑。

二、单边贸易措施适法性的界定

有观点认为，应急措施构成多边贸易体制中的单边行为。[4]由于多边主义对于WTO而言是具有根本重要性的概念，单边贸易措施不仅会损害这个理念，还可能催生保护主义和抵销关税谈判的成果。但是，并不是所有的贸易政策措施都具有歧视意图，某些贸易政策是出于其他正当目的。换句话说，如果所有的贸易政策工具都基于歧视之理由而被禁止，其将无法为国家提供贸易政策灵活性，政府限制进口的能力将受到过多的干预和损害。

判断单边贸易措施在WTO中的合法性，主要是区分该行为在WTO体制内属于自身授权（或至少允许）的单边行为或属于漠视、曲解或违反规则的行为。习惯国际法和条约都是检验单边贸易措施是否合法性的重要标准。从某种意义上说，习惯国际法反映国际社会的普遍价值和人类的整体利益，因而成为具有普遍性的国际法规范，对各国皆课以普遍的义务；国际条约乃国家之间合意的产物，根据"条约必须信守"原则也不容许任意违反。在国际贸易领域，时常发生国家从多边协定中撤销先前的承诺，或基于环境保护、劳动标准等理由采取制裁等手段向不遵守相关标准的国家施加压力的事例，或者出

〔1〕 See Bodansky, "*What's so Bad about Unilateral Action to Protect the Environment?*", *European Journal of International Law*,Vol.11,No.2, 2000, pp.343-334.

〔2〕 See Emily Barrett Lydgate, "Sustainable Development in the WTO: From Mutual Supportiveness to Balancing", *World Trade Review*, Vol.11, Issue 4, 2012, p.637.

〔3〕 1969 年《维也纳条约法公约》第34条规定，条约非经第三国同意，不为该国创设义务或权利。

〔4〕 See Wilfred J. Ethier, "Unilateralism in a Multilateral World", *Economic Journal*, Vol.112, 2002, pp.266-292.

于国内政治、经济压力而采取各种形式的贸易保护主义措施的现象。如何判断这些单边贸易措施之WTO合规性呢？

(一)国家是否拥有从习惯国际法中单边退出的权利

国家通常不会公然宣称违反习惯国际法，如果它们想以该规则相反的方式行动，要么必须违反该规则并希望其他国家默许该违反，要么它们必须说服其他国家加入推翻包含该项习惯国际法规则的条约。美国杜克大学法学院柯蒂斯·布拉德利与米图·古拉蒂教授将其称为习惯国际法的"信守观点"(mandatory view)，他们对这种支持习惯国际法拘束所有国家而不考虑个体同意的观点予以辩驳，认为现代"信守观点"使习惯国际法过于"粘稠"，会造成套牢问题和适应性不足，并为国家至少可以从部分习惯国际法规则中退出的"违约观点"(default view)进行辩护。[1]

支持该观点者认为，由于法律的限制以及无数制度、政治和声誉方面的成本阻止国家退出条约，如果国家从习惯国际法中退出必然会付出极大成本，但有更重要的理由来否定绝对禁止"从习惯国际法中退出"。[2]例如，一项退出选择可能为国家提供谈判更广泛的国际承诺或鼓励更多国家批准条约的安全需要，这有利于促进国家之间的合作从而更好地解决全球问题。[3]反对者认为，基于习惯国际法的本质和目的，"违约观点"在理论上缺乏说服力，就实践而言也具有局限性。例如，《防止和惩治种族灭绝罪公约》第14条明确赋予缔约方退出的权利，但从条约中退出的国家仍有义务禁止灭绝种族的约束，因为这是国际习惯及其强行法的要求。当然，此时国家再也不受非习惯国际法义务的约束，如对国际法院管辖的同意。[4]还有学者指出，设想如果在习惯国际法中"违约观点"得到接受而代替"信守观点"，或者当美国面对恐怖主义威胁而决定从比例原则(proportionality rules)中退出，由于美国不是《第一附加议定书》(《1949年8月12日日内瓦四公约关于保护国际性武装冲突受难者

〔1〕 See Curtis A. Bradley and Mitu Gulati, "Withdrawing from International Custom", *Yale Law Journal*, Vol. 120, 2010, pp.202-275.

〔2〕 Laurence R. Helfer, "Exiting Custom: Analogies to Treaty Withdrawals", *Duke Journal of Comparative and International Law*, Vol. 21, 2010,p.80.

〔3〕 See Laurence R. Helfer, Exiting Treaties, *Virginia Law Review*, Vol. 91, No. 7, 2005, p.1647.

〔4〕 See Anthea Roberts, "Who Killed Article 38(1)(b)? A Reply to Bradley and Gulati," *Duke Journal of Comparative and International Law*, Vol. 21, No. 1, Fall 2010, pp. 173-190.

的附加议定书》)的当事国，其一旦退出“比例原则”就不能给条约规则留下一张安全网。[1]“布拉德利和古拉蒂教授呼吁国际法规则中应当有更大的灵活性，但忽视礼让原则（comity doctrines）在历史上已允许他们所寻求的这种灵活性。”[2]

国际法主流观点认为，一项习惯国际法规则一经得以确立，国家就不再拥有单边退出的权利。[3]如果1969 年《维也纳条约法公约》第53条的规定可比照适用于单方面行为，凡违反国际法强制规范的单方面行为均无效，[4]基于相同理由，可得出国家不能从国际习惯法规则中单边退出的结论。

（二）缔约国对于国际条约是否拥有采取单边行动的余地

不同于习惯国际法，国家在某种条件下可单边决定偏离其承担的国际条约义务。有效的条约由缔约方自愿确定权利与义务，缔约方必须按照条约的规定，善意解释条约并忠实履行条约义务。国际条约并没有赋予一种单边退出的权利，在有限的情形下条约所允许的退出权利，事实上为缔约方所共同享有，而不是单边的。[5]

如前所述，国际条约中不同的灵活性手段服务于不同的功能。例如，国际人权条约赋予成员方的“損抑权”使政府有能力面对国内危机时争取时间和法律的呼吸空间，同时向有关国内民众传递中止权利是暂时和合法的信息。[6]国际环境条约也需要灵活性来权衡适应不能预见的紧急情势，同

---

〔1〕 David J. Luban, “Opting Out of the Law of War: Comments on ‘Withdrawing from International Custom’”, *Yale Law Journal*, Vol. 120, 2010, pp. 165−166.

〔2〕 William S. Dodge, “Withdrawing from Customary International Law: Some Lessons from History”, *Yale Law Journal Online*, Vol. 120, 2010, p.171.

〔3〕 2000年国际法协会（International Law Association，ILA）对习惯国际法的研究提出有关“持续反对者原则”的传统观点：有广泛的共识认为，即便在国际法中存在一项“持续反对者原则”（Principle of persistent objector），其只适用于习惯规则的形成过程之中。一旦习惯国际法业已形成，就不可能单边选择退出。See Joel P. Trachtman, “Persistent Objectors, Cooperation, and the Utility of Customary International Law”, *Duke Journal of Constitutional Law and Public Policy*, Volume 21, Number 1, Fall 2010, p.220.

〔4〕 Víctor Rodríguez Cedeño, *Ninth Report on Unilateral Acts of States*, A/CN.4/569/Add., para.67.

〔5〕 See Lea Brilmayer and Isaias Yemane Tesfalidet, “Treaty Denunciation and ‘Withdrawal’ from Customary International Law: An Erroneous Analogy with Dangerous Consequences”, *Yale Law Journal Online*, January 5, 2011, pp.217−221.

〔6〕 Hafner et al., “Emergency and Escape: Explaining Derogation from Human Rights Treaties”, *International Organization*, Vol. 65, No. 4, Fall 2011, p.675.

时避免因为条约过于容易被修正而减损其效力与成员的承诺水平。[1]在国际贸易条约中，同样包含为国家提供一定程度灵活性的机制，如允许国家在不超过约束关税水平的前提下可单边调整关税，再如保障措施和反倾销都是允许国家在满足某种条件时即可提高超过约束水平关税的紧急保护措施。

一般而言，单边机制通常只在国家为减少国内经济或政治不确定性时才援引，缔约国的单边行动是否具有合法性主要根据国际条约的实体规定来具体判断。[2]根据习惯国际法或条约法规则的授权所采取的单边行动，无论是国家单独采取的自卫行为，还是根据条约规定所采取的单边执行或遵守措施等，都属于国际法允许之列。强权国家为推行本国政策和法律目标而采取的违反国际习惯法或条约法规则的单边措施，或根据违反现有国际法规则的国内法所采取的单边措施，则不存在讨论其适法性与否的余地。

当国际条约与国际习惯相互重叠时，国家是否拥有单边退出的权利呢？有关这类条约如1961年《维也纳外交关系公约》、1963年《维也纳领事关系公约》和1969年《维也纳条约法公约》对此只字不提；有些条约如1948年《防止及惩治灭绝种族罪公约》明确允许退出但并未提及国际习惯；有些条约允许退出但明确指出国家仍然受其习惯国际法义务的约束。[3]但是，无论何种情形，其背景假设都是国家仍然受到国际习惯的约束。[4]这既尊重有关国家加入条约的意愿，也是要求该国遵守其加入条约的前提条件。可见，不能简单地

---

〔1〕 See B. Boockmann and Paul Thurner, "Flexibility Provisions in Multilateral Environmental Treaties", *International Environmental Agreements: Politics, Law and Economics*, Vol. 6, No. 2, Springer, 2006, pp.113–135.

〔2〕 对于条约是否允许废止，不仅决定于条约的规定，还要考虑条约的性质、缔约时的情形、当事方的意图和条约监督机构对这些方面的解释。See Yogesh Tyagi, "The Denunciation of Human Rights Treaties", in *British Yearbook of International Law*, Volume 79, Issue 1, Oxford University Press, 2009, p.154.

〔3〕 例如，1949年《改善战地武装部队伤者病者境遇之日内瓦公约》(《日内瓦第一公约》)第63条规定："退约仅对该退约国有效，但并不减轻冲突各方依国际法原则仍应履行之义务，此等原则系产自文明人民间树立之惯例，人道法则与公众良心之要求。"《改善海上武装部队伤者病者及遇船难者境遇之日内瓦公约》(即《日内瓦第二公约》)第62条规定："退约仅对该退约国有效，但并不减轻冲突各方依国际法原则仍应履行之义务，此等原则系产自文明人民间树立之惯例，人道法则与公众良心之要求。"《关于战俘待遇之日内瓦公约》(《日内瓦第三公约》)和《关于战时保护平民之日内瓦公约》(《日内瓦第四公约》)也都有类似的规定。

〔4〕 1969年《维也纳条约法公约》第43条规定："条约因本公约或该条约规定适用结果而失效、终止或废止，由当事国退出，或停止施行之情形，绝不损害任何国家依国际法而毋须基于条约所负履行该条约所载任何义务之责任。"

以特定领域的国际条约允许退出为根据，就得出国家可以从相同的习惯国际法规范中退出的结论，因为该推导没有考虑到习惯国际法具有被推定为整个国际社会的安全网的作用。正如国际法院在北海大陆架案中所言，“因其性质，必然对国际社会的所有成员具同等效力，而不能允许任何成员根据自己的意志单方排除其效力”。[1]

单边贸易措施的正当性源于反措施捍卫“对国际社会整体的义务”(obligations *erga omnes*)的理论。[2]单边贸易措施的概念随着国家经济和非经济偏好的路线演化。只要国际制度系统仍然被单独功能和微弱权力的各种国际组织所分割，国家一直都会依赖单边经济措施。这也为在经济战略和非经济价值方面不存在普遍共识的事实所证明。甚至在日益致密的国际义务构架里，主权国家仍是单边贸易措施的法律依据，而国际法规则也只是在某些场合下对其有所约束。主要风险在于国际制度的碎片化(fragmentation of international institutions)以及其法律会导致有关单边贸易措施合法性的不一致结论。[3]任何单边贸易措施的运用都有可能在国际关系中引起争端，并对国际法的有效性构成危险的挑战。

三、WTO“合法化”的单边行动

根据多边主义和谈判原则，成员方在采取单边贸易措施之前，应当首先进行谈判以便获得相互同意的解决方案。这体现出WTO适应国家行使主权的灵活性，同时也力图敦促各成员方遵守贸易规则的基本特点。但是，除非相关国家存在特殊的法律关系，一般国际法并不包含一项与其他国家维持经济关系的权利(a right)(交易权，*ius commercii*)，作为主权的必然结果国家在原则上也因此有权制定单边贸易措施。[4]

由于WTO制度设计本身不能杜绝单边贸易措施，有时还需要通过争端解决机构结合个案澄清与判断其合规性。例如，美国1974年贸易法基于单边主

---

〔1〕 N. Sea Continental Shelf(F.R.G. /Den., F.R.G. /Neth.), 1969 I.C.J. 3, 38-39(Feb. 20).

〔2〕 See Aditya Swarup, “Making a Case for the Imposition of Unilateral Trade Sanctions to Protect Labour and Basic Human Rights”, *Trade, Law and Development*, Vol.1, No.2, 2009,pp.289-307.

〔3〕 Christoph Ohler, *Unilateral Trade Measures, Max Planck Encyclopedia of Public International Law*, Oxford University Press, 2011, para.25.

〔4〕 Ibid., para.14.

义的301条款即使仅仅作为“威胁”手段，也会给成员方之间造成冲突和不妥；如果这些国家迫于美国压力而先期调整产业措施，则由此造成的损失属于“自愿调整”，无法向WTO寻求救济。1999年，欧盟就美国“301条款至310条款”进行磋商未果后提出设立专家组的申请。专家组报告认为，一部法律若保留采取与DSU规则和程序相悖之单边措施权利，正如本案一样，可能构成一项持续的威胁，并产生导致各方面严重损害的寒蝉效应（chilling effect）。[1]这在实质上是限制美国使用这种典型的单边贸易制裁的国内法工具，同时表明任何潜在使用单边贸易制裁措施的国内法律必须服从WTO协定。

再如，根据上诉机构对虾和海龟案的裁决，其措辞表明保护环境的单边贸易措施在关贸总协定下具有一定的合法性。[2]该案可视为一个主要司法权威对国家单边寻求对发生在其管辖范围之外的行为适用自身环境标准潜在能力的全新表达。然而，该权利的边界应受到限制，即必须满足某些条件。首先，采取措施的国家对其意图保护的资源必须具有合法的利益（例如，其可能是迁移的或共享的资源）；其次，有关措施必须旨在保护迫近濒危的资源；最后，采取措施的国家必须先穷尽外交手段与有关国家达成协议。[3]在通过谈判仍不能解决纠纷的前提下，缔约方可采取相应的单边措施，从而为WTO的规则体系同其他国际环境公约的衔接提供法律依据。可见，DSU必须平衡该体制在限制单边行动方面的成就，与此同时若不是鼓励也是允许单边行动。[4]正如上诉机构在美国汽油标准案中所强调，只要能履行其在WTO协议下的义务和尊重其他成员的权利，WTO成员即可自由决定其以保护环境为目标的政策（包括其与贸易的关系）。[5]

---

〔1〕 Panel Report on *United States – Sections 301-310 of the Trade Act of 1974*, WT /DS152/R, adopted on December 22 1999, para.7.88.

〔2〕 上诉机构认为，GATT1994第20条（g）认可美国旨在保护环境的涉案措施的合法性，但这些措施不应当在WTO成员之间构成专断和不合理的歧视，或违反第20条序言的要求。Appellate Body Report on *United States–Import Prohibition of Certain Shrimp and Shrimp Products*, WT/DS58/AB/R, adopted on October 12, 1998, para.185.

〔3〕 See Philippe Sands, “Unilateralism’, Values, and International Law”, *European Journal of International Law*, Vol. 11, Issue 2, 2000, pp.299–300.

〔4〕 See Rachel Brewster, “Shadow Unilateralism: Enforcing International Trade Law at the WTO”, *University of Pennsylvania Journal of International Economic Law*, Vol. 30, Issue 4, 2009, p. 1146.

〔5〕 Appellate Body on *United States - Standards for Reformulated, WT*/DS2/AB/R, adopted on May 20 1996, p.30.

如果WTO成员还承担着人权保护的义务，其必须同时遵守该义务和WTO协定下的义务，而不能让这两套立法之间出现冲突。因此，WTO裁决机构在解释WTO条款时会将争端当事方所有相关的国际义务考虑在内。相应地，鉴于很多WTO义务具有内在的灵活性，WTO成员可同时遵守他们的人权义务和WTO义务。专家组或上诉机构并没有能力解释、适用或执行其他条约或习惯。然而，既然必须以符合国际法的方式来解释WTO法，就不应当出现WTO法与人权条约相冲突的情形。但是，倘若一项WTO条款与人权条约不可协调，WTO裁决机构不能得到一项人权条款取代一项WTO规则的结论，因为这样做他们将需要解释和适用非WTO法的国际义务，也将会增加、减少或修改WTO协定而违反DSU的规定。由于遵守WTO法并不能成为违反人权的借口或免责理由，WTO成员方必须保证所有措施都同时遵守WTO法和人权法。〔1〕

可见，单边贸易措施适法性问题不能一概而论。一项单边贸易措施的实施是否符合国际法，应该以习惯国际法和条约法为根据进行判断。由于国际法对于单边贸易措施尚未形成明确统一的规则，不能简单地在国家合法运用主权以追求人权、环境等价值目标与不适当地单边偏离国际法规则的贸易措施之间划定一条清楚的界限。一方面，世界贸易体制的精髓就在于其能在国际贸易关系中克服单边行动。WTO争端解决机制引进“规则导向”的新方法解决成员之间争端，DSU的目标就是限制成员之间的单边行动。〔2〕DSU第23条标题为“多边体制的加强”，其整体设计旨在通过强制成员遵循DSU的多边规则与程序以阻止WTO成员单方面解决它们之间涉及WTO权利与义务的争端。另一方面，某些单边行动在WTO体制中天然具有合法性，因其已为成员所共同接受并包含在WTO协定中。例如，DSU第22.2条允许成员方单边地中止有关协议的减让或其他义务。鉴于DSU没有提供任何集体执行WTO的方法，个体成员可单边地执行其权利。但是否实施这样的制裁由争端解决机构授权决定，而不完全是WTO成员的自主行为。〔3〕GATT第20条和GATS第14条一般例

〔1〕 See Gabrielle Marceau, “WTO Dispute Settlement and Human Rights”, *European Journal of International Law*, Volume 13, Issue 4, 2002, pp.813–814.

〔2〕 See Nicholas Perdikis and Robert Read, *The WTO and the Regulation of International Trade: Recent Trade Disputes Between the European Union and the United States*, Cheltenham, Edward Elgar Publishing, 2005, p.20.

〔3〕 Christoph Ohler, *Unilateral Trade Measures, Max Planck Encyclopedia of Public International Law*, Oxford University Press, 2011, para.5.

外条款也允许限制性贸易措施。再如，在违反条约或有其他国际不法行为的情形下，国家可求助于传统的反措施。就这一点而言，如果满足各自的前提条件，单边贸易措施具有正当性。[1]

综上所述，由于WTO体制涉及贸易和投资的促进、劳工标准和人权保护的提高等多种社会价值需求，贸易政策灵活性机制赋予成员方实现其政策目标的灵活空间，即在某些情况下允许其采取“合法化”的单边行动。例如，允许在协定中写入成员方合法中止减让而不对条约构成废止的条款；允许国家在不超过约束关税水平的前提下单边调整关税。再如，保障措施和反倾销都是允许国家在满足某种条件时可提高超过约束水平关税的紧急保护措施。亚历山大·罗伊廷格认为，贸易政策灵活性可被定义为政府单边决定何时采用暂时性进口限制的能力。[2]灵活性手段（flexibility instruments）是指某一成员方采用在某种程度上为WTO协定规定所支持的若干手段的能力。最为突出的可能就是GATT第19条保障条款。[3]

如果将WTO协定视为某种契约，那么实体权利就是构成契约本质的承诺。有关权利交换的内容是契约的“初级规则”（primary rules）。缔约方在契约履行阶段为禁止事后行为而分配的“剩余决策权”（residual decision rights）是“次级规则”（secondary rules）。通过制定“次级规则”，当事方界定每项权利应当如何被保护，并就“契约内”的救济达成共识。“剩余决策权”不同于初始权利，其制定和以何种强度保护初始权利，在契约关系期间免受事后自由裁量权的影响。“次级规则”是有关灵活性、免责和救济的规则。[4]

在WTO语境下，成员方的“不履行”（non-performance）可分为“契约外”

---

〔1〕 Christoph Ohler, *Unilateral Trade Measures, Max Planck Encyclopedia of Public International Law*, Oxford University Press, 2011, para.20.

〔2〕 See Alexander Roitinger, *The Institutional Design of Trade Policy Flexibility in the World Trading Order: Analysis and New Direction for Reform*（Ph. D. diss., Universität St. Gallen, 2004）, pp.15-16.

〔3〕 See Alexander Roitinger, *The Institutional Design of Trade Policy Flexibility in the World Trading Order: Analysis and New Direction for Reform*（Ph. D. diss., Universität St. Gallen, 2004）, p.2.

〔4〕 See Simon A. B. Schropp, *Trade Policy Flexibility and Enforcement in the WTO: a Law and Economics Analysis*, Cambridge, Cambridge University Press, 2009, pp.43-46. “初级规则”和“次级规则”这一对概念是由联合国国际法委员会关于国家责任的特别报告员罗伯特·阿戈首先提出来的。前者指条约或习惯中规定权利和义务的规则，如一国的军用飞机未经他国许可不得进入他国领空。后者指因违反初级规则而应当承担何种法律后果的规则，也就是国际责任方面的规则。参见张军旗：《WTO国际法律责任制度研究》，法律出版社2012年版，第11页。

和“契约内”两种行为，前者指“不履行义务或违反契约”的行为（或指“食言”“背离”或“契约行为不当”等违反规定的行为），这构成对协定的违反，与其相应的救济方式是惩罚和制裁；后者是契约整体规定的一部分，因而是合法的行为，与其相联系的救济方式为补偿（如下图所示）。契约内的不履行及其救济程序一并构成WTO贸易政策灵活性机制。贸易政策灵活性机制或可称为“结构性背离”（structured defection）、“选择性的义务解除”（selective disengagement）或“安全阀”。[1]当发生“契约内”不履行的情形时，加害方将其给受害方造成的损失“内部化”，使后者不在乎履行或免责对其造成的影响。WTO贸易政策灵活性机制通过允许国家暂时中止它们的义务，以解决不确定性问题。待阻碍遵守的情形消失后，WTO成员继续履行国际义务。这样，可保持条约在整体上不受到破坏。对于成员援引贸易政策灵活性机制的情形，WTO仲裁员不需要评价对或错，或解决任何争端，而是为从先前商定的契约义务中合法免责的行为确定合理代价。但是，并非所有根据WTO灵活性机制实施的行为都必然伴随着救济，即有时受影响方不一定会得到补偿。正因为“契约外”和“契约内”两种不履行性质不同，这两种行为的法律后果也有差异。对于违法之诉，补偿只是临时措施，被诉方仍有最终撤销违法措施之义务；在“非违反之诉”中，被诉方没有撤销该措施的义务，补偿可成为最后解决争端的相互满意的调整的组成部分。当然，被诉方仍可自愿撤销该措施。

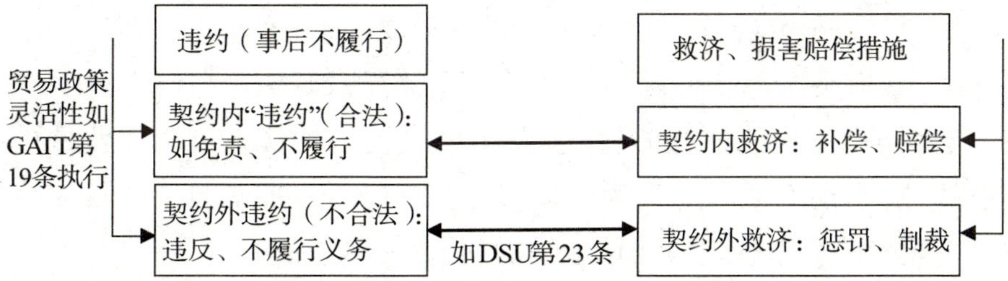

不完全契约中的不履行图（违约和救济）

---

〔1〕 See Simon A. B. Schropp, *Trade Policy Flexibility and Enforcement in the WTO: a Law and Economics Analysis*, Cambridge, Cambridge University Press, 2009, pp.7–9. 有学者认为，“义务解除”（disengagement）远非全然的反社会行为表示，其事实上为国家在国际法律体系内增加它们的声音和影响司法机构未来的法理提供有用的机制。由于“义务解除”是目前使用中的合法选项，且其使用正在变得日益普遍，这些实践值得给予更多的关注。See Cesare P.R. Romano, “The Shift from the consensual to the compulsory paradigm in international adjudication: Elements for a theory of consent”, *New York University Journal of International Law and Politics*, Vol. 39, No.4, Summer 2007, p.858.

第二节 WTO贸易政策灵活性机制主要表现

WTO协定贸易政策灵活性手段有时也被称为“贸易应急措施”(trade contingency measures)、“退出”(opt-outs)、“例外条款”或“安全阀”等，但这些措辞并不能涵盖贸易政策灵活性机制的所有内容。根据西蒙·斯诺皮的分类，法律上、正式的贸易政策灵活性机制包括GATT第12条、第28条、第19条、第20条和第21条等；事实上、非正式的灵活性手段包括自愿出口限制(Voluntary export restraints)、有序销售协定(orderly marketing agreements)、反倾销、反补贴措施和WTO成员方经常使用的违反协定。[1]WTO灵活性机制为“契约内”之灵活性，其在WTO协定中主要以两种形式出现：一是GATT1994中的例外条款，其与《保障措施协定》中的相应条款一并理解和适用；二是通过GATT第28条通过再谈判修改关税减让表的规则和GATS第21条修改服务承诺。

一、应急措施概述

国家为解决各种不能预期的市场情况，即抑制契约不完全性导致的缺陷，而在贸易协定中设计贸易应急措施。应急措施是并在契约中调整的“独立从属权利”(dependent auxiliary entitlements)。每一种应急手段与一个实体权利挂钩，具有独特的条件制约水平和适用范围，以及权利保护规则。例如，GATT第20条就是应急措施的适例，其说明在何种情形下可制定贸易自由化的一般例外，在这么做时应当考虑加害方如何行使事后的自由裁量权。将使用契约不履行的情形规定得尽量详细的目的是促进福利。[2]

在WTO协定中，应急措施主要表现为限制进口以避免出现国际收支危机；为保护新兴行业而对某些进口货品征收较高关税；以及针对价格过低的进口货品采取保护国内产品的措施等。例如，保障措施、反补贴和反倾销措

---

〔1〕 See Simon A. B. Schropp, *Trade Policy Flexibility and Enforcement in the WTO: a Law and Economics Analysis*, Cambridge University Press, 2009, pp.4-5.

〔2〕 See Simon A. B. Schropp, *Trade Policy Flexibility and Enforcement in the WTO: a Law and Economics Analysis*, Cambridge University Press, 2009, p.88.

施、关税承诺的再谈判、将出口税提高到合法的最高水平和适用出口税等。[1]这些条款被写入协定中以增加灵活性，因为其贸易伙伴容许他们在这些领域暂时不履行义务，国家并不担心出现上述情形时遭到报复。[2]在暂停施行期间，WTO协定及其规定的义务仍然有效并处于“冬眠状态”，成员方履行WTO协定的义务被暂时解除，但一旦该特定情形消失应自动恢复施行。[3]

首先，WTO协定包含允许中止政府承诺的条款。例如，WTO成员在WTO协定下约束其关税，但存在允许他们增加暂时保护或进行约束关税再谈判的例外机制。其次，在WTO承诺减让表中，成员对货物市场准入的承诺是以约束关税而非实际关税（applied duties）表示。约束关税与实际关税之差距就是“约束差额”（binding overhang，即低于WTO约束关税的部分），为政府提供改变贸易政策的一丝灵活性。只要不超过约束税率，即可自由地提高关税。最后，不受约束的贸易政策工具。例如，在很大程度上WTO协定把国内政策工具留给政府自由裁量。虽然补贴和产品标准受到规制，但如加工标准等并没有受到规制。[4]

鉴于在某种情形下，成员方可中止先前商定的减让而不违反WTO协定，可进一步区分为旨在解决特定情形的措施和根据WTO协定规定的某种程序适用的通用措施。从更广阔的角度观察，应急措施包括一个国家能采用重新定义或撤销一项承诺的所有措施。从这个意义上来说，应急措施表现为多种形式。它们可能从允许政府在特定情形下中止承诺到弱约束力的承诺，或根本不受约束、完全自由裁量地使用一项政策工具。据此，在WTO协定中，贸易

---

〔1〕 See *World Trade Report* 2009, xi. Last visited on December 20, 2012. http://www.wto.org/english/res_e/publications_e/wtr09_e.htm.

〔2〕 约翰·杰拉德·鲁吉认为，第二次世界大战后谈判达成的所有国际经济协定或机制都体现出“内嵌的自由主义”（embedded liberalism）。这意味着将多边主义和国内稳定的要求结合起来。国内保障允许国家保护其经济，尤其是在贸易和货币领域的重要规则。如果没有这样的保障，国家将不会签订贸易和货币领域的协定。霍克曼和考斯泰基声称，政治现实经常要求在进口竞争过于激烈时允许重新实行暂时保护的机制。保障机制很可能是影响深远的自由化在政治上可行的前提。或者正如艾伦·塞克斯所表明，当自利的政治官员必须决定关于在不确定的情况下是否做出贸易减让的政治后果时，认识到这些减让事实上是“可免责的”（escapable）将有利于促进最初的贸易减让。See B.Peter Rosendorff and Helen V. Milner, “The Optimal Design of International Trade Institutions Uncertainty and Escape”, *International Organization*, Vol. 55, No. 4, Autumn 2001, p.850.

〔3〕 参见陈卫东：《WTO例外条款解读》，对外经济贸易大学出版社2002年版，第3页。

〔4〕 See *World Trade Report* 2009, p.37. Last visited on December 20, 2012. http://www.wto.org/english/res_e/publications_e/wtr09_e.htm.

应急措施可分为三种，分别为特定情形下中止承诺条款、特定程序下中止承诺条款和完全自由裁量的政策工具。

在特定情形下允许暂时中止义务的措施包括：处理调整新市场状况问题的条款，例如：在进口对国内生产者造成严重损害或产生严重的威胁时允许暂时保护的紧急保护条款；[1]抵消倾销的措施；[2]抵消外国政府对本国公司消极影响的措施；允许限制进口以避免收支平衡危机的措施；[3]允许经济处在发展初期阶段的缔约方为发展之目的暂时地保护某一幼稚产业的条款；[4]允许为公共政策目的中止承诺；[5]只要不构成武断的或不合理的差别待遇，或构成对国际贸易的变相限制，即允许为非经济目的（维护公共道德、保障人民、动植物的生命或健康）而采取某种措施。[6]根据规定的程序中止义务的情形包括豁免和再谈判条款。

大量研究表明，在贸易协定中并入应急措施可获取各种收益。例如，可预先阻止更多极端的保护主义倾向；[7]有助于政府获得对贸易自由化的国内支持；[8]可保护成员方国家的公司不受世界价格波动的打击；[9]政府可利用应急措施的威胁以获得国家之间自我执行的合作，即有助于巩固希望避免成为

〔1〕 GATT第19.1条a项。

〔2〕 GATT第6.1条和《反倾销协定》确立的相应规则。

〔3〕 GATT第12条和第28条。

〔4〕 GATT第18条规定关税减让的例外情形，即为实施旨在提高人民总体生活水平的经济发展计划和政策，缔约方可能有必要采取影响进口的保护措施或其他措施，只要此类措施能够便利本协定目标的实现，即为合理的。这些缔约方应享受额外的便利，以使它们在其关税结构方面保持足够的灵活性，从而能够给予建立一个特定产业所需的关税保护。凡是只能维持低生活水平经济处在发展初期阶段的缔约国，有权按本条第一节、第二节和第三节暂时背离本协定其他各条的规定。

〔5〕 这包括GATT第21条、GATS第14条的“国家安全例外”和TRIPs第73条。

〔6〕 GATT第20条和GATS第24条一般例外条款。GATT第20条一般例外条款还允许为保护自然资源、国家宝藏的措施和在供应不足的情况下限制出口的措施。

〔7〕 See Kyle Bagwelland Robert W. Staiger, “A Theory of Managed Trade”, *American Economic Review*, Vol. 80, No. 4, September 1990, pp. 779–795.

〔8〕 See K. Bagwell and R. Staiger, “Enforcement, Private Political Pressure and the GATT/WTO Escape Clause”, *Journal of Legal Studies*, Vol. 34, Issue 2, June 2005, pp. 471–513; See *also* B.P. Rosendorff and H.V. Milner, “The Optimal Design of International Trade Institutions: Uncertainty and Escape”, *International Organization*, Vol. 55, No. 4, Autumn 2001,pp.829–857.

〔9〕 See R.Fischer and T.Prusa, “WTO Exceptions as Insurance”, *Review of International Economics*, Vol.11, Issue 5, November 2003, pp.745–757.

应急措施目标的成员方之间的合作。[1]根据2009年世界贸易报告，应急措施可当作政府维持收入稳定性的一种保险机制，可担当允许缔约方接受更加快速贸易自由化的一种补偿形式，还可使国际贸易协定更容易地达成。[2]此外，应急措施还可管制贸易伙伴的行为。更准确地说，对WTO成员被允许偏离约定政策的认识——例如，对于出口补贴施加更高的关税——可能会阻止其他国家首先制定与WTO规则不一致的政策，例如，补贴国内出口商。从这个意义上说，灵活性安排可视为帮助维持国际贸易法治的一种方法。应急措施调控和限制WTO成员对贸易伙伴与WTO规则不一致政策的反应，从而限制成员被允许采取暂时性保护的情形。换句话说，贸易协定中的灵活性条款将原本是任意和成本过度昂贵的保护主义行动引导为规定的和可以预见的贸易措施。这些措施自身受制于WTO执行机制以确保其不会被不恰当地运用。灵活性以这种方式提高多边贸易体制的透明度。[3]正是应急措施具有的灵活性安排，使得国家在贸易环境的变化时，还能够可靠地遵守其在贸易协定中的承诺。

在一个动态的世界中，WTO成员方需要处理不可预见困难情况的自由裁量权，如果相互赋予其他成员使用应急措施的权利，就可能在某些情形下带来双赢的结果。与此同时，也有利于减少契约的政治和经济成本并鼓励缔约方承担更深的贸易承诺。但是，为增加贸易协定的灵活性而规定应急措施可能会损害其通过降低贸易壁垒来促进缔约方相互合作之本来目的。根据学者的用语，应急措施在多边贸易体制中构成单边行为。[4]首先，使用这种单边措施的成本昂贵，因为其可能会减少国际贸易流动和从更开放的贸易中获取的效率。其次，由于刚性的政府承诺增加贸易政策的可靠性和减少无效率政策的可能性，放松这些刚性承诺可能会损害政府的可靠性和减少国家及全球的福利。例如，如果政府没有全心致力于自由贸易和使用应急措施，公司可能会期待政府将在未来使用这些措施和相应地调整其行为，公司等不同部门之

---

〔1〕 See A. Martin and W. Vergote, On the Role of Retaliation in Trade Agreements, *Journal of International Economics*,Vol. 76, Issue 1, 2008, pp. 61-77.

〔2〕 See World Trade Report 2009, p.26. Last visited on May 12, 2012. http://www.wto.org/english/res_e/publications_e/wtr09_e.htm.

〔3〕 See *World Trade Report* 2009, p.28. Last visited on June 6, 2012. http://www.wto.org/english/res_e/publications_e/wtr09_e.htm.

〔4〕 See Wilfred J. Ethier, "Unilateralism in a Multilateral World", *Economic Journal*, Vol.112, 2002, pp.266-292.

间的资源分配可能就会缺乏效率。[1]最后，应急措施的使用也存在潜在的问题。例如，在很多情况下，很难判断一件紧急情况是否已经发生，以及对其应对是否符合协定的规定。由于紧急事件自身具有模棱两可的认定标准，国家官僚机构也有解释其证据的回旋余地，这就导致WTO中反倾销和反补贴等应急措施可能被贸易保护主义者滥用。

对于应急措施，仍然存在许多未决的问题。首先，如何设计应急措施？贸易协定的传统和承诺理论有很多启示。根据贸易条件方法，设计例外条款的关键是确保其不会成为对一个国家的贸易政策选择重新施加成本的后门（back-door route ）。这表明确保例外条款不会扰乱贸易减让的平衡（例如，维持贸易伙伴之间的互惠性）是很重要的。根据承诺理论，设计应急措施的关键挑战是通过帮助政府就其私人部门作出额外的承诺确保应急措施不会损害贸易协定的价值。[2]其次，一项贸易协定应当允许多大的灵活性？一般地说，在灵活性的一些收益和过度灵活性的成本之间似乎存在一种权衡。如果允许政府拥有太多的政策自由裁量权，那么贸易协定将受到严重的削弱。政策的合作和可靠性在这些情形下将受到损害。然而，如果贸易协定过于刚性，政府解决不可预见的未来情况之必要政策灵活性可能被否定。在这种情形下，贸易合作的政治支持可能失败或贸易规则可能被忽视。一项贸易协定需要在这两者之间取得平衡。[3]“一个高效的紧急保护制度应当具备两个基本因素：第一，需要有不受调查机关或政治当局裁量权左右的有关取得保护的硬性要求（规则）；第二，标准和指标的规定必须使企业操纵它们的可能性最小化。虽说规则要符合GATT规定，但GATT的纪律措辞宽泛，利益集团能够轻易地促成有利于他们但却有损于整体经济的解释。”[4]建立成本和收益相平衡的例外条款极具挑战性。为阻止毫无根据的退出，必须对例外条款施加负担；

〔1〕 See *World Trade Report* 2009, p.24. Last visited on Octorber 12, 2012. http://www.wto.org/english/res_e/publications_e/wtr09_e.htm.

〔2〕 灵活性也有其消极面。再谈判条约条款和处理单边行使的灵活性如例外条款的成本高昂。而且，个别国家具有以宽泛于例外条款本意作出利己解释而对一项协定“搭便车”的动机。再谈判为国家为增加其份额而拖延合作交易提供一个机会。See B.Koremenos, Ch.Lipson and D. Snidal, “The Rational Design of International Institutions”, *International Organisation*, Vol. 55, No. 4, Autumn 2001, p. 794.

〔3〕 See *World Trade Report* 2009, p.40. Last visited on Octorber 12, 2012. http://www.wto.org/english/res_e/publications_e/wtr09_e.htm.

〔4〕 Bernard M. Hoekman and Michael M. Kostecki, *The Political Economy of the World Trading System: From GATT to WTO*, Oxford, Oxford University Press, 1995, p.192.

但如果这些条款成本过于高昂，其作为协定存在保证人的作用就会成问题。[1]

二、例外条款

在体制相抵触或存在潜在冲突时，就需要解决这些冲突的机制，决定在某种情形下何种规则应当有效。当体制并不冲突，而是相互补充时，就要求体制之间的灵活性联系能使不同体制的社会分工（division of labour）能够有效。对于国际法灵活性的需求，有三种并列的方法，分别是例外主义、管理主义和跨国政治立法。例外主义旨在维护国内民主治理，管理主义根据跨国管理需要确保有效治理，跨国政治立法要求以政治补充法律。国内政府机构包括法院具有将地区和国际法律视为潜在地威胁国内价值和自治的倾向，这样的威胁引发为违反国际法的行为辩护或反对在国际层次进一步立法。[2]

由于国际法的实施机制主要还是依靠国际行为体特别是国家的“自我执行”，在这个过程中不能忽略国内利益集团对缔约方履行条约的影响。如何找到国家可靠执行其承诺的方法，该问题受到学界的广泛重视。寻找解决上述问题的方法显得特别有现实意义。弗勒德和伊萨德提出一个很中肯的观点：如果经济十分反复无常，对政府而言最佳选择是采用例外条款。该条款将包含政府寻求在“正常情形下”（normal circumstances）对政策规则作出承诺的方法，但保持在仔细定义的“不正常情形下”（unusual circumstances）偏离该承诺的选择。其收益是这种条款允许政府在可靠性和灵活性之间找到正确的平衡。类似地，在国际贸易条约中，政府面对承诺问题时也可能争取把例外条款列入国际义务中。[3]条约中的例外条款（exceptional clauses，或称为escape clauses）有利于缓和这种紧张关系。例外条款正好依赖对一项协定措辞高成本的再谈判，因为它们起到维护这些措辞合法性的作用。就这样，例外条款不仅仅有益于面对紧急情况的国家，其也起到把整个协定与受到外来

---

〔1〕 See Cristiane Carneiro, “From the United Nations Arms Register to an Arms Trade Treaty–What Role for Delegation and Flexibility”, *ILSA Journal of International and Comparative Law*, Vol. 14, 2008, p.496.

〔2〕 See Isabel Feichtner, *The Law and Politics of WTO Waivers: Stability and Flexibility in Public International Law*, Cambridge, Cambridge University Press, 2011, p.12.

〔3〕 See *World Trade Report* 2009, p.23. Last visited on July 21, 2012. http://www.wto.org/english/res_e/publications_e/wtr09_e.htm.

冲击影响的个体成员隔绝的作用。[1]国内政治被视为对国际制度外来冲击的来源之一。贸易制度的设计者担心国内政治可能产生不稳定的冲击。他们通过在制度中设计例外条款来解决这种可能性。[2]

严格地说，例外条款并不是国际法上的概念。但是，这却是国际条约中常见的特征。在各种国际条约中，以“例外”为标题或类似于例外规定的条款比比皆是。[3]正式的贸易保障措施最初是美国的倡议。1942年美国和墨西哥的互惠贸易协定中首次出现正式的例外条款。[4]1947年2月，美国总统签署一项行政命令要求未来所有贸易协定中必须包含例外条款。美国的行为凸显了这样的事实：正如美国在当时显然是最提倡自由贸易政策的势力，但同样也坚持任何自由化必须伴随着确保贸易政策灵活性的适当手段。[5]1948年GATT经《关税与贸易总协定临时适用议定书》生效。根据其第1条规定，[6]如果成员方的国内立法与GATT第二部分实体性规则相违背，可作为例外或国内法优先使用，即所谓“祖父条款”(grandfather clause)。这就使得各成员方在履行 GATT 义务的同时，仍可享受保留现行国内立法之余地。可见，“祖父条款”是例外条款之雏形，其共同特点是协调成员方自主权与履行协定义务之间的冲突。GATT例外允许政府采取行动以应对被视为损害国内竞争产业的进口。如果损害是由公平贸易(例如，由于关税减让而导致进口的增加)引起，政府可援引例外条款以限制进口；如果损害是由不公平贸易(例如，倾销或政府补贴进口)，与之相应的政策反应是反倾销或反补贴税。亚当指出，这些例外曾被并入每个GATT协定(included in *every* GATT agreement)，这对于早期GATT回合的成功相当重要。例外条款为受到自由化损害的产业

---

〔1〕 See Krzysztof J. Pelc, *The Cost of Wiggle-Room: on the Use of Flexibility in International Trade Agreements*(Ph. D. diss., Georgetown University, 2009), p.14.

〔2〕 See Koremenos, Lipson and Snidal, “Rational Design: Looking Back to Move Forward”, *International Organization*, Vol. 55, No. 4, Autumn 2001, p.1071.

〔3〕 参见陈卫东:《WTO例外条款解读》，对外经济贸易大学出版社2002年版，第1页。

〔4〕 主要由于美国的坚持，旨在降低全球贸易壁垒的GATT第19条包含相似的例外条款。GATT中的“祖父条款”出现在《关贸总协定临时适用议定书》的第1条b款，其产生背景是“二战”以后美国国会的保守势力强盛，联合国筹建的国际贸易组织(ITO，GATT前身)因其反对而夭折，各国担心再次遭受美国国会的否定，因此在达成的GATT临时适用议定书中增加祖父条款，以减轻执行国际条约时带来的政治压力。

〔5〕 See Alexander Roitinger, *The Institutional Design of Trade Policy Flexibility in the World Trading Order: Analysis and New Direction for Reform*(Ph. D. diss., Universität St. Gallen, 2004), p.97.

〔6〕《临时适用议定书》第 1 条规定：“在不违背现行立法的最大限度内临时适用该协定的第二部分。”

提供了保险。[1]

由于例外条款的存在，如果某个国内行业在进口产品的竞争下，但还没有指控进口商品存在不公平的倾销或补贴行为的话，该行业也可以得到暂时的保护。自从1934年互惠贸易协议法案通过后，美国开始了它和其他国家谈判削减关税的政策。国会认识到，贸易自由化可能会强制性要求对经济的某些组成部分进行艰难的调整。正因如此，国会坚持认为，如果较低的关税给国内的特定行业带来严重的伤害，就应该对这些行业提供暂时的保护。这些行业可以不实行较低的关税，从而帮助它们进行调整以适应新的贸易条件。这样的“例外条款”为国内的行业提供了一个暂时不采用任何协议下调关税的机制。这些既有保险机制又有安全阀作用的规定，对于贸易自由化协议的存在和运作都是很重要的保障，特别是那些需要增加保护（安全阀）的行业。没有这些规定，政府会尽量不去签署一个大幅减少保护的协议（保险动机）。随着滥用反倾销程序的现象不断出现，例外条款被认为是比较好的条款。[2]

但是，对于例外条款的定义，WTO体制并没有给出明确的定义，学界也没有形成较为权威、统一的概念。对此，学界主要形成如下三种观点：广义论者认为，WTO例外条款是指在协定中准许各成员方政府在特定情况下撤销或者停止履行其正常义务，以保护某种更重要的利益。[3]狭义论者认为，WTO 例外条款是指允许各成员政府在WTO协定规定的特定情形出现时暂时停止施行其根据WTO 协定所承担义务的规定。在暂停施行期间，各成员履行WTO 协

〔1〕 See Ronald D. Fischer and Thomas J. Prusa, “WTO Exceptions as Insurance”, *Review of International Economics*, Vol.11, Issue 5, November 2003, p.745; Dam and Kenneth W., *The GATT: Law and International Economic Organization*, Chicago, University of Chicago Press, 1970.

〔2〕 参见［美］道格拉斯·A. 欧文:《备受非议的自由贸易》，陈树文、逯宇铎译，中信出版社、辽宁教育出版社2003年版，第139～142页。

〔3〕 根据该定义，例外条款可包括反倾销、反补贴、国际收支平衡、保护幼稚工业、保障措施、一般豁免、一般例外、安全例外以及区域经济一体化等相关条款。See Bernard M. Hoekman and Michael M. Kostecki, *The Political Economy of the World Trading System: From GATT to WTO*, Oxford, Oxford University Press, 1995, pp.161-162.但是，GATT中没有任何地方提到过要将自由贸易作为最终目标，其作用只是促进贸易壁垒的削减和保证缔约方市场准入条件更为均等。从GATT/WTO文本规定、制度的历史，或者上诉机构对法律规则的解释来看，WTO主要目标是被国内福利增加或人类尊严保护所证明正确的贸易自由化之观点缺乏说服力。根据WTO序言，市场准入只应当是获得不同社会目标的工具。See Isabel Feichtner, *The Law and Politics of WTO Waivers: Stability and Flexibility in Public International Law*, Cambridge, Cambridge University Press, 2012, p.24.可见，贸易自由化与例外条款中所包含的利益并没有明确的等级划分。WTO协议中某些“撤销或者停止履行其协议规定的正常义务”的行为并非都是为“保护某种更重要的利益”，也可能是基于各成员方的“事先协调同意”。例如，区域同盟例外、边境贸易例外等。

定的特定义务被暂时解除，但WTO 协议在此期间仍然有效。[1]第三种观点认为，WTO宗旨是促进贸易自由化，这体现为其基本原则最惠国待遇原则、国民待遇原则和透明度原则等。凡是对WTO协定基本原则作出某种妥协的条款，均可称为“例外条款”，即准许各成员方政府在特定情况下不履行或者暂停履行协定规定的正常义务之条款。[2]事实上，例外条款跨越软法和硬法的划分。一方面，其通过降低主权成本而降低缔结一项协定的进入壁垒（entry barriers）；另一方面，其进一步强化协定的合法化程度。[3]贸易协定方案中例外条款的功能在于协调国际自由贸易与维持国内产业现状需要之间的冲突。即便国际劳动分工的优势很好被理解，国家不愿意签字放弃其国内市场发生不可预见袭击时增加保护的权利。某种形式的例外条款，因而几乎是任何可持久的减少贸易壁垒的国际协定不可避免的一个特征。[4]通过设计例外条款，国家不仅仅追求其一旦面对国内紧急情况时直接的利益，其同样也保护协定的合法性避免受其他成员不可避免地暂时违反造成的伤害。[5]大多数贸易协定都有例外条款，但某些军备控制条约例如《限制战略武器条约》（Strategic Arms Limitation Talks）和《反弹道导弹条约》（Anti-Ballistic Missiles）并不存在这样的免责机制。因为如果任何加入方都能暂时退出上述条约的话，这种契约免责就等同于一并废除条约。

诚如学者所言，“无论是关贸总协定，还是各项乌拉圭回合协定，一个显著的特点是：每个法律文件均含有大量的例外条款，其数量和种类之多，是其他国际条款所罕见”。[6]其原因很简单，WTO协定为兼顾各成员方基于健康、道德、环保、安全和历史等方面的考虑，主要是通过例外规定允许各成员方进行适度的贸易保护。这些例外规定包括最惠国待遇的例外、国民待遇的例外、

---

〔1〕 在此意义上，WTO 例外条款包括国际收支例外条款、保障措施条款、一般例外条款和安全例外条款。参见陈卫东：《WTO例外条款解读》，对外经济贸易大学出版社2002年版，第3页。

〔2〕 参见姜建明、陈立虎：《WTO 例外条款及其法理基础》，载《苏州大学学报》（哲学社会科学版）2007年第2期。

〔3〕 See Krzysztof J. Pelc, *The Cost of Wiggle-Room: on the Use of Flexibility in International Trade Agreements*（Ph. D. diss., Georgetown University, 2009）, p.14.

〔4〕 See Irving B. Kravis, “The Trade Agreements Escape Clause”, *The American Economic Review*, Vol. 44, No. 3, June 1954, p. 319.

〔5〕 See Krzysztof J. Pelc, *The Cost of Wiggle-Room: on the Use of Flexibility in International Trade Agreements*（Ph. D. diss., Georgetown University, 2009）, p.22.

〔6〕 曾令良：《世界贸易组织法》，武汉大学出版社1996年版，第15页。

数量限制一般取消的例外、非歧视待遇的例外、[1]对发展中国家的例外、[2]一般例外、安全例外和区域一体化例外条款等内容。从例外规则的类型来看，其中既有普遍适用的例外规则（指那些可以适用于一切GATT义务的例外规则）又有特殊适用的例外规则（指那些只适用GATT特定条文义务的例外）；既有需要得到缔约方大会事先批准才能实施的例外（如GATT第25.5条规定的特定义务的解除、第2.6条特定关税的调整、第18条有关经济发展的某些措施、第6.6条某些反倾销措施），又有虽无须事先批准但却需要通知GATT的例外（GATT第24.7条国际收支的例外、关税同盟或者自由贸易区的建立和第19条规定的例外）；还有些是属于既不需要事先获得批准也无须事后报告，缔约方可以自动实施的例外（GATT第20条一般例外和第21条的安全例外），等等。[3]国家在设计例外条款时，并不知道哪个国家在未来可能需要使用，但就该选择的可用性具有共同的利益。相似地，既然所有国家都同样可能会遇到逃避（义务）的需要，所有成员在这些情形下都有动机克制使用反措施。[4]

在经济结合得更紧密的年代里，政策制定者面临最困难的挑战就是均衡问题：如果得到与进口相关的补救标准太严格，例外条款机制就不能作为一个释放保护主义压力的有效的减震器；但另外，如果合格的标准太低，国内任何行业在面对进口商品的压力时都有资格获得暂时的保护。[5]例外条款使成员方可更灵活地处理意外和突发事件，也方便成员方更巧妙地处理那些棘手的政策问题，但也为成员方逃避基本规则的行为提供机会。[6]

在东京谈判的背景下，GATT规则可能通过明确代价高昂的争端解决程序和来自贸易伙伴的可能报复之威胁，帮助政府通过默示的排他性决定对关税作出承诺。特别是，每个成员方政府都有义务根据GATT规则避免未来单边提高其关税超过该回合谈判中的约束水平。一方面，GATT规则也为成员方

---

〔1〕《原产地规则协定》在第2条“过渡期内的纪律”中第4款规定“适用于进出口货物的原产地规则不得严于用于确定货物是否属国产货物的原产地规则，且不得在其他成员之间造成歧视，无论有关货物生产者的从属关系如何体现出非歧视原则的例外”。

〔2〕《农业协定》中第15条和第16条体现出对发展中国家和最不发达国家的照顾和优惠。

〔3〕李广辉、李红：《世贸组织例外规则的法律经济分析》，载《云南大学学报》（法学版）2005年第3期。

〔4〕See Krzysztof J. Pelc, *The Cost of Wiggle-Room: on the Use of Flexibility in International Trade Agreements*（Ph. D. diss., Georgetown University, 2009）, p.21.

〔5〕参见［美］道格拉斯·A. 欧文：《备受非议的自由贸易》，中信出版社2003年版，第142页。

〔6〕参见［美］道格拉斯·A. 欧文：《备受非议的自由贸易》，中信出版社2003年版，第183～184页。

政府通过对关税约束的再谈判改变其排他性的决定提供机会。GATT再谈判条款对于最初关税谈判的结果具有重要的意义。另一方面，虽然GATT允许在某些情形下可暂时单边中止特定的约束（specific bindings）并相应地暂时提高关税，但根据例外规则的要求，只有在相对严格的损害条件下，才可启用例外条款。这就在一定程度上限制政府运用例外条款的灵活性。因此，尽管这些条款中赋予重新考虑的机会，GATT规则至少在原则上对成员方政府可能合法超出某个回合谈判中关税减让的灵活性加以限制。[1]

综上所述，例外条款可赋予成员方政策灵活性的空间，为它们在特定情形下为实现某一特定国家利益而保留一定的主权。WTO成员方通过例外条款暂停、修改甚至取消其在协定下的义务，从而在履行协定义务与制定本国贸易政策之间取得平衡。这有利于增强多边贸易规则对于现实的适应性，从而更好地维护WTO体制的稳定性。在缔约之初，成员方就事先商定在特定情形下允许实施某种例外措施，这也意味着例外条款是赋予成员方的权利。原则上，实施例外条款要严格符合条件，这些条款不能有歧视性或者变成变相的贸易壁垒。但是，在现实中，由于例外条款的具体内涵与适用条件方面具有相当的模糊性，经常被某些发达国家所利用，并以外表合法的形式设置一系列贸易壁垒，最终往往损害广大发展中国家的利益。

从经济的观点看，在契约履行豁免时所要面对的权衡，是在更强的激励和减少的机会主义之间的取舍。如果这种状况的实现是没有预见的，也不可预见的，如果严格履行将产生真正具有惩罚性的后果，特别是如果由此导致得到合法的机会主义支持的“不公正”，那么免责就可主要被视为缓和机会主义的一种方式，且在理论上对激励没有产生不利影响。但是，如果无论不利情况何时出现，免责条款都例行公事地获得批准，那么，仔细地考虑契约、明智地选择技术、有效地分担风险和规避不利情况的激励便将受到损害。因此，应当慎用免责条款。[2]换句话说，“交易双方既可以签订柔性契约允许当事人对事后不确定性做出适应性调整，也可以在事前签订一项与未来结果密切相

---

〔1〕 See R.W.Staiger and G.Tabellini, “Do GATT Rules Help Governments Make Domestic Commitments?”, *Economics and Politics*, Vol.11, No.2, 1999, pp.111-112.

〔2〕 See Oliver E. Williamson, *The Mechanisms of Governance*, New York, Oxford University Press, 1996, p.97.

关、当事人对未来的任何结果都不会感到失望的刚性契约。前者有可能由于一方粗糙履约的投机行为造成无谓的损失，而后者正是降低这种无谓损失的方法，当然这也会降低柔性契约可能带来的好处。”[1]

三、承诺再谈判

完全契约与不完全契约的根本区别在于：前者在事前规定各种或然状态下当事人的权利和责任，因此问题的重心就是事后的监督；后者不能规定各种或然状态下的权责，而主张在自然状态实现后通过再谈判来解决，因此重心就在于对事前进行机制设计或制度安排的权利（包括再谈判权利）。[2]如果当事方预期其在缔约时面对的不确定性最终将得到解决，他们更愿意在一旦得知未来时就对其最初的协定进行再谈判。从这个角度来看，最初的协定只是当事方设定事后交易的权利的一种方式。[3]

即便国家希望，也不能完全消除进行再谈判的可能性。首先，在国际法领域，缺乏能够给予损害赔偿的法律规则的第三方执行者，这通常意味着国家不能产生履行的有效动机。相反，国家必须平衡减少违约的利益和再谈判对退出更加严厉惩罚的成本。其次，即便就国内的契约而言，违约的动机也通常与再谈判相联系。很多契约救济并不完美，例如不完全补偿。因此，再谈判对于获得资源的有效分配经常是必要的。最后，在任何缔约中，完全的缔约都很少，更不用说国际协定。部分是由于缔约成本昂贵，以及在大多数情况下，未来可能的情形数量如此巨大，以至于使完全的契约变得不可能。[4]可见，再谈判是国际条约规则的设计过程中不可能完全排除的因素。在WTO协定中，同样存在再谈判条款。

WTO体制的主要革新是让各成员方同意将《关于争端解决规则与程序的谅解》作为执行贸易法律的专属方法。政府决定停止对WTO规则的单边执

〔1〕 杨宏力、宁朝山：《西方不完全契约理论前沿进展——基于2005年以来的最新文献》，载《江苏社会科学》2002年第1期。

〔2〕 参见杨瑞龙、聂辉华：《不完全契约理论：一个综述》，载《经济研究》2006年第2期。

〔3〕 See Robert Scott and Paul Stephan, “Self-enforcing International Agreements and the Limits of Coercion”, *Wisconsin Law Review*, Volume 2004, Number 2, p.615, footnote 174.

〔4〕 See Timothy Meyer, “Power, Exit Costs, and Renegotiation in International Law”, *Harvard International Law Journal*, Vol. 51, No. 2, 2010, pp.404-405.

行。[1]与此同时，GATT第28条和GATS第21条规定，WTO出于灵活性的需要也允许对承诺进行再谈判。这些条款规定成员方可在某些条件下撤销承诺，并以其他承诺作为交换补偿其撤销行为所影响的成员方的贸易利益。再谈判是从程序上作为灵活性措施。其目的并不是允许暂时性的救济措施，而是为获得更为持久的承诺调整。[2]从某种意义上来说，再谈判体现出WTO延续GATT体制下通过讨价还价达成交易的方式，谈判的立场和协议执行的条款等都受到各成员方国内政治考虑的影响，同时也因为多边贸易规则的制约和其他成员方的期待而得到缓和。因此，承诺的修改也起到一种贸易政策灵活性手段的作用。

制度因素和管理成本可解释某些国家似乎把再谈判作为“临时保护措施”(contingent protection)的形式之一。法律文本的某些方面可能导致国家更喜欢使用与其他贸易救济相关的再谈判。其中一个因素与不同措施的声誉成本有关。由于再谈判要求补偿，其声誉成本较小，比起其他贸易救济(如反补贴和反倾销措施)可能更受欢迎。国家还可能受制度因素所诱导(例如国内缺乏管理一项反倾销法令的制度能力)而将再谈判视为“临时保护措施”的形式之一。[3]GATT第28条和GATS第21条允许成员方在总体互惠减让水平不变的条件下，改变其对另外特定成员的承诺，这意味着再谈判比起严密限制条件的保障措施、一般例外和豁免有更广泛的适用性。

还有一种将GATT/WTO体制中再谈判合理化的观点，即认为该机制允许“有效违约”。该观点以GATT/WTO是不完全契约为基础。例如，沃伦·施瓦兹和艾伦·塞克斯认为GATT/WTO 中“实质相等”的用语表明根据GATT第28条，允许一个受到不利影响的国家重新施加可恢复其利益到初始水平的保护。因此，GATT/WTO提供一种补偿方案，再谈判对于成员方而言产生有效率的结果，这种形式的“有效违约”可增进整体福利，从而为贸易协定中包含

---

〔1〕 See Rachel Brewster, “Shadow Unilateralism: Enforcing International Trade Law at the WTO”, *University of Pennsylvania Journal of International Economic Law*, Vol. 30, Issue 4, 2009, p. 1134.

〔2〕 See *World Trade Report* 2009, xviii. Last visited on December 12, 2012. http://www.wto.org/english/res_e/publications_e/wtr09_e.htm.

〔3〕 See *World Trade Report* 2009, xix. Last visited on June 26, 2012. http://www.wto.org/english/res_e/publications_e/wtr09_e.htm. 所谓“临时保护措施”指的是在特定情况下使用的某些紧急保护措施或停止履行现有协议中的正常义务，以保护本国某些更加重要的利益。

再谈判的可能性提供一个理由。[1]

“单边修改”条款允许成员方在不违反义务的情况下可修改或撤销其承诺。虽然修改一般是基于再谈判，但这些条款的主要方面是即便不能获得受影响成员的同意，希望偏离其承诺的成员也可以单边修改或撤销WTO减让与承诺。允许单边修改承诺的最主要和影响深远的条款是GATT第28条和GATS第21条。根据这些条款的修改并不以“因任何原因有限时间内可能被修改的任何承诺”的实质条件为先决条件。[2]GATT第18条还规定，“特定的处于发展经济但不符合低生活水平的国家，可以申请许可偏离GATT规则以保护特定的产业”。该条款允许发展中国家采取单边行动，且最终不需要得到受影响国家的授权。GATT第27条的规定表明，如任何缔约方确定一方政府未成为或不再是缔约方，则该缔约方有权随时单边停止或撤销对其所承担的关税减让等义务。GATT第19条同样有单边修改承诺的规定。此外，GATS第21.5条授权服务贸易理事会为修改减让表制定程序。事实上，修正错误是伴随着任何条约的一个程序，其中存在着某些习惯国际法。通常的实践是修改方单边调整承诺，并通知所有受其影响的当事方，如果未受到任何反对该调整承诺的行为即生效。

但是，随着时间的推移，一个不完全契约会不断修正并需要重新协商，在这个过程会产生许多成本。第一，各方可能会对修正契约条款争论不休，它既耗费时间，又浪费资源，所以是无效率的；第二，不仅事后的讨价还价过程是有成本的，而且，由于各方信息不对称，他们可能达不成协议；第三，由于契约的不完全性，缔约各方可能都不愿意作出投资，这种投资的最佳效率与事实上投资不足之间的效率损失，是一种重要的成本。[3]换句话说，再谈判的不足之处在于其涉及较高的成本。例如，在美国—巴西橙汁案的专家组报告中，专家组表示现行《反倾销协定》对于“倾销”之定义并不明确，导致专家组和上诉机构史无前例且经常性之意见冲突，尽快对“归零”争议找出持久性的解

---

〔1〕 See *World Trade Report* 2009, p.104. Last visited on May 15, 2012. http://www.wto.org/english/res_e/publications_e/wtr09_e.htm.

〔2〕 See Warren F. Schwartz and Alan O. Sykes, “The Economic Structure of Renegotiation and Dispute Resolution in the World Trade Organization”, *The Journal of Legal Studies*, Vol. 31, Issue 1, 2002, p. 186.

〔3〕 参见［美］科斯等：《契约经济学》，李风圣主译，经济科学出版社1999年版，第25页。

决方法对于所有成员方而言具有体制上的利益。[1]所谓“持久性之解决方法”一般是指对相关条文之修订，这就需要众多WTO成员达成一致的意见，谈判成本巨大。

一般而言，如果条约成员的数量较少，通过修订或重新谈判可有效地对条约进行改变。但如果成员数量像WTO或其他组织那样超过上百个，条约结构中的修订条款往往会被搁置不用，因为要求的多数票数目太大或受到政治上或实际上的限制。这就导致包括联合国、布雷顿森林集团（国际货币基金组织和世界银行）以及WTO等许多重要的当前国际法律机构出现条约僵化的问题。[2]因此，由于很多条约机构已很成熟或已拥有大量的成员，通过正式修改程序谈判调整条约条款变得越来越困难，在很多情况下更是无法真正实行。WTO多哈回合谈判就是国际环境的变化对正式改变条约造成更大障碍的事例。在日益多元化的全球共同体中，因为不同规模的政治和经济利益的分歧，在大量的多边条约之内也必然会发生相似的僵局。由于再谈判条约条款难度的增加和正式协定获得新的条约条款可能性的下降，条约体制继续保持合理相关和有用的一种途径就是使用再解释等非正式的方法，或者在义务随着语境变化时修改条约。[3]

四、WTO豁免

关税重新谈判在本质上具有局限性。根据定义，这种措施仅仅与一国试图将关税提高到约束水平之上的情形有关，而GATT第25.5条允许其成员请求豁免一项或其他多项GATT义务。豁免也是贸易政策工具之一。《WTO规定》第9条允许对多边贸易协议所规定的任何义务予以豁免，但准予豁免的条件要经过谈判。在GATT历史上前45年中，有100多项豁免获得批准，其中有44项到1994年仍有效。[4]从1995年WTO协定生效到2010年年底，共有202件豁免决

〔1〕 Panel Report, *United States–Anti-Dumping Administrative Reviews and Other Measures Related to Imports of Certain Orange Juice from Brazil*, WT/DS382/R, para.7.134, March 25 2011.

〔2〕 See Jackson and Sovereignty, *The WTO and Changing Fundamentals of International Law*, Cambridge, Cambridge University Press, 2006, p.45.

〔3〕 See Alexander M. Feldman, “Evolving Treaty Obligations: A Proposal for Analyzing Subsequent Practice derived from WTO Dispute Settlement” , *Journal of International Law and Politics*, Vol.41, 2009,pp. 656–657.

〔4〕 See Bernard M. Hoekman and Michael M. Kostecki, *The Political Economy of the World Trading System: From GATT to WTO*, Oxford, Oxford University Press, 1995, p.166.

定被赋予(包括延长期限的决定)。[1]

WTO协定并没有为豁免的解释做出任何规定,但在赋予和更新豁免的条件时强调其例外的本质。部长级会议是WTO最高权力机构,由全体成员方的代表组成,负责履行世贸组织的职能。《WTO协定》第9.3条规定,在特殊情况下,部长级会议可决定豁免本协定或任何多边贸易协定要求一成员承担的义务,但是任何此类决定应由成员的四分之三多数作出,除非本款另有规定。因此,部长级会议有权在特定情况下豁免某个成员的义务。《1994年关贸总协定关于豁免义务的谅解》是对《1994年关贸总协定》第25条联合行动的有效补充。该谅解就义务豁免作出进一步规定。[2]特别是《马拉喀什建立世界贸易组织协定》第9条第4个脚注对于过渡期任何义务的豁免决定规定了很严格的程序。在该情形下,一般规则是"由成员的四分之三多数"作出,但部长级会议赋予豁免的决定只能经协商一致作出。与豁免不同,再谈判的适用并没有时间的限制。因此,其更适合寻求减让的再平衡而不是作为解决暂时性问题的措施。两者另一区别在于就贸易政策工具而言其可被适用的范围。豁免可以针对多边贸易协定的任何义务,但关税或承诺表之改变只与GATT第28条和GATS第21条相关。[3]

将豁免的法律性质确定为一项例外或自主权(autonomous rights)涉及到WTO程序中的证明责任问题。如果是前者,证明责任在于援引例外为自己辩护的一方;如果是后者,提出主张的一方必须证明一项违约的存在。鉴于下列理由,豁免可归类为一项例外。首先,豁免是在"特殊情况"下授予。GATT第25.5条也有这样的表述。其次,从功能上看,一项豁免与WTO其他例

---

〔1〕 See Isabel Feichtner, *The Law and Politics of WTO Waivers: Stability and Flexibility in Public International Law*, Cambridge, Cambridge University Press, 2012, p.63.

〔2〕 主要内容如下:(1)豁免的提出。根据该谅解的第1条规定,申请豁免或延长豁免义务,应该说明成员方所想采取的措施,所追求的具体的政策目标,以及妨碍成员方采取符合《1994年关贸总协定》措施仍难以实现政策目标的原因。(2)建立世界贸易组织与豁免的失效和延期。根据该谅解第2条的规定,任何在建立世界贸易组织的协议生效之日有效的豁免都应中止,除非根据建立世界贸易组织的协议第9条的程序和上诉程序,在期满时或建立世界贸易组织的协议生效后2年内(以早者为准)已经延期。(3)关于豁免的争端解决。根据该谅解第3条的规定,由于①获得豁免义务的成员方未能遵守豁免义务的时间和条件;②运用某项与豁免义务的期限和条件不相一致措施,任一成员方认为其在关贸总协定下的利益正在丧失或受到损害时,可以援引由《争端解决谅解》解释和适用的《1994年关贸总协定》第23条。

〔3〕 See *World Trade Report* 2009, p.39. Last visited on March 10, 2012. http://www.wto.org/english/res_e/publications_e/wtr09_e.htm.

外具有相似性，因为在大多数情况下豁免被用来为违反贸易规则的措施做辩护。最后，豁免实质上连接到其他WTO规则，证明由此偏离的正当性。此外，如果将豁免视为一项自主权，其将超越WTO专家组的管辖范围。[1]豁免权通常被描述为安全阀，是个别成员发现其处于经济困难的情况下允许不遵守的例外条款，虽然不是提供不遵守WTO义务的政策选择。[2]

主流观点认为，由于"共识决策法"（consensus decision-making）的实践使得政治机构陷入瘫痪。[3]这种情况在WTO豁免程序相对近期的豁免决定中得到些微改变。一是WTO总理事会于2003年8月30日发布《关于实施TRIPs协定与公共健康多哈宣言第六段的决议》，该决议对TRIPs协定第31条（f）和（h）款采取予以过渡性豁免的方式；[4]二是WTO总理事会于2003年5月15日通过冲突钻石贸易豁免决议，[5]豁免WTO会员国对毛坯钻进出口的限制措施而违反GATT最惠国待遇、普遍消除数量限制、非歧视性数量限制等义务。[6]这两个豁免的决定引起一些学者的关注，他们寻找方法克服WTO据称过于狭隘地集中于经济问题的局限性，因为WTO豁免权限在协调与和解相互矛盾的规范和利益方面具有引发WTO政治辩论的特有潜能。这种辩论可能导致两种不同的法律文件：一是豁免权限允许对WTO规范整体修改以更充分地考虑到非经济利益；二是其同样也能限制WTO对于由另一国际法律机制所规制和影响贸易的具体措施之管辖权。[7]

《马拉喀什建立世界贸易组织协定》关于豁免权限的措辞，特别是对"特

---

〔1〕 See Harrison, J., "Legal and Political Oversight of WTO Waivers", *Journal of International Economic Law*, Volume 11, Issue 2, 2008, p.419.

〔2〕 See Isabel Feichtner, *The Law and Politics of WTO Waivers: Stability and Flexibility in Public International Law*, Cambridge, Cambridge University Press, 2012, p.64.

〔3〕 See Peter Van Den Bossche, *The Law and Policy of the World Trade Organization: Text, Cases and Materials*, Cambridge, Cambridge University Press,2005,p.165;Debra P. Steger, *Redesigning the World Trade Organization for the Twenty-First Century*, Den Haag, Wilfrid Laurier University Press, 2010,p.133.

〔4〕 General Council, *Implementation of Paragraph 6 of the Doha Declaration on the TRIPs Agreement and Public Health*, Decision of 30 Aug. 2003, WT/L/540（2 Sept. 2003）.

〔5〕 为根除非洲冲突钻石非法贸易，维护非洲地区的和平与稳定，联合国大会第55/56号决议通过《金伯利进程国际证书制度》，要求禁止未附有金伯利进程成员签发的证明书的毛坯钻进口以及面向非金伯利进程成员的毛坯钻出口。

〔6〕 General Council, *Waiver Concerning Kimberley Process Certification Scheme for Rough Diamonds*, Decision of 15 May 2003, WT/L/518（27 May 2003）.

〔7〕 See Isabel Feichtner, "The Waiver Power of the WTO: Opening the WTO for Political Debate on the Reconciliation of Competing Interests", *European Journal of International Law*, Vol. 20, No. 3, 2009, pp.617–618.

殊情况"（exceptional circumstances）的要求表明，豁免权限试图使个别成员的不遵守措施合法化。这种非常特性一直被GATT1947建立的专家组和上诉机构所强调。将豁免解释为狭义的例外，从发布权威性解释及建议修改WTO法的权力的角度可以得到支持。后两者是以抽象的方式为全体成员修改法律规则，豁免权可被看作在个别情况和具体情形下解决修改义务的需要。豁免权谈判的历史也支持这样的观点：豁免的意图是解决阻止成员遵守某种义务的暂时性紧急情况。[1]上诉机构强调豁免的例外本质，认为应当非常小心地解释豁免。因为一项豁免的目的不是更改协定中既有的条款，更不是创造新的法律或增加或修改一个涵盖协定或减让表下的义务。

综上所述，WTO豁免具有使国际法律体系更加灵活的作用。一方面，其考虑到个别当事方的需要和偏好；另一方面，其对跨国界共享的需要和偏好有所响应。[2]换句话说，首先，豁免决定可解决潜在的规则冲突，即出于尊重另一法律机制之目的，将其影响贸易的措施合法化。例如，金伯利豁免（kimberley waiver）就是使用豁免决定确定WTO法与其他国际规范之关系。由于国际文件的谈判经常会对贸易产生影响，谈判者指出该文件与WTO法存在潜在的不一致以削弱所谈判的文本，该先例可为谈判者提供WTO可通过豁免的方式避免潜在冲突的论据。其次，豁免决定可通过修改规则考虑缔约时未能充分考虑而为国际公认的WTO成员之关注与需要。但是，由于GATT第25.5条为《马拉喀什建立世界贸易组织协定》第9条所替代，[3]其需要外部授权的特点大大地限制了WTO豁免所能起到的灵活性功能。可见，如果将贸易政策灵活性界定为政府单边地决定何时采取暂时进口限制的能力，那么这种作

〔1〕 Panel Report, US-Sugar Waiver, BISD 37S/228, para. 5.9; Appellate Body Report, *European Communities- Regime for the Importation, Sale and Distribution of Bananas*, WT/DS27/AB/R, adopted on 9 September 1997, para.185; Appellate Body Report, European Communities - Regime for the Importation, Sale and Distribution of Bananas-Second Recourse to Article 21.5 of the DSU by Ecuador, WT/DS27/AB/RW2/ECU and WT/DS27/AB/RW/USA, adopted on 26 November 2008, para. 382. See Isabel Feichtner, The Waiver Power of the WTO: Opening the WTO for Political Debate on the Reconciliation of Competing Interests,*European Journal of International Law*, Vol. 20, No. 3, 2009, p.620.

〔2〕 See Isabel Feichtner, *The law and politics of WTO Waivers: Stability and Flexibility in Public International Law*, Cambridge, Cambridge University Press, 2012, pp.2-3.

〔3〕《马拉喀什建立世界贸易组织协定》第9.3条规定，在特殊情况下，部长级会议可决定豁免本协定或任何多边贸易协定要求一成员承担的义务，但是任何此类决定应由成员的四分之三多数作出，除非本款另有规定。

出限制的决策力将因依赖其他（尤其是可能因此受到不利影响的）国家的同意而难以产生实质性的效果。

五、约束差额

"约束差额"是应急措施中一种特殊类型，[1]具有持久的灵活性。人们普遍认为这不是为WTO成员方提供政策空间的三种传统贸易救济方式之一。但WTO总干事拉米在2006年联合国贸易和发展会议的发言中提及其与制度灵活性之间的关联，[2]2009年世界贸易报告也提到"约束差额"是为成员方提供政策空间的一种应急措施形式。这种联系的理由很简单。WTO秘书处也根据自己的评价将其视为一种形式的灵活性，例如，提到"灵活性关税机制"（flexible tariff mechanism）使韩国在约束范围内迅速修改其税率。[3]首先，政府并不谈判精确的关税水平，而是将其商定的市场准入承诺固定在若高于GATT/WTO所规定的较高约束其就不愿意设置的实施关税。在实践中，商定的关税约束并不总是限制政府选择的实施关税（政府有时在严格低于其相应的GATT/WTO约束的水平上设置实施关税）。其次，政府并不谈判其同意在任何情形下遵守的刚性关税约束。相反，政府在GATT/WTO谈判中同意的是在某些情形下可援引大量例外条款的关税约束。[4]正如传统的贸易救济，"约束差额"提供一种允许并不违反协定措辞所限制的有针对性保护的机制。

"约束差额"有两个特点使其不同于贸易救济：第一，其能低廉和快速使用，不要求代价高的调查；第二，其使用并不像所有传统救济那样依赖于救济

〔1〕 具体而言，WTO各会员通过谈判降低其他成员方的关税总水平，特别是对自己有切身利益产品的关税。参加谈判的国家同意将某些产品的关税"约束"在特定水平上，这意味着这些会员有义务不提高这些产品的关税让他维持在"约束"水平之下。会员的关税约束水平被记录在一个表格中，这个表格被称为该成员的"减让表"，会员国不得征收超过减让表上规定税率的关税或其他费用，并在此基础上本着互惠互利的精神，各缔约国的关税还应不断地减让降低，尤其是要减让、降低那些阻碍商品进出口的高关税，由此来促进国际贸易的发展。约束税率是WTO体制内达成一致的最高关税税率。实际关税税率则为实施的税率。该税率可低于约束税率而两者间之差异称为"约束差额"（binding overhang）或是估值（water）。对于在"约束"范围内增加关税并存在合法或非法的正式标准。

〔2〕 See Pascal Lamy's speech on *2006 UNCTAD Trade and Development Report*. Last visited on March 12, 2012. http://www.wto.org/english/news_e/sppl_e/sppl40_e.htm.

〔3〕 WT/TPR/M/204/Add.1,p.6,para.36.

〔4〕 See Kyle Bagwell and Robert W. Staiger, "Enforcement, Private Political Pressure, and the General Agreement on Tariffs and Trade/World Trade Organization Escape Clause", *Journal of Legal Studies*,Vol. 34, Issue 2, June 2005, pp.472-473.

损害的证据、进口激增或不可预见的情形。[1]无论WTO成员是否认为“约束差额”(overhang)让人满意，它们都认识到这是与保障措施反倾销和反补贴税并存的另一种灵活性机制。这种关系在于其替代效应，发展中国家声称需要保留足够的政策空间以追求其发展目标。鉴于缺乏使用贸易救济(如保障措施、反倾销等)的制度能力，如果有需要，他们会要求采取其他更快地提高关税的方法。[2]但是，同传统贸易救济方法有更明确的使用条件、更短的容许时间和更狭窄的目标产品相比，认同“约束差额”为一种灵活性类型也成问题。不设条件的灵活性和不加限制的保护会对制度及其成员产生成本。WTO规则的精髓是税率之增加应当只能是应对外来冲击。但这种随时都可用的过度保护所导致的不确定性，对于重视贸易条件可预见性的贸易者、投资者乃至整个WTO体制都是额外的负担。WTO成员意识到“约束差额”的存在和影响，其与贸易环境的可预见性和透明度直接挂钩。因其具有持续的不确定性，由此导致的无效率后果为整个多边贸易体制所承担，这就预示着WTO改革之必要性。当然，尽管从技术上看，“关税差额”是事后自由裁量权的工具，但适用关税并不构成最初商定的相互市场准入平衡的一部分，并不是对事后贸易自由化承诺的偏离。因此，将其归为市场准入灵活性手段也有可商榷之处。

第三节 WTO贸易政策灵活性机制的作用

一、安全阀作用

有两个主要的趋势主导着战后工业化国家的贸易政策历史：一是在GATT谈判中大量地多边削减关税，二是随着世界上工业化国家变得更加一体化和反复无常的贸易流动成为造成国内市场混乱的重要来源，开始出现朝着特殊保护发展的举措。以特殊形式出现的保护集中体现为满足特殊部门需要而量身定做的自愿出口限制(voluntary export restraints)、有秩序的市场安排

〔1〕 See Krzysztof J. Pelc, *The Cost of Wiggle-Room: on the Use of Flexibility in International Trade Agreements*(Ph. D. diss., Georgetown University, 2009), pp.5–7.

〔2〕 WT/COMTD/W/143, p.8.

(oderly market arrangenments)和关税的使用日益增加。国家经常使用这些政策工具限制出口或进口量的扩张。[1]

巴格威尔和施泰格首次从经济学角度提出灵活性具有安全阀(safety valve)的作用。他们认为,在决定是否使用关税壁垒时,政府通常把短期收益和放弃与贸易伙伴合作的长期成本联系起来考虑。当出现贸易流动的暂时性波动如进口的激增,与短期收益相联系的贸易壁垒最高。在进口额增加时,进口国家利用短期贸易措施的动机增强。在这种情况下,未来合作失败的预期可能不足以阻止单边行动。政府用以抑制贸易额波动的灵活性有助于阻止引起保护主义政策动机的大幅波动。在这种情况下,灵活性允许维持现有国家合作中自我执行的本质和维护整个协定的完整性。[2]

在政治舞台上,灵活性也具有安全阀或压力阀(pressure valves)的功能,其既反映国内利益集团对政府提供保护救济的需求,同时也允许政府获得和维持贸易自由化的支持。灵活性是对国内政治不确定性有效的反应。有学者认为,未来支持或反对贸易自由化的程度是高度不确定的,因为这是由未来经济情况(如技术、价格)和政治变化(如制度架构、偏好)等数个因素决定的结果。在这种环境下,他们论证两个基本的观点:其一,应急措施的存在使得国际贸易协定容易达成。其二,这些例外条款的效率随着未来事件之不确定性而增加。[3]在政府拥有国内利益集团关于其贸易政策选择的压力大小之私人信息时,也能得出相似的结论。[4]

国际贸易协定的谈判、缔结和适用过程是国家经济和政治利益得以实现的过程。如果所有国家都自觉合作,社会整体福利必然会提高。但是,在各种因素的作用下,不能排除某些情况下缔约方有采取单边行动的冲动。只有多边贸易体制给国家带来的收益超过其遵守的成本时,国家才会为维持贸易

---

〔1〕 See Kyle Bagwelland Robert W. Staiger, "A Theory of Managed Trade", *American Economic Review*, Vol. 80, No. 4, September 1990, pp. 779-795.

〔2〕 See Kyle Bagwell and Robert W. Staiger, "What Do Trade Negotiators Negotiate About?Empirical Evidence from the World Trade Organization", *The American Economic Review*, Volume 101, Number 4, June 2011,pp. 1238-1273.

〔3〕 See Peter B. Rosendorff and Helen Milner, "The Optimal Design of International Trade Institutions: Uncertainty and Escape", *International Organization*, Vol. 55, No. 4, Autumn 2001, pp. 829-858.

〔4〕 See Bagwell, K. and Staiger, R., Enforcement, "Private Political Pressure and the GATT/WTO Escape Clause", *Journal of Legal Studies*, Vol. 34, Issue 2, June 2005, pp.471-513.

自由化之秩序有所自律或作为。正是WTO协定中的灵活性机制，为成员方提供了减少未来政治和经济成本大起大落风险的平台，从而减少其偏离贸易协定的动机。虽然灵活性机制可能会在某些方面削弱国际条约的权威性，但其可被解释为通过给予政府在不正常情形下一些自由裁量权以促进获得更深度承诺的一种安全阀。因此，应急措施可被视为促进贸易合作的工具。[1]从GATT1947到WTO的豁免决定看来，请求豁免的能力不仅在个别成员无法履行其义务时起到安全阀作用，而且豁免权更为广泛地被使用。豁免尤其一直为允许区域经济一体化、来自发展中国家产品非互惠贸易优惠、使成员的货物安排有能力适应协调制度的变化和国际海关组织的产品命名而被授予。[2]

管理手段或临时保护措施（contingent protection）通常被描述为“安全阀”，需要并入到贸易协定中以便在政府需要时为其提供保险。虽然贸易政策的使用是次优选择，但财政金融政策更加有效和高效，使用临时措施手段在特定行业限制进口以应对压力通常比政府求助于非关税壁垒更好。[3]例如，保障措施是一国在进口增加导致国内产业严重损害或严重损害威胁时所采取的紧急保护措施，素有“安全阀”之称。WTO例外条款也是为保证多边贸易体制稳定运行而在其中设立的“安全阀”。“安全阀说”的理论基础是国际条约法上的“情事不变”理论。签订条约时缔结国是以某些根本情势的继续存在为前提的，一旦这种根本情势发生变化，缔约国就可根据该条款废除条约。[4]但是，WTO 例外条款与条约法上的“情事不变原则”在法律性质上不同。首先，前者作为WTO协定的特别条款而发挥保护作用，必须在明文规定的情况下才能被适用。后者作为国际法的一般原则，可独立于任何一个国际条约之外而被适用。即使一个国际条约未设立“情事不变”条款，“情事不变原则”仍可对该条约的当事国发生效力。其次，前者只能针对特定的产品采

〔1〕 See *World Trade Report* 2009, p.26. Last visited on March 5, 2014. http://www.wto.org/english/res_e/publications_e/wtr09_e.htm.

〔2〕 See Isabel Feichtner, “The Waiver Power of the WTO: Opening the WTO for Political Debate on the Reconciliation of Competing Interests”, *European Journal of International Law*, Vol. 20, No. 3, 2009, p.620.

〔3〕 See Bernard Hoekman, Will Martin and Aaditya Mattoo, “Conclude Doha: it matters!”, *World Trade Review*, Vol.9, Issue 3, 2010, p.519.

〔4〕《维也纳条约法公约》第62条规定，如条约缔结时存在的情况发生基本改变而非当事国所预料者，如果这一情况构成当事国同意承受条约约束之必要根据，或该项改变的影响将根本变动依条约尚待履行的义务的范围者，当事国可援引情势变迁为终止或退出条约的理由。

取保护措施，而不能解除WTO 协定的全部义务，且这种保护措施的实施有期限限制，其在法律性质上相当于国际条约法上暂停施行条约的部分义务。相比之下，如果某成员方发生的情形符合“情事不变原则”设定的条件，其可终止、退出或暂停施行条约，即得以解除该条约的全部义务。[1]

可见，WTO的权利和义务都受制于一系列的可重新谈判或中止的例外和保障措施。如果没有这种安全网（safety nets），政府首先可能不会愿意接受WTO义务。此外，WTO成员方很可能决定在随后的条约中退出WTO义务，因为其人民要求或支持贸易限制以保护环境、人权、生物多样性或公共健康。[2]WTO争端机制现有设计实际上至少提供暂时性的“违约并补偿”，起到体制性的安全阀作用。DSB当前所提供一定数量的“契约外”灵活性在确保WTO成员保持参与未来日益增加的贸易自由化回合中的意愿价值重大。[3]

二、保险作用

人们在做经济决策时，通常不愿承担风险（risk-averse）。许多国际行为体也不愿承担风险，不愿对未经检验的解决方案存有侥幸心理。[4]正是人们风险厌恶的倾向带来保险的可能性，这种保险使他们避免与在很大程度的不确定性相关的风险。科登认为，关税和其他政策可提供一种避免与自由贸易有关风险的保险。[5]在理论和实践层面，商业政策（commercial policy）可作为保险的替代已经被认可。商业政策可作为一种方法使个体免于承受贸易条件中的不利后果。更具体而言，暂时保护措施可通过给经济中的决策者提供抵消巨大或突然波动（如进口激增或价格变化）的方法而替代保险。在不存在保险市场时，关税在某些情形下确实能如保险一样起到增加福利的作用。[6]

---

〔1〕 参见姜建明、陈立虎：《WTO 例外条款及其法理基础》，载《苏州大学学报》（哲学社会科学版）2007年第2期。

〔2〕 See Joost Pauwelyn, “A Typology of Multilateral Treaty Obligations: Are WTO Obligations Bilateral or Collective in Nature?” *European Journal of International Law*, Vol. 14, No. 5, November 2003, p.938.

〔3〕 See Claus D. Zimmermann, “Toleration of Temporary Non-Compliance: The Systemic Safety Valve of WTO Dispute Settlement Revisited”, *Trade, Law and Development*, Vol.3, No 2, 2011, p.389.

〔4〕 See Koremenos, Lipson, and Snidal, “Rational Design: Looking Back to Move Forward”, *International Organization*, Vol. 55, No. 4, Autumn 2001, p.1076.

〔5〕 See *World Trade Report* 2009, p.27. Last visited on March 10, 2012. http://www.wto.org/english/res_e/publications_e/wtr09_e.htm.

〔6〕 See Jonathan Eaton and Gene M. Grossman, “Tariffs as Insurance: Optimal Commercial Policy When Domestic Markets Are Incomplete”, *The Canadian Journal of Economics / Revue canadienne d'Economique*, Vol. 18, No. 2, May 1985, pp. 258-272.

根据学者从"国际制度理性设计"研究模型得出的结论:国家间合作的难题包括执行问题、分配问题、博弈数目以及力量对比问题、不确定性问题等四种类型。[1]国际合作深为不确定性所困扰。国家通常使用可获取的信息谈判尽可能好的条约,但在缔约之后可能会发生超乎它们控制范围的事情。如果预期到某种情形将改变它们所期待的利益,国家甚至可能不会对一项条约作出承诺。某种灵活性条款,例如期限条款可为国家在此种情形下提供保险。事前,所有当事方对于谁可能会比预期得到或失去更多都一无所知,因此它们都会接受这种应对不确定问题的条款。[2]在某种例外情形出现时,通过规定偏离的程序允许暂时减损的条约条款,可起到减少不确定性的保险作用。[3]凯里迈诺斯和希弗认为,国家通常在国家条约中采用灵活性机制以应对不确定性。这些条款使得国家可缔结更多的条约,谈判更广泛或更深入而具有实质性的承诺,并保持其缔结的条约在没有违反的情况下更加长久。[4]研究表明,国家可能使用退出条款和例外条款作为一种保险。[5]这种保险,从事后看来是次优的,但由于其有助于促进协定的达成,从事前的角度看是最优的。[6]例如,退出条款有利于减少国际协定中的不确定性。如果一项协定被证明是很糟糕的,退出条款可为国家结束基于条约的合作提供一种低成本的选择,从而在事实上起到保险单的作用。[7]

最近,经济学家开始认识到贸易协定中的灵活性机制可起到同样的作用。

---

〔1〕 See B.Koremenos, Ch.Lipson and D. Snidal, "The Rational Design of International Institutions", *International Organisation*, Vol. 55, No. 4, Autumn 2001, pp.761–799.

〔2〕 See Barbara Koremenos and Allison Nau, "Exit, No Exit", *Duke Journal of Comparative and International Law*, Vol. 21, No.1, Fall 2010, p.89.

〔3〕 See Laurence R. Helfer, "Not Fully Committed? Reservations, Risk, and Treaty Design", *Yale Journal of International Law*, Vol. 31, Issue 2, Summer 2006,p.378.

〔4〕 See Laurence R. Helfer, "Exiting Treaties", *Virginia Law Review*, Vol.91, 2005, pp.1579–1648; Barbara Koremenos, Loosening the Ties that Bind: A Learning Model of Agreement Flexibility, *International Organization*, Vol. 55,Issue 2, Spring 2001, pp.289–325.

〔5〕 See Laurence R. Helfer, "Exiting Treaties", *Virginia Law Review*, Vol.91, 2005, pp.1599–1601;Alan O. Sykes, Protection as a "Safeguard": A Positive Analysis of the GATT "Escape Clause" with Normative Speculations, *University of Chicago Law Review*, Vol. 58, No. 1, 1991,p. 279 .

〔6〕 See Timothy Meyer, "Power, Exit Costs, and Renegotiation in International Law", *Harvard International Law Journal*, Vol. 51, No. 2, 2010, p.389.

〔7〕 See Laurence R. Helfer, "Flexibility in International Agreements(January 3, 2013)", in Jeffrey Dunoff and Mark A. Pollack, eds., *International Law and International Relations: Introducing an Interdisciplinary*, Cambridge, Cambridge University Press, 2012, p. 181. Last visited on http://ssrn.com/abstract=1930379.

费希尔和普鲁萨认为，当经济遭受特定行业价格冲击时，在行业基础上的应急保护将增加福利。此外，这比起统一的应急关税更具有效率。由于反倾销措施所能起到的保险作用，贸易谈判者一直认为并入最受欢迎的行业特定工具——反倾销措施是任何贸易协定得到批准的前提条件。[1]与此相关的观点是，经济代理人厌恶损失的可能性。贸易协定中的应急措施可反映出政府保护公司避免全球价格波动的愿望。在其他条件完全相同的情况下，政府更愿意在受到消极冲击后增加保护。[2]

三、调整作用

灵活性还具有"调整政策工具"（adjustment policy tool）的作用。[3]更深度的贸易自由化可能会对国内生产者造成伤害，因为提高自由化和未来进口增加的可能性并存。在短暂时期缓解这些猛增的进口将给予国内竞争产业必要的调整。一种观点认为，不完美的劳动市场加上不可预期事件的调整成本，就可能为暂时性保护和灵活性划定一个角色。与此相关的论点是应急措施可能被用来解决公平和再分配问题。例如，保障措施能被用以减轻贸易自由化中的失败者面对的调整问题。[4]在GATT第28.2条中也提到"补偿性调整"。

戴维森和马突兹进一步研究认为，比起政府决定不干预，暂时保护能带来永久的收益。通过提供暂时性保护，政府给予年轻工人再训练的时间并顺利过渡到正在发展的出口行业，同时缓和老工人在较晚时期更换其职业时面对的暗淡的再就业前景之打击。他们强调，越多的人失业，特定的人找到工作的可能性越低。在这种情况下，暂时性的关税可造成成本和收益。成本是

---

〔1〕 See Ronald D. Fischer and Thomas J. Prusa, "WTO Exceptions as Insurance", *Review of International Economics*, Vol.11, Issue 5, November 2003, p.751.

〔2〕 See Caroline Freund and Çağlar Özden, "Trade Policy and Loss Aversion", *American Economic Review*, Volume 98, Number 4, September 2008, pp.1675-1691.

〔3〕《保障措施协定》第5条关于"保障措施的运用"特别强调："一成员应仅在防止或补救严重损害并促进调整（*to facilitate adjustment*）的必要限度内实施保障措施。"此外，美国国际贸易委员会（USITC）在《理解保障调查》中也提出：就任何救济完结时，USITC需要向总统和国会报告救济行动在促进国内产业对进口竞争积极调整（*facilitate positive adjustment*）方面的有效性。Last visited on 3 July 2012. http://www.usitc.gov/press_room/us_safeguard.htm.

〔4〕 See *World Trade Report* 2009, p.27. Last visited on March 20, 2012. http://www.wto.org/english/res_e/publications_e/wtr09_e.htm.

与进口税相关的正常损失。一方面，关税吸引失业的工人到进口竞争行业中工作；另一方面，关税增加剩下的失业工人在出口竞争行业中获得工作的机会。总之，当经济受到贸易冲击时，政府偶尔对受到世界价格不可预见变化的工业提供暂时性救济，将有利于减少或推延施加于工人身上的调整成本。〔1〕

由于WTO涉及如此众多的成员、重复的交互作用、复杂的国内背景、很多问题领域和数量让人目眩的自由化行业，缔约方不可能提前考虑到契约中可能出现的所有情况。即便缔约方完全理性和乐意，他们也不能预期到所有可能影响决策者的市场准入和最低标准权利的偶发事件。〔2〕像私人契约的当事方一样，贸易协定当事方也是在不确定的条件下达成交易的，如经济条件可能改变，利益集团组织的力量可能改变等等。相应地，官员不能确定他们达成的交易是否会在所有细节上对其有利。即便特定问题上的交易最初是有利可图的，不断变化的情况可能使其在政治上不能打动人。为此，贸易协定的制定者可能会把调整手段包含在协定中。〔3〕

当然，如果政府知道其拥有以应急措施为形式的保险或调整政策工具，他们也许会更加愿意接受更深度的承诺。但是，对于应急措施是否真正有效仍然是一个问题。一般而言，应当使用最好的政策来解决市场扭曲的问题，但如果由于政府面对限制而不能采取最优政策，应急措施就是解决市场失败的次优办法。〔4〕

四、威慑作用

现有经济评论表明，国际法经常通过解决不同类型的国际“外部效应”（externalities）而起到促进全球福利增加的作用。例如，当政府在制定政策回应其选民的利益时，通常忽视其政策对于在国内政治过程中得不到代表的外国人之影响。这是经济和政治学界对国际关系和制度的一个标准假设。根据

〔1〕 See Carl Davidson and Steven J. Matusz, “An Overlapping-Generations Model of Escape Clause Protection”, *Review of International Economics*, Vol. 12, Issue. 5, Special Issue, November 2004, pp. 749-768.

〔2〕 See Simon A. Schropp, *Trade Policy Flexibility and Enforcement in the WTO: A Law and Economics Analysis*, Cambridge, Cambridge University Press, 2009, p.211.

〔3〕 See Warren F. Schwartz and Alan O. Sykes, “The Economic Structure of Renegotiation and Dispute Resolution in the World Trade Organization”, *The Journal of Legal Studies*, Vol. 31, Issue 1, 2002, p.184.

〔4〕 See *World Trade Report 2009*, p.27. Last visited on March 20, 2012. http://www.wto.org/english/res_e/publications_e/wtr09_e.htm.

该假设，当政府单边选择其政策时，倾向于从国家的角度选择边际效益等于边际成本的政策。于是，如果这些政策给其他国家造成净成本，对其他国家的损害却不会考虑到政策制定过程中去。[1]简言之，政府可能因为国内利益集团的游说，而制定出不利于其他国家利益的对外政策。在GATT/WTO体制下也发生同样的情况，例如一国在制定本国关税政策时，会将其关税的国内成本和收益加以考虑，而忽视其对外国出口商的影响。此时，WTO协定的作用就在于设计相应的制度以限制导致外部效应的国家政策。

在国际贸易的语境下，WTO协定无疑能削减各国贸易壁垒，从而促进全球福利的增加。政府希望鼓励在世界市场上有竞争优势的产业上投资，并阻止从长远看不大可能具有竞争性工业的投资。这样的政策往往会通过分配可获取最大回报的资源而提升国家的福利。然而，如果在经济对一个无效率的进口竞争产业造成冲击的情况下，政府知道将不可避免要面对为该产业提供贸易保护的政治压力。反过来，假如该产业的公司知道该政府在经济冲击发生时将会保护它们，投资者会继续在该产业投资。因此，为创造想得到的投资激励，政府可能希望作出可靠的承诺，以对抗在遭受经济冲击时通常因短期政治利益导致的保护主义措施。一项国际协定也许能达到该目标——如果政府同意避开贸易保护，否则其将遭到大量的国际制裁惩罚。[2]

然而，由于WTO协定为不完全契约，成员方具有为其政权稳定性和政策的持久性，而以条约中的承诺对抗国内的保护主义需求。但是，WTO成员方同样不愿意被条约紧缚双手，而希望在受到外来经济冲击或国内紧急情况时，在履行条约义务的过程中还能保留有一定的自由裁量权。如前所述，WTO贸易政策灵活性机制可起到平衡成员方遵守义务和要求保留灵活性余地的作用。尤其是应急措施的存在还可能管制贸易伙伴的行为。更准确而言，认识到WTO成员被允许偏离商定的政策（如通过施加更高的关税以应

---

〔1〕 See Eric A. Posner and Alan O. Sykes, “Efficient Breach of International Law: Optimal Remedies, ‘Legalized Noncompliance’ and Related Issues (March 7, 2011)”, *U of Chicago Law and Economics*, Olin Working Paper No. 546; Stanford Law and Economics Olin Working Paper No. 409, pp.4–5. Last visited on May 10, 2010. http://ssrn.com/abstract=1780463.

〔2〕 See Eric A. Posner and Alan O. Sykes, “Efficient Breach of International Law: Optimal Remedies, ‘Legalized Noncompliance’ and Related Issues (March 7, 2011)”, *U of Chicago Law and Economics*, Olin Working Paper No. 546; Stanford Law and Economics Olin Working Paper No. 409, pp.4–5. Last visited on May 10, 2010. http://ssrn.com/abstract=1780463.

对出口补贴)，可能会阻止其他国家首先制定不符合WTO规则的政策(例如补贴国内出口商)，政府可能利用应急措施的威胁以获得国家之间自我执行(self-enforcing)的合作。[1]从这个意义上说，灵活性安排可被视为在国际贸易中维持法治的一种辅助手段。应急措施管理和限制成员方对贸易伙伴作出与WTO不一致的政策反应，并因此限制成员采用暂时性保护的措施。换句话说，贸易协定中的灵活性条款将本来专断的和成本过于高昂的保护主义引导成为法律规定的和可预见的政策措施。[2]这些措施自身受制于WTO执行机制以确保其不会被不合理地适用。灵活性可因此增加多边贸易体制的透明度。[3]

当今国际贸易政策主要是建立在多边主义和单边主义的两极之上。多边主义是GATT和WTO主导的多边贸易回合谈判，单边主义是有关政府为应对要求保护的政治压力明确或暗示的规则。在这样的背景下，Ethier从另一个角度提出贸易协定中灵活性具有合理性的观点。在研究了允许进口竞争行业的国家施加暂时保护的规则体制所能发挥的作用后，他得出这样的结论，如果这样的保护也有利于这些国家——它们的出口商必须与具有良好技术牵引(favorable technology draw)的国家竞争，同时为这些国家所接受(保险三角，insurance triangle)，就能够加速自由化的速率和增加资源对具有比较优势的行业的分配。应急措施可能有助于加快多边关税减让的速度，因其有利于补偿会被更快的贸易开放所伤害的国家。[4]

本章小结

本章通过分析单边贸易措施在WTO体制内合规性的判断标准，可得出

---

〔1〕 See Raymond G. Riezman, "Dynamic Tariffs with Asymmetric Information", *Journal of International Economics*, Vol.30; Issue 3-4, 1991, pp.267-283.

〔2〕 See *also* Alberto Martin and Wouter Vergote, "On the Role of Retaliation in Trade Agreements", *Journal of International Economics*, Vol. 76, Issue 1, 2008, pp.61-77.

〔3〕 See *World Trade Report* 2009, p.28. Last visited on July 3, 2012. http://www.wto.org/english/res_e/publications_e/wtr09_e.htm.

〔4〕 See Wilfred J. Ethier, "Unilateralism in a Multilateral World", *Economic Journal*, Vol.112, 2002, pp.266-292.

WTO贸易政策灵活性机制主要是指"合法化"的单边贸易措施。从严格意义上说，一项国际贸易协定包含着让步，即缔约方同意不会以某种扭曲贸易的方式行事。WTO贸易政策灵活性机制则允许成员方无须通过外部的授权，即可采取偏离自由贸易精神的行动。因此，所有灵活性手段都应当为WTO协定所明确规定，违反只能是一种例外而非规则。换句话说，本书并不赞成某些学者把"违反协定"视为WTO贸易政策灵活性机制的组成部分。虽然主权国家在事实上拥有根据利益需要而违反协定的选择权，但这么做可能违反其承担的国际义务，从而应当承担某种形式的国家责任。

WTO贸易政策灵活性手段有时被称为"贸易应急措施""退出""例外条款"或"安全阀"等。"贸易应急措施"具有存在的必要性，但也容易为WTO成员方以贸易保护主义目的而被滥用。接着，本章对"例外条款""承诺再谈判""WTO豁免"和"约束差额"等灵活性机制的主要表现进行详细的分析。值得注意的是，鉴于学界对于WTO贸易政策灵活性机制并没有统一的定义或确定的内容，上述分类并不能涵盖WTO贸易政策灵活性机制的所有内容。

在贸易协定中引入灵活性机制会产生效率成本等问题，经济学理论同时也指出在贸易协定中容纳政策灵活性的各种优点。首先，灵活性机制可起到一种安全阀的作用，没有它们，政府在违背某项商定的自由化承诺时会感到很有压力。其次，应急措施可用来充当允许政府保持收入稳定的保险机制。再次，贸易救济可作为国内经济受到外部事件影响时降低成本变化的调整政策工具。复次，应急措施可充当允许缔约方接受更加快速贸易自由化的补偿形式。最后，灵活性可充当改进贸易体制中法治的威慑和方法，即应急措施的存在可控制贸易伙伴的政策行为从而保护协定其他部分的完整性。[1]无论何种情形，限制性贸易措施的采用可被视为是"次优方案"(a second-best option)。[2]因此，应该辩证看待WTO贸易政策灵活性起到的作用。

---

〔1〕 See *World Trade Report* 2009, pp.26-28. Last visited on March 16, 2012. http://www.wto.org/english/res_e/publications_e/wtr09_e.htm.

〔2〕 See *World Trade Report* 2009, p.39. Last visited on June 18, 2012. http://www.wto.org/english/res_e/publications_e/wtr09_e.htm.

第三章　WTO法领域有关承诺与灵活性的理论纷争

第一节　国际贸易法中的“有效违约”理论

一、“有效违约”适用于WTO法领域的理论争议

当出现“契约外”不履行，即成员方违反WTO协定的情形时，就会涉及如何采取相应的救济措施，这就是WTO执行问题。但是，WTO文本并未无可争辩地确切说明执行或救济的目的是什么。因此，学术界对此有很多观点，如认为执行或救济是旨在惩罚、以牙还牙、有效违约、平衡减让和促使遵守等等。[1]

长期以来，遵守和不遵守国际协定的问题一直困扰着学者，并产生关于国家行为的动机是什么的广泛讨论，以及相应出现大量旨在促进遵守国际法的制度设计原则。就在最近，“有效违约”理论也加入了这场争论。[2]“有效违约”是指契约一方当事人只有在因违约带来的收益将超出己方以及他方履约的预期收益，并且针对预期收益的损害赔偿有限，使之在承

---

〔1〕 See Simon A. B. Schropp, “The equivalence standard under Article 22.4 of the DSU: a ‘tariffic’ misunderstanding?”, in Chad Brown and Joost Pauwelyn, eds., *The Law, Economics and Politics of Retaliation in WTO Dispute Settlement*, Cambridge, Cambridge University Press, 2010, p.496.

〔2〕 See note: (In) “Efficient Breach of International Trade Law: The State of the ‘Free Pass’ After China’s Rare Earths Export Embargo”, *Harvard Law Review*, Volume 125,Number 2, December 2011, p.602.

担违约责任后仍有盈余时，违约才是一个理性的选择。[1]布莱克法律词典将其定义为：如果违反契约与履行契约相比更加经济有效，就应当允许当事方违反契约并赔偿损失。[2]根据不完全契约理论，缔约方无法预知未来交易中可能发生的所有情形。如果交易环境的复杂性不受限制地增加，当事方所订立的契约将会损失原有的价值，而形成无效率的契约。因此，有学者认为违反贸易协定和不遵守来自WTO争端解决的裁决也是贸易灵活性的形式之一，因为其可促进贸易协定在贸易回合中的再谈判。例如，潜在的被申诉方正在调整已经准备好提供的减让水平，以应对其贸易伙伴提供的现有水平的减让。后者可决定是否要接受该新的减让平衡，或从WTO争端解决机制寻求授权其中止贸易减让。这种机制反映一种讨价还价的局面。滥用该体制的威慑是由此产生的成本，这些成本是声誉损失和不尊重争端解决机构裁决的潜在贸易减让损失。[3]"再平衡"理论认为WTO中止减让目的在于促使遵守，这只是相当于互惠义务的"再平衡"，并担心对"条约必须信守"原则给予太多的强调。[4]"有效违约"是基于契约的经济学理论，对于有效和无效率违反契约义务进行区分。例如，如果违约方因违约所得经济收益大于守约方的损失，那么这是一次有效率的违约。沃伦·施瓦兹和艾伦·塞克斯认为，WTO体制鼓励"有效违约"。在私人契约中，"有效违约"有两种机制：一是预期损害赔偿，即违约方事后使受害方恢复到如同履约时的状态，这被称为"责任规则"；二是强制救济，即只有征得对方的同意，才能违约并赔偿损失，这被称为"财产规则"。WTO争端解决机制和保障措施相当于"责任规则"，争端解决机构授权一国对违约者实施与损害水平相等的报复，即这一报复水平是一成员方

---

〔1〕 参见［美］理查德·A. 波斯纳：《法律的经济分析》，蒋兆康译，中国大百科全书出版社1997年版，第152页。

〔2〕 Bryan A. Garner, *Black's Law Dictionary*, 7th Edition, St. paul, West Group, 1999, p.533.

〔3〕 See *World Trade Report* 2009, p.37. Last visited on March 18, 2012. http://www.wto.org/english/res_e/publications_e/wtr09_e.htm. See also Hauser, Heinz and Roitinger, Alexander, *A Renegotiation Perspective on Transatlantic Trade Disputes* (April 2002), U of St. Gallen Dept. of Economics Working Paper No. 2002-2009. Last visited on March 18, 2012. http://ssrn.com/abstract=333200 or http://dx.doi.org/10.2139/ssrn.333200.

〔4〕 See D.Palmeter and SA Alexander, "Inducing Compliance in WTO Dispute Settlement", in DLM Kennedy and JD Southwick, eds., *The Political Economy of International Trade Law: Essays in Honor of Robert E Hude,* Cambridge, Cambridge University Press, 2002, pp.660-662.

违约行为的损害赔偿金。[1]

朱迪斯·H.贝洛指出，"主权国家不会因为成为WTO成员，包括成为解决争端程序的当事方，而放弃他们的主权。若政治现在有此需要，或者应经济变化的要求或值得这样做，任何成员都可能采取违反WTO协定的行动，只要它愿补偿受损害的贸易伙伴，或容许抵销性报复就行。"[2]WTO争端解决机制考虑接受救济而非严格遵守至少是可争辩的问题，"有效违约"能够和应当被鼓励而不是不惜代价地严守WTO义务。[3]沃伦·施瓦兹和艾伦·塞克斯认为，根据WTO法授予的权利由"责任规则"保护，不仅就关税和服务减让表的再谈判和单边修改而言，而且根据DSU规则，成员方可事实上选择提供补偿或无限期地忍受贸易报复，而不是纠正一项现有违约的义务。[4]WTO的实质正如其前身GATT，都是给予成员方相互交换市场准入（出口）的机会，可将WTO视为是由双边市场准入契约编织而成的网络。据此，只要加害方愿意并能够赔偿受害方损失，即可自由选择是否违反约定。"如果履行是无效率的，不遵守应当是一个合法的选项。"[5]

支持者提出，从WTO成员如同个人互惠交换利益的假设出发，遵守WTO法应当获得交换的效率。如果履行是无效率的，那么不遵守应当是一个法律选择。[6]毕竟，WTO法不像国际人权法或国际刑法，并不规范要求不惜任何代价地遵守。[7]相反，国际贸易法充斥着各种例外、区别待遇、偏离和再谈判的可能性。WTO法更容易被理解为只有在遵守使人们更好时才值得遵守的法

〔1〕 See Warren F. Schwartz and Alan O. Sykes, "The Economic Structure of Renegotiation and Dispute Resolution in the World Trade Organization", *The Journal of Legal Studies*, Vol. 31, Issue 1, 2002,pp.179–204.

〔2〕 Judith Hippler Bello, "the WTO Dispute Settlement Understanding: Less is More", *the American Journal of International Law*, Vol. 90, No. 3, July 1996, p.417.

〔3〕 See David Collins, "Efficient Breach, Reliance and Contract Remedies at the WTO", *Journal of World Trade*, Vol. 43, Issue 2, 2009, pp. 225–244.

〔4〕 See W.Schwartz and A.Sykes, "The Economic Structure of Renegotiation and Dispute Resolution in the World Trade Organization", *The Journal of Legal Studies*, Vol. 31, Issue 1, 2002,pp.179–204.

〔5〕 Isabel Feichtner, *The Law and Politics of WTO Waivers: Stability and Flexibility in Public International Law*, Cambridge, Cambridge University Press, 2012, p.35.

〔6〕 See Isabel Feichtner, *The Law and Politics of WTO Waivers: Stability and Flexibility in Public International Law*, Cambridge University Press, 2012, p.35; See *also* B.Peter Rosendorff and Helen V.Milner, "The Optimal Design of International Trade Institutions: Uncertainty and Escape", *International Organization*, Vol. 55, No. 4, 2001, p.829.

〔7〕 See Joel Trachtman, "The WTO Cathedral", *Stanford Journal of International Law*, Vol. 43, No.1, Winter 2007, pp.127–167.

律。若非如此，多边贸易体制将无法建立起来，也不能为现实世界中的贸易问题提供可行的解决方法。事实上，即便存在停止违约的义务，不惜任何代价地遵守规则也不是国际公法、GATT1947或WTO体制的目标，违约也可通过不适用或改变规则而停止（通过再谈判、双边解决或豁免等方式）。当然，这样的解决方式不能影响第三方的权利（特别是GATT/WTO中的最惠国待遇权利）或者改变强行法规则（如禁止种族灭绝或奴隶制）。

据此，允许国家通过向其他国家赔偿的方式摆脱某些义务的灵活性似乎很有吸引力。WTO规定违约赔偿的机制意味着鼓励“有效违约”，无须禁止所有违反国际协定的行为，只要对其造成的损失进行赔偿即可。[1]通过要求违约者向受损害的成员方赔偿，WTO体制可粗略类比为预期损害赔偿体制，两者都使得违约成本高昂，但并不禁止这样做，从而在遵守成本太高时促进违约。WTO体制中还有一种可允许有效违约的选择是要求试图偏离国际法的国家获得受影响国家的同意。实际上，这是要求他们进行国际法再谈判以获得一次修改或豁免。[2]贸易协定中的“例外条款”是应付外部环境变化造成的国内政治压力增加而设计的措施。当国家在遵守贸易协定所需成本超过收益时，其通常会选择违约。由于这样可增加政府的福利，从而是一种“有效违约”行为。特拉赫特曼也支持有效违约的目标，他观察到虽然WTO法应被视为强制性的，但违反WTO法的国家既不受可强制执行的实际履行类型的救济（enforceable specific performance-type remedies）管制，也不为其违反遭受任何正式的惩罚。[3]还有学者认为，由于高交易费用，“责任规则”在补贴的情况

---

〔1〕 See Warren F. Schwartz and Alan O. Sykes, “The Economic Structure of Renegotiation and Dispute Resolution in the World Trade Organization”, *The Journal of Legal Studies*, Vol. 31, Issue 1,2002,pp. 179-204;Joost Pauwelyn, *Optimal Protection of International Law: Navigating Between European Absolutism and American Voluntarism*, U. of St. Gallen Law and Economics Working Paper No. 27. Last visited on June 8, 2012. http://ssrn.com/abstract=1019415 or http://dx.doi.org/10.2139/ssrn.1019415;See also Robert E.Scott, Paul B.Stephan, *The Limits of Leviathan: Contract Theory and the Enforcement*, Cambridge, Cambridge University Press, 2006.

〔2〕 See Eric A. Posner and Alan O. Sykes, “Efficient Breach of International Law: Optimal Remedies, “Legalized Noncompliance, and Related Issues（March 7, 2011）”, *U of Chicago Law and Economics*, Olin Working Paper No. 546; Stanford Law and Economics Olin Working Paper No. 409, p.17. Last visited on June 8, 2012. http://ssrn.com/abstract=1780463.

〔3〕 See Joel P. Trachtman, “The WTO Cathedral”, *Stanford Journal of International Law*, Vol. 43, No.1, 2007, p.146.

下更好。[1]

另外，反对"有效违约"适用于WTO领域的学者也不少。[2]反对者的主要理由是，促进遵守是一个合法、独立的理性，不应当允许"有效违约"；这会导致单边主义，不符合WTO宗旨，并且这种事实上允许购买违约权的做法显然对发达国家成员有利。[3]在不允许通过法律例外不履行义务的情况下，这种方法构成对要求实际履行一般国际法的违背（要求遵守和不允许只因为遵守将会导致无效率而不遵守）。[4]如果允许成员通过提供补偿或接受中止义务的方式"买断"他们的义务，将有利于富国继续维持与WTO协定不一致，在某种程度上损害和扭曲贸易的措施。相比之下，穷国通常没有这种"买断"义务的能力。因此，如果允许成员通过金钱补偿"买断"违约的选择权，就会造成WTO体制中成员之间在待遇上的不平等。[5]塞巴斯蒂安对WTO争端解决能容纳"有效违约"表示怀疑，因其不可能适当地调整报复措施的水平和目标。[6]"遵守"说代表人物杰克逊、鲍威林和塞巴斯蒂安坚持认为应严格遵守WTO规则。Jackson认为，只有国家立即撤销或纠正（被认定违反WTO的措施）"不是实际可行"时，才允许暂时提供利益补偿，而最终还是要改变违法措施并使之符合WTO规则。[7]Pauwelyn认为，并不是所有的国际法都像国内法一样，可根据个

---

〔1〕 See Andrew Green and Michael Trebilcock, "Enforcing WTO Obligations: What Can We Learn from Export Subsidies?", *Journal of International Economic Law*, Vol. 10, No. 3, 2007, pp.653–683.

〔2〕 John H. Jackson, "International Law Status of WTO Dispute Settlement Reports: Obligation to Comply or Option to 'Buy Out'?" *The American Journal of International Law*, Vol. 98, No. 1, January 2004, pp.109–125; Joost Pauwelyn, "Enforcement and Countermeasures in the WTO: Rules Are Rules – Toward a More Collective Approach", *American Journal of International Law*, Vol. 94, April 2000, pp.335–341; Yuku Fukunaga, Securing Compliance Through the WTO Dispute Settlement System: Implementation of DSB Recommendations, *Journal of International Economic Law*, Volume 9, Issue 2, 2006, p.397.

〔3〕 See Debra P. Steger, *Peace Through Trade: Building the WTO*, London, Cameron, 2004, pp. 245–429.

〔4〕 See Isabel Feichtner, *The law and politics of WTO Waivers: Stability and Flexibility in Public International Law*, Cambridge, Cambridge University Press, 2012, pp.35–36.

〔5〕 Consultative Board to the Director-General Supachai Panitchpakdi (ed.) (2004): *The Future of the WTO - Addressing Institutional Challenges in the New Millennium*, para.242. Last visited on May 21, 2012. http://www.wto.org/english/thewto_e/10anniv_e/future_wto_e.htm.

〔6〕 See Thomas Sebastian, "World Trade Organization Remedies and the Assessment of Proportionality: Equivalence and Appropriateness", *Harvard International Law Journal*, Vol. 48, Issue, Summer 2007, p.375.

〔7〕 See John H. Jackson, "The WTO Dispute Settlement Understanding—Misunderstandings on the Nature of Legal Obligation", *The American Journal of International Law*, Volume 91, Issue1, January 1997, p.63.

人代理的成本—收益分析被待价而沽(up for grabs)或随意违反。[1]

二、"有效违约"盛行于WTO法领域的主要原因

随着西方经济分析法学派将该理论应用于国际法层面,有学者提出国内契约法的"有效违约"理论在国际法领域具有直接适用性,这就是所谓"有效违反国际协定"(efficient breach of international agreements)理论。[2]在国际贸易法领域,"有效违约"是一个很有吸引力的概念。[3]在WTO法中适用"有效违约"理论是把法律规则"约束力"取决于效率的一种经济学方法。

首先,经济学逻辑和理性选择理论是"有效违约"理论的产生土壤。理性选择理论假定国家只会作出符合它们利益的承诺,因此在国际法不能维护它们的利益时违反这些承诺。近来,一个名为"有效不遵守"(efficient noncompliance)的新兴理论进一步支持有效违约的概念,认为该概念在传统上是与国内契约法相联系,但其也同样适用于国际协定。该理论假设在某些情况下对国际承诺的违反比遵守这些承诺更有效率。[4]从国内契约法"有效违约"理论到国际经济法"有效违反WTO协定"理论,契约法理论对国际法之影响甚巨。美国最高法院大法官霍姆斯在《法律的道路》中有句名言:"普通法上的履约义务意味着一项预测,如果你违约,你就要赔偿损失——仅此而已。"[5]霍姆斯认为违约不涉及道德因素的观点是有效违约理论的重要依据,对普通法的契约责任理论产生非常重大的影响。随着20世纪60年代西方法

---

〔1〕 See Joost Pauwelyn, *Optimal Protection of International Law - Navigating between European Absolutism and American Voluntarism*, Cambridge, Cambridge University Press, 2008, xxvi.

〔2〕 有学者认为,"有效不履行"(Efficient Noncompliance)具有相当大的实际意义。从正式的意义上来说,国际法律规则通常对某一法律体制当事方的所有国家具有法律约束力。但是,对国际法规则的遵守经常成本昂贵,并可能超出能获得的收益。在国际法下"有效违约"机会的出现正如在私人契约中为偶尔的不遵守提供另一正当的理由。See Eric A. Posner and Alan O. Sykes, "*Efficient Breach of International Law: Optimal Remedies, 'LegalizedNoncompliance',and Related Issues* (March 7, 2011)", U of Chicago Law and Economics, Olin Working Paper No. 546; Stanford Law and Economics Olin Working Paper No. 409,pp.19–20. Last visited on March 26, 2012. http://ssrn.com/abstract=1780463.

〔3〕 See Joel P. Trachtman, "The WTO Cathedral", *Stanford Journal of International Law*, Vol. 43, No. 1, Winter 2007, pp.127–167.

〔4〕 See note: (In) "Efficient Breach of International Trade Law: The State of the 'Free Pass' After China's Rare Earths Export Embargo", *Harvard Law Review*, Volume 125,Number 2, December 2011, p.603.

〔5〕 Oliver Wendell Holmes, "The Path of the Law", *Harvard Law Review*, Vol. 10, No. 8, March 1897, p.462.

律经济学的兴起，该理论逐渐成为当代英美契约法理论的重要内容之一。这看起来好像在鼓励违反契约的不道德行为，但一些著名的法律学者，包括法律经济学运动领袖理查德·A.波斯纳法官等都以经济效率、财富最大化和社会财富的名义坚持有效违反契约的正当性。有效违约理论处于契约法的最前沿，特别是随着经济分析在法律领域不断盛行的影响下。〔1〕国内法是给国际法的发展提供资源的重要基础之一，是基于成本—收益分析的法律经济学原理。其合理性在于避免纯粹的道德、主权等模糊的争论，使国际法制度的建设具有更强的导向性及准确性。由此产生从工具性视角来看待对于条约遵守的理论流派，即当遵守条约符合其利益时，国家才会遵守条约。如果不符合国家利益，理所当然会发生违反条约的行为。同理，一旦国家认为执行WTO规则的代价远远大于国家利益或因此而对国家主权构成重大损害，并不能排除国家选择不履行其承担的国际法义务或者不执行DSB裁决的情形。有学者建言将整个争端解决机制视为受影响国家提起违约之诉以促进有效违约的场所。〔2〕正如弗兰克·H.奈克的经济学观点："在各种限度内，人类普遍希望经济地行事，希望他们的行为和他们的组织是'有效'而不是'浪费'的。"〔3〕

其次，"有效违约"理论反映出在当今国际社会中现实主义仍占据主导地位，某些国家在国际贸易中经常以经济实力作为后盾的事实。法律和经济学派的学者从反对道德主义的违约观来论述给予违约者选择权的合理性。霍姆斯认为，传统契约法理论把违约当成是一种道德的"恶"，这无助于认识违约的性质。违约就是违约，不涉及道德问题。美国的经济分析法学家则从资源的有效分配出发，认为只要符合效率原则，就应当鼓励违约，而无须考虑违约的道德性。有学者认为，违约是对义务的违反，同时也是一种法律权力。违约者可通过对契约义务的违反来创设一种新的法律关系，即违约者与契约相对人之间的违约损害赔偿关系。〔4〕这种思路同国际关系中的现实主义者观点

---

〔1〕 See Dawinder S. Sidhu, "The Immorality and Inefficiency of an Efficient Breach", *The Tennessee Journal of Business Law*, Vol.8, No.1, 2006, p.62.

〔2〕 See Krzysztof J. Pelc, "Eluding Efficiency: Why Do We Not See More Efficient Breach at the WTO?" *World Trade Review*, Vol.9, Issue 4, 2010,p.633;B. P.Rosendorff, "Stability and Rigidity: Politics and Design of the WTO's Dispute Settlement Procedures", *American Political Science Review*, Vol. 99, No. 3, August 2005,p.390.

〔3〕 Ross B. Emmett eds., *Selected Essays by Frank H. Knight,* Chicago, University of Chicago Press, 2000, p.112.

〔4〕 参见赵廉慧:《财产权的概念：从契约的视角分析》，知识产权出版社2005年版，第263～264页。

不谋而合，即没有国家权力，国际组织只能是空中楼阁，国际法也只能是虚幻的产物。据此，强国凭借其强大的实力，自然而然地拥有根据自身利益需要径直违反条约的选择权。在法律现实主义者和法律经济学者看来，重要的不是正式法律如何规定，而是法律如何对违反做出反应。有权利就有救济。在这里，起作用的法律并不是像一项财产规则那样运作的。违反WTO法的国家并不被强制要求提供实际履行类型的救济，也不会遭受超过潜在的授权撤销出口税之外同等减让的惩罚。因此，就事实和实践而非法律理论而言，对WTO法律体制最为贴切的形容就是适用责任规则，而不是财产规则。〔1〕

但是，如果在国际关系中过于强调这种现实主义观点，就容易导致强国肆意违反国际法规则而得不到有效惩罚的后果。与国内法不同，国际法很少存在具有强制力的第三方权威。联合国可能偶尔授权多边使用武力解决违反国际法的情形，但这种情况很少。虽然国际法在众多方面受到国际裁决的支配（例如WTO法庭和国际法院），但这些裁决者并没有超出发布裁决能力的权力。它们不能对非申诉国家没收财产或使用武力。如果一方当事人违反国际法要遭到有意义的制裁，必须以其他国家采取反措施的方式进行制裁。〔2〕

三、"有效违约"与"条约必须信守"原则

国家主要基于三个理由违反国际协定。第一，暂时的机会主义。如果一项条约的利益较早就产生，可能会诱使国家违反条约以避免之后必须履行的义务。第二，国家可能以违约相威胁以换取对方的让步。第三，在履行过程中，遵守条约的成本和收益可能会发生变化，甚至导致一个事前要遵守条约的国家选择违约。例如，假设在国家签订条约时的总收益是一百亿美元，在该国履行其义务时收益降到五十亿美元。如果履行成本是七十亿美元，国家就会违反条约（假定其不会受到任何法律或法律之外的惩罚）。〔3〕

---

〔1〕 See Joel P. Trachtman, "Building the WTO Cathedral", *Stanford Journal of International Law*, Vol. 43, No. 1, 2007, p.146.

〔2〕 See Eric A. Posner and Alan O. Sykes, "Efficient Breach of International Law: Optimal Remedies, 'Legalized Noncompliance' and Related Issues (March 7, 2011)", *U of Chicago Law and Economics*, Olin Working Paper No. 546; Stanford Law and Economics Olin Working Paper No. 409,p.11. Last visited on May 8, 2012. http://ssrn.com/abstract=1780463.

〔3〕 See Richard Morrison, "Efficient Breach of International Agreements", *Denver Journal of International Law & Policy*, Vol.23, 1994,pp.188–189.

在外交实践中，国家"机会主义违约"的事例层出不穷，这似乎能证明"有效违反国际协定"理论具有客观的历史基础。在缔约方拒绝遵守一项协定时，其可能被要求以市场准入减让或财政手段等方式付出代价，但如果其拒绝这么做将会发生什么并不确定。只要极端的措施（如禁止或限制贸易或军事干预）被排除在外，主权国家不能被强迫以某种特定的方式行事。换句话说，执行具有天然的限度。事实上，只有两种有前景的惩罚策略：一是通过终止来否认一国未来合作的利益。在这种情况下，如果违约的短期收益超过未来长期合作的利益损失，一国会有效地被诱使去遵守一项协定。二是建立起某种一旦主权国家无视其初始的减让其声誉将受到负面影响的制度。虽然很难找到国际法与声誉之间精确的相互联系，但这种相互联系被推断为确实存在。正如罗马教皇，国际法没有军队。但罗马教皇同样过得很好，国际法律义务也一样。政府确实承担责任，不总是但也不仅仅只是偶尔。政府对国际规则体系越是信赖，这种义务对其行为影响越大。〔1〕

与此相应，在西方一些学者看来，国家遵守条约的动机可能来自对声誉、对可能招致报复以及来自国家责任或条约自身条款的正式救济等考虑。〔2〕当一项承诺被认为是硬法，违约的声誉影响可涉及隶属国际法的所有协定，即绝大多数的国际协定。〔3〕在不可预见情形出现，使得国家遵守条约之成本超出其预期收益时，其必然会面对继续守约或违约的困难选择。在国际法层面，虽然国家违约并不是通过违约方向受害国家转移金钱或其他财产的方式进行惩罚，但这并不意味着他们根本不受任何惩罚。如果说国际法很重要，是因为存在对其违约某种形式的制裁，主要是直接制裁和声誉制裁。但大多数协定并不提供具体的直接制裁，声誉制裁便成为国家遵守国际法的重要因素。违反一项国际承诺的国家向其他国家发出其并未将国际允诺当一回事和无视其义务的信号，当该国家在将来试图签订协议，其潜在的伙伴可能会将该协议会被违反的风险加以考虑，也将更不愿意提供自己的减让以换取该国

---

〔1〕 See Alexander Roitinger, *The Institutional Design of Trade Policy Flexibility in the World Trading Order: Analysis and New Direction for Reform* Ph. D. diss., Universität St. Gallen, 2004, pp.82-83.

〔2〕 See Joel P. Trachtman, *The Economic Structure of International Law,* Cambridge, Harvard University Press, 2008, p.137.

〔3〕 See Kenneth W. Abbott and Duncan Snidal, "Hard and Soft Law in International Governance", *International Organization*, Vol. 54, Issue 3, June 2000, p.427.

家的许诺。如果存在足够的疑虑，潜在的伙伴可能拒绝与该国家做生意。因此，违反国际义务的声誉成本会在寻求未来协议时感受到。[1]遵守的声誉在国际法中很有价值，因其允许国家对他国作出更为可靠的允诺，从而使其在谈判一项国际协定时可得到较大的让步。[2]同样道理，世界贸易体制建立在谈判持续进行的日益贸易自由化原则上。为能够在未来获得源自其他成员有价值的减让，WTO成员在被视为遵守现有交易方面有主要的利益，从而会努力避免长期的不遵守。[3]根据DSU第21.6条规定，[4]WTO规则的违反者无疑会因其“不遵守”行为时间的持续而遭受日益增加的声誉损失。因此，即便国家希望通过违反国际协定而获得利益，但也要顾及因遭到国际社会道义上的谴责所导致的声誉损失。再如，哈特认为，“无论是对长期利益的理解，还是良好意愿的力量，都不是所有人同样分享的。所有人都不时地被引诱仅仅考虑他们自己的眼前利益……‘制裁’是需要的，它不仅是人们遵守合约的通常动力，而且能保证那些自愿遵守合约的人不会成为不愿遵守合约的人的牺牲品”。[5]因此，当国家出于自身利益不愿意遵守国际法时，也会尽量寻找道德上的理由进行辩解，或者将其行为解释为符合国际法。[6]“各国均为其行为提供法律或道德上的正当理由——无论其行为的利己色彩是何等明显。它们的法律或道德上的正当理由服务于其利益，因此当利益发生变化时，理由也随之改变。与此同时，各国经常指责其他国家违反国际法及国际规范，似乎想要败坏他

---

〔1〕 See Andrew T. Guzman, “The Design of International Agreements”, *European Journal of International Law*, Vol. 16, No.4, 2005, p. 596.

〔2〕 See Andrew T. Guzman, “Reputation and International Law”, *Georgia Journal of International and Comparative Law*, Vol. 34, No. 2, Winter 2006, p.383. See also Joost Pauwelyn, *Optimal Protection of International Law - Navigating between European Absolutism and American Voluntarism*, Cambridge, Cambridge University Press, 2008, pp.166-169; Robert E.Scott and Paul B.Stephan, *The Limits of Leviathan: Contract Theory and the Enforcement*, Cambridge, Cambridge University Press, 2006, p.121.

〔3〕 See Claus D. Zimmermann, “Toleration of Temporary Non-Compliance: The Systemic Safety Valve of WTO Dispute Settlement Revisited”, *Trade, Law and Development*, Vol.3, No 2, 2011, p.394.

〔4〕 DSU第21.6条规定，执行DSB建议或裁决的问题，按照第3款确定合理期限之日起6个月后，应列入DSB会议的议程，并应保留在DSB的议程上，直到该问题解决。在DSB每一次会议召开前至少10天，有关成员应向DSB提交一份关于执行建议或裁决进展的书面情况报告。

〔5〕 H. L. A., *The Concept of Law, Hart*, Oxford, Clarendon Press, 1961, p.193. 转引自Oliver E. Williamson, *The Mechanisms of Governance*, New York, Oxford University Press, 1996, p.48.

〔6〕 Thomas M. Kane, *Theoretical Roots of Us Foreign Policy: Machiavelli and American Unilaterlism*, London, Routledge, 2006, p.25.

们的声誉。"[1]

与基于利益分析的"有效违约"理论相反,"条约必须遵守"原则来源于两个相关的道德直觉:一是不顾利益,特别是当违背利益时(regardless of interest and especially when it is against interest),遵守诺言是做正确的事。二是利用别人对自己许诺行为的善意依赖在道德上是错误的。[2]"条约必须信守原则因而不只是一项基本的法律规范,其同样是一条道德原则,即具有不言自明的价值……"[3]阿尔弗雷德·菲德罗斯认为,"条约必须遵守"是一切实在国际法的起源,从某种程度而言是一条道德原则。但西塞罗却认为,遵守该原则不是道德直觉意义,而是在自然状态下国家和平的脆弱性后果这种社会观念的要求。[4]汉斯·摩根索曾言,"在国际法存在的四百年中,绝大多数情况下它都得到严格的遵守。然而当国际法的某一规定遭到践踏时,国际法并不一定总能得到实施;当国际社会果真采取行动实施国际法时,国际法又不一定有效。可是,如果因此全面否定国际法作为有约束力的法规体系的存在,则显然是与事实不符的。"[5]如果说国家的行为主要是为了自身利益,那么人权法频繁改变国家行为的事实会让人深陷困惑,因为人权条约侵蚀主权国家的核心领域而不带来任何明显的物质或者战略利益。[6]以《防止及惩治灭绝种族罪公约》为例,一百多个国家的签署并批准以及相关条款的禁止保留,这个事实表明人权价值具有超越国家利益的某种特征。尽管人权国际保护义务的形成与执行,最后仍依赖于国家自身的立法与司法。但国际条约对人权保护所规定的最低标准,却可以打破由国家自己来形成权利义务关系的现象,进而形成无须国家同意的国际宪政秩序。换言之,尽管欠缺凌驾于国家之上的

---

〔1〕 Jack L. Goldsmith and Eric A. Posner, *The Limits of International Law*, Oxford, Oxford University Press, 2005, p.169.

〔2〕 See Fernando R.Tesón, *A Philosophy of International Law*, West View Press, 1998, p.89.

〔3〕 Alfred Verdross, "Le Fondement du Droit International," in 16 *Académie de Droit International*, Recueil des Cours: 1927,pp.247, 286(1928).转引自Richard Hyland, Pacta Sunt Servanda: A Meditation, *Virginia Journal of International Law*,Vol. 34,Winter 1994, p.406。

〔4〕 See Richard Hyland, Pacta Sunt Servanda: A Meditation, *Virginia Journal of International Law*,Vol. 34, Winter1994, pp.426-427.

〔5〕 [美]汉斯·摩根索:《国家间政治——权力斗争与和平》(第七版),[美]肯尼思·汤普森、戴维·克林顿修订,徐昕等译,王缉思校,北京大学出版社2006年版,第311页。

〔6〕 See Oona A.Hathaway, Do Human Rights Treaties Make a Difference? *Yale Law Journal*, Vol. 111, 2002, Boston Univ.School of Law Working Paper, No. 02-03, p.1938.

人权执行机制，但对于人权的最低标准以及对于是否违反人权保护的认定，国家并没有不受任何制约的话语权。由此可见，强调国家基于利益的动机而遵守国际法的论述，无法解释人权国际保护、军备控制和环境保护等对国家来说并非总是有益的价值和国际法律制度的生成。此外，国际习惯法的形成并不是通过国家的利益选择得以确立，而是在国家自发行为的基础上对普遍存在的实践加以确认的结果，这些规则往往旨在维护国际社会的共同利益。

在最早的罗马成文法《十二铜表法》时代，有效违反契约是不可想象的。如果债务人遭受一项诉讼的判决，其将被卖为奴隶或判处死刑。在16世纪，当查士丁尼开始编纂早期的罗马法，古典自然法学在《学说汇纂》中被改变，起草者插入一项在债务人拒绝根据承审员的法院指令交出财产时允许使用武力夺取其财产的条款。[1]在近代，虽然违反条约的国际实践屡屡发生，但没有国家敢于公开否定"条约必须遵守"原则的权威性。"条约必须遵守"原则经过长时期各国的经常惯行和法律确信而成为国际习惯法，这一事实也得到国际组织、国际会议、国际条约、国际裁判和国际法学说的庄严宣告和重申而得到确认。例如，《联合国宪章》规定，"各会员国应一秉善意，履行其依本宪章所担负之义务，以保证全体会员国由加入本组织而发生之权益。"《维也纳条约法公约》第26条规定："凡有效之条约对各当事国有拘束力，必须由该国善意履行。"第27条规定"当事国不得援引其国内法规定作为不履行条约的理由"。绝大多数国家在绝大多数时候遵守国际法是不言自明的事实，也没有任何国际司法机构曾经拒绝接受"条约必须遵守"原则或质疑其有效性。

毋庸置疑，"条约必须遵守"是一项古老的国际习惯原则，构成整个国际法体系效力的依据。国家不能无视国际法得到普遍遵守的事实，而根据其利益需求随意选择是否偏离国际法义务。如果任何国家都可以"有效违反国际协定理论"为由不遵守国际法，就会动摇国际法存在的基础。"毕竟，国家以加入条约作为交换未来行为的许诺。只有交换的许诺能够用于约束当事方，这些约定才具有价值。"WTO规则是国际法的一部分，是具有法律约束力的

---

〔1〕 See Ronald J. Scalise Jr., "Why No 'Efficient Breach' in the Civil Law?: A Comparative Assessment of the Doctrine of Efficient Breach of Contract," *The American Journal of Comparative Law*, Vol. 55, No. 4, Fall 2007, p. 727.

规则。其在事实上是否与国内法或其他国际法规则一样得到有效的遵守和执行，则是另一回事。WTO条约的性质必须与终止不法行为的次级义务相区别，这种义务产生于违反WTO义务之后。如果没有立即终止不法行为，对方当事人可进行报复，但这并不意味着被违反之规则在法律上不具有约束力，更不意味着其不是国际法规则。[1]

"有效违约"理论不能为WTO成员方的行动提供合法依据。区分国家违约是合法还是投机主义的挑战，并不因具有请求赔偿的可能性而消失。对于合法性的判断标准很简单地从国际层面（贸易伙伴和DSU决定贸易措施的合法性）传递到国内层面（国家决策者必须在积极和投机的保护请求之间做出裁判），而"有效违约"的做法恰恰与WTO宗旨及国家加入该国际经济组织的初衷背道而驰。根据2001年联合国大会第56届会议通过的《国家对国际不法行为的责任条款草案》（以下简称《国家责任条款草案》）的规定，排除国家行为不法性的例外包括：同意、自卫、反措施、不可抗力、危难、危急情况和遵守强行法七种，这就从国际法上直接否定了"有效违反国际协定"理论的合法性基础。根据《国家责任条款草案》第2条（b）款规定，就国家责任而言所涉"不法"泛指"对该国国际义务的违背"。这包括违背对该国有拘束力的条约义务之"不法"，以及违背依一般国际法强制性规范承担的义务之"不法"。因此，"有效违反WTO协定"应属于"国际不法行为"。

四、"有效违约"的合理性与危险性比较

（一）合理性

首先，体现法律对实质正义的追求。在很早之前，劳特派特就强调过法律义务的灵活性。他认为，当法律权利与正义、和平和国际关系快速发展相冲突时，应当有广阔心胸的准备不僵化地依赖于这些权利。[2]《维也纳条约法公约》（以下简称《条约法公约》）很多地方认可国家将希望背离其规则。因

〔1〕 See Joost Pauwelyn, *Conflict of Norms in Public International Law: How WTO Law Relates to Other Rules of International Law*, Cambridge, Cambridge University Press, 2003, pp.27–28.

〔2〕 See Hersch Lauterpacht,*The Function of Law in the International Community*, Saga CA, Clarendon Press, 1933,p.437.转引自Annemarieke Vermeer–Künzli, "the Merits of Reasonable Flexibility: the Contribution of the Law of Treaties to Peace", in Georg Nolte, eds., *Peace Through International Law: The Role of the International Law*, Dordrecht, Springer, 2009, p.79.

此,《条约法公约》在很大程度上是剩余的(largely residual),其应当将条约的实践留给国家。[1]例如,援引“情况基本改变”作为国际条约终止的原因,一直是学术上讨论的一个重要主题。这同“条约必须遵守”的规则对立,这使它成为公约领域最复杂的主题之一。国际秩序必须具有灵活性,在此秩序中,国家的意愿及影响此一意愿的外在实际情况发挥根本性的作用,这些因素表明该条款的重要性;这是必然的,严格执行“条约必须遵守”原则,不容任何例外,“将破坏这个原则本身,这使它具有一种神圣不可侵犯、近乎神秘的性质,升高到‘不准碰我’(*noli me tangere*)的境界。”也许,由于这一终止原因的关系,1969 年《条约法公约》对终止条约关系的“情势变更”规定得很详细,并用反面的措辞限制援引这种情况的可能性。这反映出学者们的立场,他们对援引这个条款的可能持有限制性观点,以阻止可能采取的武断行动。因此,在逻辑上和在学说上必须确定发生的改变是基本性质的改变:所改变的情况必须是基本性的;同时必须如上所述……影响到公约本身的基础,而且,它必须是特殊的,也就是说超越签订私人契约或国际条约时通常预期会发生的那种普通改变。[2]

“有效违约”理论与情势变更原则具有相似之处,即某些事由的出现可能使得按照原约定履行义务不具有可行性。[3]条约通常是在不确定的情形下谈判。各种各样的冲击可能导致特定的承诺变得无效率,或者可能使当事方履行条约比其退出条约的结果更糟糕。“许多条约的缔结本身就是错误,或者因国际关系的快速变化而很快变得不恰当。它们假定短期的权力分配,最后却被证实错误或情势很快发生了变化。”[4]因此,再谈判条款在国际条约中比

---

〔1〕 例如,《条约法公约》第7条第1款、第9条第2款、第10条(甲)、第11条,第12条第1款(乙)、第13条、第14条第1款(乙)、第15条、第16条、第17条第1款、第20条第1款、第3款和第4款(乙)、第22条、第24条、第25条、第28条、第29条、第33条第1款和第2款、第36条第1款、第37条第1款、第39条、第40条、第41条、第44条第1款、第55条至第60条,第70条第1款、第72条第1款、第76条至第78条和第79条第1款。See Anthony Aust, *Modern Treaty Law and Practice*, Cambridge, Cambridge University Press, 2007, p.7.

〔2〕 See Víctor Rodríguez Cedeño, Ninth Report on Unilateral Acts of States, A/CN.4/569/Add., pp.39-40.

〔3〕 众多周知,条约是国际权利与义务的主要来源。然而,尽管有大量的条约实践和成熟的条约法,但还有许多学说的困境(doctrinal dilemmas),例如仍然不确定该如何协调相互冲突的条约义务和化解条约必须信守原则与情势变更原则之间的紧张关系。学说混乱是更深的概念不确定性之症状。See Jeffrey L. Dunoff and Joel P. Trachtman, “Economic Analysis of International Law”, *Yale Journal of International Law*, Vol.24, Winter 1999, p.28.

〔4〕 Jack L. Goldsmith and Eric A. Posner, *The Limits of International Law*, Oxford, Oxford University Press, 2005, p.162.

比皆是。由于再谈判会导致难以克服的交易费用，特别是当根据最惠国待遇原则一个国家任何权利和义务的改变将自动适用到多边机制中的所有成员时，情况更是如此。这也表明，有必要在条约中订立意外事项条款、伸缩条款（escalator clauses）和不可抗力条款，以方便当事方在情况变化时有效地分配风险。如果以支付预定赔偿数额为条件，通过事前的同意容许违约，就能避开须经过受影响方同意才可违约的要求，从而更有效地避免再谈判的成本。从某种意义上来说，"有效违约理论"对经济效率的强调并不一定意味着忽视法律的公平精神，因为没有任何一项制度在违背公平的时候还是有效率的。但是，"有效违约"与情势变迁原则仍存在很大区别，前者可能是国家根据自身利益需要而投机地选择偏离协定义务，如果同样允许这样的缔约方对原有约定内容加以变更，而不必承担国际法上的责任，就不具备任何的正当性。当然，在国际社会中，即便是出于国内政治的原因，国家也不会轻易采用"有效违约"的做法。国家的决策者加入WTO机制，并授权其贸易事务上的权力，这既能降低决策者拒绝有影响力的利益集团提出保护要求之政治成本，又能可靠地向选民表示其不会迎合国内产业而损害经济。〔1〕

其次，体现法律对效率的追求。"人类所从事的任何社会活动都须遵循经济性的原则。即力求以最小的耗费取得最大的效果，法律的适用也是如此。"〔2〕在资源稀缺的世界，效率是公认的价值，以科斯和波斯纳为代表的芝加哥学派甚至提出"法学的核心价值是效率"的观点。效率最大化原则与罗尔斯提出的以契约论为基础的正义理论相通，也完全可作为社会乃至法律的伦理和政治基础。法律是通过界定产权及强权控制而使统治者的效用最大化的制度。制度变迁是制度的替代、转换与交易过程，其实质是一种效率更高的制度对另一种制度的替代过程。制度变迁的成本与收益之比对于促进或推迟制度变迁起着关键作用，只有在预期收益大于预期成本的情形下，行为主体才会去推动直至最终实现制度的变迁。长远而言，制度必然沿着正义的维度和路径不断演化和变迁。《国家责任条款草案》对国际不法行为造成的损害赔偿，规定单独或合并地采取恢复原状、补偿和抵偿的方式。第35条规定，只

〔1〕 See Krzysztof J. Pelc, "Eluding Efficiency: Why Do We Not See More Efficient Breach at the WTO?" *World Trade Review*, Vol.9, Issue 4, 2010, p.640.

〔2〕 胡卫星:《论法律效率》，载《中国法学》1992年第3期。

有在实际上能办到和不引起完全不成比例的负担时才适用恢复原状的责任方式。"如果国家所负之责任适合于以某种替代方式履行(例如,避免污染或清除污染),就不能说存在一项不允许污染的严格义务。"[1]当一国不能同时履行不同的条约文件所规定的义务时,对一个规则的严格遵守将导致对另一个规则的违反,最终往往只能是衡量效率大小而做出选择。

最后,这一理论体现国际制度的理性设计。有些国际制度一旦形成,就很难发生改变,例如,《外层空间条约》。但一般而言,为应对意想不到的结果和难以预测的环境变化,最有效地实现自己的目的,国际制度必须具有一定的灵活性。一方面,有些国际制度针对特定情况,规定某种可灵活处理的规则,这被称为适应性灵活(adaptive flexibility)。这种灵活性可允许成员在维护现有制度安排的同时,应对不可预料的冲击或特殊的国内情况。其通常目的在于隔离某一特殊的问题。有些制度具有内置的安排(built-in arrangement)以便使他们以更加意义深远的方式转型。这种更深层次的灵活性通常设计允许再谈判条款或要求新谈判和修改以便该制度继续存在的日落条款(sunset provisions)。例外条款就是适应性灵活的很好例子。在WTO协定中,这种条款包括国际收支、保障措施、公共健康、环境保护和国家安全例外条款等。变革性灵活(transformative flexibility)是指制度本身有继续磋商的规定,允许成员定期会晤,就一些不合时宜的条款进行变更。[2]例如,WTO就曾经依次展开狄龙回合、乌拉圭回合和多哈回合的新一轮谈判。朱迪斯·贝洛认为,"GATT与WTO制度天才之处就在于,其灵活性与国家行使主权相适应,但还能通过激励以促进其对贸易规则的遵守。"[3]鉴于贸易保护的压力有时会达到较高水平而使得遵守国际条约在政治上不再具有可行性的事实,绝大多数的贸易协定中都会包含某种例外条款。例如,根据关贸总协定的第19条的保障规则,如果进口数量增加对国内同类产品生产商造成或可能造成严重损害,缔约方可以实施进口限制或中止以前谈判所达成的关税减让。

---

〔1〕 Joel P. Trachtman, *The economic structure of international law*, Cambridge, Harvard University Press, 2008, p.139.

〔2〕 See B.Koremenos, Ch.Lipson and D. Snidal, "The Rational Design of International Institutions", *International Organisation*, Vol. 55, No. 4, Autumn 2001, p. 773.

〔3〕 Judith Hippler Bello, "The WTO Dispute Settlement Understanding: Less is More", *The American Journal of International Law*, Vol. 90, No. 3, July 1996, p.417.

这种例外条款能够提供一定的弹性，避免由于短期机会主义诱惑而危及多边贸易体系的稳定性。[1]在实践中，是否行使一项例外条款的决定，应以违约国家向受影响当事方提供赔偿的意愿和能力为转移。

（二）危险性

首先，该理论会增加国家行为的不确定性，从而加剧国际社会的无序状态。有学者认为，WTO应当允许成员“买断”违约行为，或者使用正式的例外条款而对受影响方做出最优水平的赔偿。这些观点都来自一个可宽泛地定义为有效违约理论的基本信念：倘若违法者从违法中获得的利益大于其导致损害的总和，那么制度应当给予容忍，甚至鼓励这样的违法行为。但是，如果有效违约通过扭曲转移在政府间产生很高的交易成本，严格而言这就不是真正的效率，我们也必须回头思考这个概念在实践中是否得到全体成员的支持。[2]WTO争端解决特点之一是矫正的权力不对称，如果WTO法律制度规定违约赔偿的机制意味着鼓励有效违约，就意味着允许以有利于富国的方式削弱上述目标，同时也损害该多边贸易体制的安全性和可预见性。如果每个人都相信富国和大国可简单地通过赔偿或支持暂停义务的方式购买（buying out）其应承担的义务，而这些所逃避的义务又是交易者对可预见性和安全性所依赖的规则，那么该体制的可信性和公允性在相当程度上会被削弱或消失。[3]

有学者提出，逃避并赔偿（escape and compensate）方案是完全自我执行的。逃避义务的成员方有很强的动机提供赔偿，因为其希望这使得他们未来回归遵守更加可靠，[4]还有使赔偿更容易（easier compensation）的建议。[5]受到学界的影响，欧共体2002年对于争端解决程序修改的建议也反映出WTO成

〔1〕 在通常用语中，违约具有违法行为之含义。但根据契约法理论，违约通常用于描述合法的退出条款（opt out clause）或者责任规则（liability rules），即允许受害方单方任意决定契约的履行与否。See Simon A. B. Schropp, *Trade Policy Flexibility and Enforcement in the WTO: A Law and Economics Analysis*, Cambridge, Cambridge University Press, 2009, pp.8–9.

〔2〕 See Krzysztof J. Pelc, “Eluding Efficiency: Why Do We Not See More Efficient Breach at the WTO?”, *World Trade Review*, Vol.9, Issue 4, 2010, pp.629–630.

〔3〕 See John H. Jackson, “International Law Status of WTO Dispute Settlement Reports: Obligation to Comply or Option to ‘Buy Out’?”, *The American Journal of International Law*, Vol. 98, No. 1, January 2004, pp.120–121.

〔4〕 See Rosendorff, B.Peter and Helen V.Milner, “The Optimal Design of International Trade Institutions: Uncertainty and Escape”, *International Organization*, Vol. 55, No. 4, 2001, p.853.

〔5〕 See B. P.Rosendorff, “Stability and Rigidity: Politics and Design of the WTO’s Dispute Settlement Procedures”, *American Political Science Review*, Vol. 99, No. 3, August 2005, pp. 389–400.

员对赔偿方案的偏好。[1]但是，该建议受到全体成员的强烈批评。例如，印度提出39项反对意见，认为如果使贸易赔偿变得更加现实的建议被接受，可能会起到诱使败诉方不遵守DSB裁决的作用。[2]欧共体看上去有道理的建议产生消极的影响，其原因在于该建议违背WTO一个重要的方面：通过报复和赔偿平衡损失的义务依赖于受损害方。该方案产生两层制度（a two-tiered system），部分国家有能力赔偿而成为可任意违反规则的义务逃避者，而其他国家却不能这样。[3]允许经济实力强大的成员购买义务，将导致发展中国家成员对争端解决机制丧失信心，并不利于解决强大和弱小成员之间的权力不对称问题。

因此，虽然WTO争端解决机制本身是违反与赔偿的制度，但其规定一套较为完善报复机制之目的主要是督促成员方遵守执行WTO协定。相似地，《国家责任条款草案》第49条规定：受害国只在为促使国际不法行为的责任国依照第二部分履行其义务时，才可对该国采取反措施。这说明反措施和对其进行限制的目的都是为促进国家更好地遵守国际法。众所周知，国际法一直被批评过于虚弱而无法提供有效的执行机制，因此国际条约在保留、执行等事项上的刚性规定是增强各国承诺可靠性的重要保障。在WTO体制内，任何成员方都无法运用一般条约中的“保留条款”来排除可能有损国家主权的条款适用，除非该成员方选择不加入或退出。因此，与加入其他条约或国际组织相比，加入WTO并接受争端解决机制的约束将意味着各主权国家将自主让渡更多的“主权”由WTO及其争端解决机构来行使。

在国际社会，“条约很少授予制裁权力，即便授予也很少被使用，而当其被使用时也很可能无效。认为遵守国际法的关键是国际条约要有“牙齿”[4]的人看到这个记录一定很失望。即便制裁者与目标之间力量差异很大且潜在制裁者之间利益的共性看似很高，事实上很少能有效调动制裁以影响国家行为。”[5]对于传统国际法这种缺乏执行力的困境，争端解决机制以规则导向

---

〔1〕 See Contribution of the European Communities and its Member States to the Improvement of the WTO Dispute Settlement Understanding, TN/DS/W/1.

〔2〕 See Report by the Chairman, Annex, TN/DS/9.

〔3〕 See Krzysztof J. Pelc, *The Cost of Wiggle-Room: on the Use of Flexibility in International Trade Agreements*（Ph. D. diss., Georgetown University, 2009）p.38.

〔4〕 即强制力。

〔5〕 Abram Chayes and Antonia Handler Chayes, *The New Sovereignty: Compliance with International Regulatory Agreements*, Cambridge, Harvard University Press, 1995, pp.31-32.

为主的司法模式、强制管辖权和强制执行力等特点都是国际法领域重大的突破和发展。WTO既为成员方设定明确的义务，同时对违反义务的行为规定应当承担的后果，从而形成初级规则和次级规则相结合的法律体系，这就使得WTO法在国家责任领域构成“自足的体系”（self-contained regimes）。正是在追求经济效率的同时，国家还要顾及声望等因素，才会出现各国广泛遵守国际法之现状。如果许多国家因为机会主义的诱惑而违反WTO协定，就可能引起其他国家的迅速效仿从而导致贸易体制的崩溃，进而对国际法律秩序造成根本性冲击。在国际经济法领域，“有效违约”既不是国家行为的特征，也不是法律原则，赔偿不能被视为是对遵守协定的替代。如果国家违反条约的行为被认定为违法，但由于国际关系力量对比或者执行机制等原因无法让违约国家承担经济等方面的责任，就会放任国家无效率地违约从而破坏国际法的权威性，一旦有效违反国际协定理论获得正当性，更会让国际社会权力分散的状况雪上加霜。

其次，该理论会造成大国在国际社会中恣意操作国际法规则的后果。国际法并不缺乏规定国家义务的规则，却不存在针对违背法律义务行为的裁判者，即缺乏拥有强制权力的、集中式的司法机关。在国际条约之外，也缺乏其他的手段改变法律规则，以适应国际关系状况明显的变化。“当与国际法不相符的行为出现时，许多国家会提出抗议并采取措施重申现行的国际法规则。而其他看到所提议的法律对其有利的国家则支持所谓的违法者。以发生在科索沃的军事干预为例，该干预明显违反《联合国宪章》，但很多支持干预行为的国家和国际法学者迅速声称：该干预行为体现一种正在形成中的国际法规范，只要该武力干预能用于人道主义目的。”[1]再如，美国以“后法优先于前法”的原则处理条约与联邦法的冲突问题，这实际上使美国能随时根据国内形势的变化出台新的法律变更其应承担的条约义务。这种基于本国利益考虑而制定的政策，与其说是在肯定有效违反国际协定理论的经济价值，不如说鼓励美国变相违反条约义务。如果承认有效违反国际协定理论的合法性，该理论就将变成国家逃避其所承诺国际法义务的避风港。

最后，该理论会破坏国际法律秩序的正当性与法治原理。在国际关系实

〔1〕 Jack L. Goldsmith and Eric A. Posner, *The Limits of International Law*, Oxford, Oxford University Press, 2005, p.198.

践中，现实主义或强权政治的国际法虚无主义理论有很多典型案例。例如，1983年美国以护侨名义出兵格林纳达；1984年美国支持尼加拉瓜反政府武装并撤回其国际法院强制管辖权的尼加拉瓜事件；1989年美国入侵巴拿马逮捕诺列加；1999年北约发动对科索沃的战争。上述事例同美国在冷战结束后开始推行新干涉主义密切相关，该理论认为当某国人权受到严重侵害时，国际社会有必要积极进行干涉甚至可以动用武力，置《联合国宪章》规定的不干涉内政原则于不顾。西方国际政治学者借用经济学原理为国家违反国际法的行径进行辩护或鸣锣开道，这种为获得短期利益而独断专行的做法必将损害国际法的权威。

综上所述，强权国家选择性和拖延履行对国际贸易法体系的可靠性构成极大的挑战，这可能也是国际法面临最大问题（法律化的局限性）的体现。历史而言，对WTO专家组裁决的履行率相当好。但是，从经验上看，也存在一些例外情况。在长期不履行和不执行的大量案例中涉及最有影响力的WTO成员方如美国。强国不履行争端解决结果会对争端解决体系造成负面影响。在外国销售公司税法案、1916年反倾销法案和伯德修正案等备受关注的争端中，美国的不履行产生重大的国际紧张局势。如果WTO体系最频繁的使用者不履行对其不利的裁定，那么其胜诉时就不能很有信服力地要求他国履行。但问题还不止在于对互惠原则的担忧。美国是WTO体系主要的倡导者，许多国家在接受该体系时极不情愿。在这种情况下，美国的不履行会被其他国家视为一种弱化对该体系承诺的信号，这可能促使其他国家产生更高的不履行率。一旦不履行率达到某种程度，对该体系的信心就会受到侵蚀。[1]

倡导在WTO领域引入“再平衡”和“有效违约”理论，相当于支持国家可根据自身利益需要选择是否违反WTO协定。从本质上讲，这种观点具有机会主义[2]和单边主义的性质。这会使人们免于因自利行为对其伙伴或交易所依赖法律工具所造成的社会后果之个人责任感，反而为其援引最大化自身利益和所谓的社会利益而受到赞扬，最终从根本上减少人们在契约方面的彼此信

---

〔1〕 See Jeffrey L. Dunoff, “The Many Dimensions of Softwood Lumber”, *Alberta Law Review*, Vol. 45, November 2007,pp.343-349.

〔2〕 当一方出乎意料地改变其交易过程要求转移财富，或当信息不对称，掌握信息优势的当事人能够有选择地或不精确地把信息介绍给另一方当事人，机会主义就可能出现。See Kurt Eggert, “Limiting Abuse and Opportunism by Mortgage Servicers”, *Housing Policy Debate*, Vol. 15, No. 3, 2004, p.767.

任感。如果每个人都相信富国和大国可简单地通过赔偿或支持暂停义务的方式“购买”其应承担的义务，而这些被逃避的义务又是交易者对可预见性和安全性所依赖的规则，那么该体制可信性和公允性将会在相当程度上被削弱或消失。[1]长此以往，必将从根本上损害到WTO体制的“可靠性和可预测性”。[2]退一步讲，即便现有WTO体制不能提供足够的契约免责（contractual escape），根据《WTO协定》第15.1条，各国政府作为WTO的成员，只要提前六个月发出通知，就有权退出这个组织。尽管WTO成员方一般不会采取这种激烈行动，但它毕竟为WTO体制提供某些制约和平衡，国家通常不会为主权或利益而公然违反其在WTO协定下承担的国际法义务。

虽然《马拉喀什建立世界贸易组织协定》序言表明要通过贸易促进世界资源的最佳利用，这体现出WTO提高成员方贸易利益之功能，但也不能忽略与贸易利益相关的国际社会共享之其他价值。在如何确保国家遵守国际法的话题变得如此重要的今天，单纯为经济效率最大化而“违约”并不具有国际法之正当性。[3]在最近二三十年，有效实施国际法的国际组织和国际机制纷纷涌现，从本质上对传统国家实施国际法的模式构成必要的补充，从而加强用法律手段促进国际法实施过程中的争端解决和进一步推动国家之间的合作。更重要的是，WTO贸易政策灵活性机制在为成员方提供应急措施的同时，并不会过度损害现有的契约义务，这比起提倡经常不遵守一项协定的任何理论都更有积极意义。

---

〔1〕 See John H. Jackson, “International Law Status of WTO Dispute Settlement Reports: Obligation to Comply or Option to ‘Buy Out’?”, *The American Journal of International Law*, Vol. 98, No. 1, January 2004, pp.120–121.

〔2〕 DSU第3.2条规定：“WTO争端解决体制在为多边贸易体制提供可靠性和可预测性方面是一个重要因素。各成员认识到该体制适于保护各成员在适用协定项下的权利和义务，及依照解释国际公法的惯例澄清这些协定的现有规定。DSB的建议和裁决不能增加或减少适用协定所规定的权利和义务”。为此目的，虽然上诉机构一再强调专家组及上诉机构报告并不约束当事国以外的成员，但为维护多边贸易体制“可靠性和可预测性”之目的，裁决机构将会以相同方式解决相同之法律议题。See Panel Report, *United States-Anti-Dumping Administrative Reviews and Other Measures Related to Imports of Certain Orange Juice from Brazil*, WT/DS382/R, 25 March 2011, para.7.132.可见，任一成员方或成员方之间如果要修改、中止或不履行条约的义务，前提是不得减损或违反条约之目的与宗旨。

〔3〕《维也纳条约法公约》第26条规定：“凡有效之条约对各当事国有拘束力，必须由该国善意履行。”第27条规定：“当事国不得援引其国内法规定作为不履行条约的理由”。第61条对“发生意外不可能履行”的情形严格限制。

第二节 “有效违约”适用于WTO法领域的困境

一、人为割裂法律和道德的联系

“契约必须严守”的理念是大陆法系民法所奉行的契约法原则，违约行为严重违反民法中的诚实信用原则，应当受到道德和法律上的非难。因为契约并不像霍姆斯在《普通法》中所说的那样是一种或者交付或者赔偿的选择权，相反契约被视为交付的义务。如果说应当赋予当事人以选择权的话，那也应当是赋予非违约方的选择方，而不是相反。责任规则只能在交付不可能的时候才启用。〔1〕自早期罗马法执政官时代，将某些违反契约分类为“有效”就是被禁止而将受到制裁的行为。乌尔比安这样记录，执政官将“要求遵守所有不是恶意缔结或违反法律……不存在欺诈的契约”。中世纪的寺院律师和后来十七八世纪的律师将该原则扩展为要求缔约方在不存在特殊情况下遵守契约的现代意义，就并不足以为奇了。因此，允许或鼓励某些违约将与附在契约上的基本道德意义相互冲突。〔2〕由于“有效违约”理论支持和培育利己主义、短期经济盈利的社会思潮，而完全不顾其影响对于第三方或社会与契约作为社会合作工具之长期后果，这会让人误以为交易是否应该继续进行的唯一衡量标准是他们短期的个人决定是否理性，从而避开这些交易今后对他人造成实际后果的社会苛责和个体良心。个体是自利的，这是人类本能。但一个运转良好的社会是基于人们之间的合作，正如亚当·斯密和其他人所理解的那样。由于贬低对个人自愿地承诺去做或不做某事有必要的契约、社会合作和相互信赖，一项有效违约在道德上是成问题的。〔3〕

在国际法领域，“有效违约”理论同样是人为地割裂法律和道德的联系，将国际法变成与国际社会现实无关的“纯粹法律规范”，这必然会在解释国家

〔1〕 参见赵廉慧：《财产权的概念：从契约的视角分析》，知识产权出版社2005年版，第252页。

〔2〕 See Ronald J. Scalise Jr., “Why No ‘Efficient Breach’ in the Civil Law?: A Comparative Assessment of the Doctrine of Efficient Breach of Contract”, *The American Journal of Comparative Law*, Vol. 55, No. 4, Fall 2007, p. 723.

〔3〕 See Dawinder S. Sidhu, “A Crisis of Confidence and Legal Theory: Why the Economic Downturn Should Help Signal the End of the Doctrine of Efficient Breach”, *Georgetown Journal of Legal Ethics*, Volume 24, Number 2, Spring 2011, pp.357-397.

为何遵守国际法问题上遭遇困境。这不但会损害"条约必须遵守"原则的社会基础，也不利于国家通过条约体制维持国际社会的合作。由于法律涉及社会多维度的复杂问题而非简单的金钱考虑，即便"有效违约"理论只能部分解释某些国家违反国际法的动因，即国家有时会自私自利而违反国际法，却无法从实在法或自然法层面获得其合法性和正当性。宽泛地讲，WTO法特别是DSU的裁决与新古典经济学确实维持着复杂的联系。在WTO法中某些使用的概念如"市场""相同产品""补贴""损害"和"价格抑制"等与经济学相关。争端当事方在违反WTO的情况下日益寻求经济学家的支持，专家组也越来越多地引证经济学家的观点以支持其裁决。专家组曾从国际货币基金组织寻求并获得关于支付平衡问题的经济学信息。但是，在以经济学概念表达权利和义务时，条约制定者也会明确要求精确使用这些经济学概念。如果经济学概念并非条约语言所指，这种相关性有时可能是错误的。因而，适用这些措辞就会提出解释的问题。尤其是当争端涉及多元价值和社会优先事项时，WTO专家组和上诉机构就面临尤其艰难的制度选择。这种情形在案件涉及GATT第20条和GATT第14条时显得尤为明显。[1]由于"有效违约"理论以经济学逻辑和理性选择理论为基础，其必然因为过于注重政治福利和经济利益而忽视如何协调多元法律价值之间的关系。例如，在《国际法的局限性》一书中，杰克·戈德史密斯和埃里克·波斯纳教授采用理性选择理论解释习惯国际法，但是这种方法并不能为解释国际习惯法提供一个全面或独有的图景，更不用说为理解所有领域的人类行为提供一个普遍的框架。[2]

在很多情况下，政府官员也不是有意识地选择以符合法律的方式实施其决定或政策，而是他们无意识地或习惯性地这样做。[3]大沼保昭认为，国家根据其利益需要理性遵守国际法只能是国家行为与国际法规则相一致的部分解释，而无意识地接受和理所当然地遵守已建立的国际法制度也构成国家遵

〔1〕 See Gregory Shaffer and Joel Trachtman, "Interpretation and Institutional Choice at the WTO", *Virginia Journal of International Law*, Vol. 52, Issue 1, 2011, pp.137–141.

〔2〕 See Manooher Mofidi, *Applying Rational Choice Theory to Customary International Law: Ecrichment or Impoverishment*?(Ph. D. diss., University of Denver, 2005), p.179.

〔3〕 See Louis Henkin, *How Nations Behave*, New York, Columbia University Press, 1979, pp.60–68.

守国际法的部分原因。[1]20世纪70年代，美国社会心理学家斯坦利·米尔格拉姆研究发现，人们之所以遵守法律规则，部分是由于他们受到这样做的教育。人们通过学校、家庭和市民组织等学习尊重法律。尊重法律和遵守习惯被内在化。在这个内在化的过程中，违反法律将受到制裁的认识很重要。该认识已经足够，无须事实上受到制裁。[2]可见，个人或国家是否遵守法律与利益、道德、制裁和惯性等因素都有千丝万缕的联系，而不仅仅是因为其背后有经济利益的驱使。在很多情况下，正是法律规则符合社会主流的道德观念，从而为人们所主动和自觉地遵守。

二、不能充分给予非违约方补偿

违约救济的目的是使原告处于和承诺被履行一样好的位置。[3]换句话说，契约赔偿规定的目标是使原告在被告违约并支付赔偿和被告履行两种结果相同。[4]但是，由于产品差异化、证明标准、可预见性规则、争议处理的成本、失去收益的时间价值以及违约人破产的风险等方面的限制，守约人获得的违约损害赔偿往往是不充足的。[5]在现有WTO体制下，DSU仲裁程序耗时太长与缺乏溯及既往的损失补偿两个因素都会造成“免费通行”(free pass)的现象，从而造成非违约方也得不到充分的赔偿。因此，“有效违约”理论并不能取代“实际履行”的优先地位。

一方面，在申诉方对违约方采取反措施之前必须经过大量的时间。WTO体制不是具体认可政府能在DSU裁定期间的违约得到豁免，而是设计一个只要在诉讼结束前能撤销措施即可在事实上免责的制度。这就为某些国家的投机主义行为提供良好的机会，从而导致DSU运行的效率低下。例如，在2002年3月，布什总统提高钢铁进口关税。尽管布什声称该做法在WTO协定下合

---

〔1〕 See Onuma Yasuaki, “International Law in and with International Politics: The Functions of International Law in International Society”, *European Journal of International Law*, Volume 14, Issue 1, 2003, p.122.

〔2〕 See Stanley Milgram, *Obedience to Authority: an Experimental View*, New York, Taylor and Francis, 1974.

〔3〕 See Alan Schwartz, “The Case for Specific Performance”, *The Yale Law Journal*, Vol.89, No.2, 1979,pp.271-306.

〔4〕 See Richard Craswell, “Efficiency, Renegotiation, and the Theory of Efficient Breach”, *Southern California Law Review*, Vo.61, No.3, March 1988, p.636.

〔5〕 刘廷华:《论实际履行的适用与限制的法经济学依据》，载《北方法学》2010 年第6 期。

法，但这被广泛认为违反国际贸易规则。但在DSU规则下，直到WTO争端解决机构宣告该措施违法，其他国家才能被允许采取报复措施。当WTO在2003年12月确实正式宣布该高关税违法时，布什总统只需简单地撤销该措施。布什总统公然地利用“拖延和撤销”的漏洞违反WTO协定，而其他国家并不被允许对美国所造成的损失进行报复。正因为该法律漏洞，造成DSU框架之外贸易报复的需求。〔1〕

另一方面，DSU并不提供任何有追溯效力的损失赔偿。根据DSU第22.6条，仲裁员认为授权的救济只限于预期的利益丧失或减损。WTO只认可“预期制裁”，即制裁是从认定违法开始。直到WTO认定违约之后，成员方政府才能合法地对违约方进行制裁。因此，由违约导致的任何经济损失在WTO认定之前无法得到赔偿。如果成员方政府在DSU程序结束后消除违法措施，则无论已经造成多少损失他方政府也不能得到赔偿。由于缺失溯及既往的“损失赔偿”，受到违约影响的WTO成员方根据DSU必然不能对其遭受的所有损失得到赔偿。根据DSU规则对于一项上诉和各种仲裁的时间要求可能进一步增加受到负面影响成员得不到任何补偿的损失。根据公共选择理论，结果就是在很多情形下WTO成员将能够维持一项保护主义措施，多年获得政治收益而不必对其造成其他成员的损失给予补偿。在这种情况下，暂时不考虑其他重要的因素，如潜在地减少违反WTO规则成员方的声誉成本，某些WTO违反情形在事实上看来很可能根本都没有效率。〔2〕

换句话说，由于WTO争端解决所花费的时间过长，导致其救济体制产生很大的缺口。虽然WTO为持续违反规则提供契约性的救济，但该救济是有条件和不回溯的，只有在争端解决过程完成才开始。救济体制中的缺口产生成员方可违反贸易规则的一项事实上例外条款，申诉国家对于之前因违约造成的损害，并没有任何进行贸易减让再平衡的权利。救济缺口为申诉方比例失调的成功率提供另一种解释：由于救济体制的结构，国家无法解决。通过延长争端解决过程可面临更低的全面制裁，被申诉方没有理由提早解决。就申

〔1〕 See Rachel Brewster, “Shadow Unilateralism: Enforcing International Trade Law at the WTO”, *University of Pennsylvania Journal of International Economic Law*, Vol. 30, Issue 4, 2009, pp. 1143-1145.

〔2〕 See Claus D. Zimmermann, “Toleration of Temporary Non-Compliance: The Systemic Safety Valve of WTO Dispute Settlement Revisited”, *Trade, Law and Development*, Vol.3, No 2, 2011, p.398.

诉方而言，虽可为前述争端解决程序补偿被申诉方，但可能面临很高的国内政治成本。因此，国家在WTO中可能选择比当事方在国内民事诉讼更高的速率延续争端解决程序，虽然最终的结果并没有不确定性。申诉方拥有90%胜诉率的事实，表明很多被申诉方在法律问题相对明确的情况下，只要存在延长争端解决程序的可能就会利用救济缺口。[1]例如，即便在WTO上诉机构再三认定归零法违反贸易规则，美国在反倾销案件中还是继续为其实践争辩。[2]随着完成争端解决程序必要时间的增加，这种事实上的例外有时比WTO法律上的例外条款还要广泛。这就导致申诉方不能容忍争端解决过程中的不履行，在没有选择时只好单边解决贸易违规问题。因此，救济缺口在事实上造成"免费通行"的结果。

自从WTO建立时起，学者们就注意到对违约补偿不足的极大可能性。在WTO早期，佩特罗斯·马弗鲁第斯教授推断当时新设计的DSU在理论上允许"肇事后逃逸"（hit and run）类型的违约。[3]其后，瑞秋·布鲁斯特教授把相似的违反称为"拖延和撤销"策略。[4]约翰·杰克逊教授第一次使用"免费通行"（free pass）这个词语，认为这是把解决问题的办法留待他日讨论。[5]瑞秋·布鲁斯特教授实证研究持续的时间延迟问题，认为国家可维持违反贸易规则的政策长达数年却不遭到任何贸易报复，而且由于救济缺口给予被申诉方尽可能拖延争端解决的动机而对谈判和解产生适得其反的效果。[6]特拉赫特曼认为，虽然外交家和实务界人士将WTO救济视为实施"再平衡"，却不允许溯及既往的救济，这将是很奇怪的再平衡。如果这是唯一的考量因素，WTO法律

---

〔1〕 See Panel Report, *United States - Continued Existence and Application of Zeroing Methodology*, WT/DS350/R,Oct. 1, 2008; Panel Report, *United States - Measures Relating to Zeroing and Sunset Reviews*, WT/DS322/R,Sept. 30, 2006; Panel Report, *United States - Laws, Regulations and Methodology for Calculating Dumping Margins ("Zeroing")*, WT/DS294/R,Oct. 31, 2005.

〔2〕 See Rachel Brewster, "The Remedy Gap: Institutional Design, Retaliation, and Trade Law Enforcement", *The George Washington Law Review*, Vol. 80, Issue 1, Nov.2011, pp.103-104, 134.

〔3〕 See Petros Mavroidis, "Remedies in the WTO Legal System: Between a Rock and a Hard Place", *European Journal of International Law*, Volume 11, Issue 4, 2000, p.783.

〔4〕 See Rachel Brewster, "Shadow Unilateralism: Enforcing International Trade Law at the WTO", *University of Pennsylvania Journal of International Economic Law*, Vol. 30, Issue 4, 2009, pp. 1143-1145.

〔5〕 See John H. Jackson, "The Case of the World Trade Organization", *International Affairs*, Volume 84, Issue 3, May 2008, p.452.

〔6〕 See Rachel Brewster, "The Remedy Gap: Institutional Design, Retaliation, and Trade Law Enforcement", *The George Washington Law Review*, Vol. 80, Issue 1, Nov.2011, p.158.

体制中的救济很显然不足以提供遵守的动机。救济不具有追溯性，就相当于禁止偷窃的法律只要求被抓住的小偷返还被盗窃的财产。[1]

综上所述，若认为WTO救济的目标是补偿受害方，则应当强调补偿的充分性。但是，在现有体制下非违约方获得的补偿并不充分，并不能获得“有效违约”的结果。当补偿不足以精确反映真实的损失时，对违约之救济就起不到“寒蝉效应”。[2]在微观层面上，传统意义上的“有效违约”也是没有效率的。由于存在某一缔约方为利用新的、“更好”的交易而不履行的可能性，一次战略性的违约会导致物品、服务和权利在市场上打折扣，非违约方不能就其损失得到完全的补偿。换言之，即便假定行为的道德性对于评价有效违约理论不重要，从该理论支持者的经济学角度看也是没有效率的。[3]反之，如果把WTO救济的目标视为促使遵守，那么即便不能提供充分的补偿，也不必然会损害这一目标。

三、忽视国际法与国内法的差异

毋庸置疑，国内契约同国际条约具有很大的相似性。例如，都是当事人之间约定权利义务关系的基础，都是对未来行为交换允诺，都只是为当事方创造法律。两者具有相似的结构，都为其解释、修改、遵守和终止等确定规则，都解决形式、能力、有效性、违约和救济等问题。为证明WTO协定不能脱

〔1〕 See Joel P. Trachtman, “Building the WTO Cathedral”, *Stanford Journal of International Law*, Vol. 43, No. 1,2007, pp.140-141.

〔2〕 当然，WTO“补偿”不溯及既往的制度设计并不一定就是该体制固有的缺陷。例如Claus D. Zimmermann认为，通过作出不利于追溯效力的裁决，借此表明对善意违约的宽厚。而且，通过争端解决获得一些如澄清引起歧义的WTO规则的经济利益，WTO制定者可能已经在政治上作出恰当的选择。与此同时，比起故意的、恶意的违反，善意违反WTO规则对受影响的贸易伙伴并不那么有害。See Claus D. Zimmermann, Toleration of Temporary Non-Compliance: The Systemic Safety Valve of WTO Dispute Settlement Revisited, *Trade, Law and Development*, Vol.3, No 2, 2011, p.399.作为溯及既往的损失赔偿之替代，减少违约与救济之间的时间至少可减少由于“免费通行”造成的无效率。但是，由于时间迟延有重要的目的，该解决方法伴随着一系列不同的挑战。例如，在诉讼之前的磋商阶段所造成的延迟，为国家在不承担诉讼费用的情况下达成相互满意的解决方法提供一种通常成功的手段。通过为WTO成员使它们的政策符合贸易义务提供机会，延迟也为非故意的违约提供保护，这是一个有效率的体制不应当寻求阻止的。See note:(In)“Efficient Breach of International Trade Law: The State of the ‘Free Pass’ After China’s Rare Earths Export Embargo”, *Harvard Law Review*, Volume 125,Number 2, December 2011,p.620.

〔3〕 See Dawinder S. Sidhu, “A Crisis of Confidence and Legal Theory: Why the Economic Downturn Should Help Signal the End of the Doctrine of Efficient Breach”, *Georgetown Journal of Legal Ethics*, Vol. 24, No.2, Spring 2011, p.359.

离于国际法的一般规则而加以适用的观点，鲍威林在契约法与国际法之间进行类比：正如私人契约自动地产生于国内法体系，条约自动地产生于国际法体系。正如私人契约无须列出所有国内法中的相关立法和行政条款就能让它们适用于契约，条约也无须明确地提出一般性国际法就能使它们适用于条约。[1]

从表面上看，WTO争端解决机制也包含有利于"有效违约"的因素。例如，违约程度与提供接近于期望利益损失的补偿措施之反措施之间具有对称性；以适当水平执行判决和裁决为特色的国际贸易体制很像国内的契约法；国际贸易体制自我执行的性质使得检测和执行的概率比其他国际体制更为可靠；贸易体制内含的再谈判机制允许成员方改变它们的义务和避免代价高的过度履行。鉴于上述特征，WTO体制有时被描绘成对"有效违约"敏感（efficient breach–sensitive）的国际法之最前沿。[2]但是，正如菲利普·阿洛特所说的那样，国际法律体系仍然缺乏国内法律体系的大多数要素。[3]由于国际法和国内法存在着结构性的差异，很多契约原则并不是类比适用于条约的语境。经典的例子是对价原则，该原则有利于区分协定具有法律约束力与否，被用以阻止机会主义行为。条约法也对有约束力和无约束力的协定进行区分和厌恶机会主义行为，却没有相应地要求对价。[4]因此，将国内法上的"有效违约"理论发展成为"有效违反国际协定"理论乃至"有效违反WTO协定"理论，即纯粹从经济学出发假设国家也是理性人并以利益最大化作为行为标准，这不但无视国家通常主动遵守国际法的事实，也忽视了国际法具有不同于国内法的特征。

第一，"有效违约"理论将契约违约赔偿规则变成一项责任规则，即一方若意图偏离其承诺并不需要获得任何受影响方的同意，但是应负有赔偿损失的责任。换句话说，就像《京都议定书》框架下的排放权交易一样，只有

---

〔1〕 Joost Pauwelyn, "How to Win a WTO Dispute Based on Non–WTO Law: Questions of Jurisdiction and Merits", *Journal of World Trade*, Vol. 37, No. 6, 2003,p.1001.

〔2〕 See note:（In）"Efficient Breach of International Trade Law: The State of the 'Free Pass' After China's Rare Earths Export Embargo", *Harvard Law Review*, Volume 125,Number 2, December 2011,p.606.

〔3〕 See Philip Allott, The concept of international law, *European Journal of International Law*, Volume 10, Issue 1, 1999, p.35.

〔4〕 See Jeffrey L. Dunoff and Joel P. Trachtman, "Economic Analysis of International Law", *Yale Journal of International Law*, Vol.24, Winter 1999, p.30.

在侵害权利者没有赔偿才构成违约。但是，这就不恰当地把国际法上的权利都视为具有可交易的性质，从而产生一系列的问题。例如，责任规则给国际社会施加决定“客观的”违约成本的代价。国内社会提供运行良好的公共产品和强制性争端解决制度（至少在发达国家），但是在国际层面通常难以做到这一点。因为相比于国际社会，在国内体系中有更高的连带关系（social solidarity），这种连带关系某方面可能是将分配的决定给予立法、法院和市场等制度的意愿。在国际社会中，这种连带关系可能较不牢固：共享价值的意识较弱，愿意为社会利益而在短期内接受不利决定的意识较差。生活在宪法时刻（constitutional moment），即在罗尔斯无知之幕下接受宪法规则的感觉不那么强烈。[1]此外，责任规则仅仅表示对守约人违约价格的近似值。即使假定这种货币化对于通过条约交换的各种“物品”而言具有客观可能性，国家通常比个人更不情愿将其主观价值判断屈从于其他人的评判。[2]因此，即便在国内契约法中“违约”通常可用来描述合法的退出条款，或允许加害者根据其意愿单边决定履行或不履行契约义务的责任规则，但如果将其直接适用于国际法领域就具有一定的误导性。

第二，履行利益能够精确的确定，这是有效违约成立的前提条件。如果将该“有效违约”理论适用于WTO体制，就要求澄清遵守和不遵守的成本和收益如何决定。即该体制必须能够精确地估价WTO权利，而不能赔偿不充分（这会导致太多的违约）或过分赔偿（这将导致违约不足）。[3]但是，对于国家之间的交易，如司法权威、环境设施和国家安全都明显使任何计量复杂化。更重要的是，不可能把所有相关因素变成单一度量标准，而赋予其定量的价值并在规模上相互比较。这就是“不可公度性观点”（incommensurability thesis）。国际社会中对“物品”的估价，在某些方面也许能用经济计算，但在

〔1〕 See Jeffrey L. Dunoff and Joel P. Trachtman, Economic Analysis of International Law, *Yale Journal of International Law*, Vol.24, Winter 1999, p.47.

〔2〕 See Joel P. Trachtman, *The Economic Structure of International Law*, Cambridge, Harvard University Press, 2008, p.143.

〔3〕 Sykes也承认，其在私人契约理论中提及“损害赔偿”和“有效违约”只是一个简单的类比（crude analogy）。一则DSU没有什么能确保或迫使实际实施报复（从而冒着违约代价太低的风险）；二则在WTO报复中如何估量和实施“同等的”远不如私人契约环境下清楚。See J.Pauwelyn and C.Bown, *The Law, Economics and Politics of Trade Retaliation in WTO Dispute Settlement*, New York, Cambridge University Press, 2010.

某些方面可能是无法比较的。[1]这也是对法律经济学方法的批评。首先，要求某种社会物品的经济价值是分类出错。其次，虽然有可能在不同物品之间计算经济关系，但只是以经济术语来理解这种关系会损害（do violence）我们对这些物品的理解。最后，用经济术语比较不同的物品，将这些物品商品化会贬损它们的价值。[2]在现实中，人们该如何对侵入一国领空对该国造成的损失定价呢？对某个族群的生存或自由又如何定价？在挪威公路收费设备采购案中，挪威未能遵守其在《政府采购协定》下的透明度义务，这可能会造成损害。但是，这样的措施损害到哪一方的利益，或者如何量化这些损失呢？[3]再如，在国际环境法领域，就很难计算出侵权损害所造成的实际影响，更不必说如何确定加害国所应赔偿的确切数额。如果没有精确和可预见的准则决定责任范围，成员方如何知道违约是否将有利可图呢？因此，即便欧洲人权法院将金钱损失赔偿作为最后的正式救济手段，也并不意味着公约下的人权只是由责任规则所保护。

由于WTO协定中权利和义务的特征具有极大差异，当其被执行时就标价而言也有很大区别。WTO仲裁员必须对其进行估计推断，但并没有完美的科学可帮助他们取得精确性。例如，在荷尔蒙牛肉案中，仲裁员需要回答如果欧共体撤销禁令美国出口到欧共体含荷尔蒙牛肉和牛肉制品的年度预期将会是如何的问题。但是，关于未来事件的任何问题，只能是基于某些假定进行合理的估计。[4]相似地，在美国版权法案中，仲裁员认为其精确计算欧共体利益减损或丧失的能力因当事方所提供的数据不完全和包含很多估计和假定而受到限制。在缺乏若干重要数据的情况下，为行使当事方给他们的授权，他们必须做出大量的估计和假定，但这也许并不完全准确。[5]

如前所述，“有效违约”是指政府违约的收益超过其对受不利影响贸易伙伴的损害，其假设所使用的“有效”是从谈判贸易协定的政府官员角度来说

---

〔1〕 See Jeffrey L. Dunoff and Joel P. Trachtman, “Economic Analysis of International Law”, *Yale Journal of International Law*, Vol.24, Winter 1999, p.48.

〔2〕 See Joost Pauwelyn, *Optimal Protection of International Law: Navigating Between European Absolutism and American Voluntarism*, Cambridge, Cambridge University Press, 2012, p.53.

〔3〕 *Norway-tendering Procedures on Trondheim Toll Ring Project*, Report of the Panel Adopted by the Committee on Governement Procurement on 13 May 1992（GPR.DS2/R）.

〔4〕 *Measures Concerning Meat and Meat Products (Hormones)*, WT/DS26/ARB, 12 July 1999, para. 41.

〔5〕 *United States- Section 110(5) of the U.S. Copyright Act*, WT/DS160/ARB25/1, 9 Nov. 2001, para. 4.36.

的，即主张贸易协定可最大化这些官员的政治福利。即便公司或工人由于违约所受到的损害没有得到补偿，这种前提也是能够成立的。源自成本—收益分析的深刻见解也许会改善经济效率，并导致社会经济福利的增加，但正如德沃金所言，政治道德具有不可通约性。[1]基于在不同价值观与关注点通约和WTO法庭专业知识对这项任务的困难，有很重要的理由放弃成本-收益分析甚至不确切的平衡标准。从这个意义上来说，如果WTO上诉机构在案件中进行明确的平衡，其合法性就将受到质疑。从整个WTO体制和个体成员官员政治福利的角度看，这种方法并不可取。[2]

关于WTO体制内不同价值间的关系问题，彼得斯曼和阿尔斯通也发生过著名的争论。双方就人权法和WTO法能否成为一体的问题上的观点出现分歧。彼得斯曼认为，为保证人权和自由，应通过贸易法使政府受到额外的审查。WTO法某些条款"体现"人权法。例如，WTO法一般例外规定（如GATT第20条和GATS第14条）中的非歧视和必要性要求体现出人权法的原则。WTO法可以符合人权法的方式来解释和执行人权法。[3]阿尔斯通反对通过这种将人权法并入WTO法的方法，因为这意味着人权法将在事实上被WTO法合并。他认为，彼得斯曼未能认识到人权法与WTO法所改造的人权法之间存在断层。[4]耶尔伍德对上述两种观点予以评论：人权法为WTO规则提供超越传统经济和实用正当性的道德、宪法和民主合法性。WTO法的有效和合法也在于其整合保护人权和环境的外部国际法。但是，该观点并没有考虑到不存在通行尺度，相互冲突的价值不能分等级。这种对于多元化的认识，造成人们对不可通约性的认可。不可通约性并不意味着两个东西不能简单比较，而是指彼此不能在整体价值上比较。[5]

---

〔1〕 See R. Dworkin, *A Matter of Principle*, Cambridge, Harvard University Press, 1985, p.144.

〔2〕 See Gregory Shaffer and Joel Trachtman, "Interpretation and Institutional Choice at the WTO", *Virginia Journal of International Law* , Vol. 52, Issue 1, 2011, pp.143–144.

〔3〕 See Ernst Ulrich Petersmann, "Time for a United Nations 'Global Compact' for Integrating Human Rights into the Law of Worldwide Organizations: Lessons from European Integration", *European Journal of International Law*, Vol. 13,No. 3,2002,pp.621–650.

〔4〕 See Philip Alston, Resisting the Merger and Acquisition of Human Rights by Trade Law: A Reply to Petersmann, *European Journal of International Law*, Volume 13, Issue 4, 2002, pp. 815–884.

〔5〕 See Ronnie R.F. Yearwood, *The Interaction Between World Trade Organisation (WTO) Law and External International Law*, Milton Park, Routledge, 2011, pp.89–92.在相同体制内的不同群体，可能发现他们持有不可通约的规范。See John Gray, *Two Faces of Liberalism*, Cambridge, Polity Press, 2000, p.8.

可见，虽然经济分析在争端解决中占有一席之地，例如从实证和理论方面研究WTO成员利用争端解决机制和遵守裁决所面对的激励或障碍，对争端频率和类型或结合两者之描述性分析，以及阐述争端解决机制威慑政府机会主义行为等不同的功能，但是这既不能决定争端解决的结果，也不能在不充分考虑到某些方法学困难、模型假设和数据限制而被使用。[1]在欧盟诉韩国酒精饮料税案中，专家组和上诉机构都认为“定量分析是有用的，但不应当被认为是必要的”。[2]由于责任规则依赖于定量以起作用，除非其被标准化而与公共福利相一致，否则不能假定其在公共福利的意义上有效率。如果不存在定量的可能性，以便行动者可将违约的利益与由此产生的责任相比较，他们如何决定根据责任规则违约是否有效率？如果由此产生的责任相对不准确或不可靠，当事方可能做出无效率的决定。[3]可见，因为“有效违约”理论是基于纯粹的责任规则，裁断者往往会遭遇到不容易确定赔偿定价的难题。当确立损害赔偿的具体措施并不具有可行性时，谈论违反WTO协定是否有效率就没有现实的意义。

有学者提出解决的方法，即虽然有效履行和不履行理论在以金钱衡量成本和收益的私人契约方面发展，但其同样适用于诸如贸易协定的其他交易。公共选择理论表明，贸易协定每个缔约方福利的度量不是金钱，而是官员的政治福利（选票、政治赞助或贪污等）。据此，当不遵守对于要约人（promisor）的政治福利收益超过不遵守对于承诺人（promisee）的政治福利收益，并且承诺人的损失得到合理的赔偿时，不履行对双方而言皆为可取。[4]但是，该概念导致一个很荒谬的结果：这不但假定WTO协定被视为是相互交换利益的契约，且声称法律是而且应当设计来保护政治精英的福利。诚然，公共选择理论是预测政治家行为和他们因此倾向违背国际义务的一个有用的解释工具，但从这种理论导出如果不遵守使个体政治家的收益最大化就应当被允许是完

---

〔1〕 See Alexander Keck, “WTO Dispute Settlement: What Role for Economic Analysis? A Commentary on Fritz Breuss”, *Journal of Industry, Competition and Trade*, Volume 4, Number 4, December 2004, pp. 365-371.

〔2〕 Appellate Body Report, *Korea - Taxes on Alcoholic Beverages*,WT/DS75/AB/R,WT/DS84/AB/R,para.109,para.131, Panel Report, para. 10.42.

〔3〕 See Joel P. Trachtman, *Building the WTO Cathedral*（February 17, 2006）, p.32. Last visited on May 12, 2012. http://ssrn.com/abstract=815844 or http://dx.doi.org/10.2139/ssrn.815844.

〔4〕 See W.Schwartz, and A.Sykes, The Economic Structure of Renegotiation and Dispute Resolution in the World Trade Organization, *The Journal of Legal Studies*, Vol. 31, Issue 1, 2002, p.184.

全不同的事情。[1]据此，如果比起违反WTO法而受影响WTO成员的政治损失，实际上是违约国家相关政治行动者的收益更大，那么违约就是有效的。违约成员不大可能愿意遵守，这样的遵守在经济上也不会有效率。表面上看，这似乎很有吸引力和在理论上很精明，但把基于福利经济学方法的“有效违约理论”以“公共选择理论”解释，从而导致所谓“效率”并非来自世界市场贸易的经济效率，而是适用于政治行动者的效率概念。而且，公共选择理论可用于理解某些国家为何缔结条约，并不意味着由此缔结的条约应当使用相同的效率观点解释。WTO寻求促进自由贸易和自由市场，而非政治行动者的效率。从这个角度讲，以中止减让或报复作为违反WTO法的反应都可被认为是完全无效率。[2]

根据公共选择理论，契约型救济在确认违约真正的福利收益和损失时，并没有承认违反WTO的主要受害者实际上是私人出口商。即便国家从违约的补偿中得到利益，也有可能使国内的有些人境况变得更糟糕。一个人越是认为权利的终极受益人是国内的个人或经营者（例如，由人权所保护的个人、贸易或投资法保护的公司），适用国家对国家的责任规则或有效违约理论就变得越困难。[3]只要WTO协定还代表着政府间的契约，任何补偿在整体上都归于由政府代表的国家。私人个体在WTO协定下并没有直接的权利义务关系。相比之下，《北美自由贸易协定》给予私人当事方直接的诉权，这对于被征收受害方的权利而言有切身的利害关系。

第三，由于国内契约与国际协定在可执行性方面存在差异，“有效违约”理论不能如此简单地类推适用于国际法领域。在国内法中，存在有权执行判决的机构，而国际法却没有中央执行机制。根据《联合国宪章》，安理会能够执行国际法院对联合国成员的判决，但这样的执行权力从未使用过。有些国际协定受制于第三方强制执行（如欧盟），而有些国际协定只能通过报复

---

〔1〕 See Isabel Feichtner, *The Law and Politics of WTO Waivers: Stability and Flexibility in Public International Law*, Cambridge, Cambridge University Press, 2012, p.36.

〔2〕 See Daniel L. Bethlehem et al., *The Oxford Handbook Of International Trade Law*, Oxford, Oxford University Press,2009,p.447.

〔3〕 See Joost Pauwelyn, *Optimal Protection of International Law: Navigating European Absolutism and American Voluntarism*, U.of St. Gallen Law and Economics Working Paper No. 27, 2007, p.53. Last visited on June 6, 2012. http://ssrn.com/abstract=1019415 or http://dx.doi.org/10.2139/ssrn.1019415.

或自助来执行。[1]“有效违约”理论的前提在缺乏“损失赔偿条款”(liquidated damages clause)时，有效的司法和执行机制能在出现违约时决定和强制支付合适水平的损害赔偿。换句话说，如果没有可提供损害赔偿的制度，一项“有效违约”的规则就不能运行。然而，在国际背景下基本没有这样的机制。[2]由于国内契约法可提供一套导致有效率结果的损失和救济体制，违约金代表契约违反的标准救济——它们鼓励有效违约。但是，在国际法中标准执行工具比起国内体制中要虚弱得多，特别是国家不能依赖一个强制执行的体制来确保有效水平的损害赔偿金。[3]由于国际法的实施传统上主要是依赖于国家的自我遵守和自助行为，这种自发、个体和分散的实施方式缺乏监督，很难保证国际法的有效实施。

第四，WTO法在涉及议题、成员方的数量和运行机制等方面都远远比国内契约法复杂，“有效违约”理论不能简单类比而直接适用。例如，WTO义务的主要受益者不是参与谈判的国家政府而是其选民，特别是其国内生厂商和消费者。结果就是“有效违约”没有考虑到双边“契约”之外的非政府当事方遭受的损失。[4]再如，对于国内契约而言，如果继续履行成本过高或者不具有效率，只要违约方给予受损方相应的赔偿即可不履行。由于这种赔偿通常以金钱形式从一方转移到另一方，这对于双方共同福利而言并无任何影响——一方的损失就是另一方的收益。但在国际层面，违约的事实后果有很大的不同。违约国家很少向其他国家支付金钱赔偿。即便出现某种形式的赔偿，例如WTO争端解决程序有中止先前授予违约方的减让之条款，这也同国内的案件“零和转移”(zero-sum transfer)有所区别，因为中止减让对制裁者和被制裁者而言都代价昂贵。[5]此外，“有效违约”理论的前提假设是国家为追求自身利益之理性者，即经济学研究关于个人决策者理性假设之类比。后者固然

〔1〕 See Richard Morrison, “Efficient Breach of International Agreements”, *Denver Journal of International Law and Policy*, Vol.23, 1994, p.193.

〔2〕 See Jeffrey L. Dunoff and Joel P. Trachtman, “Economic Analysis of International Law”, *Yale Journal of International Law*, Vol.24, Winter 1999, p.31.

〔3〕 See Andrew T. Guzman, “The Design of International Agreements”, *European Journal of International Law*, Vol. 16, No.4, 2005, p.588.

〔4〕 See David Collins, “Efficient Breach, Reliance and Contract Remedies at the WTO”, *Journal of World Trade*, Vol. 43, Issue 2, 2009, pp. 225-244.

〔5〕 See Andrew T. Guzman, “The Design of International Agreements”, *European Journal of International Law*, Vol. 16, No.4, 2005, p.595.

遭遇到若干挑战，但尚不足以撼动经济学这一基本前提假设。但理性选择模型或理性制度主义问题在于，其用完美无缺的理性（假设的）行动者替代事实上理性有限的真实参与者。鉴于贸易谈判的现实，有名无实的制度选择很少是有意为之甚至深谋远虑的。由于国家经常跨领域在高度因情况而异的基础上进行谈判，依赖于理性选择和效率并不能恰当地解释大多数政治交易。然而，效率的概念通常在特定的话题上建立理论，因此在正常的政治交易情形下，事前的理性选择可能不存在或者是模糊不清的。[1]如果将该理论机械地适用于国际社会，即认为国家为国际社会理性自利之行动者，就可能产生诸多的问题。例如，国家对外之决策，远比个人决策的过程复杂，国际立法比国内立法更有私密性，决策者也可能受到国内利益团体之影响，而利用国际法律制定的过程满足寻租者的利益，而不是首要考虑国家的整体利益。[2]除此之外，国际关系之动态多变和利益冲突等也是影响国家决策的限制因素。

如前所述，"所有契约，包括国际条约，都是不完全的。"[3]国际法律体系对于契约和财产因事而变的本质（contingent nature）提供更加形象的例证。相比于国内体系，国际法律体系与更加完整的国内财产法（领土和管辖）、契约（条约和习惯）和侵权（对别人造成损害的国家责任）缺乏同源性。[4]因此，将多边条约类比为不完全契约在理论上完全可行。由于契约是在不确定的条件和现实的交易成本下签订，预见所有可能实现的偶发事件，并针对每一偶发事件写下合理的应对方法，这对于缔约方而言成本过高。相应地，任何包含内置灵活性机制的契约通常不会认为面对任何可能偶发事件时都从交易中偏离是可取的。当事方因而可能从可促进偏离的替代机制中获利。再谈判始终是一个选择，但其可能受制于交易失败和套牢问题，反过来产生令人遗憾

---

〔1〕 See Sungjoon Cho, "Beyond Rationality: A Sociological Construction of the World Trade Organization", *Virginia Journal of International Law*,Vol. 52, No. 2, Winter 2012, pp.324-325.

〔2〕 See Paul B. Stephan, "Accountability and International Lawmaking: Rules, Rents and Legitimacy", *Northwestern Journal of International Law and Business*, Vol.17, Winter 1996 / Spring 1997, p.699.

〔3〕 See Kamal Saggi and Joel P. Trachtman, "Incomplete Harmonization Contracts in International Economic Law: Report of the Panel", *China – Measures Affecting the Protection and Enforcement of Intellectual Property Rights*, WT/DS362/R, adopted on 20 March 2009,*World Trade Review*, Vol. 10,Issue 1, 2011, p.64.

〔4〕 See Jeffrey L. Dunoff and Joel P. Trachtman, "Economic Analysis of International Law", *Yale Journal of International Law*, Vol.24, Winter 1999, p.46.

的结果。作为替代，缔约方可能会限制对违约的救济，例如通过将他们受制于只授予预期损失赔偿的法律体系。这样的制度要求违约方向因违约受害的当事方赔偿，并因此当净收益增加时鼓励当事方违约。在国际条约尤其是WTO中，也是这样的道理。[1]

以法律经济学角度分析国内法的契约和国际层面的条约有其合理之处，但该方法并不总是能放之四海而皆准地证实其正确性。用经济分析的结果决定WTO法的约束力，忽视了法律不仅仅是追求理性偏好的一项工具。法律通常是各种各样参与者相互矛盾偏好的妥协，其放在一起将不会满足经济学对理性分析所确定的要求。这对于国际协定而言同样如此。即便法律学说坚持把这些协定的当事方拟制为单一实体，国际协定也不能简单地与拥有单一意愿的个人之间的契约相提并论。[2]实际上，GATT第28条、第19条和第20条等都是WTO法中调整交易的机制，成员方还可通过再谈判的方式修改或明确之前的WTO承诺，充分利用这些机制很可能会取得比“有效违约”更有效率的结果。

四、混淆WTO体制下两种不履行

“有效违约”理论未能区分WTO规则下“不履行”的两种情况：第一种因契约明确规定而具有合法性。当事人就允许撤回先前商定的减让达成之共识，可称为免责、不履行或免除义务。免责规则一般可系统化为退出机制或再谈判条款。再谈判明显缺乏“违约”的特征：在违反协定之前，成员方的义务业已为相互之间的共识所修改。因此，这构成契约之一部分，并不是违反契约条款。再谈判并不属于“有效违约”概念的范围之内。只有在不存在再谈判的可能性时，才会产生“有效违约”的需要。第二种事后“不履行”构成“契约外”行为，在公约中被称为“契约背弃”（contractual defection）、“背离”（deviation）或“行为不当”（misdemeanor）。[3]“契约内”的不履行及其救

〔1〕 See Alan O. Sykes, “Optimal Sanctions in the WTO: The Case for Decoupling”, in Chad Brown and Joost Pauwelyn, eds., *The Law, Economics and Politics of Retaliation in WTO Dispute Settlement*, New York, Cambridge University Press, 2010, p.345.

〔2〕 See Isabel Feichtner, *The Law and Politics of WTO Waivers: Stability and Flexibility in Public International Law*, Cambridge, Cambridge University Press, 2012, p.37.

〔3〕 See Simon A.B. Schropp, *Trade Policy Flexibility and Enforcement in the WTO–Reform Agenda towards an Efficient "Breach" Contract*（Ph. D. diss., University of. St. Gallen, 2008）, p.7.

济程序一并构成WTO贸易政策灵活性手段。“契约外”的“不履行”指“不履行义务或违反契约”的行为构成对协定的违反，与其相应的救济方式是惩罚和制裁。前者是契约整体规定的一部分，是合法的行为。与其相联系的救济方式为赔偿或者补偿。西蒙·斯诺皮将贸易政策灵活性称为“结构性背离”（structured defection）、“选择性脱离”（selective disengagement）或“安全阀”。[1]与此相反，“契约外”的“不履行”违反成员方所承担的WTO义务，属于应承担国际法责任的行为。“有效违约”是不需要任何适用前提条件的国家单边行为，应属于违反WTO义务之“契约外”行为。

从WTO义务法律性质的角度看，也能得出同样的结论。一方面，在WTO协定中互惠的或可减让的义务，即成员方之间相互利益交换，涉及一方成员单独地对另一方成员特定待遇的义务。这些义务往往具有双边的性质。从贸易谈判、争端解决和报复也能体现出WTO法的二元性质。另一方面，在国际条约中，对于所有成员方负有的义务必须整体适用。例如，联合国1948年制定的《关于防止及惩治种族灭绝罪公约》中的义务类型，而该类义务在国内法中往往体现为刑法甚至是宪法之中。在WTO协定中，大多数义务是禁止性的，这类义务包括禁止歧视和禁止提高关税。然而，对于有些义务WTO有条件地容许成员方的行动自由，只要成员方满足某种条件即可为。例如，对于进口的迅速增加而采取保护措施的规则，或允许征收反倾销或反补贴税的规则。此外，TRIPs的义务既不是禁止性，也不是有条件地允许，其创造出不折不扣地要求成员方国家行动的积极义务，即要求每个成员制定最低的知识产权保护水平，以及权利所有人可行使其权利的独立方法。[2]

与“契约内”的“不履行”相对应的义务，一般是具有互惠的或可减让的义务。根据DSU第3.5条，[3]对于所有义务违反的情形都应以尊重最惠国待遇原则和全体成员方权利的方式予以救济。在实践中，这个要求在违约时通常

〔1〕 See Simon A. B. Schropp, *Trade Policy Flexibility and Enforcement in the WTO: a Law and Economics Analysis*, Cambridge, Cambridge University Press, 2009, pp.8–9.

〔2〕 See Peter Gerhart, “Two Constitutional Visions of the World Trade Organization”, *University of Pennsy lvania Journal of International Economy Law*, Vol.24, 2003,pp.15–16.

〔3〕 DSU第3.5条规定，对于根据适用协定的磋商和争端解决规定正式提出的事项的所有解决办法，包括仲裁裁决，均与这些协定相一致，且不得使任何成员根据这些协定获得的利益丧失或减损，也不得妨碍这些适用协定任何目标的实现。

能得到实现，有关成员方在争端解决过程中精明地讨价还价以确保没有任何成员方的利益受到减损或者丧失。这表明，WTO成员之间存在重叠的利益集合体，这取决于特定的议题或主题。例如，GATT第28.3条规定再谈判的义务是基于贸易伙伴是否最初参与减让的谈判、具有特别的需要或者其他方面的需要。[1]鉴于世界经济一体化的相互作用，对WTO协定的违反有时甚至会影响到全体成员。例如，上诉机构在欧盟香蕉案中认为美国可根据GATT起诉，即便其几乎不生产，也还没有出口香蕉。也就是说，根据DSU提起申诉不需要"法律利益"（没有要求事实上发生贸易转移）。[2]上诉机构认为，成员方在决定是否根据DSU起诉另一成员方时具有广泛的自由裁量权。GATT第28.1条和第3.7条的措辞进一步表明，成员方在决定任何此类行动是否有利的问题上预计将很大程度上是自我调节的。[3]可见，WTO授权性规则允许国家自主决定何种事项具有充分的利益。这些区别表明，当WTO义务在名义上是"对世义务"时，其在实践中是对所有成员方都适用的义务。例如，根据GATS第23.1条，[4]似乎所有WTO成员对任何成员之违约都有诉权，这表明GATS所规定的义务是针对所有的成员方。因此，在WTO协定中，并不是所有义务都具有双边的性质，将WTO义务描述为主要是互惠义务也不影响其约束性。即无论是互惠义务或整体义务，都应当具有同等的拘束力。无论一项义务是互惠的或整体的义务，总是要求停止对其违反的行为，除非有明示相反的条约规定，中止或赔偿都不解除遵守规则的义务。换言之，对互惠义务的违反也必须停止。[5]同理，WTO成员在行使权利时，不能损害其他成员的权利，否则就

---

〔1〕 GATT第28.3条规定，谈判时应适当考虑：（甲）某些缔约国和某些工业的需要；（乙）发展中国家为了有助于经济的发展灵活运用关税保护的需要，以及为了财政收入维持关税的特别需要；以及（丙）其他有关情况，包括有关缔约各国在财政上、发展上、战略上和其他方面的需要。

〔2〕 See Appellate Body Report, *European Communities-Regime for the Importation, Sale and Distribution ofBananas*, WT/DS27/AB/R, adopted on 25 September 1997, para. 133; Joost Pauwelyn, "A Typology of Multilateral Treaty Obligations: Are WTO Obligations Bilateral or Collective in Nature?", *European Journal of International Law*, Vol. 14,No. 5, November 2003,pp.941–942.

〔3〕 See Appellate Body Report, *European Communities-Regime for the Importation, Sale and Distribution of Bananas*, WT/DS27/AB/R, adopted on 25 September 1997, para.135.

〔4〕 GATS第23.1条："会员如认为其他会员未能履行本协议所课义务或其特定承诺者，得为寻求双方满意之解决方案而诉诸争端解决谅解书"。

〔5〕 See Joost Pauwelyn, *Conflict of Norms in Public International Law: How WTO Law Relates to Other Rules of International Law*, Cambridge, Cambridge University Press, 2003, p.69.

可能构成滥用权利。[1]

根据特拉赫特曼的观点，WTO法不同于禁止种族灭绝或侵略战争的国际法，其在规范性上并没有要求不惜任何代价的遵守。“有效违约”理论在WTO领域显得颇具吸引力，主要是因为其允许国家通过“购买”而免于某些种类的义务的灵活性。因此，“有效违约”理论至少在某些贸易领域是一个迷人的概念。[2]但是，这里所说灵活性不是指让一切事情待价而沽，即贸易政策灵活性并不是“规则导向”的贸易体制之自然天敌，而是完全可以与允许政府决定何时采取暂时性的进口限制与既有的一整套规则相互调和。例如，贸易政策灵活性可被纳入与GATT第1条一致的最惠国待遇，即进口水平可在外国出口商之间构成歧视的情况下减少。而且，贸易政策灵活性不需要与GATT第11条取消数量限制的要求或废止其他非关税壁垒相冲突，即通过关税措施有效地限制进口是有可能的。更重要的是，贸易政策灵活性可与强制性补偿贸易伙伴连接起来。[3]

正如丹尼尔·弗里德曼所言，“有效违约”理论与普通法和其他西方法律体系的基本前提相矛盾，即包括契约权利在内的财产权利不能在没有所有者同意的情况下取走和给予他人。这一原则很少有例外。主要的例外是国际公法中政府的征用权。[4]根据经济学原理，自愿交换或者说市场交换有助于资源最有价值的使用，但“有效违约”理论往往只能体现出一方意图在违约行为之后进行某种利己之交换。因此，尽管学术界存在“有效违约”是否适用于WTO法，以及一项有效率的违约行为是否具有合法性的热烈争论，但这些理论纷争对于WTO实践并没有产生实质性的直接影响。如果因为多边贸易体制涉及成员、议题等过于复杂，成员方需要刚性规则确保承诺之可靠性的同时，也需要一定的灵活性选择余地，最好的办法就是理性设计制度和条约规则，即事前就规定好为规则允许的暂时偏离情形。这种灵活性机制应当能将从偶发事件中相互增进福利与导致福利贬值的机会主义“不履行”情形区别

---

〔1〕 See Appellate Body Report, *U.S.-Imported Prohibition of Certain Shrimp and Shrimp Products*, WT/DS58/AB/R, 12 Oct. 1998, para. 157.

〔2〕 See Joel P. Trachtman, “The WTO Cathedral”, *Stanford Journal of International Law*, Vol. 43, No. 1, Winter 2007, p.130.

〔3〕 See Alexander Roitinger, *The Institutional Design of Trade Policy Flexibility in the World Trading Order: Analysis and New Direction for Reform*, (Ph. D. diss., Universität St. Gallen, 2004), p.2.

〔4〕 See Daniel Friedmann, “The Efficient Breach Fallacy”, *The Journal of Legal Studies*, Vol. 18, No. 1, January 1989, pp. 13-14.

开来。例如，如果成员方事先同意在某种界定明确的情形下允许不履行，那么这样的约定就是契约之组成部分，该条款构成一项“契约内”之安排。换句话说，灵活性机制与应受制裁的违约行为有本质之区别。

“有效违约”理论的支持者看到WTO协定具有不完全契约的特征，认识到国家在经济活动中面临诸多不确定性，希望在严格履行原约定会得不偿失的情况下能够单边自由选择“不履行”，但并未意识到WTO法律体系中的贸易政策灵活性手段已经为缔约方提供应急的措施。如果缔约方事先同意在贸易协定中并入例外条款，在适用这些明示商定的条款时不产生实际上的违约。从类比的角度分析，成员方事后“不履行”先前在WTO协定下协商的义务，如同因某种原因试图从高速公路上快速离开，至少有两种方式可供选择：一是当事人在拥有足够资金时，可在买票后（提供赔偿）后迅速地驶走。二是在丈夫驾车送其怀孕妻子到产房时，可诉诸例外以将其违反交通规则的行为正当化。理由在于，这种情况并不为交通法令的设计者所预想到。鉴于尽快将孕妇送到医院的利益，当事人愿意付出任何数额的罚金，但在这种真正紧急情况下的惩罚没有意义，因其不能起到威慑作用。而且，这对夫妇的情况不会影响到另一夫妇出现在这条路上的可能性。这正好符合例外条款覆盖的情况类型。正如马基雅维利所解释，如果不能使行为者在特定情形下遵守法律，那么法律就应当进行调整以符合这些情形。[1]

综上所述，“有效违约”公式适用的前提，是假定立法允许通过违约行为取得利益。[2]如果事前立法上对某种行为予以允许或容忍，那就会在事实上否定这种行为的非法性。因此，这种“不遵守”并不是一种违法的、应受道德上非难评价的行为。由此得出，对于国内法或国际法，契约或者条约，缔约方只有遵守或违约两种可能的选择。

一方面，在某些特殊情况下，WTO法律制度也允许或容忍成员方暂时的“不遵守”。如果国家根据条约保留、退出和例外条款等灵活性机制行动，那么该行为属于“合法化的不遵守”；另一方面，如果违反规则的事实已经发生，并不因为事后当事方同意接受某种安排，而改变违反法律的行为性质。诚然，国际法会随着国家实践的变化而不断发展，但国家某种行为的合法性判断标

---

〔1〕 See Krzysztof J. Pelc, *The Cost of Wiggle-Room: on the Use of Flexibility in International Trade Agreements*(Ph. D. diss., Georgetown University, 2009), p.22.

〔2〕 参见赵廉慧:《财产权的概念：从契约的视角分析》，知识产权出版社2005年版，第239～240页。

准，还是要以当时的法律规定为衡量尺度。[1]

一般而言，如果缔约方违反条约规则，即便其随后为此承担国际责任，也不能改变其违反国际法的事实。换句话说，即便当事人通过各种方式达成和解，其此前的违约行为之法律性质并没有任何改变。因此，违反WTO协定不是一种遵守公认准则的灵活性手段。但需要注意的是，根据WTO协定对救济的规定，如果违约方的措施在被裁定违法之后，及时修改其与WTO协定不一致的措施或提供相应的补偿，仍可视为对整个多边贸易体制的遵守，是"契约内"的行为。相反，如果违约方既不纠正其与WTO不一致的措施，也不愿意提供补偿，被违约方只能通过DSB授权报复，这种情况应属于"契约外"的行为。前者符合WTO协定有关救济的规定，也符合贸易伙伴的期待，后者则是对规则的破坏。

第三节 "再平衡"与"遵守"之争

由于对WTO执行或救济目的之不同理解，在学术界引起"遵守"抑或"再平衡"的争论。一方坚持认为，WTO反措施旨在获得"有效率"水平的遵守，因此允许WTO成员在偏离义务的收益超过其他WTO成员的成本时，允许它们偏离自己的义务。其变体是认为"对违约补偿""平衡违约后的减让"提供一种"安全阀"。具体而言，根据"取后付费原则"，以纯粹"责任规则"[2]保护

---

〔1〕 1945年，美国总统杜鲁门宣称美国有权控制从其海岸延伸的大陆架。杜鲁门宣言是非法的，但其他国家并没有抗议反而就其大陆架作出相似的声明。由于国家一致认为应有权控制其大陆架，法律发生改变。大陆架制度被编撰到《海洋法公约》中成为新的习惯国际法规则。这似乎可能是有效率不遵守一项过时规则的事例。违反国际法可能促进有效率的法律进化。See Eric A. Posner and Alan O. Sykes, "Efficient Breach of International Law: Optimal Remedies, "Legalized Noncompliance, and Related Issues (March 7, 2011)", *U of Chicago Law and Economics*, Olin Working Paper No. 546; Stanford Law and Economics Olin Working Paper No. 409, p.43. Last visited on March 8, 2012. http://ssrn.com/abstract=1780463.

〔2〕 根据"责任规则"，加害者有权单边取走所有者或受害者的部分财产而不经过其同意，其条件是以某种方式赔偿所有者遭受的损失。根据"财产规则"双方当事人负有"特殊履行义务"，例如尊重原初权利分配的严格义务。在这种情况下，接受者被指定去履行，如果做不到就会受到严厉的惩罚，因此他宁愿遵守其义务而不是违反规则。但是，他仍可通过再谈判收买所有者的权利，即在获得所有者同意时通过赔偿的方式避免其承诺。每种权利保护规则伴随着相应的救济规则。责任规则保护通常伴随着预期赔偿金，有时结合"有效违约"。财产规则保护合乎逻辑地伴随着双边商定的救济。See Simon A. B. Schropp, *Trade Policy Flexibility and Enforcement in the WTO: a Law and Economics Analysis*, Cambridge, Cambridge University Press, 2009, pp.47–48.

权利的理念后来发展成为更宽泛意义上的“有效违约”理论，即如果遵守成本超过违约成本（包括完全赔偿所有受害者的成本），国家可以以效率为理由而允许违反国际法。有学者从公共选择理论的视角研究认为，遵守所付出的政治成本可能超过违约的经济成本。[1]另一种观点认为，争端解决程序应旨在通过防止未来偏离行为的发生而引发对规则的遵守。[2]上述争论的实质在于：如果条约在自由贸易、非歧视或免受某种环境伤害或滥用人权的情况下分配一项权利，保护这些权利的最好方式是什么？是采取责任规则或财产规则？还是有其他更好的规则设计方式？但是，“有效违约”理论本身并未解决如何在WTO体制中设计“不履行”以获得更有效率的结果的问题。下文力图深入探讨这个问题。

一、“再平衡”说

“再平衡”和“遵守”之争源自朱迪斯·贝洛的编者评论。当时，有人担心WTO协定会威胁到美国主权，朱迪斯·贝洛向这些爱国者保证违反WTO协定的成员一方面有遵循专家组或上诉机构建议的义务，另一方面拥有可以退出各自协定的独特选择。退出的前提是赔偿，或在缺乏双边协议时对中止减让的容忍。她认为，WTO与GATT的规则一样并没有传统意义上的拘束力。GATT唯一神圣和不可违反之处，在于其对整体权利和义务的平衡。WTO并没有改变主权国家之间讨价还价谈判的根本性质。WTO唯一有约束力的义务是维持为获得成员对该协议政治支持的平衡。[3]佩特罗斯·马弗鲁第斯认为，在香蕉案后，已经恢复某些平衡。通过允许TRIPs方面采取反措施有两个方面的收获：一方面，在获利可观的产品上打击欧洲共同体；另一方面，产生TRIPs可演化为发展中国家对发达国家采取报复性行动的优先领域的一个风险。[4]虽然WTO协定更赞成遵守商定的减让，但很明显的是WTO体制授权其

〔1〕 See W.Schwartz and A.Sykes, “The Economic Structure of Renegotiation and Dispute Resolution in the World Trade Organization”, *The Journal of Legal Studies*, Vol. 31, Issue 1, 2002,pp.179-204.

〔2〕 有学者称为“再平衡范式”（rebalancing paradigm）。See Steven Charnovitz, “Rethinking WTO Trade Sanctions”, *American Journal of International Law*, Volume 95, Issue 4, October 2001, p.802.

〔3〕 See J. H.Bello, “The WTO Dispute Settlement Understanding: Less is More”, *American Journal of International Law*, Vol.90, No.3, July 1996, p. 417.

〔4〕 See Petros Mavroidis, “Remedies in the WTO Legal System: Between a Rock and a Hard Place”, *European Journal of International Law*, Volume 11, Issue 4, 2000, p.808.

成员选择违反一项义务但须对受损方提供求偿的权利。对争端解决程序这样的解释与“有效违约”的法律假设相一致，即对契约的违反比起履行更有效率。根据这一观点，WTO可视为一个不完全契约，虽然没有类似法院的机制可在违约的情形下强制支付，但这种自愿性的遵守同样能运行良好。[1]

“再平衡”说根植于这样的信念，WTO包含市场准入的互惠允诺产生总体上的权利义务平衡。相应地，WTO最好是被概念化为双边平衡之网（web of bilateral equilibria），而执行WTO义务如同在该平衡被扰乱时恢复到承诺水平的平衡。[2] GATT谈判使用的基本概念是“互惠性”，即视对方行动采取相应行动的行为。互惠性贸易自由化在20世纪的大部分时间比在19世纪更为盛行。GATT成员曾使用一系列标准来评价关税减让的交换是否平衡。有关具体减让的GATT谈判开始过程基本上是双边的，即两个缔约方互相提出要价和出价的清单，谈判集中于双边平衡的减让的交换。[3]根据该学说，DSU执行机制通过平衡相互的减让，确保受害者得到赔偿和为加害者提供有效的退出可能性。WTO成员可选择不遵守其所承担的WTO义务，而宁愿提供赔偿或承受报复。该学说支持者倾向于从法律经济学中汲取营养，并从美国私人商业契约的经济学理论里提取有用的类比。在契约理论用语中，“再平衡”说反映事后免除契约义务的“责任规则”观点。[4]

从根本上说，“再平衡”说基本上将争端解决的目的看作为受害者在不平稳世界（non-stationary world）提供的安全阀。DSU执行机制通过确保平衡相互的减让，对受害者进行赔偿和为加害者提供有效退出可能性的双重目标。[5]

---

〔1〕 See Jeffrey L. Dunoff and Joel P. Trachtman, “Economic Analysis of International Law”, *Yale Journal of International Law*, Vol.24, Winter 1999,pp.1–59.

〔2〕 See Simon A.B. Schropp, *Revisiting the “Compliance-Vs.-Rebalancing”Debate in WTO Scholarship: Towards a Unified Research Agenda*, HEI Working Paper No: 29/2007, p.17.

〔3〕 See Bernard M. Hoekman and Michael M. Kostecki, *The Political Economy of the World Trading System: From GATT to WTO*, Oxford, Oxford University Press, 1995, pp.66–69.

〔4〕 See Guido Calabresi and A. Douglas Melamed, “Property Rules, Liability Rules, and Inalienability: One View of the Cathedral”, *Harvard Law Review*, Vol. 85, No. 6, April 1972, pp. 1092–1093; Kaplow and Shavell, “Property Rules versus Liability Rules: An Economic Analysis”, *Harvard Law Review*, Vol. 109, No. 4, February 1996, pp. 713–790; Warren F. Schwartz and Alan O. Sykes, “The Economic Structure of Renegotiation and Dispute Resolution in the World Trade Organization”, *The Journal of Legal Studies*, Vol. 31, Issue 1, 2002, p. 182.

〔5〕 See Simon A.B. Schropp, *Trade Policy Flexibility and Enforcement in the WTO–Reform Agenda towards an Efficient “Breach” Contract*（Ph. D. diss. University of. St. Gallen, 2008）, p.246.

(一)理论基础

“再平衡”说主要是基于经济学逻辑。据此，WTO本质就像其前身GATT是成员之间相互交换市场准入的机会。很多文献的基本直觉导向(basic intuition guiding)是国家在贸易事项上合作以限制单边的“以邻为壑”(beggar-thy-neighbor)的政策。[1]无论是在GATT或WTO体制下，贸易争端意味着最初的市场准入平衡出现不协调，而WTO争端解决机制的执行措施则确保出现适当的平衡。有些学者声称，WTO争端解决机制目的远不止是在外部冲击扰乱最初市场准入减让的平衡时获得消极的再平衡。争端解决程序不只是为潜在受害者充当保险的作用，同时对加害方也有裨益。[2]贸易协定是内生不完全契约，WTO协定是世界贸易体制中最为核心的贸易协定。[3]由于WTO是不能明确考虑到成员之间关系复杂性以及不能预测所有未来紧急情况的不完全契约，如果情况发生改变，根据条约文字严格履行并不是一直都能共同获益。[4]由于成本太高或不可能在非常细致的标准上为紧急情况制定契约条款，因此显然需要详细规定应急情况的契约并提供损失赔偿的措施。[5]政府可改变主意而提高特定关税，只要其通过赔偿性的关税减让抵消其行为对GATT精巧平衡的丧失或减损。[6]

虽然成员多元化和相伴而来的司法化，但仍应对WTO法采取类似GATT体制下将法律规则视为工具性的方法，并以这种不同的工具性在国际贸易中获得效率。这种观点由认为只有在遵守法律规则能产生效率时才可行的学者

---

〔1〕 See Simon A.B. Schropp, *Revisiting the "Compliance-Vs.-Rebalancing" Debate in WTO Scholarship: Towards a Unified Research Agenda*, HEI Working Paper No: 29/2007, p.6.

〔2〕 还有学者论述“再平衡”在争端解决中的经济学原则。B. P.Rosendorff, “Stability and Rigidity: Politics and Design of the WTO's Dispute Settlement Procedures”, *American Political Science Review*, Vol. 99, No. 3, August 2005, p.389; Chad P. Bown, “The Economics of Trade Disputes, The GATT's Article XXIII, and the WTO's Dispute Settlement Understanding”, *Economics and Politics*, Volume 14, Issue 3, November 2002, p. 288.

〔3〕 See Henrik Horn, Giovanni Maggi and Robert W. Staiger, “Trade Agreements as Endogenously Incomplete Contracts”, *The American Economic Review*, Volume100,Number 1, March 2010, pp. 394–419.

〔4〕 See Simon A.B. Schropp, *Trade Policy Flexibility and Enforcement in the WTO–Reform Agenda towards an Efficient "Breach" Contract*(Ph. D. diss., University of. St. Gallen, 2008), pp.248–249.

〔5〕 See Steven Shavell, “Damage Measures for Breach of Contract”, *Bell Journal of Economics*, Vol. 11, No. 2, Autumn1980, p.466.

〔6〕 J. H.Bello, “The WTO Dispute Settlement Understanding: Less is More”, *American Journal of International Law*, Vol.90, No.3, July 1996, p. 417.

所提出。有人甚至声称，如果遵守没有效率，就不存在必须遵守的法律义务。据此，是否有效率决定着法律具有拘束力与否。在GATT体制下，主观的群体利益决定法律规则的拘束力，现在却是根据“效率”这一客观标准。[1]将WTO法的拘束力依赖于效率，这是应用“有效违约”理论的结果。如果一方当事人履行没有效率，或履行成本超过其收益，就不应该有义务履行契约。“再平衡”说将WTO成员根据自身利益得失作为遵守或违反规则的重要根据，这也是应用法律经济学中“理性选择理论”（rational choice theory）的具体表现。根据该理论，执行涉及决定何种生产制裁的投资产生何种遵守的成本—效益分析。[2]作为法学与经济学交叉学科研究领域的法律经济学，其学科的独特性首先就在于它所设定的逻辑起点的独特性。在这一学科领域中，学者们一般都从严格的方法论个体主义立场出发将逻辑起点设定为“理性选择”，即假定社会中的个体总是遵循理性最大化的原则做出自己的选择。这种最初起源于经济学领域中的理论假设被誉为法律经济学“最初也是最基本的关键性发展”，它提供了迄今为止最为全面和最具逻辑连贯性的个体决策行为模式，这或许也是法律经济学在20世纪中叶之所以得以勃兴的主要原因之一。[3]对于“再平衡”说的支持者而言，这种强调国家对遵守规则可能产生的利益与成本进行估算后决定其行为选择的理论有一定的合理性。

值得一提的是，关税补偿并不会压低先前商定的市场准入平衡，而是使其保持与当初相同的水平。这符合“再平衡”的说法。金钱补偿对于关税赔偿而言具有可替代性，但从自利的决策者看来，这种选择缺乏吸引力。由于WTO从某种程度上讲是一个政治契约，各成员方需要顾及国内选民的支持。故而，这里所谓“效率”就不一定是消费者的福利。

（二）法理支持

第一，根据“再平衡”说，WTO协定的用语特别是DSU规则和程序可有效地以与霍姆斯式的赔偿或履行体系（holmesian pay-or-perform system）相一

〔1〕 See Isabel Feichtner, *The Law and Politics of WTO Waivers: Stability and Flexibility in Public International Law*, Cambridge, Cambridge University Press, 2011, p.35.

〔2〕 See Robert E.Scott and Paul B.Stephan, *The Limits of Leviathan: Contract Theory and the Enforcement*, Cambridge, Cambridge University Press, 2006, p.55.

〔3〕 参见黄锫:《法律经济学逻辑起点研究——理性选择理论的内涵、反证及其补充》，载《浙江社会科学》2007年第5期。

致的方式解释：因为受害者可以从有问题的措施中获得相应水平的赔偿，潜在加害者有权从任何条约义务中单边退出或免责。根据DSU第3.7、19.1、22.1和22.4条规定，WTO协定提供通常意义上法律可依靠的责任规则。[1]实质上，DSU含蓄地承认违反WTO协定是贸易政策灵活性机制设计之一部分。因此，DSU的主要功能是决定一项违反是否已发生并确立违规者必须付出的代价(再平衡)。[2]换句话说，WTO协定中规定的任何偶发事项都能够被违反，鉴于受害者的期待值会得到维护，加害者可利用任何契约的漏洞。[3]"再平衡"说也因GATT第19条例外条款和第28条再谈判条款的可用性而得到证明。在以责任规则保护权利的假设之下，所有退出行为都为协定措辞所覆盖和允许，这将意味着不存在"契约外"行为。换句话说，DSU规则和程序的措辞成为"不履行"的合法工具，"内部化"(internalizes)所有类型的违约行为。[4]

第二，根据DSU第3.7条，如果"争端各方均可接受且与适用协定相一致的解决办法"的"首选办法"无法实现，可由被诉方"撤销被认为与任何适用协定的规定不一致的有关措施"，或起诉方在经DSB授权后采取"最后手段"，即"在歧视性的基础上针对另一成员中止实施适用协定项下的减让或其他义务"。虽然"中止减让或其他义务"可能在促进规则的遵守或争端的解决方面并没有很有效的作用，但其作为自助的工具使得申诉方可矫正其所遭受的贸易不公正。换言之，提起诉讼的国家通过撤销其先前对有不当行为的政府之贸易减让或承诺，从而恢复到违约之前的平衡。DSU中并没有"再平衡"的措辞，但这与在DSU中WTO一方成员对另一方成员的行动提起诉讼的双边导向相一致。[5]乌拉圭回合是朝着增强纪律性和推行名副其实的威慑方向发展，但其整体模式仍然是民事而非刑事司法。违规国家的首要选择是停止有异议的

---

〔1〕 See Alan O. Sykes, "The Remedy for Breach of Obligations under the WTO Dispute: Damages or Specific Performance?" , in M. Bronckers and R. Quick, eds., "New Directions in International Economic Law: Essays in honour of John H. Jackson" , *Kluwer Law International*, 2000, p.349.

〔2〕 See Alexander Roitinger, *The Institutional Design of Trade Policy Flexibility in the World Trading Order: Analysis and New Direction for Reform*(Ph. D. diss., Universität St. Gallen, 2004), p.144.

〔3〕 Simon A.B. Schropp, *Revisiting the "Compliance-Vs.-Rebalancing" Debate in WTO Scholarship: Towards a Unified Research Agenda*, HEI Working Paper No: 29/2007, p.10.

〔4〕 See Simon A.B. Schropp, *Trade Policy Flexibility and Enforcement in the WTO–Reform Agenda towards an Efficient "Breach" Contract*(Ph. D. diss., University of. St. Gallen, 2008), p.250.

〔5〕 See Steve Charnovitz, "*The WTO's Problematic 'Last Resort 'Against Noncompliance*" , p.7. Last visited on May 26, 2012. http://www.worldtradelaw.net/articles/charnovitzlastresort.pdf.

实践，第二种选择是违规国家支付补偿或承受先前获得利益的撤销。对违法行为的惩罚并不在预期或被允许的范围之列。[1]就WTO中止（suspension）而言，如果成员方想以该制度设计促进遵守，他们会允许超过而不只是对等性的报复。但是，将对等性作为上限意味着WTO成员只希望"再平衡"和避免惩罚性报复（这也是小国家和发展中国家所惧怕的），并希望保持一些偏离规则的灵活性。[2]在国际争端中，反措施的采用应满足目的"均衡性原则"。这是与衡平、正义密切相关的一个概念。[3]在WTO协定中，反措施之使用同样应符合相当性原则。这似乎表明，其目的不是促使遵守，而是维持互惠关税减让之平衡。[4]DSU第3.3条也表明，WTO协定起到保护相互有利交易的作用。[5]

第三，根据1969年《维也纳条约法公约》第60.2条规定，特别受违约影响之当事国有权援引违约为理由在其本国与违约国之关系上将条约全部或局部停止施行。DSU的救济条款反映出《条约法公约》关于违约影响之当事国可在条约下中止其义务的原则。例如，DSU第3.8条"违反"规则的用语。此外，"中止减让和其他义务"也出现在《保障措施协定》中。该协定第8.2条允许政府在某种情形下对进口施加保护主义的保障措施，然后让出口成员以中止实施1994年关贸总协定项下实质相等的减让和其他义务相回应。保障措施下的"中止减让和其他义务"明显是基于"再平衡"而非执行规则。[6]退一步来讲，

---

〔1〕 See Andreas F. Lowenfeld, "Remedies Along with Rights: Institutional Reform in the New GATT", *The American Journal of International Law*, Vol. 88, No. 3, July 1994, p.487.

〔2〕 See Joost Pauwelyn, "The Calculation and Design of Trade Sanctions in Context: What is the Goal of Suspending WTO Concessions?", in *The Law, Economics and Politics of Retaliation in WTO Dispute Settlement*, by Joost Pauwelyn, Chad P. Bown eds., Cambridge, Cambridge University Press, 2010, pp.41–42.

〔3〕 See Iwatsuki Naoki, "Securing Proportionality of Countermeasures in Contemporary International Law: Principle and Its Interpretation in the Light of Peaceful Dispute Settlement Process [in Japanese]", *St. Paul's review of law and politics*,Volume 78, 2010,pp.206–299.

〔4〕 See David Palmeter and Stanimir A. Alexandrov, "'Inducing compliance' in WTO dispute settlement", in Tomer Broude, Marc L. Busch, Amelia Porges eds., *The Politics of International Economic Law*, Cambridge, Cambridge University Press,2011,pp.646–666.

〔5〕 DSU第3.3条规定，在一成员认为其根据适用协定直接或间接获得的利益正在因另一成员采取的措施而减损的情况下，迅速解决此类情况对WTO的有效运转及保持各成员权利和义务的适当平衡是必要的。

〔6〕 关于"再平衡"的含义，最简单的答案指DSU第22.4条所规定，即DSB授权的中止减让或其他义务的程度应等于利益丧失或减损的程度。因此，在法律用语上，"再平衡"在WTO争端解决中指两个水平上的同等：中止和损害，即起诉方成员将被允许实施与违反造成的不利影响同等水平的报复。See Holger Spamann, "The Myth of 'Rebalancing' Retaliation in WTO Dispute Settlement Practice", *Journal of International Economic Law*, Volume9, Issue1, 2006, pp.37–38.

由于实际履行一直被视为对个人自由地威胁，而赔偿比起改变法律而言侵略性更小一些。[1]因此，在严格遵守WTO义务可能干涉到违法国家的主权而在政治上行不通时，给予赔偿无疑是更具有合理性的替代方法。

除上述实体规定之外，获得“再平衡”的一般技巧多种多样：协商和法庭外解决、撤销加害者冒犯性的措施、在争论部门外替代性提供补偿或者“中止减让或其他义务”等等。中止减让，也被称为“关税报复”或“制裁”。在报复时，应当避免两大陷阱：首先，受害方成员不应当被允许进行矫枉过正的报复。其次，加害方成员不应当被允许通过免除其补偿义务或忍耐报复而搭便车。补偿或报复的强度应符合逻辑地与“不平衡”行为引起的损失严格相称。[2]

二、“遵守”说

“遵守”说对于WTO执行的目的和争端解决程序的作用持有完全不同的观点，其主张WTO执行旨在促进专家组或上诉机构裁决的遵守，以及为全球贸易体制的法律可预见性和稳定性而阻止未来的违约行为。该学说根植于国际公法原则，学者主要依靠条约解释。该学说的倡导者认为，允许事后免除契约义务的方式依据通过谈判达成的条款，其范围包括GATT第28条、GATS第21条和第10条等。根据契约理论的用语，这反映契约的当事方有严格履行的义务，否则将受到严厉惩罚的“财产规则”观点。但是，要约人仍然可通过获得承诺人允许的方式避免履行，并且通常要为此进行赔偿。[3]例如，约翰·杰克逊和基德·泽里贝等学者认为，WTO法是具有强制性的法律，即便国

---

〔1〕 See Alan Schwartz, “The Case for Specific Performance”, *Yale Law Journal*, Vol.89, No.2, 1979, pp.296–297.

〔2〕 See Simon A.B. Schropp, *Revisiting the “Compliance-Vs.-Rebalancing” Debate in WTO Scholarship: Towards a Unified Research Agenda*, HEI Working Paper No: 29/2007, pp.7–8.

〔3〕 See Kaplow and Shavell, “Property Rules versus Liability Rules: An Economic Analysis, *Harvard Law Review*, Vol. 109, No. 4, February 1996,p. 715; Simon A.B. Schropp, *Revisiting the “Compliance-Vs.-Rebalancing” Debate in WTO Scholarship: Towards a Unified Research Agenda*, HEI Working Paper No: 29/2007, pp. 12–13; See Warren F. Schwartz and Alan O. Sykes, “The Economic Structure of Renegotiation and Dispute Resolution in the World Trade Organization”, *The Journal of Legal Studies*, Vol. 31, Issue 1, 2002, p. 182.

家接受中止减让的后果，也不允许违反。[1]

（一）理论基础

根据“遵守”说，自从1995年WTO建立时起，世界贸易体制的游戏规则就发生决定性的变化。GATT1947更多地被描述为权力政治和外交的谈判场所，当今WTO代表着以规则为导向遵循强大的基础规则和整套共享价值的国际经济体制。乌拉圭回合的贸易自由化谈判产生大量的额外规则和义务。这股完善WTO契约的推动力被理解为偏离互惠性和再平衡的范式，并朝向完全法律化的“贸易宪法”发展。整个体制的重心向规则转变表明再平衡在WTO语境中发挥的作用越来越小。“遵守”说的支持者认为，WTO的根本价值和目的不是狭隘的国家利益，而是整个贸易体制的稳定性和可预见性（《马拉喀什建立世界贸易组织协定》第16条和DSU第3.2条）。WTO的目标是保护所有经济代理人，包括贸易者和商业实体、消费者、市民社会和不参与的第三方政府之期待和竞争关系。[2]

同“安全性和可预见性”紧密相关的目标经常出现在任何旨在可靠、客观和无偏见的争端解决体制里。换句话说，矫正权力的不对称。该目标源自这样的愿望：为小的或相对无力的实体（例如，小国家、非工业化国家和个人）提供机会和获得将以某种方式保护它们可依赖利益的体制。从某种意义上来说，这就是“正义”的概念。这可能对于任何争端解决体制的可靠性和有效性而言也很重要。允许有利于富国的“购买”机会在某种方式上削弱上述的目标。因此，减让的“再平衡”和“有效违约”不应当在争端解决程序中成为中心或甚至起作用。[3]否则，其可能会损害法律的安全性和可预见性之长远目标。

“遵守”说的支持者还认为，WTO并非孤立的“自足体系”，而是从根本上

---

〔1〕 See Joel P. Trachtman, “Building the WTO Cathedral”, *Stanford Journal of International Law*, Vol. 43, 2007, No. 1, p.146; John H. Jackson, “International Law Status of WTO Dispute Settlement Reports: Obligation to Comply or Option to ‘Buy Out’?”, *The American Journal of International Law*, Vol. 98, No. 1, January 2004, p.123; Jide Nzelibe, “The Credibility Imperative: The Political Dynamics of Retaliation in the World Trade Organization’s Dispute Resolution Mechanism”, *Theoretical Inquiries in Law*, Volume 6, Issue 1,January 2005, pp.215–254.

〔2〕 See Simon A.B. Schropp, *Revisiting the “Compliance-Vs.-Rebalancing” Debate in WTO Scholarship: Towards a Unified Research Agenda*, HEI Working Paper No: 29/2007, p.11.

〔3〕 See John H. Jackson, “Editorial Comment: International Law Status of WTO DS Reports: Obligation to Comply or Option to ‘*Buy-Out*’”, *American Journal of International Law*, Vol. 98, No.1, January 2004, pp.117–118.

来源于更重大的国际法体制。争端解决机构的裁决是每个成员方对全体成员承担的国际法律义务，而非只是与争端当事方有关。因此，如果否定专家组或上诉机构的裁决，无异于否定WTO规则本身。如果成员可不遵循共同商定的规则和程序，那么整个法律体系将是无效的。在美国国外销售公司案中，专家组认为反措施的采取是针对不遵守，因此DSB对申诉方的授权是旨在促使或获得对DSB建议的遵守。[1]在巴西诉加拿大飞机出口信贷担保纠纷中，专家组进一步表明，反措施的存在是为促成一项违约的终结，适当水平的反措施应反映其特定的目标。[2]"遵守"说认同WTO为不完全契约的观点，但不支持"再平衡"关于"有效违约"的观点。如果一当事方希望改变或修改多边贸易协定的条款，应当试图与相关当事方谈判以允许其不履行。这种WTO执行的观点与权利保护的"财产规则"相类似。具体而言，这意味着不可能把争端解决机构用作事后免责的安全阀。只能通过再谈判或在GATT第28条、GATS第21条或《马拉喀什建立世界贸易组织协定》第10条的权限范围内应对不可预见的发展（unforeseen developments）和撤销先前的贸易减让。[3]DSU通过提供额外时间的措施，在此期间补偿和中止可避开完全遵守的部分压力，这种"安全阀"的作用使得败诉的政府有能力改善其在国内法律和政府语境下棘手的处境。但终极的理念是，对于一个理念是客观的、可信赖的以及为该组织所有成员和非政府受惠者提供安全性和可预见性基础的以规则导向体制而言，完全遵守仍然是一项很重要的国际法义务。[4]

对于GATT缔约方或WTO成员方遵守GATT/WTO契约的原因有多种解释。首先，任何当事方在契约上不得不根据其先前所作出的贸易自由化承诺执行，任何与该严格实际履行义务相抵触的"契约外"行为将受到严厉的惩罚。其次，WTO体制是国际法之一部分，即便不存在有效的救济或惩罚机制，

---

〔1〕 *United States - Tax Treatment for "Foreign Sales Corporations"* – Recourse to Arbitration by the United States under Article 22.6 of the DSU and Article 4.11 of the SCM Agreement,WT/DS108/ARB, 30 August 2002 ,Para. 5.52.

〔2〕 *Canada - Export Credits and Loan Guarantees for Regional Aircraft* – Recourse by Canada to Article 22.6 of the DSU and Article 4.11 of the SCM Agreement, 17 February 2003,WT/DS222/ARB, Para 3.107.

〔3〕 See Simon A.B. Schropp, *Revisiting the "Compliance-Vs.-Rebalancing" Debate in WTO Scholarship: Towards a Unified Research Agenda*, HEI Working Paper No: 29/2007, p.12.

〔4〕 See John H. Jackson, "Editorial Comment: International Law Status of WTO DS Reports: Obligation to Comply or Option to '*Buy-Out*' ", *American Journal of International Law*, Vol. 98, No.1, January 2004, p.122.

成员方也会如同遵守一般国际法那样遵守WTO规则或裁决。最后，声誉成本也是成员遵守WTO契约的原因之一。对于某些成员方而言，WTO契约与它们正义的理念密切相符，因而即便没有法律强制，他们无论如何也会对其遵守。或者，对其他成员方而言，WTO契约只不过是更广泛的合作博弈的一部分：国家在很多战线上互动，而贸易关系只是其中之一。如果WTO契约不被尊重，其他战线的既得利益也会最终受到损害。这些解释有利于人们对遵守国际义务的理解。但它们都涉及一项契约被遵守的个人原因。因此，所提及遵守的原因决定于主观的理由。然而，法律安全性（交易成本）旨在维护在所有情形下契约得到遵守的情势，独立于遵守契约的个人原因。换句话说，为服务于法律安全性，制度上而非个人的原因必须在契约中取得一致，并嵌入其中以保证契约始终得到遵守。因此，WTO救济是该协定将一直得到遵守的制度保证。〔1〕

（二）法理支持

“遵守”说的支持者求助于以文本为导向的法律解释方法。〔2〕据此，除无条件实际履行的一般规则外，他们并没有看到任何文本和国际法律容许不遵守的回旋余地。如果在WTO条约实施的过程中出现契约漏洞，或一当事方既对承诺的减让，也对条约文本的相关段落很不满意，各个成员有义务进行正式和建设性的再谈判。为证明WTO执行目的是促进严格遵守规则，“遵守”说的支持者指向WTO DSU无数的段落、《马拉喀什建立世界贸易组织协定》的序言和文本、筹备记录和各个专家组和上诉机构报告。〔3〕

正如上诉机构在美国汽油标准案中所提到，条约解释的一般方法已经获得习惯国际法或一般国际法的地位。根据DSU第3.2条规定，WTO体制可依照解释国际公法的习惯规则澄清其现有的规定。〔4〕这对于很多WTO的谈判者而言是一个启示，而对于认为WTO规则不是国际法规则的人来说就如同致命一

---

〔1〕 See PC Mavroidis, “Remedies in the WTO Legal System: Between A Rock and A Hard Place”, *European Journal of International Law*, Volume 11, Issue 4, 2000, pp.810–811.

〔2〕 See John H. Jackson, “Editorial Comment: International Law Status of WTO DS Reports: Obligation to Comply or Option to ‘*Buy-Out*’”, *American Journal of International Law*, Vol. 98, No.1, January 2004, p.111.

〔3〕 See Simon A.B. Schropp, *Revisiting the “Compliance-Vs.-Rebalancing” Debate in WTO Scholarship: Towards a Unified Research Agenda*, HEI Working Paper No: 29/2007, p.13.

〔4〕 Appellate Body Report on *United States - Standards for Reformulated*, WT/DS2/AB/R, adopted on 20 May 1996, p.17.

击。因为如果WTO规则必须与国际公法规则相一致地解释，其肯定只能是国际公法的规则。[1]此时，如果不遵守WTO裁决，这同否认其规则本身无异。如果条约当事方可不遵守规则，那么整个法律体系就会失去作用。专家组的建议是公共物品，而不只是与争端当事方有关，这不但由于其创立的先例，更因为其确定法律规则的稳定性。[2]约翰·杰克逊认为，根据DSU中11个单独的段落，可得出一项遵守争端解决裁决义务的存在。例如，第3.7条规定："如不能达成双方同意的解决办法，则争端解决机制的首要目标通常是保证撤销被认为与任何适用协定的规定不一致的有关措施。"第19.1条规定，"如专家组或上诉机构认定一措施与一适用协定不一致，则应建议有关成员使该措施符合该协定。"第22.1条规定，"无论补偿还是中止减让或其他义务均不如完全执行建议以使一措施符合有关适用协定"，这意味着其他结果都"不如"使该措施符合该协定。第22.8条规定，"DSB应继续监督已通过的建议或裁决的执行，包括那些已提供补偿或已中止减让或其他义务、而未执行旨在使一措施符合有关适用协定的建议的案件。"第26.1(b)条规定，"如一措施被认定造成有关适用协定项下的利益丧失或减损，或此种措施妨碍该协定目标的实现，但并未违反该协定，则无义务撤销该措施。"

约斯特·鲍威林认为，GATT第23.2条规定受害方在适当的情形下以中止减让作为争端解决机制中的最后手段。暂停实施减让或其他义务在这里看起来更像是促使履行的最后救济手段或制裁，而不是对夺走权利的简单替代或补偿。不像GATT第28条和第19条，第23.2条将中止减让受限于"情况严重"和将应对违约的中止减让受制于集体的同意。该款进一步说明"如对一缔约方的减让或其他义务事实上已暂停实施，则这一缔约方在这项行动采取后的60天内，可以书面通知缔约方全体执行秘书退出本协定"。换句话说，实际上不能把中止减让当成一个正常的事件或授予权利的手段，更不用说促进有效违约。中止减让需要"斟酌实际情况"并不意味着该体制是责任规则。相称

---

〔1〕 See Joost Pauwelyn, "The Role of Public International Law in the WTO: How Far Can We Go?" *The American Journal of International Law*, Vol. 95, No.3, 2001, p.543.

〔2〕 See John H. Jackson, Editorial Comment: International Law Status of WTO DS Reports: Obligation to Comply or Option to '*Buy-Out*' ", *American Journal of International Law*, Vol. 98, No.1, January 2004, p.120.

的反措施可成为“财产规则”适当的辅助执行(back-up enforcement)。[1]

三、争论之评析

(一)“再平衡”说之误导性

第一,“再平衡”说很难说是解释WTO义务和执行的法律效力理论,而更像是与市场准入灵活性有关的理论。当该理论的支持者认为WTO规则并不具备传统意义上的拘束力,这事实上是想表明通过谈判达成的市场准入并无严格约束力。该学说的主要缺陷在于,其主张WTO义务没有约束力的结论,是建立在明确达成一致意见的有关市场准入承诺上,即所有WTO权利的法律效力是基于“契约内”的灵活性之上。例如,GATT第28条和GATS第21条所规定的灵活性受到WTO两种权利的明确措辞所限制:WTO成员可单边修改GATT“减让”和GATS“承诺”。上诉机构认为,上述措辞的通常意义表明“成员可以放弃权利和给予利益,但其不能减少自己的义务”。[2]因此,成员不能根据GATT第28条和GATS第21条单边修改其承诺而减少其他WTO义务。

第二,虽然存在单边修改承诺的可能性,但WTO义务的拘束性并未受到影响。换句话说,WTO义务具有互惠性和整体性之分。前者如市场准入承诺,后者如非歧视义务。影响或改变一项双边关系,通常不会侵犯到其他双边关系,其违反只可能被互惠关系的另一方援用。由于整体性义务(integral obligations)的约束力本质上反映成员的共同意愿,倘若影响或改变一项整体性规则就必然要对所有为该规则约束的成员造成冲击。[3]诚然,在法律经济学者看来,WTO主要任务是市场准入的相互交换,但如果仅仅以互惠的权利与义务为中心,就会不恰当地缩小其适用的范围。很显然,WTO还包含贸易权利之外的其他权利和义务。只要一项不是基于双边市场准入承诺的条约义务

---

〔1〕 See Joost Pauwelyn, *Optimal Protection of International Law: Navigating European Absolutism and American Voluntarism*, U.of St. Gallen Law and Economics Working Paper No. 27, p.53. Last visited on May 11, 2012. http://ssrn.com/abstract=1019415 or http://dx.doi.org/10.2139/ssrn.1019415.

〔2〕 *EC – Bananas III*(AB), para. 154; *EC – Poultry*(AB), para.98; *US – Restrictions on Imports of Sugar*(GATT panel), para. 5.2.

〔3〕 对于WTO义务的本质,学者之间有不同的观点。See Chios Carmody, “WTO Obligations as Collective”, *European Journal of International Law*,Vol. 17,No.2,2006,pp.419-443; Joost Pauwelyn, “A Typology of Multilateral Treaty Obligations: Are WTO Obligations Bilateral or Collective in Nature”, *The European Journal of International Law*, Vol. 14,No. 5,November 2003,pp.907-951.

被违反，“再平衡”说就不能从逻辑上找到可求助的救济手段。WTO法所促进的相互作用不仅仅是双边关系的集合，而是最终产生在定性和定量方面与个体经济关系明显不同的结果。

第三，“再平衡”说基于经济学的契约模型，通常用以解决有双方当事人的简单贸易关系，但WTO比任何正式契约理论所处理的契约关系都要复杂得多。根据该理论，执行的主要目的是“促使当事人在遵守对承诺人产生的利益超过要约人成本时遵守其义务，而认可要约人在自身遵守成本超过承诺人所获得利益时违反其义务”。[1]沃伦·施瓦兹和艾伦·塞克斯认为，WTO再谈判和争端解决对违反义务的有关条款，其设计旨在面对不可预期情况时促进有效率的调整。市场准入权利最终由“责任规则”所保护。成员方可单边修改其承诺，但必须对此负责。其责任被限定为受影响当事方“实质上相同”(substantially equivalent)的报复。但是，既然WTO成员已明确同意允许单边修改承诺，检验违约是否有效率的价值就很有限。“从实在法的角度看，在DSU措辞中并不存在‘赔偿或履行’(pay-or-perform)的责任类型。”[2]

在既有体制下，补偿和中止减让只是在“合理期限”业已届满，而某成员仍然不遵守时提供某种相互贸易减让的再平衡。两者都只是遵守争端解决最终目标(DSU第22.1条)的暂时性措施。[3]因此，WTO并不是鼓励成员方以接受补偿或中止减让来代替完全的执行，DSU现有设计明显标志着“违约并补偿”至少都只是“暂时性措施”。此外，DSU第21.1条强调，“为所有成员的利益而有效解决争端，迅速符合DSB的建议或裁决是必要的”。如果违反WTO规则对于国内利益团体和选民而言是一项现实的政策选择，这也将违反国家缔约国际贸易协定的初衷。再者，根据DSU规则，政府使用“中止减让和其他义务”时缺少任何减轻私人经济行为者的经济或社会后果的义务。有意思的是，根据《条约法公约》第60.5条的规定因违约而停止实行条约“不适用于各人道性质之条约内所载关于保护人身之各项规定，尤其关于禁止对受此种条

---

〔1〕 Warren F. Schwartz and Alan O. Sykes, “The Economic Structure of Renegotiation and Dispute Resolution in the World Trade Organization”, *The Journal of Legal Studies*, Vol. 31, Issue 1, 2002, p.181.

〔2〕 Simon A.B. Schropp, *Trade Policy Flexibility and Enforcement in the WTO–Reform Agenda Towards an Efficient “Breach” Contract*, (Ph. D. diss., University of. St. Gallen, 2008), p.261.

〔3〕 See Claus D. Zimmermann, “Strengthening the WTO by Replacing Trade Retaliation with Stronger Informal Remedies?”, *Journal of International Trade Law and Policy*, Volume 11, Issue 1, 2012, pp. 83–84.

约保护之人采取任何方式之报复之规定”。因此，条约法认识到停止条约的行为将会对个体造成的附带损害的道义问题。到目前为止，贸易法还没有关注到这个问题。[1]根据DSU第22.8条，如果旨在使一措施符合有关适用协定的建议未得到执行，DSB将会继续监督其执行。可见，GATT和GATS为某些权利提供灵活性并不能改变WTO承诺或义务的拘束力，成员方以同意赔偿或接受中止减让来代替履行也不能改变其违反义务的事实。

毋庸置疑，国际贸易依赖于比较成本和收益，但国际贸易法的根基是“条约必须信守”的绝对命令。根据国际法，成员方应当受到WTO协定的法律约束。从GATT到WTO协定的转变是旨在增强既有的GATT原则而不是改变这些原则自身。这种增强有望提高成员对WTO协定的遵守，并减少对单边贸易措施的使用。[2]还应当看到，在GATT和WTO协定体系下，已存在单独的“再平衡”机制，包括第19条保障措施和第28条有关修改减让表的再谈判规定。由于减让承诺表是GATT和GATS不可分割的一部分，应当视为“代表所有成员的共同意志”[3]而非只是双边契约关系中可减让的承诺，对于共同议定的灵活性机制和违反这些规则必须承担的后果也要有所区分。大体而言，承诺与直接来自协议的义务具有同等意义上的约束力。即使承诺可能因为任何成员的意愿而修改，但在此之前承诺的法律效力并不会有所减损。成员方也不因共同议定允许单边修改的条款而放弃其质疑修改计划与多边规则相一致的权利。

第四，“再平衡”说对于从先前达成共识的契约承诺中的“事后不履行”（*ex post* non-performance）或“免责”的两种情形并不加以区分。如前文所述，前者指当事方约定中明确规定合法的“不履行”，即允许当事方在某种情况下撤回先前所做的减让，这可称为免责、不履行或免除义务。这构成契约的一部分，从而具有其正当性。这种例外规则可视为退出机制或再谈判条款。第二种“事后不履行”构成“契约外”行为，因而具有违法的性质。根据公约，

〔1〕 See Steve Charnovitz, *The WTO's Problematic "Last Resort" Against Noncompliance*, p.12. Last visited on August 8, 2012. http://www.worldtradelaw.net/articles/charnovitzlastresort.pdf.

〔2〕 See Sebastiaan Princen, "EC Compliance with WTO Law: the Interplay of Law and Politics", *European Journal of International Law*, Vol. 15, No. 3, 2004, p.556.

〔3〕 EC – Computer Equipment (AB), Para. 84.

这种行为叫作“契约瑕疵”，如违反、违约或品行不当。[1]“再平衡”说的支持者无视上述区别，单纯地将WTO视为缔约方互惠交换市场准入减让或关税自由化承诺的单一权利契约，并由“责任规则”对上述自由化承诺进行保护。据此，任何成员方随时都可违背WTO协定，只要其给予受损害方赔偿，或者至少不能阻止损害方采取报复性的自助措施。这相当于赋予成员方对于“不履行”的自由选择权，只要其对该行为造成的损害提供赔偿即可。

赔偿通常也允许受到例外条款影响的国家中止相等减让，这在经济上是具有灾难性的一种解决方法。权利受到侵害的国家并没有从提高贸易壁垒中获得任何好处，反而经常是致使其本国的人民遭受净损失。可见，虽然赔偿有利于限制灵活性的滥用，但其事实上并不能使受侵害成员弥补其损失，因为在这个过程中成员方将付出更大的代价。如果支付赔偿被认为是解决由例外条款引起的不平衡的方法，其同样会减轻援引例外条款一方恢复遵守的努力，由此增加在任何特定时间平均的保护水平。而且，很难找到国家可提供进一步补偿减让的产品，或者提高壁垒作为报复的外国产品。通过提高某一重要出口产品的关税以平衡所造成的损害经常被证明是不可能的。[2]

第五，如何量化互惠或再平衡减让的“价值”，这也是“再平衡”说存在的根本问题。换言之，是否存在一个可计算“再平衡”的“比较仪”（comparator）仍有疑问。[3]当GATT体制的首要主旨由关税约束组成时，虽然制定可量化关税减让的措施可能在方法上涉及相当大的差异并导致不同的量化水平，但多少还是比较容易。然而，在1960年之后，整个GATT体制将其注意力从关税转开，而朝向非关税壁垒和所谓的规则。通常，这在事实上不可能量化违反一项规则对未来潜在贸易的影响。即便是国民待遇和最惠国待遇义务，可能有时也难以量化。对于环境保护和食品安全的管理手段，通常不可能对其影响设定任何正当的、量化的措施。整个体制向规则转变表明“再平衡”在WTO语境下所能发挥的作用越来越小。当条约规则大部分是程序性，例如DSU中

---

〔1〕 See Simon A.B. Schropp, *Revisiting the "Compliance-Vs.-Rebalancing" Debate in WTO Scholarship: Towards a Unified Research Agenda*, HEI Working Paper No: 29/2007, p.2.

〔2〕 See Krzysztof J. Pelc, *The Cost of Wiggle-Room: on the Use of Flexibility in International Trade Agreements*（Ph. D. diss., Georgetown University, 2009）, p.28.

〔3〕 See Holger Spamann, "The Myth of 'Rebalancing' Retaliation in WTO Dispute Settlement Practice", *Journal of International Economic Law*, Volume 9, Issue 1, March 2006, pp. 31–79.

的措施和WTO宪章中的某些条款，这种倾向就更加突出。[1]其次，要确知“相称”和“水平”意欲何指相当困难，对此不存在容易的解决方案。由于贸易流动的非对称性，即便是一项相同的特定措施，取决于其适用的贸易流动规模和构成，也会产生不同的影响。因此，WTO实践中必须使用某些抽象的“比较仪”（comparator）估量中止和损害的水平，以及决定其等效性。核心问题是，是否要以贸易额、经济损失和收益（福利效果）或关税作为貌似合理的“比较仪”。DSU第22.4条文本及其语境都不能解决什么是法律上正确的“比较仪”的问题，在DSU或其他地方也没有这种界定。[2]

即便DSU第3.3条提及权利与义务的平衡，这有时被认为是WTO协定应当保证来自遵守的实体利益合理的平衡。在GATT中，这种观点经常导致以实用主义方法解决缔约当事人之间争端的偏好。但值得指出的是，该实用主义方法要求对于协定实体目标达成根本上的共识。在WTO这样有如此不同成员资格的组织中并不存在这样的共识，外交和实用主义不大可能会导致相互接受的解决方案。[3]事实上，WTO争端解决体制主要是从多边贸易体制提供可靠性和可预测性的角度来保护各成员在适用协定项下的权利和义务。WTO中止减让具有四个可能的目标：以受害者为中心的补偿，包括相互撤销减让（再平衡）和补偿受害方的损失；以违约方为中心的制裁，包括促使遵守和惩罚。[4]因此，“再平衡”说基本上将争端解决的目的看成为受害者在不稳定世界中的安全阀，这还不足以概括WTO体制的全貌。

WTO成员在选择和实施反措施的实践也表明，申诉方主要目的是促使遵守而不是为获得减让之再平衡。首先，当被申诉方不遵守一项WTO裁决时，申诉方并没有经常地适用授权的反措施。在60个可以报复的争端中，WTO成员方只有在17个争端中正式地请求授权报复，只有10个案件完全诉讼和获得

---

〔1〕 John H. Jackson, “Editorial Comment: International Law Status of WTO DS Reports: Obligation to Comply or Option to ‘*Buy-Out*’ ”, *American Journal of International Law*, Vol. 98, No.1, January 2004, p.121.

〔2〕 See Holger Spamann, “The Myth of “Rebalancing” Retaliation in WTO Dispute Settlement Practice”, *Journal of International Economic Law*, Volume 9, Issue 1, 2006, p.38.

〔3〕 See Isabel Feichtner, *The Law and Politics of WTO Waivers: Stability and Flexibility in Public International Law*, Cambridge, Cambridge University Press, 2011, pp.34–35.

〔4〕 See Joost Pauwelyn, “The Calculation and Design of Trade Sanctions in Context: What is the Goal of Suspending WTO Concessions?”, in *The Law, Economics and Politics of Retaliation in WTO Dispute Settlement*, Joost Pauwelyn and Chad P. Bown, eds., Cambridge, Cambridge University Press, 2010, pp.37–38.

授权实施反措施，其中只有5个实施反措施。如果再平衡是申诉方的主要目标，其将会更加积极地寻求和实施报复权利，以在被申诉方违反WTO规则和不遵守WTO裁决时恢复贸易利益和减让的平衡。即便是WTO最有实力的两个成员也不经常适用报复。例如，美国只有在两个争端中谋求和实施报复，欧盟正式地谋求报复权利七次但只实施两次。在实践中，即便是获得授权，申诉方经常诉诸旨在向外国出口商施加遵守压力的机制而不是报复。如果成员方寻求贸易减让的再平衡，其必定在被申诉方未能遵守裁决时更少犹豫地利用报复性的裁决。其次，针对被申诉方国内少量在政治上很重要的生产商的战略。申诉方发现，比起全面地以较低比率提高关税和针对与WTO不一致措施中获利的行业，将报复措施集中于政治上有影响力的出口团体是促使遵守的更有效方式。最后，小型发展中国家申诉方的实践同样表明其目标是促使遵守。当大型WTO成员（就其行使市场权力而言）以提高关税报复时，小型发展中国家以中止知识产权保护的形式谋求和获得报复权利。因为这有利于向各个申诉方（美国和欧盟）有影响力的选民施加游说遵守的压力。[1]

综上所述，无论将WTO协定视为契约或条约，出现违反义务的情形时都需要计算损害赔偿金的水平，即根据正在发生的争端判断利益的丧失和减损情况。相比于GATT，WTO中止减让的目的已经变成促使规则的遵守。[2]WTO规则对于中止减让提供初看上去很明确和严格的“同等”标准，但对于中止WTO义务所要达到的目的（关税减让的再平衡或者惩罚）仍有许多解释和适用的回旋空间。首先，当裁决者根据DSU第22.4条计算出适当的损害赔偿金，就可能要面对中止WTO义务的目标是制裁或赔偿的问题。相比于“再平衡”交易，惩罚可能需要更高水平的报复。其次，中止WTO义务可能影响因违约而计算利益丧失数额，以及为此授权报复程度的基准。例如，如果其目的是赔偿违约的受害者，评定利益丧失的最合适基准是因违约造成的经济损害或者利益损失。相反，如果中止减让的目标是恢复两个国家之间贸易减让的平衡，则更合适的基准是违约所造成的贸易影响或双边贸易损失的价值。相似

〔1〕 See Gregory Shaffer and Daniel Ganin, “Extrapolating Purpose from Practice: Rebalancing or Inducing Compliance”, In Chad Brown and Joost Pauwelyn, eds., *The Law, Economics and Politics of Retaliation in WTO Dispute Settlement*, Cambridge, Cambridge University Press, 2010, pp.73-86.

〔2〕 See Brendan P. McGivern, “Seeking Compliance with WTO Rulings: Theory, Practice and Alternatives”, *The International Lawyer*, Vol.36, No.1, 2002, pp.144-145.

地，如果贸易报复的目标是“再平衡”，则可设定同等贸易水平的报复，而不是同等水平的金钱赔偿。[1]最后，将DSU第22.4条“等于利益丧失或减损的程度”生硬地类比于私人契约下的预期损失赔偿，虽然能阻止违约成本过高的问题，但却不能在申诉国家缺乏报复能力时，如后者一样解决违约成本过低的问题，更重要的是如何估量和操作“同等”更不如私人契约那样清楚。[2]

在WTO实践中，专家组或上诉机构在涉及GATT第20条和GATS第14条时通常会考虑不同的因素。例如，在韩国牛肉案中，上诉机构认为（至少）要考量三种因素，以决定韩国的措施是不是为了遵守其《反不正当竞争法》所“必需”。[3]在多米尼香烟案中，专家组确认司法机构应当“权衡和平衡”(weighing and balancing)一系列因素。[4]有学者认为，上诉机构在欧盟石棉案、美国—赌博案和多米尼加香烟案中根据成员方自行选择保护水平的原则裁决。[5]但是，上诉机构并没有清楚地提出如何进行平衡，特别是没有从法律经济学视角限定明确的成本—收益分析。在其他案件中，上诉机构虽然一贯地提及韩国牛肉案的平衡标准，但在查明管理性措施之目的后，通过适用最少贸易限制性替代标准避免进行明确的司法平衡。[6]还不清楚上诉机构将如何协调成员方选择的保护水平与在评价所保护价值的重要性尺度。[7]

（二）“遵守”说的缺陷

“再平衡”说为经济学不同方面的动机在WTO争端解决机制中所起到的作用提供很有价值的深刻见解，但是未能对于WTO框架下“有效违约”的问

---

〔1〕 See Joost Pauwelyn, “The Calculation and Design of Trade Sanctions in Context: What is the Goal of Suspending WTO Concessions?” , in Joost Pauwelyn and Chad P. Bown, eds., *The Law, Economics and Politics of Retaliation in WTO Dispute Settlement*, Cambridge, Cambridge University Press, 2010, pp.38–39.

〔2〕 See Alan O. Sykes, “Optimal Sanctions in the WTO: The Case for Decoupling” , in Chad Brown and Joost Pauwelyn, eds., *The Law, Economics and Politics of Retaliation in WTO Dispute Settlement*, Cambridge, Cambridge University Press, 2010, p.347.

〔3〕 See Appellate Body Report, *Korea-Measures Affecting Imports of Fresh, Chilled and Frozen Beef*, WT/DS161/AB/R, WT/DS169/AB/R, Dec. 11, 2000, para.164.

〔4〕 See Panel Report, *Dominican Republic-Measures Affecting the Importation and Internal Sale of Cigarettes*, WT/DS302/R, Nov. 26, 2004, para.5.71.

〔5〕 See Cf. Donald H. Regan, “The Meaning of ‘Necessary’ in GATT Article XX and GATS Article XIV: The Myth of Cost–Benefit Balancing” , *World Trade Review*, Vol. 6, Issue 3, November 2007, pp. 347–369.

〔6〕 See Gregory Shaffer and Joel Trachtman, “Interpretation and Institutional Choice at the WTO” , *Virginia Journal of International Law*, Vol. 52, Issue 1, 2011, p.142.

〔7〕 See Gabrielle Marceau and Joel P. Trachtman, “TBT, SPS, and GATT: A Map of the WTO Law of DomesticRegulation” , *Journal of World Trade*, Vol. 36, Issue 5, 2002, pp.811–881.

题提供具有说服力的结论。这是由于其假设是既有体制被设计用于鼓励“有效违约”，但该理论需要进一步改革以克服不精确的损失赔偿等问题。同样地，“遵守说”建立在WTO体制的关键任务是任何时候都应严格遵守，以及无论“契约外”的灵活性是否有效率都应当降低为零的刚性假设之上。[1]“遵守”说把WTO协定视为包含多种权利的条约，但对于不同权利并未加以区别。该理论的支持者专注于专家组对于“契约外”违约行为裁决的法律约束力，但这在一定程度上忽略了WTO协定中关于“契约内”的例外规定，即贸易政策灵活性。根据该学说，任何契约权利和义务都由“财产规则”所保护，并由DSU通过专家组和上诉机构的裁决迫使违约方遵守游戏规则。当事方可通过再谈判方式购买（buy off）所有者的权利。不过，“遵守”说仍然没有解决为何再谈判程序过于虚弱和DSU执行救济无力的问题。[2]

如前所述，“遵守”说之理论支撑为“财产规则”，即保护和执行初始的权利不受到任何侵犯，以及执行为其转让而自愿订立的契约。但是，这是否意味着所有的权利都只能通过“财产规则”保护，而不需要“责任规则”？或者说，“财产规则”是否不能转变为“责任规则”呢？当然不是。两者密切关联且其适用取决于彼此的短处。从经济效率的角度看，当市场的交易费用相对较高时，责任规则优先于财产权利。人们可轻易地举出支持从一个财产规则转变为一个责任规则的论据。[3]由于WTO协定主要是国际贸易方面的多边规则，其在促进规则得到遵守的同时也要保证经济效率的最大化。如果在任何情形下都要求成员方完全遵守或实际履行，这将不符合私人经济运营商对于可预测性的利益。从系统的观点看，赔偿或其他形式的双边解决，与坚持在

---

〔1〕 See Claus D. Zimmermann, “Toleration of Temporary Non-Compliance: The Systemic Safety Valve of WTO Dispute Settlement Revisited”, *Trade, Law and Development*, Vol.3, No 2, 2011, p.388.

〔2〕 See Simon A.B. Schropp, *Revisiting the “Compliance-Vs.-Rebalancing” Debate in WTO Scholarship: Towards a Unified Research Agenda*, HEI Working Paper No: 29/2007, p.3.

〔3〕 事故是社会使用责任规则的无数例证中的一个。如果要给受害人一项在事故中不受侵害的财产权利，人们就不得不要求所有从事可能侵害他人的活动的人在事故发生之前与受害人进行谈判，并买下撞掉一只胳膊或者一条腿的权利。这种事故前的谈判将会相当昂贵，通常高得离谱。要求这样的谈判因而会预先阻止许多事实上值得开展的活动。而且，一个事故发生之后，失去胳膊或腿的人总会看似非常合理地否认他本来会以买家可支付的价格售出身体权利。确实，凡是事故发生后进行谈判——比如审前和解——的地方，大体都因为替代方式是对损害赔偿的公共估价。See Guido Calabresi and A. Douglas Melamed, “Property Rules, Liability Rules, and Inalienability: One View of the Cathedral”, *Harvard Law Review*, Vol. 85, No. 6, April 1972, pp.1108-1109.

所有情形下的完全和即时遵守截然不同，这可能实际上使该体制免于崩溃，而不是质疑WTO法律制度的完整性。

正如约瑟夫·奈所指出，赔偿或中止减让的程序作为遵守的支持，就像是在一所房子电力系统的保险丝，保险丝烧断总比房子被烧毁好。〔1〕即便约翰·杰克逊支持在WTO中强有力的“规则导向”，他也承认成员方在签订协定时并不想要完美地遵守WTO主要义务的事实。但他也指出，这并不意味着成员方只想要将产生救济的那种遵守。〔2〕既然争端解决机制的首要目标“通常”是保证撤销被认为与任何适用协定的规定不一致的有关措施，这就意味着遵守并不会一直是其追求的目标。如果说DSU创造出一项从长远来说需要实际履行的义务，就不一定表明其排除偏离这种义务暂时的选择。促使遵守专家组或上诉机构的建议可被理解为禁止拖延的策略，而不是排除补偿或报复的选择。因此，条约文本对于违反者超时维持一项违反并提供补偿或接受报复的选择之合法性并没有完全的确定性。大量的段落为存在遵守的义务提供支持，但这种支持也并不是十分确定的，其他的段落表明更加宽松的标准。更重要的是，即便从正式的、法律的角度看，约翰·杰克逊的观点是对的，但这不能否定在实际情况中违反者可简单地选择不遵守裁决的事实。此外，DSU关于反措施的条约文本和仲裁员对于《补贴与反补贴措施协定》的解释将反措施的大小与违约所造成的损害连接起来。仲裁员很清楚该等水平的反措施不足以促使遵守，但他们并没有权力授予更加严格的措施。实际的结果就是，只要成员方愿意付出相应的“代价”，就有违反他们义务的选择权。这种行为就国际法而言可能被认为是“非法”的，但WTO体制仍显而易见地允许其发生。〔3〕

---

〔1〕 See Joost Pauwelyn, “A Typology of Multilateral Treaty Obligations: Are WTO Obligations Bilateral or Collective in Nature?” , *European Journal of International Law* , Vol. 14,No. 5, November 2003,p.949; Joseph Nye, “The Paradox of American Power” , in *A World Without Walls, Freedom, Development, Free Trade and Global Governance*, Cambridge, Cambridge University Press, 2003,p.109.

〔2〕 See Carlos Manuel Vazquez and John H. Jackson, “Some Reflections of Compliance with WTO Dispute Settlement Decisions” , *Law and Policy in International Business*, Vol. 33, No. 4, Summer 2002, p.565.

〔3〕 See Amrita Narlikaret al., eds., *The Oxford Handbook on the World Trade Organization*, Cambridge, Oxford University Press, 2012,pp.564–568.

本章小结

由于WTO文本存在的法律漏洞和成员方的“战略性模糊”等原因，人们对该以规则为导向的贸易体制应当如何运行存在不同的观点。例如，对于WTO救济的目标是促使遵守还是提供补偿，人们依然是仁者见仁，智者见智，众说纷纭。因此，自2001年多哈回合谈判启动以来，有关改进WTO救济有效性的成员提案和学术建议层出不穷。换句话说，违反WTO协定的后果应当类似于违反商业契约，抑或如同违反其他国际条约。契约论者认为，有关事项发生于特定主体之间，如果发生违约情形可能需要给予赔偿，但无论如何最好是在相关当事方之间解决。更重要的是，违约可能是更有效率和合适的选择。但条约论者认为，违约首先应当视为偏离有拘束力的承诺。在缺乏有关条约减损或WTO撤销规定时，必须遵守这些义务。对于违反WTO的反应措施的设计（如提供赔偿或通过中止减让的报复条款）主要是用来引导遵守、提供赔偿、允许合法违约，还是维持互惠，这些问题都与救济的目标相关。[1]对此，学术界出现“有效违约”理论是否可适用于WTO领域，以及WTO执行目的是“再平衡”还是“遵守”的理论争议。

首先，“有效违约”理论不可直接适用于WTO法领域。有些学者主张：对于契约违反，法律应优先采取金钱赔偿而非强制履行的救济方式，因为如此可使资源的利用更有效率。这种见解有一定道理。当DSB规定在合理期限内遵守对于面对异常激烈的国内阻力的成员方而言不切实际时，WTO体制应当具有足够的灵活性，并能容忍在罕见情形下暂时“不遵守”问题。但是，如果贯彻“有效违约”理论，即便一方当事人恶意违约，另一方仍仅得请求金钱赔偿，这就会造成相当大的道德风险，并危及整个财产权制度。[2]WTO贸易政策灵活性机制可解决成员方要求填补法律漏洞、增加规则对现实的适应性等问题的事实表明，无须一味通过“有效违约”理论的适用满足成员方对灵活性的需求，以免损害整个WTO体制的安全性和可预见性。

近年来，金融危机影响还未完全消退，欧洲债务危机又在牵动全球经济

---

〔1〕 See Robert Z. Lawrence, “Crimes and punishments? Retaliation under the WTO”, *Institute for International Economics*, 2003, p.8.

〔2〕 参见王文宇：《民商法理论与经济分析》，中国政法大学出版社2002年版，第140页。

神经。在世界经济形势复杂多变的大背景下，各国都竭力避免成为贸易协定中投机性背叛的牺牲品，同时也将谨慎评估新一轮谈判中贸易政策灵活性机制的可行性和可靠性。一方面，金融危机的经验清楚地表明，对于市场必须给予审慎的引导和监督。若提倡以经济学分析，必然主张自由放任之经济政策，并反对政府对市场的干预。如果将"有效违约"理论适用于WTO，就将压缩或贬抑其他无法以货币量化的社会价值。〔1〕另一方面，将"有效违约"理论适用于WTO协定的观点相当于由"责任规则"保护WTO协定中所有类型的权利，但是在涉及很多易变权利的复杂契约情形下，一般的违约责任规则可能不大可行。〔2〕

其次，"再平衡"和"遵守"两种学说并无根本上的矛盾，只是其各自关注同一问题的两个方面，即对WTO协定本质理解不同。"再平衡说"可谓是解释"契约内"灵活性的重要理论，而通过"遵守"说可理解WTO对"契约外"行为提供救济的原因。因此，两者是相互补充，而非是一种对立的关系。两种学说争论之核心，并不是关于违约、制裁或者专家组裁决的法律拘束力，而是对于契约本质的不同理解，即是否允许从先前契约义务中部分退出的问题。"再平衡"说把契约权利理解为互惠的市场准入承诺。但是，无论"再平衡"说的"责任规则"，抑或"遵守"说的"财产规则"，都不能单独为WTO协定中复杂多样的权利提供周延的保护。

从某种程度上说，GATT和其他WTO贸易协定是不完全契约已经是无可争议的观点。确实，未来偶发事件的不确定性很可能是国家在履行任何国际协定时面对的合作困境。因为谈判者并不能预见未来所有的偶发事件，这些情形他们事前不预期可通过特定的协定解决。"有效违约"的支持者认为，当不违反条约承诺将面临巨大的国内政治成本时，国家应当在这种政治上遵守不可行的情况下随意违反他们的WTO承诺。但是，并不清楚"有效违约"能否更好地执行互惠的贸易义务。如果国家愿意承受报复成本而坚持违反其贸

---

〔1〕 See Jeffrey L. Dunoff and Joel P. Trachtman, "Economic Analysis of International Law", *Yale Journal of International Law*, Vol.24, Winter 1999, pp.8–9.

〔2〕 假想有一个雇佣契约，雇主被授予一项全然的不履行责任规则。其仅仅通过赔偿就能违反雇员的任何权利，例如，自由言论、有休闲和假日、工作休息权利和建立工会组织的权利等基本的人权。雇员不大可能在事前同意这样的契约安排。See Simon A. B. Schropp, *Trade Policy Flexibility and Enforcement in the WTO: a Law and Economics Analysis*, Cambridge, Cambridge University Press, 2009, p.126.

易承诺，这就可能导致贸易战和损害WTO执行机制的可靠性。实际上，还有应对国际协定不完全性的更有效方法。例如，允许当事方进行贸易承诺的再谈判。再如，鼓励成员方克制或避免将充满政治色彩（politically loaded）和敏感的案件提交WTO争端解决机制决定。在实践中，国家似乎已经采取这些方法应对贸易争端中不确定的的国内政治压力。[1]

〔1〕 See Jide Nzelibe, "The Credibility Imperative: The Political Dynamics of Retaliation in the World Trade Organization's Dispute Resolution Mechanism", *Theoretical Inquiries in Law*, Volume 6, Issue 1, January 2005, pp.247–249.

第四章　WTO贸易政策灵活性机制使用状况及问题

第一节　WTO贸易政策灵活性机制使用状况分析

如上所述，WTO协定承诺与灵活性冲突及协调之理论纷争，实际上是关于WTO权利保护水平高低之争议。因此，分析WTO灵活性机制的实际使用情况及其在现实中的运行效果，将有助于探讨WTO权利的最佳保护水平及方式。西方有些学者将WTO协定中的反倾销、反补贴和保障措施等称为“临时保护措施”。〔1〕在WTO争端解决机制中，近一半的案件都涉及成员方采取的临时保护措施或贸易救济措施。鉴于此，本书根据WTO官方网站提供的数据，〔2〕从实证角度研究2000年至2010年，WTO反倾销、反补贴和保障措施等贸易政策灵活性手段的实际使用情况，并指出贸易政策灵活性手段及其执行可能存在的问题。

---

〔1〕 See Kyle W. Bagwell et al., *Law and Economics of Contingent Protection in International Trade*, Cambridge, Cambridge University Press, 2010.

〔2〕 WTO秘书处关于灵活性手段使用数据的信息至少有三方面的缺陷：首先，数据并不完善。例如，并不是过去所有的保障措施都得到公布。而且，大量违反WTO协定的行为可能未被发现，或者得到双边解决而没有公之于众；其次，即便数据是完善的，在解释方面也存在很大的困难。很多数据不能单独解释，更难以相互比较；最后，WTO数据并不是在相同的条件下公布的。例如，一次针对五个国家的反倾销调查被WTO秘书处计算为五次调查，这也适用于反倾销措施。相反，无论受到不利影响的出口国家如何，一次保障措施调查总是作为一次调查公布。See Alexander Roitinger, *The Institutional Design of Trade Policy Flexibility in the World Trading Order: Analysis and New Direction for Reform* (Ph. D. diss., Universität St. Gallen, 2004), p.32. 尽管如此，这些数据仍可为WTO贸易政策灵活性机制的实际使用情况和存在问题提供有用的信息和证据。

一、反倾销措施

（一）案件的地区分布及成因

从地区分布而言，东亚是反倾销最主要的目标地区。中国、韩国、中国台湾地区、日本这四个东亚地区的经济体成为最主要的反倾销目标国家和地区，分别为618件、166件、139件和96件，占总数的40.8%。此外，涉案较多的国家还有美国132件，泰国111件和印度98件。从反倾销的国家分布来看，主要涉及国家为发展中国家。其中，印度、阿根廷是主要的发起国，而中国既是主要发起国，也是主要的目标国。（见图1）

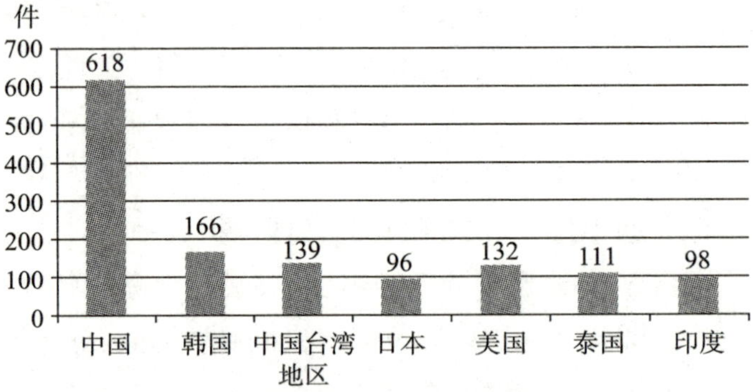

图1　反倾销措施的主要目标方

虽然乌拉圭回合谈判试图阻止反倾销措施的使用，但越来越来的国家积极地制定各自的反倾销政策，反倾销活动并没有得到真正的限制。反倾销历来被视为美国、欧盟、加拿大等发达国家或地区对发展中国家单方面设置贸易壁垒、进行保护主义不平等贸易的歧视性手段之一，但是自2000年之后，美国和欧盟在反倾销调查的数量方面一直呈下降趋势。加拿大、澳大利亚、新西兰等曾经是最主要的采取贸易救济措施的国家，但其涉案数量也出现下降的趋势。例如，美国在2001年提起反倾销案件77件，同年澳大利亚提起反倾销案件23件，此后数年两国都未曾超过这个数字。这表明这些国家和地区对于反倾销的价值和效果开始持审慎态度。

同时，发展中国家也已经开始熟悉并掌握反倾销这一工具，越来越广泛且频繁地使用贸易救济措施。世界贸易组织的数据统计显示，印度、阿根廷、巴西、中国、土耳其和南非等发展中国家成员方发起反倾销案件数量相对较高。特别是印度，2002年发起的反倾销调查就高达81起，占全球总数的26.7%。最近十年，印度对外反倾销案数量达到481起，占全球总数的19.2%，比第2位美国还要多出173件。此外，阿根廷、中国和土耳其发起反倾销案总数分别为180件、177件和120件，分别位列世界第四位、第五位和第六位，各占全球总数的7.2%、7.1%和4.8%。这4个发展中国家的反倾销诉案数之和占全球总数的38.3%。（见图2）

这种现象背后原因主要在于发展中国家产品同质化造成的价格竞争和发达国家对发展中国家低价产品和原材料的抵制。作为国际重要贸易救济政策，反倾销与保护产业安全之间存在紧密的联系。根据WTO的安排，发展中国家不断地开放市场，日益融入世界经济一体化的进程中，这就容易导致国内产业受到外来产品倾销行为的冲击。采取反倾销措施为WTO所允许的维护合法权益的行为，自然是发展中国家明智的选择。

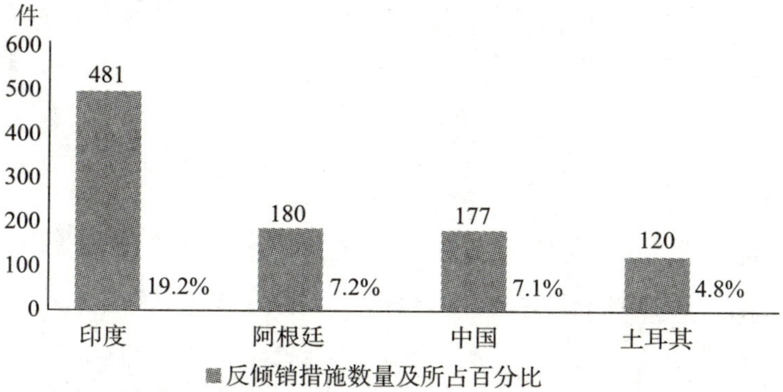

图2 主要发展中国家发起反倾销调查情况

（二）反倾销的行业分布状况

世界贸易中涉及产品种类繁多，但只有少部分是反倾销申诉对象。从2000年到2010年，根据WTO使用的贸易统计分类，全球反倾销涉案数最多的类别为XV类普通金属及制品，共有659件，占同期全球实施反倾销措施案件总数的26.4%；其次是Ⅵ类化工产品，共有563件，占总数的22.5%；排列在第3位到第6位的分别是：Ⅶ类塑料和橡胶制品330件，占总数的13.2%；XVI类机电产品210件，占总数的8.4%；X类纸制品104件，占总数的4.2%；XIII类石头、石膏、石棉、水泥、陶瓷制品、玻璃制品等88件，占总数的8.5%。（见图3）前六类产品遭受反倾销措施的案件总量高达1954起，占同期全球全部反倾销措施案件总数的近78.2%。尽管金属制品和化工产品的进口份额相对较小，但由于分配的不均匀和某些行业对产品标准化要求较高，从而使得在相同产品上适用更多的反倾销调查。与此相反，农业、纺织品和服装行业特点不是很明显，如其大部分产量和市场份额都集中于少量的大生产商，这就使得它们通过反倾销适用标准的协调成本很低。上述统计数据表明，近十年来反倾销所涉及的产品具有类型相对集中的特点。

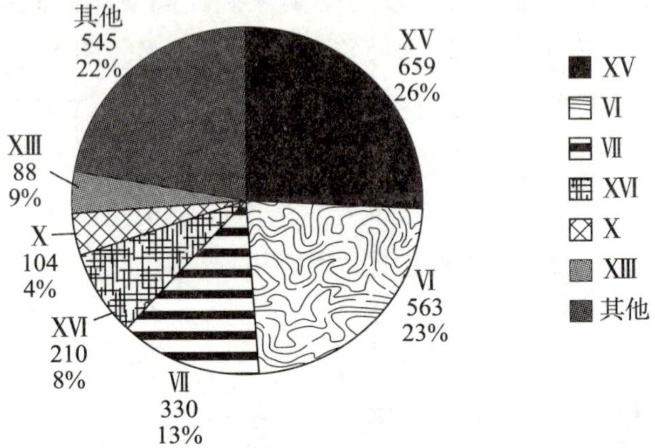

图3　反倾销所涉及的行业分布情况

统计数据表明，反倾销涉案数最多的XV类金属制品与VI类化工产品这两类产品的变化较有规律性，基本与全球反倾销总体趋势相同。XV类金属制品在2001年达到最大值138件，然后数额逐年趋于下降，到2006年已经下降到最小值24件。由于全球金融危机的影响，2008年数量再次反弹达到65件，随后逐年呈现下降趋势。VI类化工产品在2002年达到最大值96件，随后数量逐步趋于下降趋势，但在2007年出现较大增长达到53件。在这两类行业之外，其他种类产品的反倾销虽然规律性不明显，但基本还是与全球反倾销的总体趋势保持一致。

进一步分析可发现，各国反倾销所针对产业大体相同，主要都集中于以上六类里面。主要差别在于发达国家和发展中国家采取反倾销措施所涉及行业类别的不同。以XV类金属制品、VI类化工产品和VII类塑料和橡胶制品为例，发达国家主要侧重于针对XV类金属制品的反倾销。如美国、欧盟和加拿大针对XV类金属制品分别提起反倾销措施，而发展中国家的反倾销重点主要针对Ⅵ类化工产品和Ⅶ类塑料和橡胶制品。出现这种现象的原因在于：第一，虽然钢铁和金属工业在发达国家已基本属于夕阳工业，但对于解决大量劳动力就业问题和维护经济增长仍有积极意义。由于这些行业劳动力向其他产业转移较困难，加上发达国家钢铁业工会势力庞大，与钢铁业相关的利益集团错综复杂，对XV类产品要求贸易保护的呼声也相对较高。因此，发达国家钢铁产业的利益集团通常会积极推动对国外相关行业采取反倾销措施。第二，反倾销案件大多是由企业发起，而大多数使用反倾销的企业并没有多少出口压力，它们显然不会担心其他国家采取反倾销措施。例如，由于美国钢铁产业极少出口其产品，印度不大可能通过对美国小麦施加反倾销义务以阻止美国钢铁产业寻求对印度钢铁产业的反倾销保护。〔1〕总体而言，世界钢铁生产和贸易格局发展的不平衡、国际钢铁市场的供求矛盾突出、各国钢铁行业国际竞争力的差异以及国际反倾销总体形势的恶化，这是造成钢铁产品反倾销成为国际反倾销“重灾区”的重要原因之一。〔2〕第三，Ⅵ类化工产品和Ⅶ类塑料和橡胶制品对于发展中国家而言是需要着重发展的幼稚产业，发展中国家对其进行适当保护也具有一定的必要性。〔3〕

反倾销已经成为暂时限制进口的主要手段，其代表着一种扭曲的贸易政策措施。反倾销最根本的问题并不简简单单是法律实施方式的问题，而是法律对价格歧视的认识，因为法律认为价格歧视本身就是问题。但是，价格歧视并不具有内在伤害性或是反竞争的。价格歧视是国内竞争可被接受的特征之一。如果国内各地的价格和出口商国内的价格完全一样，那就令人惊奇了。政府在做出一个倾销裁定时，频繁使用任意估算生产成本的方法。这样做的结果是，倾销是政府在倾销法令中认定的行为。反倾销法令是国内公司在自称的“公平贸易”名义下用来阻止外国竞争的一个受欢迎的手段。〔4〕对此，很多观察家提出旨在通过减少反倾销可适用的情形来对其加以限制。换言之，对反倾销之使用设置更高的前提条件。然而，对临时进口限制规定更高的前

---

〔1〕 See Thomas J. Prusa, “Anti-dumping: A Growing Problem in International Trade”, *The World Economy*, Vol. 28, No. 5, May 2005, p.699.

〔2〕 参见王晰、宗毅君：《国际竞争力的效果实证研究》，载《世界经济研究》2009年第1期。

〔3〕 参见朱彤、李磊：《WTO成立后反倾销之新趋势及特点》，载《世界贸易组织动态与研究》2008年第6期。

〔4〕 参见［美］道格拉斯.A.欧文：《备受非议的自由贸易》，中信出版社2003年版，第138～139页。

提条件将损害到政府的贸易政策灵活性。政府并不愿意通过国际贸易协定的方式牺牲这样的灵活性。[1]

二、反补贴措施

（一）案件的地区分布及成因

根据WTO官方网站统计数据，从2001年至2010年年底，美国是反补贴措施最大的发起国，其案件数量达到65件，约占总数的47.4%；其次是欧盟25件，约占总数的18.2%；紧随其后是加拿大19件，约占总数的13.9%。这三个WTO发达成员方所提起的反补贴措施数量约占到全球总数的79.6%。（见图4）其主要原因在于：首先，发达国家从传统工业经济向高新科技经济转型，纺织、钢铁等传统产业竞争优势下降，迫切需要运用反倾销、技术性壁垒等工具保护本国产业。同反倾销措施相比，反补贴不仅适用于劳动密集型产业，还适用于政府扶持的一些高新技术产业，从而得到这些国家的青睐。其次，这些国家不仅国内的立法相当完善，对调整国际贸易领域内补贴与反补贴行为的WTO规则也有熟练掌握，既有能力利用游戏规则维护其合法权益，也有实力借此行贸易保护之实。

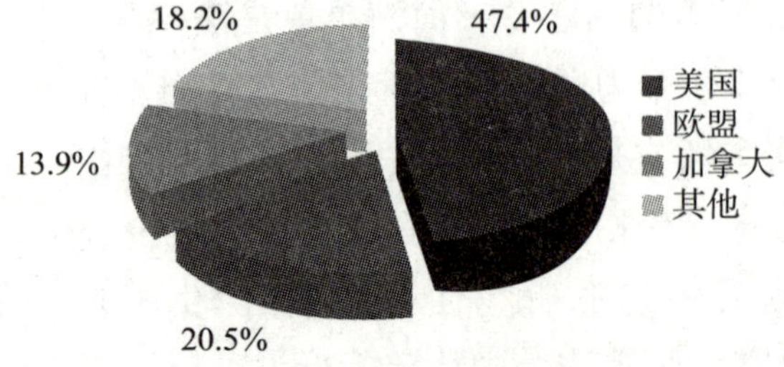

图4 反补贴的地区分布状况

（二）案件行业分布情况及趋势

根据WTO官方网站统计数据，从2001年至2010年年底，WTO成员方提起的反补贴措施主要集中在商品分类标准（HS）第XV部分，即金属材料及金属制品，数量为47件，约占总数的34%；位居第二的是第Ⅵ类产品，即化学及相

[1] See Alexander Roitinger, *Antidumping Reform, Trade Policy Flexibility, and Compensation* (August 2002), U of St. Gallen Dept. of Economics Working Paper No. 2002-2018. Last visited on July 17, 2012. http://ssrn.com/abstract=332383 or http://dx.doi.org/10.2139/ssrn.332383.

关产品，其数量为15件，约占总数的11%；位居第三的是XVI类产品，即电气机械及器材制造业，其数量为14件，约占总数的10%。排名前三的行业反补贴措施的数量为76件，约占总数的55%，而其他行业的立案数比较少，数目也比较平均。这主要是因为这三个行业的产品主要是原材料，发达国家行业竞争力比较弱，而就业人数又比较多。无论是发达国家还是发展中国家，短时内对这些行业的依赖程度不会有所减弱，这就意味着在这些行业仍会出现大量的国际贸易摩擦案件。位居第四的是X类产品，即纸及纸板、纸浆、纸或纸板制品，其数量为10件，约占总数的7%。（见图5）

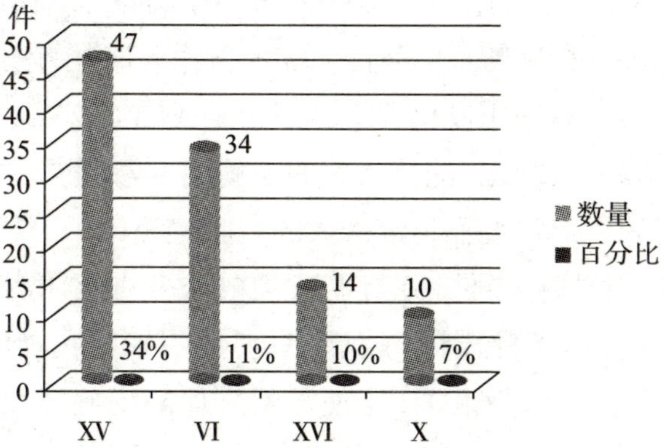

图5 反补贴的行业分布状况

三、保障措施

GATT1947第19条作为一个重要的例外条款，为缔约方保障国内产业免受进口冲击，或者为这类冲击进行必要的救济提供了制度上的许可，同时也为更多的缔约方减少或消除了对承担GATT1947及其后各轮谈判下义务的顾虑。尽管由于该条或者关贸总协定体制本身的原因，使第19条实际上处于半闲置状态，但其对于倡导各缔约方参与多边体制和承担提高市场准入的信心方面起着不可低估的作用。[1]

从1947年到1994年GATT存续期间，成员运用第19条150次。[2]在2001年至

〔1〕 参见余菲:《WTO保障措施及其例外法律制度研究》，上海人民出版社2006年版，第13～15页。

〔2〕 WTO Secretariat, GATT 1987.转引自Krzysztof J. Pelc, *The Cost of Wiggle-Room: on the Use of Flexibility in International Trade Agreements*（Ph. D. diss., Georgetown University, 2009），p.27。

2010年，保障措施案件一共发起156件，其中大部分是由印度、印度尼西亚、约旦等成员方发起。印度和土耳其是采取保障措施次数最多的国家，各为15件，分别约占总数的9.6%；位居第三的是约旦14件，约占总数的9%；第四名是印度尼西亚12件，约占总数的7.7%；第五名菲律宾有9件，约占总数的5.7%。这五个国家采取保障措施数量总和为65件，约占总数的41.7%。从上述统计数据不难看出，发展中国家在利用保障措施方面显得相当积极。其原因主要在于：发展中国家的产业抵御外部冲击的能力要明显弱于发达国家，对于希望保护国内产业的发展中国家而言，采取保障措施这一国际贸易救济措施具有很强的吸引力。

保障措施包括一般性的保障措施和专对中国的特别保障措施，后者是指"中国特保"，即只要一国能够证明我国商品大量输入该国市场，无须证明"市场扰乱"便可实施相应的贸易限制措施。该措施是我国加入WTO之时的一项妥协性承诺，其专对一国的歧视性、法律条款的模糊性、裁定的随意性和施加措施的伸缩性等特点，对我国出口商品造成极大的威胁。相比于一般性保障措施，"中国特保"进一步降低其实施条件，并与WTO最根本的最惠国待遇原则相背离。[1]

特别保障条款使用条件模糊、随意，只要证明来自我国的产品大量增加，就可以对我国提起特别保障措施，这使得特别保障措施成为我国国际贸易摩擦的新热点。据统计，从2000年到2010年，一共出现两次使用"中国特保"条款的高潮。第一次出现在2005年，由于纺织品与服装后配额时代的到来，从而引起贸易摩擦的加剧。第二次是金融危机导致贸易保护主义抬头，仅2009年中国产品就一共遭遇6次"中国特保"调查，其中美国发起1次，印度发起5次。这表明印度已经熟练掌握WTO规则，并在规则所允许的范围内对我国商品构筑障碍。

四、关税再谈判

修改减让的请求在GATT早期似乎更为频繁，在20世纪80年代中期之后有所回落。但是，鉴于GATT第28条的使用只是贸易应急措施之一，其数量下降的原因应根据是否其他措施使用更为频繁来加以分析。这可能反映出其他贸易应急措施日益增长的吸引力。大量WTO成员请求再谈判的原因之一可能在于，其对自身在多边贸易谈判期间过分乐观地评估他们履行承诺的能力感

---

〔1〕 王孝松、谢申祥：《"中国特保"案件的统计分析：分布特点及应对方案》，载《财贸经济》2011年第1期。

到后悔。有些市场准入承诺的结果可能证明是使产业承担太高的调整成本，使得成员不可能去实施。〔1〕

减让之修改可视为贸易灵活性的工具之一，因为它使WTO成员根据时间和情形的改变解除不能履行的承诺。乌拉圭回合谈判的主要突破是将农业贸易更牢固地置于多边规则之下。鉴于这是约束关税首次适用于农业产品和成员方在市场准入谈判时遭遇的困难，部分最初的承诺随后必须再谈判就显得不足为奇。从1995年到2007年，有32个修改减让的请求，其中28个全部或部分与农业协定中规定的农产品有关。〔2〕但是，关税再谈判是一种永久性改变国际贸易协定条款的政策工具，这与"灵活性"所包含在不改变一项协定内容的情况下暂时性偏离最初让步之本意相互矛盾。例如，GATT第28条不能迅速提供暂时性保护或立即被终止，这对于暂时性限制进口的目标而言并不是很合适的手段。GATT第24.6条、第33条和第35条具有永久性的特点，似乎也同样不符合灵活性手段所特有之"暂时性"特征。

第二节　WTO贸易政策灵活性机制存在的问题

一、法律上的灵活性机制

（一）实际适用应急措施之潜在问题

应急措施是WTO协定中的灵活性安排，为事后灵活性的额外从属权利。但是，在应急措施的实际使用过程中仍存在很多问题。第一，应急措施条款通常难以实施。在很多情况下，根本并不清楚一件声称的偶发事件是否已经发生，以及对该事件的反应是否属于因情况而定的例外条款范围，或者构成协定条款之违反。缔约方之间争端之发生正是因为该漏洞不能表达在事前的语言中。因此，对于不可预见偶发事件可能发生的情形，以及所需的反应，只能是勾勒出个轮廓。第二，应急措施只能适用于某种类型的契约不完全，即

〔1〕 See *World Trade Report* 2009, p.134. Last visited on March 12, 2012. http://www.wto.org/english/res_e/publications_e/wtr09_e.htm.

〔2〕 See *World Trade Report* 2009, p.138.

缔约方能够界定和观察未来状态的影响，而不是结果不容易预测的偶发事件类型。此外，如果偶发事件造成的结果不能被观察，就不能清楚地将合法的让人后悔的来源（the legitimate source of regret）与机会主义、不合法的行为区别开来。第三，对于缔约方而言，编写应急措施是代价昂贵的事情，这样做边际报酬递减。第四，应急措施不仅仅编写成本高，且为加害人而制定的成本高。通常是加害人不得不证明某些遗憾的意外事件（regret contingency）发生，这种不测事件实际上属于不测事件某种应急措施的范围。这样做通常要承担预付或信号传递成本，这些都是沉没成本（sunk costs）。因此，很高的制定成本可能会对加害人产生"寒蝉效应"：他们知道从表面上看不履约将会提高效率，但正是由于制定各自的应急手段的固定成本过高而克制这样做。除查找、草拟和编写涉及大量成本，其适用的范围不充分之外，应急措施也容易受到人类缔约错误的影响。契约条款越是明确和详尽，而越是容易出现缔约错误。[1]

（二）适用例外条款之标准阙如

从平衡条约承诺的刚性和灵活性两种合理需求的角度看，WTO体制应当在某种条件下允许成员方特定方式的偏离。正如威廉姆森（Williamson）所言，"从签约规则来看，一种规则是只要签约的任一方坚持，就必须严格履行协议；另一种规则是，一方坚持要严格履行协议，会给另一方造成'过分的'困难；而人们在这两种规则之间却更愿意选择后者——条件是假定人们可以毫不费力地辨明何谓'过分的困难'那种例外的情况。用这样的方法来研究契约，就要靠法庭对契约法的原则作出解释，这就在规范的严格履行假定之外，给例外的做法留下了余地。它首先要求先建立交易双方更加信赖的治理结构，再来履行契约。"[2]

战后很多贸易协定一般包含某种形式的保障措施，但这种例外条款的存在同时意味着被滥用的可能，处理不可预见情形的体制架构必须包括阻止对

---

〔1〕 See Simon A. B. Schropp, *Trade Policy Flexibility and Enforcement in the WTO: a Law and Economics Analysis*, Cambridge, Cambridge University Press, 2009, pp.89–90. 过去发生的并在任何条件下都无法避免改变的成本支出。从决策角度看，凡是过去发生的，又不因决策而有所改变的成本支出，就是沉没成本。参见胡代光、高鸿业主编：《西方经济学大辞典》，经济科学出版社2000年版，第325页。

〔2〕 ［美］奥利弗·E.威廉姆森：《论企业签约与市场签约》，段毅才、王伟译，商务印书馆2002年版，第557页。

免责方法的滥用。要想例外条款变得有用和有效率，援引例外条款的一方必须附随某种成本，向其他成员给予某种形式的赔偿。例如提高紧急关税的进口国对其他成员方受到影响的钢铁出口商予以赔偿。〔1〕由于成员方渴望传达其下一阶段遵守规则的意图而自愿地付出成本，赔偿机制可以说是具有"自我执行"的特征。有学者提出与使用例外条款的成本相联系的可能被引入的三种方式：其一是坚持例外条款约束力是很强有力的承诺，与使用例外条款相联系的成本是维持与其同等约束力水平的一项应用关税的成本。其二是维持例外条款的虚弱约束力，但坚持使用例外条款的政府给予其贸易伙伴一项支付性补偿。其三是对于援引例外条款的政府施加一项动态使用（dynamic-use）限制。即如果政府援引例外条款，其必须等待一段时间后，才可再次使用。〔2〕

但是，使免责的成本高昂未必是例外条款的使用能够被管理和获得均衡的灵活性之唯一方法。GATT/WTO允许成员通过其面对的国内环境来证明逃避的正当性而利用例外条款。1968年5月法国的贸易措施很清楚地阐明国内环境可证实的信息和赔偿之间假设的替代效应与学界的主张背道而驰。由于大罢工的影响，整个法国经济停滞不前。这场危机导致法国的工业行业暴露于外国竞争之下。为预先阻止迫在眉睫的经济危机，法国政府于1968年6月27日对外贸领域采取为期半年的紧急措施。这些措施符合免责的所有特征：法国在遭遇国内外冲击后不能完全遵守而暂时违反GATT规则。但法国并没有利用GATT第12条或第19条，而是单边采取贸易措施。根据允许灵活性和限制其滥用之间的权衡，GATT成员担心对法国贸易措施的宽恕可能将开创使灵活性发展到破坏制度的地步之先例。根据传统的智慧，法国本应当对其紧急贸易措施受到影响的成员提供赔偿。但法国不是通过赔偿证实其措施之合法性，而是强调其情况异常，并不在GATT所设想之列，而诉诸例外。GATT成员接受法国诉诸例外为合法，而不是推荐反措施或赔偿。因异常的危机采取

〔1〕 See Krzysztof J.Pelc, *The Cost of Wiggle-room: On the Use of Flexibility in International Trade Agreements*（Ph. D. diss., the Faculty of the Graduate School of Arts and Sciences of Georgetown University, 2009）, p.3.

〔2〕 See KyleBagwell and Robert W. Staiger, "Enforcement, Private Political Pressure, and the General Agreementon Tariffs and Trade/World Trade Organization Escape Clause", *Journal of Legal Studies*, Vol.34, June 2005, pp.475–477.

的措施不应构成先例。就这样，法国使其不遵守的影响与协定隔离开来。由于GATT所有成员完全可见到法国情形之严重性与外生性，法国无须利用正式的例外条款程序，而是以特定的方式（in an *ad hoc* manner）进行。而且，鉴于GATT缺乏验证国内情况的能力，通过正式渠道进行反而不会增加法国诉求的可靠性。由于当时并没有免责的明确标准，1968年法国的事例起到启发式的作用，因其确定在发生免责的情况下规避补偿的必备条件。从GATT发展到WTO，已经允许成员方通过证明其面对国内情况的正当性来诉诸例外。这种诉诸例外的可能性，依赖于制度证实寻求暂时免责的成员方国内情况严重性和外生性的能力。随着WTO的建立，成员方证实免责者主张的能力显著提高，对补偿的依赖也正式减少。[1]

根据不完全契约理论，任何机构都不可能为所有可能发生的状况事先规定行为准则，但其应允许为暂时违反的情形创建某种标准。例如，成员方可通过证明其国内情形符合这些标准而诉诸例外。对这些请求质疑的成员方可为有效的免责提出信息性的标准。根据这样的方案，把关作用的发生不再通过成本和免责者赔偿的意愿，而是通过导致免责情形的性质以及机构证实它们的能力。[2]但是，单个国家具有很强的动机通过比预期更宽泛地解释例外条款以在一项条约中“搭便车”。再谈判为国家提供为增加其自身的份额而抑制合作讨价还价的机会。与集体行动困境相似的理由，随着一项协定缔约方的增多，这种动机也会变得更大。[3]WTO协定允许成员方通过“例外条款”单方面实施临时保护措施，这是为克服贸易协定的不完全性造成弊端的制度安排，这些允许使用的贸易措施又构成单边行为。尽管援用例外条款有各种限制条件，但在实践中WTO成员一直追求成功引用以便保护其国内产业，甚至以例外条款为“合法外衣”而行贸易保护主义之实。

由于例外条款的规定可能因为措辞抽象、模糊而导致被宽松适用或解释。

〔1〕 See Krzysztof J. Pelc, *The Cost of Wiggle-Room: on the Use of Flexibility in International Trade Agreements*（Ph. D. diss., Georgetown University, 2009）, pp.38–44.

〔2〕 See Krzysztof J.Pelc, *The cost of wiggle-room: On the Use of Flexibility in International Trade Agreements* Ph. D. diss., The Faculty of the Graduate School of Arts and Sciences of Georgetown University, 2009, pp.12–13.

〔3〕 See Barbara Koremenos, “Charles Lipson,Duncan Snidal,The Rational Design of International Institutions”, in Barbara Koremenos et al., eds., *The Rational Design of International Institutions*, Cambridge, Cambridge University Press, 2004, p.34.

例外条款构成WTO协定中的法律漏洞，甚至会破坏多边贸易体制的可预见性和安全性。[1]“WTO协定充满例外条款和模糊的漏洞，其不像现代合法性概念的拥护者所寻求的相对明确和有说服力的法律规范，而是为裁判过程提供高度自由裁量的巨大空间。”[2]“影响全盘谈判方式的一个普遍问题是，必须就采用何种公式以及使用规则的例外可以到何种程度等达成协议。例外的范围越大，在谈判一般规则的使用并达成协议方面投入大量精力就越没用。”[3]

WTO一直在努力根据现实中的问题制定或形成例外条款的规则或者标准，争端解决机构在对例外条款的解释和适用过程中一般会采取严格解释的方法，从而在很大的程度上保证自由贸易原则与国家对灵活性要求之间的平衡。[4]但是，在实践中，对于例外情形如何确立标准一直是个难题。例如，1950年，捷克诉美国皮毛毡帽案确立“未预见发展”是实施保障措施的要件。但是，因未预见发展并没有一个固定的标准，较难加以证明，所以长期以来，许多国家纷纷绕道而行，宁愿选择“灰色区域措施”（grey area measures）而不用GATT第19条。[5]再如，在GATT第20条适用的问题上，上诉机构无意固定一个明确具体的司法适用标准，相反处理以往案例裁决报告比较小心谨慎。原因在于，在不同的贸易争端中，争议措施的种类和形式的不同，以及具体案件的事实存有差异，司法平衡的把握也不会一成不变。因此，由于GATT第20条措辞模糊，其适用更依赖于个案的司法平衡，导致适用结果存在诸多不确定性因素。换句话说，如果需要适用某一标准或要求来检验贸易限制措施的合法性，但是这一标准或要求又缺少明确具体的界定，那么它很难对国际贸易体制带来重要反响，对后来案件的影响也是个未知数。[6]

再如，WTO专家组在首个保障措施争端韩国奶制品案中驳回原告“未预

---

〔1〕 See Anne O.Krueger, *The WTO as An International Organization*, Chicago and London, University of Chicago Press, 1998, pp.214-215.

〔2〕 William E. Scheuerman, *Frankfurt School Perspectives on Globalization, Democracy and the Law*, New York, 2008, p.65.

〔3〕 Bernard M. Hoekman and Michael M. Kostecki, *The Political Economy of the World Trading System: From GATT to WTO*, Oxford, Oxford University Press, 1995, p.74.

〔4〕 参见陈卫东：《WTO例外条款解读》，对外经济贸易大学出版社2002年版，第5～6页。

〔5〕 参见王俊：《作为事实情况的“未预见发展”探讨——以美国钢铁保障措施案为例》，载《苏州大学学报》（哲学社会科学版）2007年第1期，第47页。

〔6〕 参见彭光明、杨莉英：《气候贸易措施：GATT 第 20 条的限制性》，载《河北法学》2012年第5期，第135～136页。

见发展”的主张，上诉机构强有力地推翻专家组的推理。上诉机构强调，保障措施被认为是紧急措施（emergency actions），只有在进口成员发现其面对没有预见或没有预期的发展时才能援引。[1]在随后的阿根廷鞋案中，专家组再度对“没有预见的情况”条款做最低限度的解读，同样也被上诉机构强有力地推翻。上诉机构认为，GATT第19.1条a项所描述的某种情形必须能表明为适用符合GATT1994第19条保障措施的事实。[2]在接下来所有6个案件中，专家组都适用上诉机构创下的先例，并作出不利于免责者的裁决。[3]

只要WTO成员方为运用例外条款所付出的成本适当，国家可能会在暂时运用后回归到合作的道路。如果成本过高，成员方会抛弃WTO体制并在国内经济遭遇严重冲击时选择违约，从而消除贸易政策灵活性机制的作用和导致WTO体制不稳定；如果成本过低，成员方频繁地运用例外条款就会削弱WTO体制的可靠性，并最终阻碍贸易自由化的目标。因此，WTO秘书处将如何在灵活性和承诺之间保持平衡称为“结构上的挑战”。多哈回合关于反倾销条款的设计和农业方面的特别保障措施的棘手谈判，就是在平衡问题上促使观点一致的努力。[4]对于条约的谈判者而言，主要的挑战就是如何合理地限制灵活性机制，使其在促进国家事前达成条约的同时，也能阻止国家在条约生效之后机会主义地利用这些机制。如果对遵守例外的要求是为减轻WTO法施加于国内民主政府的限制，就须认识到这些限制不仅仅在民主偏好改变或规则导致不可预见的结果时变得成问题，而且因为民主偏好只是在谈判阶段没有被充分考虑在内而有问题。很显然，国际规则不能平等地反映所有当事方的偏好，但社会偏好至少应当有机会影响国际立法。这可通过在国际谈判中强化国内议会、政府机构和国内民众的参与而获得。[5]合理利用WTO例外条款保护本国利益，在主权原则和条约义务之间寻求平衡点，这对于成员方外

---

〔1〕 Appellate Body Report, *Korea Dairy Safeguards*, WT/DS98/AB, para.86.

〔2〕 Appellate Body Report, *Argentina Footwear,* WT/DS121/AB/R, paras.90-92.

〔3〕 See Krzysztof J.Pelc, *The Cost of Wiggle-room: On the Use of Flexibility in International Trade Agreements*, (Ph. D. diss., the Faculty of the Graduate School of Arts and Sciences of Georgetown University, 2009), p.32.

〔4〕 See *World Trade Report* 2009, xi. Last visited on June 8, 2012. http://www.wto.org/english/res_e/publications_e/wtr09_e.htm.

〔5〕 See Isabel Feichtner, the *Law and Politics of WTO Waivers: Stability and Flexibility in Public International Law*, Cambridge, Cambridge University Press, 2011, p.50.

贸政策之制定具有重要的理论和实践意义。

(三)适用条件过高

由于WTO是主权国家之间的一个不完全契约，事先不能预见的偶发事件或冲击在其中以很高的概率出现。不可预见的冲击会产生令人遗憾的偶发事件(regret contingencies)，所有缔约方都能以属于让受影响的当事方为由暂时地免责或退出协定，并获取足额的补偿支付中获益。在WTO协定中，法律上的紧急免责机制如GATT第28条、第19条和第20条。但是，这些紧急救济机制由于制约条件过高，而极大地削弱其可用性。[1]

第一，在成员方希望为非机会主义的原因退出时，需要面对适用范围狭窄的灵活性条款。例如，GATT第19条适用范围受到严格限制，从而大大限制其可使用或适用范围的问题。在某成员方国内出现困境时，其可决定是否或如何制定保障措施，以便获得暂时性的救济。从表面上看，这是责任规则类型的退出机制。《保障措施协定》要求实施保障措施一方的主管当局须公布一份报告，就该措施在其贸易上产生的不利结果，商议贸易补偿的有效方式。即为其部分撤销市场准入的义务而为受害方提供充分的贸易赔偿。如果不能达成一致的解决方法，受影响的各出口成员对实施保障措施成员的贸易中止实施实质相等的减让和其他义务。[2]虽然WTO协定最好是被描述为政治契约，但WTO制定者并没有提供任何的政治免责，相反却给GATT第19条之适用设置很严格的先决条件。根据第19条，假设满足某些先决条件，即进口可被禁止一段时间。前提条件越多，政府作出保护主义决策的能力就越有限。因此，暂时性进口限制的前提条件损害到了贸易政策的灵活性。

在欧共体荷尔蒙案中，欧共体基于政治或健康的理由希望撤销之前的市场准入承诺，但这一尝试并不被任何正式的WTO例外条款所支持。[3]可见，虽然灵活性主要根植于世界贸易秩序的政治必要性，但既有多边贸易体的规则并非完全适应这种现实需求。在美国、加拿大和欧盟之间就进口和销售使用

---

〔1〕 See Simon A.B. Schropp and David Palmeter, "Commentary on the Appellate Body Report in EC–Bananas III (Article 21.5): Waiver-Thin or Lock, Stock and Metricton?" *World Trade Review*, Vol.9, Issue 1, 2010, p.27.

〔2〕《保障措施协定》第3条和第8条。

〔3〕 See Simon A. B. Schropp, *Trade Policy Flexibility and Enforcement in the WTO: a Law and Economics Analysis*, Cambridge, Cambridge University Press, 2009, pp.236–237.

荷尔蒙饲养的牛肉产生旷日持久的争端中，禁止牛肉进口之措施被判决为违反WTO法。调整WTO交易的现有机制并不允许欧盟维持该禁止（而不遭受报复或对受影响贸易伙伴予以赔偿）。关税再谈判并不允许一个国家维持对特定类型牛肉的禁止，当然也极有可能不会允许欧盟对所有牛肉非歧视性关税的增加进行谈判。如果欧盟试图就使用荷尔蒙饲养的牛肉创造新的关税分类，并将关税提高到超出其先前的水平，就必须向美国或加拿大赔偿或者接受报复。同样，欧盟牛肉产业可能也没有资格得到在GATT“例外条款”标准下的救济，即便这样可对无论是含有或者不含有荷尔蒙的所有进口牛肉进行贸易保护。因此，“合法的”（legalized）偏离选择对于欧盟而言很不让人满意。然而，如果欧盟内部要求维持禁止使用荷尔蒙饲养牛肉的政治压力足够强烈，完全可想象欧盟官员从保留该禁止中获得的利益超出官员在国外受到的损害。对欧盟而言，最有效率的选择可能就是违反法律，正如其多年以来所做的那样。[1]由此可见，GATT第19条对于应对经济冲击之适用范围很狭窄，而第28条再谈判作为保险阀的作用也明显不足，欧共体感到有必要继续违反GATT协定。缺乏自发和暂时撤销既有的减让是很严重的问题，这实际上使善意和恶意（机会主义）行为之间的界限模糊不清。[2]在荷尔蒙案中，要求欧盟遵守WTO法将导致无效率和不公正的结果。[3]

第二，GATT关于国际收支平衡、减让表修改和幼稚产业等条款[4]是责任规则类型的规定，但GATT第28条关于再谈判的要求又表明，这是财产规则类型的灵活性机制，即该条至少还伴以相称的救济。因为加害方实际上总是选择赔偿损失而非不参与再谈判。跟GATT第19条一样，两者都允许加害方就提供赔偿的价格或承受中止减让或其他义务进行自由选择。只是设定的前提条件和适用范围不同而已。这就很奇怪，为什么贸易权利由两个灵活性机制

---

〔1〕 See Eric A. Posner and Alan O. Sykes, “*Efficient Breach of International Law: Optimal Remedies, “Legalized Noncompliance” and Related Issues*（March 7, 2011）”, U of Chicago Law and Economics, Olin Working Paper No. 546; Stanford Law and Economics Olin Working Paper No. 409,pp.16–17. Last visited on July 6, 2012. http://ssrn.com/abstract=1780463.

〔2〕 See Simon A. B. Schropp, *Trade Policy Flexibility and Enforcement in the WTO: a Law and Economics Analysis*, Cambridge, Cambridge University Press, 2009, p.237.

〔3〕 See Joel P. Trachtman, *Building the WTO Cathedral*（February 17, 2006）, p.8. Last visited on March 8, 2012. http://ssrn.com/abstract=815844 or http://dx.doi.org/10.2139/ssrn.815844.

〔4〕 例如，GATT第12条、第15条和第28条。

保护，而且两者各自带有责任规则和财产规则的特征。除此之外，适用第28条还有大量的门槛。首先，只允许以关税形式出现的市场关闭措施，并不授予其他的贸易保护手段。其次，再谈判的请求不能刚好在每三年的三个月谈判之内，申请缔约方必须先获得缔约方全体授权以制定其再谈判的权利。再次，鉴于关税谈判中详尽和广泛的程序，这种手段显然不是为暂时背离而是为永久性背离原初协定的义务而设计。因此，该条并不适合于应急的情况或短暂的冲击。最后，关税再谈判是非针对性和非歧视性的措施，作为赔偿的关税减让不得不在最惠国待遇的基础上提供，这实质上将市场准入权利和市场偶发事件的双边本质变为多边的义务。但是，市场准入权利并不是在绝对的意义上受保护的，而是由可分开的权利保护规则守卫。换言之，事后贸易政策灵活性是有可能的。[1]

第三，法律上的灵活性工具都明确规定严格的适用条件。首先，实施保障措施的条件一直很严格。同GATT1947第28条、第6条相比，GATT1947第19条规定实施保障措施的条件还是很苛刻的。[2]更为突出的是，GATT1947第19条允许所有受保障措施影响的缔约方对采取措施的缔约方实施实质相当的义务减让，这实际上是授予相关各方贸易报复的权利。由于存在可能遭受贸易报复的后果，因而GATT1947第19条没有禁止"灰色区域措施"。在关贸总协定期间，缔约方往往避开保障措施，转而谋求其他"灰色"措施如自愿出口限制。[3]随后，谈判者缔结《保障措施协定》旨在减少有问题措施的使用，但保障措施一直都是多边贸易体制临时保护措施中被"遗忘的孩子"（forgotten child）。相比反倾销或反补贴，WTO成员援引保障措施的次数相对较少。学者指出，上诉机构要求激增的进口必须是"不可预见的发展"来为一项保障措施辩护，是异乎寻常和最终极其无益的决定。这种标准并不是并入1994年《保障措施协定》中，而是并入在原来的GATT协定之中，使政府为其使用保

〔1〕 See Simon A. B. Schropp, *Trade Policy Flexibility and Enforcement in the WTO: a Law and Economics Analysis*, Cambridge, Cambridge University Press, 2009, pp.220−222.第2款规定，在上述谈判的协议中（对其他产品所作的补偿性调整规定可能包括在内），有关缔约国应力求维持互惠互利减让的一般水平，使其对贸易的优待不低于谈判前本协定所规定的水平。

〔2〕 向前、左海聪、王鸿喜：《WTO 合法外衣下贸易保护主义的利器》，载《国际贸易》2007年第7期，第62页。

〔3〕 参见余菲：《WTO保障措施及其例外法律制度研究》，上海人民出版社2006年版，第14～15页。

障措施辩护的能力变得更加复杂化。[1]“WTO对保障措施的实施控制得非常严格，在处理保障措施争议时，要求采取保障措施的国家提供非常详细的资料、证据，从已裁决的 WTO案件来看，也基本上都以采取保障措施方败诉而告终。”

第四，GATT第28条的适用条件过于烦琐。上诉机构在第三次香蕉案中认为，如果欧共体减让表中关税配额减让的期限必须修改或延展，根据GATT第28条的谈判将是可遵循的适当程序。但是，鉴于第28条涉及详尽和广泛的程序，关税再谈判明显不是为紧急的暂时性，而是为永久的偏离而设计。首先，该程序极端复杂，使紧急和暂时保护实际上不可能。其次，关税再谈判是非针对性、非歧视性的措施。必须在最惠国待遇基础上根据成员方要求提供关税减让，因此减少其作为一项有效紧急救济的价值。最后，受提议关税改变影响的成员方，他们的战略扰乱战术使快速做出结论不太可能。如果知道被请求成员方承受相当大的退出先前所做承诺的压力，受影响成员方会拥有大量的议价能力。[2]

这样高水平的适用前提条件也表现在GATT第20条和第21条上。这些措施可视为在发生威胁公共秩序和国家安全时允许采取灵活性的措施。GATT第20条和第21条同样也是责任规则类型，但允许加害方不必向受害方提供任何的救济。尤其对“不得构成武断的或不合理的差别待遇，或构成对国际贸易的变相限制”的要求，使成员方拥有的事后灵活性的空间被极大地压缩。但这样的规定并不意味着可避免GATT第20条不会被滥用，例如，成员方仍可在非歧视的伪装下制定保护主义措施。

第五，“非违反之诉”适用范围有限。鉴于文字规范具有先天的局限性，“非违反之诉”制度可为各成员方提供救济功能，以应对各种不易事先预见、层出不穷的贸易措施。唯有该条款的存在，方可使各成员方之利益平衡在遭受不可预见的措施破坏之后，仍能在原先协定的框架内重新获得平衡，从而维系多边贸易体制的稳定性和可预见性。如果加害方所从事的行为不被视为

---

〔1〕 See Kyle W. Bagwell, George M. Bermann and Petros C. Mavroidis, eds., Law and Economics of Contingent Protection in International Trade, *World Trade Review*, Vol.9, Issue 4, 2010, pp.677–678.

〔2〕 See Simon A.B. Schropp and David Palmeter, “Commentary on the Appellate Body Report in EC–BananasIII (Article 21.5): Waiver–Thin or Lock, Stock and Metric ton?”, *World Trade Review*, Vol.9, Issue 1, 2010, pp.27–28.

违法，但是使受害方市场准入的水平遭到损害，则受影响的一方可求助于“非违反之诉”的保护。但是，“非违反之诉”的构成要件规定得过于简略，以至于对其解读与适用产生极大的不确定性。

一方面，“非违反之诉”旨在保护成员方的合法预期和关税减让的成果不受影响。在欧共体—对油菜籽和有关动物饲料蛋白质加工者和生产者的支付与补贴案中，专家组认为关税减让的主要价值是通过改善价格竞争来保证更好的市场准入机会。各缔约方谈判关税减让的主要目的是为获得该利益。因此，必须假定他们是在预期关税减让对价格的影响不会被系统抵消的基础上进行关税谈判的。如果在这种案件中无权要求补救，他们将不会作出关税减让，总协定将再也不能作为体现贸易谈判结果的法律体系。[1]根据GATT第23.1条b项[2]和DSU第26条，被起诉方并没有撤销有问题的措施之国际法义务。如果双方未能就赔偿达成协议，专家组或上诉机构可应双方中任何一方的请求，第21.3条所规定的仲裁可包括对利益丧失或减损程度的确定，也可建议达成令双方满意的调整的方法：此类建议不得对争端各方具有约束力。

另一方面，由于“非违反之诉”制度可能用来攻击主权国家的国内政策，WTO实践对援引“非违反之诉”的条件比较严格。例如，在美国诉日本胶卷相纸进口限制的纠纷中，专家组认为申诉方要适用GATT第23.1条b项必须满足如下条件：申诉是某一WTO成员方采取某种措施的结果；根据相关协定产生某种利益；由于适用该措施导致利益的减损或丧失。[3]韩国学者赵成埈指出，“非违反之诉”制度上之模糊是一项难以解决的问题。在许多案件中，申诉方在运用该制度时，常常看不出其所提出的“违反之诉”与“非违反之诉”有何区别。后者之提出，常仅是预防前者无法成立之时的备用主张而已，这就导致申诉方误用或过于依赖该制度之可能。此外，在历来的案件中，专家组报告的意见并非总是相当一致、清楚和合理，“非违反之诉”的诸多构成要

〔1〕 GATT Panel Report on *European Community-Payments and Subsidies Paid to Processors and Producers of Oilseeds and Related Animal-feed Proteins*,L/6627, adopted on 14 December 1989,para.148;WTO Panel Report on *Japan-Measures Affecting Consumer Photographic Film and Paper*,WT/DS44/R, adopted on 31 March 1998,para.10.50.

〔2〕 GATT第23.1条b项规定，另一缔约国实施某种措施（不论这一措施是否与本协定的规定有抵触）。

〔3〕 Panel Report, *Japan-Measures Affecting Consumer Photographic Film and Paper*, WT/DS44/R, adopted on March 31, 1998, para.10.41; Panel Report, *European Communities-MeasuresAffecting Asbestos and Asbestos-Containing Products*, WT/DS135/R, adopted on September 18, 2000, para.8.283.

件至今未建立其明确的适用标准。[1]

二、事实上的灵活性机制

(一)事实上灵活性手段概述

当契约不完全性是出于语言模棱两可，即没有充分描述偶发事件及其后果，由此产生法律的漏洞时，当事人就可能投机主义地滥用这些条款。例如，WTO应急措施中的反倾销和反补贴制度就经常为保护主义者所滥用。由于WTO协定之不完全性而未能充分考虑到环境变化的可能性和成员方的机会主义行为，这些法律漏洞也导致契约内允许的行为与契约外非法的行为之间界限不清楚，而且对这两种行为的法律后果也不一定能够区别对待。在这种情况下，尽管加害方行为与契约精神相违背，受害方也很难找出明确的契约条文，据此将加害方申诉到法庭以追究责任。此外，对于受害方的具体损失，也不容易精确估算。因此，当WTO协定因不完全性而产生法律漏洞时，对于违约行为之确定、损失情况之量化，都会产生现实上的障碍。与此同时，如果WTO协定的语言过于严格和刚性，这也意味着不能充分考虑未来的外部变化以及成员方的应对手段，这也是契约不完全性之体现。在这种情况下，成员方在契约关系中合作的意愿，或者履行义务之积极性，都会受到一定的削弱。可见，WTO协定的不完全性将造成其可执行性不尽如人意的后果。

亚历山大·罗伊廷格认为，WTO协定中对其他成员不公平贸易所采取的反倾销、反补贴措施、非歧视性的国内政策、自愿出口限制和违反协定等属于非正式、事实上的灵活性手段，这经常也是WTO成员方使用为逃避贸易自由化承诺的方法。此外，“约束差额”(binding overhang)有时也被认为是贸易政策灵活性的非正式手段。[2]确实，有些WTO成员利用约束关税与适用关税之间的差额作为暂时性的关税灵活性手段。适用关税增加保护国内产业不受进

---

〔1〕 See Sung-joon Cho, “GATT Non-Violation Issues in the WTO Framework: Are They the Achilles' Heel of the Dispute Settlement Process?”, *Harvard International Law Journal*, Volume 39, Number 2, Spring 1998, pp.321-324.

〔2〕 See Alexander Roitinger, *The Institutional Design of Trade Policy Flexibility in the World Trading Order-Analysis and New Direction for Reform*(University of St. Gallen, Ph. D. diss., 2004), p.16.

口的打击，但又不达到高于约束关税的程度，因此并没有违反WTO义务。[1]一般说来，在贸易保护主义处于较高水平，而在严格遵守国际条约不具有可行性的情况下，这些制度设计有利于为主权国家保留自由决策的空间，同时也能保证守约方在受到损失时得到适当赔偿。但无论如何，采取这些事实上的灵活性手段通常同法律上的措辞相违背，或者至少违背WTO协定的精神。

自愿出口限制是出口国家和进口国家之间相互同意削减出口。这是出口商由此征收配额租金的定量限制手段。因此，自愿出口限制是以商定的救济为特征的灵活性财产规则。在20世纪七八十年代，使用资源出口限制作为贸易壁垒是很常见的，但是在乌拉圭回合谈判期间基于3个理由而被禁止(《保障措施协定》第11.2条)。首先，虽然自愿出口限制从未被GATT专家组正式地检验过，但其可能因为具有歧视性而违反GATT第1条、因为数量限制而违反第11条和因为针对单一出口国而违反第19条。其次，自愿出口限制对第三方施加外部性而破坏多边贸易体制的精神。最后，自愿出口限制的起源相当难以证明。然而，WTO协定对自愿出口限制的禁止并不意味着缔结这样协定的动机已经被废除。事实上，其在实践中可能仍然作为保护主义的工具。首先，"无原告，无法官"的谚语可适用。外部人怎么知道出口商减少输出量是由于生产的障碍，还是出于秘密的双边协定？通过适用与《保障措施协定》第11.2条的脚注和第5.2条有关的GATT第19条所创造的漏洞，自愿出口限制甚至在法律上也是可能的。前者允许出口商以保障措施的方式管理进口配额，而后者允许歧视性地适用保障措施。[2]

投机主义者可能通过非歧视性的国内政策制定出以邻为壑的政策。在缺乏穷尽式的契约管理所有手段的情况下，国内政策可能被用为事后灵活性手段。国内政策，无论是与环境、健康、竞争或与人权相关，都可能为每个WTO成员所单边界定。这些措施的影响可以是市场关闭或产生不利于国外决策者的政治支持。因此，非歧视性的国内政策是没有给予受害者任何救济支付的责任类型的退出(liability-type opt-outs)。只有在受害方以非违反起诉，并

---

〔1〕 See Kyle Bagwell and Robert W. Staiger, "Enforcement, Private Political Pressure, and the General Agreement on Tariffs and Trade/World Trade Organization Escape Clause", *The Journal of Legal Studies*, Vol. 34, No. 2, June 2005, pp. 471-513.

〔2〕 See Simon A. B. Schropp, *Trade Policy Flexibility and Enforcement in the WTO: a Law and Economics Analysis*, Cambridge, Cambridge University Press, 2009, p.223.

得到专家组或上诉机构同意时才能得到救济。GATT第3条和长期的判例法表明，只要不以违反国民待遇的方式适用，成员方可自由选择其政策。然而，必须指出的是，投机主义的贸易政客可在非歧视性措施的伪装下，通过精巧制作有针对性的贸易手段而绕过GATT第3条所规定的非歧视。[1]

根据某些学者的观点，[2]违反WTO协定是允许部分违背约定市场准入减让的最后一种非正式贸易政策灵活性机制。违反契约属于责任类型的退出，并没有适用的前提和限制以及赔偿的要求。然而，如果违反被发现和责难，随之而来的是WTO官方的执行程序。除受到正式惩罚之外，WTO成员还会因其不合作的行为而遭受声誉上的损失。[3]因此，违反协定构成非法和“契约外”的行为，不应列为WTO贸易政策灵活性机制的一部分。违反协定的行为因没有适用前提而欠缺合法性，不能与多边贸易体制允许的“暂时不履行”混为一谈。

（二）事实上之灵活性机制易遭滥用

对于加害方而言，由于事实上的灵活性机制具有容易制定、适用范围广泛、政治成本低和给予受害方的救济廉价的特点，其吸引力远远超过法律上的灵活性机制。这具体表现在：

第一，制定门槛相对更低，因此很容易被滥用。《反倾销协定》规定的反倾销立案门槛过低，成员方可在不需要任何前提条件的情况下随时制定违反协定和贸易相关的国内政策措施。反倾销体制是WTO维护公平贸易的主要制度，旨在让不公平贸易行为得到有效遏制，从而减少倾销行为和对倾销行为的制裁。但是，由于制度上的不足，现有体制显然没有做到这一点。各国利用WTO《反倾销协定》中存在的不尽合理和规定弹性很大等漏洞而推行贸易保护主义的做法很多，偏好采用结构价格、运用歧视性替代国制度和使用累计评估方法放宽倾销确认的构成条件这三方面也是重要例证。在实践中，各国大多数倾向于用结构价格确定正常价值。正常价值的确定性和可伸缩性

---

〔1〕 See Simon A. B. Schropp, *Trade Policy Flexibility and Enforcement in the WTO: a Law and Economics Analysis*, Cambridge, Cambridge University Press, 2009, p.225.

〔2〕 See Alexander Roitinger, *The Institutional Design of Trade Policy Flexibility in the World Trading Order: Analysis and New Direction for Reform*（Ph. D. diss., Universität St. Gallen, 2004）, p.51.

〔3〕 See Simon A. B. Schropp, *Trade Policy Flexibility and Enforcement in the WTO: a Law and Economics Analysis*, Cambridge, Cambridge University Press, 2009, pp.227–228.

就为贸易保护主义提供了一次又一次的良机，使反倾销能够轻而易举地起到贸易保护作用。[1]频繁的反倾销申请不但给出口商带来极大的负担，大量反倾销调查和制裁也造成很大的资源浪费。当其被滥用为贸易保护主义工具时，还会严重干扰正常的国际贸易秩序。“反倾销税的贸易效应等同关税，它会产生破坏资源在国际间的合理配置、阻碍正常贸易的作用。”[2]

从上文数据统计可见，反倾销已成为当今国际贸易中使用频率最高的贸易保护工具。国际反倾销泛滥的长期趋势，首先可通过 WTO 成员反倾销立法数量变化得到反映。1950 年以前的近半个世纪中，大多数国家并没有把反倾销作为贸易保护的重要手段，制定反倾销相关法律的国家只有8个。这一时期，反倾销措施对国际贸易的影响微乎其微，以至于1947年《关税与贸易总协定》中对此也只做了笼统的原则性规定。GATT成立之初，大多数国家对反倾销问题的漠视，为一些国家在关税不断受到约束的背景下滥用反倾销措施提供了方便。但是，从1950 年开始，越来越多的国家先后开始制定反倾销相关法律，特别是1990 年以后，反倾销立法步伐明显加快。截至2011 年10 月，WTO 成员中制定反倾销相关法律的国家和地区已达100 多个。反倾销全球性泛滥的另一表现是越来越多的国家和地区开始运用反倾销措施保护本国产业。[3]

查德·布朗指出，反倾销措施本身就是为缔约方进行管制贸易和类似自愿出口限制的价格承诺提供法律漏洞。《保障措施协定》明确寻求削减国家通过谈判自愿出口限制来管制贸易的频率，但《反倾销协定》采取另一个方法。在《反倾销协定中》，通过自愿价格承诺施加反倾销税的管制贸易协定(managed trade agreements)在法律上是可接受的。在经济学模型中，就对福利的影响和造成的无效率来看，价格承诺和自愿出口限制机制产生相似的结果。就经济损失来说，价格承诺事实上造成的结果，甚至比自愿出口限制还要严重。[4]从保护主义者的视角看，反倾销规则的价值不仅在于其起到保险的

---

〔1〕 参见陈立虎:《论贸易救济措施滥用的制约与应对》，载《江南大学学报》(人文社会科学版)2011年第1期，第39页。

〔2〕 李勤昌:《反倾销滥用的政治经济分析》，载《财经问题研究》2011年第9期，第71～72页。

〔3〕 参见李勤昌:《反倾销滥用报复实证及中国的对策》，载《东北财经大学学报》2012 年第4 期，第51～52页。

〔4〕 See Chad P. Bown, “Why Are Safeguards under the WTO So Unpopular?”, *World Trade Review*, Vol.1, Issue 1, 2002,p.53.

作用，还在于其能够被操纵的事实。[1]

第二，非正式的灵活性机制的适用范围更加广泛。非正式免责工具既不违法也至少不与协定的精神相违背。因此，更少有契约语言限制其适用的范围。例如，市场关闭的国内政策手段可根据任何理由制定，而不仅仅因为GATT第19条规定的不可预见的经济冲击。还有一个因素就是选择性：很多非正式的灵活性机制，尤其是自愿出口限制、反倾销、反补贴和违反协定，都能精确地指向一个进口WTO成员所特别关注的出口国家、产业或企业。因此，成员方可据此解决其保护主义之需要，而非以同样的方式对待所有国家。相比之下，法律上、正式的贸易政策灵活性机制却没有这样的优势。

第三，对于决策者而言，非正式的贸易政策灵活性手段在政治上更加方便。决策者反对把针对公平贸易货物的保护主义措施过于合法化，这将会等于过失和不称职的官方准许。非正式自愿退出（informal opt-outs），例如反倾销、反补贴措施和自愿出口限制可避免这种问题。当适用这些非正式灵活性机制时，成员方所需要给受害方支付的损失赔偿救济相对较低。根据具体情况的不同，救济额度从零到"等于利益丧失或减损的程度"，WTO司法将其解释为大致上等同于信赖损失赔偿。只有在受害方起诉，并且加害方被裁定违法时，才可支付损害赔偿。但是，受害方可能根本就不会上法庭，即使上法庭加害方也有胜诉的可能性，而且受害方国家还可能克制其制定授予报复的权利，加害方事实上所需支付的信赖损害赔偿要比在正式自愿退出的情形下少得多。当然，加害方的声誉损失并未计算在内。[2]

根据上述分析，不难看出WTO法律上与事实上的灵活性机制存在某种不平衡：前者适用门槛高，导致在实践中很难发挥其应有的价值；后者具有容易制定、适用范围广泛和政治成本低等特点，很容易被WTO成员方为贸易保护主义的目的而滥用。这也表明，例外条款是相对于反倾销而言较为理想的备选方案。具体而言，反倾销实质上是国内公司用来把自己和下降的进口价格隔绝开来的方法。有一些行业经常要面对进口商品的冲击，如美国国内的钢

---

〔1〕 See Ronald D. Fischer and Thomas J. Prusa., "WTO Exceptions as Insurance", *Review of International Economics*, Vol. 11, Issue 5, 2003, p.751.

〔2〕 See Simon A. B. Schropp, *Trade Policy Flexibility and Enforcement in the WTO: a Law and Economics Analysis*, Cambridge, Cambridge University Press, 2009, pp.240–242.

铁行业在1997～1998年的亚洲金融危机中就遭遇了进口价格下降的钢材的冲击，因为那时国外对钢材需求骤减，导致了世界钢材价格大跌。在世界范围内，价格都急剧下降的情况下，如果美国市场的价格仅仅比国外市场高一点点的话，那些苦恼的美国公司是不会感到安慰的。这样的行业面临的真正问题是因为无法预见的情况出现，各地的价格都在下跌。一个行业面对这样的困难时对该行业提供一个暂时的不被称为“不公平”贸易的保护措施可能是合理的，这正是例外条款所致力达到的目的。〔1〕如果新的贸易体制仍需维持内在于反倾销和反补贴税规则中无须要求暂时进口限制适用前提的贸易政策灵活性，制度改革的重点应当放在补偿而不是适用条件上。完全的补偿将确保政府不会在正常的政治情形下采取暂时进口限制措施。与此同时，补偿的要求也不会损害在政治压力的情况下的贸易政策灵活性。〔2〕

第三节　WTO执行机制的不足

执行是任何契约不可或缺的部分，这可起到加强相互间的承诺和阻止违约的效果。在超国家权威不存在时，任何主权国家之间的契约必须依靠自我执行。自我执行不等于自卫式正义或者自助体制。司法裁决能否得到有效执行，是考察一个法律体系的争端解决机制是否完备、能否有效运转的一个重要衡量标准。执行问题指的是个体行动者对一项既有协定或一套规则不忠动机的影响力。即便一项安排使所有人更好，也会有部分或所有行动者通过单独欺骗行为获得更多，因而不愿意对其遵守，这是囚徒困境和公共物品问题的核心。当行动者发现单边不合作如此迷人，他们因此选择牺牲长远的合作时，执行问题就开始出现。〔3〕WTO是基于规则的自我执行体制，其旨在损害和惩罚之间建立起公平合理的救济制度。

在WTO协定中，契约内的不履行及其救济程序一并构成贸易政策灵活性

〔1〕 参见［美］道格拉斯·A. 欧文：《备受非议的自由贸易》，中信出版社2003年版，第139页。

〔2〕 See Alexander Roitinger, *The Institutional Design of Trade Policy Flexibility in the World Trading Order: Analysis and New Direction for Reform*（Ph. D. diss., University St. Gallen, 2004）, p.7.

〔3〕 See B.Koremenos, Ch.Lipson and D. Snidal, “The Rational Design of International Institutions”, *International Organisation*, Vol. 55, No. 4, Autumn 2001, p. 776.

机制。其中,“次级规则”是有关灵活性、免责和救济的规则,规定缔约方如何分配剩余决策权,以组织或禁止在契约履行期间的事后行为。当事方据此界定每项权利应当如何保护,以及在权利允许事后转移时对恰当的契约内救济取得一致意见。剩余决策权规定初始权利应当如何保护以及保护程度的问题。与此同时,契约外的“不履行”指“不履行义务或违反契约”的行为构成对协定的违反,与其相应的救济方式是惩罚和制裁。执行机制和程序是为应对非法夺取、破坏一项权利,决定如何制裁契约外行为的“三级规则”(tertiary rules)。据此,当事方同意先前商定的分配和权力转移的规则能够或应当规定如何保护以免于单边的违反。缔约方的任务是确保所保护的权利可执行以及惩罚并非空洞的威胁。执行能力和可执行性显然起到很大的作用。WTO市场准入权利、最低标准权利和从属权利都可能受到执行的影响。[1]

在贸易争端的解决中,“司法能动主义”基于这样的基本假设:首先,包括WTO在内的贸易协定为包含漏洞的不完全契约。漏洞的存在导致契约具有模糊性、灵活性和刚性的特点。其次,争端解决不仅仅是惩罚。传统的经济分析侧重于缔约方的自我执行能力,很多法律经济学论文采取一个更微妙的立场,即可执行性是契约执行的另一重要决定因素。如果接受契约的不完全性和执行的重要性两个原理,就会对贸易争端、独立的贸易法庭或争端解决机构认真加以对待。[2]在不完全契约中,执行是权利保护的第二道防线。WTO贸易政策灵活性机制和执行条款应当是相互补充的关系。然而,大多数WTO学者通常预先假设正确或错误行为的概念,认为所有契约漏洞都应当由争端解决专家组来填补,从而将贸易政策灵活性和执行两者孤立起来。实际上,如果WTO执行机制存在缺陷,灵活性机制的作用就将大打折扣。

一、制裁方式不加区分

在WTO协定中,成员方或多或少都有相同的几率成为申诉方和被诉方。因此,WTO成员必须从两个视角看待救济问题,以保持一定的回旋余地。最

---

〔1〕 See Simon A. B. Schropp, “The Equivalence Standard under Article 22.4 of the DSU: A ‘Tariffic’ Misunderstanding?”, in Chad Brown and Joost Pauwelyn, eds., *The Law, Economics and Politics of Retaliation in WTO Dispute Settlement*, Cambridge, Cambridge University Press, 2010, p.476.

〔2〕 See David A. Gantz and Simon A.B. Schropp, “Rice Age: Comments on the Panel Report in Turkey – Measures Affecting the Importation of Rice”, *World Trade Review*, Vol.8, Issue 1, 2009, pp.169–171.

佳的法律机制并不简单地意味着最强的法律机制，而应该是对申诉方贸易权利最有帮助，与此同时保留应付对自己行为不利的法律裁决所需的自由度。[1]这样的灵活性包括在政治或经济情形改变时，成员方可选择公开违反协定，或者当自以为善意履行义务，事实上构成违约时，不至于受到惩罚。原因在于，条约是不完全契约，不能预测到未来可能发生的所有情形，而且多边谈判达成的条约具有模糊性，由此可能发生国家善意履约而随后被裁决违约的结果。在WTO争端解决中，大多数辩护方善意地提出其相信争议中的措施符合WTO协定相关条款的规定。[2]根据DSU第22.4条和GATT第18.7条（b）项、第19.3条（a）项和第28.3条（a）项、第28.4条（d）项，还有DSU第26条针对"非违反之诉"的救济，WTO协定为先前商定的市场准入减让合法或非法的减损或丧失提供的反措施表现为撤销"实质等同的减让"。在实践中，WTO仲裁员认为，授权中止减让或其他义务是暂时性的，暂时性的本质表明反措施之目的在于促使遵守，但这不意味着DSB应授权超过等同于利益丧失或减损水平的中止减让。也就是说，仲裁员认为反措施并不具有惩罚性赔偿的性质。[3]在美国1916年反倾销法案中，仲裁员也完全同意DSU第22.4条禁止惩罚性制裁。[4]虽然《国际责任条款草案》通常要求赔偿，这与财产规则相一致。但这并没有为惩罚性赔偿或通过强制救济执行实际履行提供任何基础。[5]

相比于古代法中根据自由裁量而没有任何限制的报复行为，WTO体制提供近似于一比一的制裁水平可有效避免暴力升级和维护体制之稳定性和综合效率。而且，在国家之间实力不均衡的国际社会，弱国虽然希望更强有力的救济和实际可行的条约，但其同时必须面对大国的炮舰外交和过度执行的危

---

〔1〕 See Robert Hudec, *Broadening the Scope of Remedies in WTO Dispute Settlement*, pp.9–10. Last visited on May 20, 2012. http://worldtradelaw.net/articles/hudecremedies.pdf.

〔2〕 The Decision by the Arbitrators on *Canada-Export Credits and Loan Guarantees for Regional Aircraft-Recourse to Arbitration by Canada under Article 22.6 of the DSU and Article 4.11 of the SCM Agreement*, WT/DS222/ARB, February 17, 2003,para. 3.99.

〔3〕 The Decision by the Arbitrators on *Regime for the Importation, Sale and Distribution of Bananas–Recourse to Arbitration by the European Communities under Article 22.6 of the DSU*, WT/DS27/ARB, April 9, 1999,para. 6.3.

〔4〕 The Decision by the Arbitrators on *United States-Anti-Dumping Act of 1916-Recourse to Arbitration by the United States under Article 22.6 of the DSU*, 24 February, 2004, para. 5.22.

〔5〕 See Joel P. Trachtman, *Building the WTO Cathedral*（February 17, 2006）, p.23. Last visited on December 21, 2012. http://ssrn.com/abstract=815844 or http://dx.doi.org/10.2139/ssrn.815844.

险。因此，对于反措施和自助行为的限制符合弱小国家的利益。WTO争端解决机制集体和自动授予报复对于解决遵守和救济问题无疑作用显著。但是，WTO协定对于契约内或契约外之行为都以相同的救济给予制裁，对权利之侵害到底是成员方出于正当理由不得不在事后选择不履行义务，或者只是为一己之利机会主义地逃避义务，就不能区分清楚。根据契约法或侵权法之一般原理，法律对于善意侵害权利者通常要求其提供与所造成损失相当的赔偿，但只要是恶意侵害权利其结果通常是面对严厉的惩罚。事实上，在实践中已出现只要不明显不成比例，即便所采取的反措施超过准确相等水平也可以接受的案例。例如，在加拿大飞机补贴案中，专家组为促进遵守而在补贴数额上增加20%。[1]因此，只要违约情形足够严重，或者受侵害的权利极其重要，报复的水平适当地超过所造成损失并非不可接受。但如前所述，契约内行为及其救济构成WTO贸易政策灵活性机制，对契约内之救济不应与违反WTO协定的契约外行为救济水平相同。由于WTO对于“契约外”和“契约内”行为采取相同的制裁方式，灵活性条款及其救济与对违约之制裁在功能上相互替代，这就无法有效地保护WTO权利。

二、对契约外救济不足

由于WTO协定是不完全的，事前的专用性投资无法写入契约。在这种具有双边锁定特征的再谈判过程中，投资者面临对方“敲竹杠”或攫取“可占用性准租金”的风险，即投资者投资的边际收益中有一部分被对方分享了。预期到这种“敲竹杠”行为，投资者在事前就会投资不足。[2]换句话说，考虑到不完备契约安排的存在，追求财富最大化的交易者有能力并且经常也有动力通过拖延另一方时间而违背诺言。[3]鉴于WTO成员数量巨大，随着参与再谈判的当事方增加，套牢问题会变得更加尖锐。

---

〔1〕 The Decision by the Arbitrators on *Canada-Export Credits and Loan Guarantees for Regional Aircraft-Recourse to Arbitration by Canada under Article 22.6 of the DSU and Article 4.11 of the SCM Agreement*, WT/DS222/ARB, February 17, 2003, para. 3.121.

〔2〕 参见杨瑞龙、聂辉华：《不完全契约理论：一个综述》，载《经济研究》2006年第2期。

〔3〕 参见［美］威特曼主编：《法律经济学文献精选》，苏力等译，法律出版社2006年版，第205页。

WTO救济的真实本质反映着该体制自身存在的理由（raison d'etre）。[1]近似于私人契约的预期损失赔偿可取得合理的平衡。将WTO协定类比为不完全契约的观点为不过度惩罚违约的体制提供了清晰的理由。[2]WTO法提供的基本救济方式包括停止违反协定的措施、由双方同意而成立的补偿[3]和非合意性的中止减让或其他义务。WTO协定的救济方式有赔偿和报复两种，表面上给予受害方选择的机会，但事实上是将应变的选择权交给加害方，即潜在的违约方可根据需要选择提供符合规定的赔偿，或者只是等待DSU授权受影响的成员方对其实施报复。迄今为止，WTO仲裁员对于报复判定的救济最多只是相当于信赖利益救济（违法行为被消除、违约之前的状态）。当前适用的报复相当于直接（预期）损失是不够的。这些贸易损失甚至不能达到期望损失赔偿（如同违法行为从未发生和契约得以履行的状态）标准所需要满足的比例原则。[4]而且，这些直接损失只是相关产业中关税壁垒、数量限制和繁文缛节的措施等来自限制市场准入所造成的损害，但是WTO包含超出互惠市场准入的其他多种权利，违反这些其他权利对申诉方也造成不同的经济损害。只要DSB仲裁员只是解决争议中局限于一个部门与市场准入相关的侵害，仲裁员以关税为中心的视而不见就很有问题。[5]很多作者批评根据DSU第22.4条计算的等同损失赔偿，认为官方的报复裁定额无视相互市场准入平衡的再平衡。[6]例如，认为WTO仲裁员在不遵守情形下对贸易损失的估计从未将等同损失赔偿转换为经济福利。WTO仲裁裁决甚至在其有限的目标，即在提供影

---

〔1〕 See Sungjoon Cho, "The Nature of Remedies in International Trade Law", *University of Pittsburgh Law Review*, Vol. 65, No. 763, February 2004, p.808.

〔2〕 See Alan O. Sykes, "Optimal Sanctions in the WTO: the Case for Decoupling", in Chad Brown and Joost Pauwelyn, eds., *The Law, Economics and Politics of Retaliation in WTO Dispute Settlement*, Cambridge, Cambridge University Press, 2010, p.346.

〔3〕 根据DSU第22.4条规定，要求违反义务或其他造成利益丧失或减损情形提供实质相等的减让。

〔4〕 See Simon A. B. Schropp, *Trade Policy Flexibility and Enforcement in the WTO: a Law and Economics Analysis*, Cambridge, Cambridge University Press, 2009, p.243.

〔5〕 See Simon A. B. Schropp, "The Equivalence Standard under Article 22.4 of the DSU: A 'Tariffic' Misunderstanding?", In Chad Brown and Joost Pauwelyn, eds., *The Law, Economics and Politics of Retaliation in WTO Dispute Settlement*, Cambridge, Cambridge University Press, 2010, p.448.

〔6〕 See Petros Mavroidis, "Remedies in the WTO Legal System: Between a Rock and a Hard Place", *European Journal of International Law*, Vol. 11, Issue 4, 2000, pp. 763-813; See also Alexander Keck, "WTO Dispute Settlement: What Role for Economic Analysis? A Commentary on Fritz Breuss", *Journal of Industry, Competition and Trade*, Vol. 4, No. 4, December 2004, pp. 365-371.

响贸易的报复方面都是不成功的：一方面，使用不对称和得以确认的贸易影响比较。另一方面，对所有相关仲裁裁决详细的法律经济学分析表明违约贸易的影响被显著地错误估计，针对禁止出口补贴的反措施裁决根本不为再平衡做出任何努力。[1]

上述批评意见主要可分为两种：第一，缺失溯及既往的损害赔偿而导致系统性的赔偿不足。[2]在财产权利受到侵害时，普通法系有法律救济和衡平救济两种方式。就赔偿原告业已遭受的损失而言，法律救济是"回头看"(backward-looking)的；反之就阻止被告未来侵害原告的意义上说，衡平救济是"向前看"(forward-looking)的。因此，法院可能会结合两种救济方式，为过去的损害判给金钱赔偿和禁止可能引起未来损害的行为。[3]WTO救济制度由于具有非溯及既往性、[4]时限性补救和损害的非对等性等特点，这与传统法律上的赔偿理论大相径庭。不同于一般意义上"补偿"的含义（如对违法行为造成的损失进行金钱赔偿或恢复原状），WTO协定所谓"补偿"是指违法方对胜诉方在受到损害的贸易领域给予更低关税的减让或者是给予其他的贸易优惠。其目的在于，将双方的权利义务再次平衡以恢复到违反行为发生之前的状态，而非侧重于弥补业已发生的损失。因此，预期损失赔偿未能赔偿受害方在制定违反措施和合理期间结束之间所遭受的损失。[5]而且，预期损失赔偿加上虚弱的程序规则招致违约方机会主义的拖延策略。最有效的拖延战略是

---

〔1〕 See Fritz Breuss, "WTO Dispute Settlement: An Economic Analysis of Four EU-USMine Trade Wars", *Journal of Industry, Competition and Trade*, Vol. 4, Issue 4, 2004, pp. 275-315.

〔2〕 See Holger Spamann, "The Myth of 'Rebalancing' Retaliation in WTO Dispute Settlement Practice", *Journal of International Economic Law*, Vol. 9, Issue 1, 2006,pp.31-79.

〔3〕 See Robert Cooter and Thomas Ulen, *Law and Economics*, 3rd edition, Electronic Resource Addison Wesley Longman, June 2000, p.98.

〔4〕 在以往的GATT的司法实践中，无论是违法方纠正违法措施，还是赔偿和报复，都是以救济措施的采取为时间点向未来发生效力的，并不能直接消除先前采取的违法措施产生的损害性后果。在新近美国诉澳大利亚汽车皮革案中，专家却突破传统溯及性地校正一项非法措施。参见肖威：《论WTO"贸易救济制度"的新发展——以DSB对GATT/WTO法理的"激进主义"突破为视角》，载《政治与法律》2009年第9期。

〔5〕 See Joost Pauwelyn, "Enforcement and Countermeasures in the WTO: Rules Are Rules - Toward a More Collective Approach", *American Journal of International Law*,Vol. 94, 2000, pp.335-347; See also Marco Bronckers and Naboth van den Broek, "Financial Compensation in the WTO Improving the Remedies of WTO Dispute Settlement", *Journal of International Economic Law*, Vol. 8, No. 1,2005,pp.101-126.在补偿制度的细节上，WTO与一般国际法体系下的补偿救济存在较大的差异。参见李晓玲：《WTO争端裁决的执行机制研究》，中国社会科学出版社2012年版，第102页。

以一种不遵守措施换成另一种。[1]成员方甚至可制定任何违法措施直到决定其非法性的报告得以通过。第二，撇开裁断者适用以计算报复裁定额的方法一直并能完全透明不说，WTO裁断者把“实质上相同的损失”解释为信赖救济措施。严格来说，信赖救济赔偿根本没有弥补违法措施造成的真实福利损失，即这些救济少于受害方要求得到的适当赔偿。[2]

上述批评意见并非指出补偿不重要，而是指如果WTO能够像一般国际法那样同时采取补偿和报复两种手段提供救济效果或许会更好，即一方面通过补偿弥补受害方所遭受的损失，另一方面通过报复促使违约方遵守规则。但是，目前WTO协定救济机制的或补偿或报复模式，其目的似乎只是督促相关成员矫正其不符合协定的行为。因此，一个成员方可最长达三年、不付出任何代价地实行一项违反WTO规则的措施。而且，鉴于争端当事方在政治和经济方面的实力差距，更使受害方难以真正地借助DSU授权的报复手段。如果争端解决执行救济存在系统性补偿不足，就不能有效地阻止违反WTO规则现象的发生。总之，只要给“契约外”行为救济不充分，WTO规则就不能保护成员方权利免于受到其侵害，从而导致成员方遵守规则的激励不足，[3]最终将降低该多边贸易体制的运行效率。

三、报复措施效果不佳

由于国际法并没有一套像国内法那样完整而权威的实施机制，对于违约的救济或者惩罚也远不如国内法有效。在理想状态下，对违反国际法义务采取可靠的报复威胁对于维持有利的国际合作很有必要，但国际协定具有不完全契约的特征使违约及其救济的结果不明确，如违约的代价可能过高或者过低。根本原因在于，就历史而言救济是国际法最不发达的领域之一。标准的条约和文本对此话题着墨极少。在贸易和投资法律之外，很少有国际司法或

---

〔1〕 在美国钢铁案中（WT/DS 248，249，251–254，258，259），就很有说服力地说明拖延是可行的战略。

〔2〕 See Simon A. B. Schropp, *Trade Policy Flexibility and Enforcement in the WTO: a Law and Economics Analysis*, Cambridge, Cambridge University Press, 2009, p.244.

〔3〕 WTO法救济具有非溯及既往性的特点，这就为成员方违约提供了动机。但是，基于声誉之考虑，这种违约动机也会受到限制。根据DSU第22.8条规定，减让或其他义务的中止应是临时性的，DSB应继续监督已通过的建议或裁决的执行。这种监督有利于声誉作用的实现。See Joel P. Trachtman, *Building the WTO Cathedral*（February 17, 2006）, pp.17–19. Last visited on May 6, 2012. http://ssrn.com/abstract=815844 or http://dx.doi.org/10.2139/ssrn.815844.

仲裁意见涉及救济问题，其他权威的渊源同样很欠缺。国际法委员会曾起草大量文章讨论救济问题，但国家不可能对其正式接受。目前相对权威的国际法律文件为《国家对国际不法行为的责任草案》，其中第22条规定国家可合法地不遵守其对另一国的国际义务，其不法性解除的前提是正在针对该另一国采取的一项反措施。[1]"国际舞台上的经验是，以更有强制力的军事或经济惩罚为形式的单边制裁只是偶尔或零星地用以救济条约义务的违反，并且这么做并不是很有效果。"[2]对救济的关注不足反映出国际法在很大程度上是自我实施的，因此典型的救济在历史上一直都是不受法律监督的单边报复行动。国际贸易法的执行主要关注违约的不同救济问题。例如，贸易制裁的使用、正式制裁的有效性和政府的声誉损失。[3]

近一二十年来，随着国际组织的纷纷涌现，一定程度上弥补了国际法在实施方面的缺陷。例如，争端解决机制的建立使得WTO法如同装上牙齿一样。除贸易政策审查机制外，因WTO协定及其附件产生的纠纷都受争端解决机制管辖。对于传统国际法缺乏执行力的困境而言，WTO争端解决机制具有以规则导向为主的司法模式、强制管辖权和强制执行力等独特性都是国际法重大的突破和发展。WTO争端解决机制本身是违反与赔偿的制度，其规定一套较为完善的报复机制之目的就是督促成员方遵守和执行协定。WTO通过DSU强调争端解决程序的解释与适用的"规则导向"而非"权力导向"，对违约的救济不再是相互"不遵守"，而是根据WTO规则的授权进行惩罚。相比于一般国际法，WTO既为成员方设定明确的义务，同时为判定成员是否违反初级规则提供程序，这在很大程度上弥补了传统国际法在救济方面效率不足的缺陷。

对贸易救济的系统性使用是WTO的主要创新。根据GATT第19.3条（a）项和第28.3条（a）项和（b）项，或DSU第22.4条，报复是胜诉方最后可诉诸的贸易救济方式。当一个国家违反一项义务，如果授权受害国通过违反自身

---

〔1〕 第51条还规定，"反措施必须和所遭受的损害相称，并应考虑到国际不法行为的严重程度和有关权利"。但是，国际法委员会并没有界定"相称"的定义，在很多情况下将很难甚至不可能精确地计算违约所造成的损害。

〔2〕 Abram Chayes and Antonia Handler Chayes, The *New Sovereignty: Compliance with International Regulatory Agreements*, Cambridge, Harvard University Press, 1995.p.32.

〔3〕 See Rachel Brewster, "Unpacking the State's Reputation" , *Harvard International Law Journal*, Vol. 50, Issue 2, Summer 2009, pp. 249-262.

的义务来报复时，该权利能够减少受害方的损失。确实，该报复性违约的权利甚至比其在国契约内法中更加重要，这可能是唯一现实的救济和国家遵守承诺的唯一动机。不可否认，通过震慑未来类似的违反行为，制裁可在促进WTO规则的遵守方面发挥一定的作用。但是，如果申诉方的经济实力欠佳，就可能导致其无法顺利对不执行DSB裁决的败诉方进行制裁和报复。在WTO中贸易报复水平不是根据违反者的收益，而是基于受害方利益损失或减损的程度决定，因此违法者的收益就大于受害方的损失，这并不利于促使缔约方遵守规则。例如，反措施是WTO体制最后的手段。如果反措施（或其威慑）确实是一种可靠的恐吓，成员方将最终被说服放弃其与WTO不一致的实践。博弈论表明，如果游戏者事先知道一项威胁将会实现，这项威胁就是可靠的。除非国家保持其非法实践比遵守法律的损失更多，否则他们当然将很难产生遵守的动机。另外，需要指出的是，WTO事实上是一个分散型的执行体系，它没有依据职权的控告和多边的制裁。而且，由于反措施的水平基本上限于所造成的损失。这意味着每次违反WTO契约之收益高于所造成的损失，成员方不会产生遵守的动机。[1]

更重要的是，贸易制裁的双边主义属性意味着弱国无法有效地对强国进行制裁，而强国一般来说将拥有比弱国更大的行动自由。美国、欧盟和日本可以通过对GATT/WTO体制置之不顾来破坏它，而其他国家不能。[2]即便穷国获得授权对富国进行报复，鉴于两方经济规模的巨大差异，该报复的有效性将大打折扣，甚至得不偿失。在2001年，尽管厄瓜多尔和欧盟在香蕉问题上有激烈的争吵，但因其认识到完全采取法律手段通过WTO起诉欧盟将付出的代价，最终选择以谈判方式解决争端，力争避免欧盟对其香蕉出口征收高额关税。[3]与之相反，强国仅仅是采取单边贸易措施威胁弱国，对后者而言都是一次致命的打击。因此，包括反措施在内的既有救济手段通常涉及对败诉方

〔1〕 See Petros Mavroidis, "Remedies in the WTO Legal System: Between a Rock and a Hard Place", *European Journal of International Law*, Vol. 11, Issue 4, 2000,pp.806-807.

〔2〕 See Jack L. Goldsmith and Eric A. Posner, *The Limits of International Law,* Oxford, Oxford University Press, 2005, p.162.

〔3〕 See Brian Kenety ,*Ecuador Has Withdrawn Its Threat to Challenge the European Union's New Banana Import Regime before the World Trade Organisation*, Last visited on March 28, 2012. http://www.twnside.org.sg/title/withdraws.htm,last visited on 2012 Mar. 28.

货物的贸易限制，这不利于贸易自由化并经常造成对报复国在经济上不利的结果。限制时常会伤害到败诉方国家寻求出口到胜诉方国家的生意和个人。当强大的国家不能遵守其义务时，来自弱小国家的反措施可能被证明是无效的。更糟糕的是，小国对大国的报复可能导致发展援助等非贸易领域的反报复。[1]

从1995年1月1日到2012年年底，WTO共收到454件指控，DSB通过的上诉机构发布了94份报告。但是，只有美国、欧盟、加拿大、巴西、厄瓜多尔、智利、印度、韩国、日本、墨西哥、安提瓜和巴布达等为数不多的国家提出过请求授权“中止减让”（WTO用语的“报复”）。由于不履行而导致事实上实施报复的只有美国在香蕉案中对欧盟采取报复措施、美国和加拿大在荷尔蒙牛肉案中对欧盟实施报复措施、欧盟在外国销售公司案中对美国实施报复措施与欧盟、加拿大、日本和墨西哥在伯德修正案中对美国实施报复性措施等屈指可数的案例。“虽然可靠的国际惩罚机制对于维持在标准‘囚徒困境’描述下贸易政策的合作很有必要，但在实践中国家似乎并未因其违反贸易承诺而受到惩罚。”[2]尤其在发展中国家胜诉时，贸易报复就更难发挥作用。例如，鉴于政治和经济方面的实力悬殊，不难设想安提瓜和巴布达对美国的贸易报复，不大可能会对美国构成实实在在的影响。再如，DSB于2000年5月18日授权厄瓜多尔对欧盟进行报复，这是发展中国家第一次在多边贸易体制中获得授权对发达国家进行报复，但厄瓜多尔迄今为止仍未对欧盟实施报复。在发展中国家中，只有墨西哥2006年9月在伯德修正案中对美国真正地实施过报复性措施。2008年2月美国法院判决因NAFTA，该法案不适用于墨西哥。[3]

---

〔1〕 See David Collins, “Efficient Breach, Reliance and Contract Remedies at the WTO” , *Journal of World Trade*, Vol. 43, Issue 2, 2009, pp. 225–244.

〔2〕 See Johns, B. Peter Rosendorff, “Dispute Settlement, Compliance and Domestic Politics, Leslie Johns, in *Trade Disputes and the Dispute Settlement Understanding of the WTO:An Interdiscipline Assessment,* edited by James C.Hartigan, Emerald Group Publishing Ltd.,2009,p.144.

〔3〕 通过DSU第22条仲裁确定中止减让水平的已裁决案件与获得授权报复的国家有：欧共体影响肉及肉制品的措施（美国）（WT/DS26）、欧共体影响肉及肉制品的措施（加拿大）（WT/DS48）、欧共体香蕉进口、销售和分销体制（厄瓜多尔）（WT/DS27）、美国外国销售公司税收待遇（欧盟）（WT/DS108）、欧盟诉美国1916年反倾销法（欧盟）（WT/DS136）、加拿大诉巴西飞机出口项目融资（加拿大）（WT/DS46）、巴西诉加拿大支线飞机出口信贷和贷款担保补贴（巴西）（WT/DS222）、美国2000年持续倾销与补贴抵消法（“伯德修正案”）（巴西、加拿大、智利、欧盟、印度、韩国、日本、墨西哥）（WT/DS217、WT/DS234合并））、美国陆地棉补贴（巴西）（WT/DS267）和美国赌博和博彩服务案（安提瓜和巴布达）（WT/DS285）。欧共体诉美国“版权法110（5）节”（欧盟）（WT/DS160）中，美欧双方通过25条仲裁确定了补偿数额。上述内容根据WTO官方网站所提供的信息整理。

因此，如果在国际法中采用“责任规则”保护权利，还应考虑国家之间实力巨大的不平衡。比起孟加拉国或布基纳法索，美国在经济和政治上都更加强大。用国内法的语言说，美国和孟加拉国之间的条约，就如同微软公司和生活在贫困线以下的个体签订契约。在这种情况下，“责任规则”保护会产生“且取且付原则”（take-and-pay principle），产生只对富国和大国有用的风险。在WTO语境下，“责任规则”会赋予欧盟和美国“安全阀”，并允许它们在福利最大化时通过“违反并补偿”的方式解决问题。相比之下，对于贫穷的发展中国家而言，不一定总是有机会在福利最大化时违约，并提供补偿或接受报复，因为它们无力为其违约补偿，或违反要冒着引起隐藏的报复风险。对于较小的发达国家来说也是如此。尽管NAFTA义务要求对歧视或征收外国投资提供补偿，美国可能不会轻易停止这样做。由于美国政府或外国投资者的压力造成的“寒蝉效应”，加拿大即便在最大化福利时也不敢歧视或征收外国投资。[1]简言之，在国家之间实力悬殊时，违约并不能在技术上被抵销或再平衡，任何关于有效违约的提法都是完全不合适的。经济分析表明，报复性关税不利于实施报复国家的福利，相当于搬起石头砸自己的脚。贸易战争的获胜者只能是大国。[2]

综上所述，无论是以相互不遵守法律的形式抑或其他惩罚的单边报复，都不是鼓励遵守国际法的完美机制。报复本身可能成本过高和消耗资源。因为制裁本身成本昂贵，且并不是在国家之间简单转移，而合理的救济机制必须将制裁成本考虑在内。而且，在缺乏对现有违法行为进行裁决的司法机制的情况下，争端可能会产生并且单边报复可能成为不稳定因素，因为国家“将法律掌握在自己手中”。一个有单边报复的体系可能要冒着报复过度的风险。在大国参与报复时，过度报复的危险会更加严重。报复可对外国出口商施加大量的成本，但这对于视违背政治上成本昂贵的贸易承诺为一次机会的政治

---

〔1〕 See Joost Pauwelyn, *Optimal Protection of International Law: Navigating European Absolutism and American Voluntarism*, U.of St. Gallen Law and Economics Working Paper No. 27, pp.46–47. Last visited on March 8, 2012. http://ssrn.com/abstract=1019415 or http://dx.doi.org/10.2139/ssrn.1019415.

〔2〕 See Fritz Breuss, “WTO Dispute Settlement: An Economic Analysis of Four EU–USMine Trade Wars”, *Journal of Industry, Competition and Trade*, Vol. 4, Issue 4, 2004, pp. 275–315.

官员而言可能具有吸引力。[1]由此可见，通过报复提供的救济很缺乏效率，与WTO目标也不一致，对于发展中国家更不大可能有用。原因主要在于：报复从经济上来说没有意义；中止减让将阻止无关人员从事经济活动，从而违反人权；实施报复措施需付出的政治和经济成本太高等。韩国学者赵成埈甚至认为："通过私人化的制裁从而将报复的权力留在胜诉方手里，WTO剥夺自身的法治取而代之的是招致国际政治中的丛林法则"。[2]

本章小结

根据WTO官方网站提供的数据统计，可获取有关贸易政策灵活性机制的实际使用情况，并得出成员方倾向于采用反补贴、反倾销等事实上的退出机制的初步结论。当面临国内政治、经济困境，或受到世界经济危机影响时，这些非正式的灵活性机制还经常被滥用为贸易保护主义的工具。主要原因在于：在现有WTO法律框架中，成员方寻求暂时中止先前共同议定的承诺过于麻烦。例如，适用条件要求过高、适用例外条款的标准阙如等。由此造成WTO法律上应急免责机制如GATT第28条、第19条和第20条等可用性被大大削弱。这表明，仍需要更灵活和容易使用的补偿性契约免责方法。[3]

对于WTO政策灵活性机制所涉及的问题，例如，灵活性手段适用的前提；如何确立保护权利的形式；如何处理贸易伙伴受到的不利影响，即受影响方是否可得到补偿；如何监控灵活性手段的适用；研究发展中国家是否可得到特殊的待遇等。本书认为，灵活性手段的适用条件和补偿问题最为关键。理论上，在提高适用前提条件不可行时，补偿就成为最后的救济手段。但是，在既有WTO体制中，各种灵活性手段的适用前提也各不相同，反补贴和反倾销

[1] See Eric A. Posner and Alan O. Sykes' working paper, *Efficient Breach of International Law: Optimal Remedies, "Legalized Noncompliance" and Related Issues,* U Chi. Olin Working Paper No. 546, Mar. 2011, p.13, p.33.

[2] Sungjoon Cho, "The Nature of Remedies in International Trade Law", *University of Pittsburgh Law Review*, Vol. 65, No. 763, February 2004, p.785.

[3] See Simon A.B. Schropp and David Palmeter, "Commentary on the Appellate Body report in EC–Bananas III (Article 21.5): waiver–thin or lock, stock and metric ton?", *World Trade Review*, Vol.9, Issue 1, 2010, p.28.

措施的适用并无补偿的要求。如果没有确定性的适用条件和补偿要求，进口限制等暂时偏离WTO协定的行为就难以获得正当性。鉴于并不是所有灵活性手段都规定有补偿要求的事实，这也似乎表明WTO体制并不是单一的责任规则体系，因为“有效违约”理论适用的重要前提就是守约方可获得违约方提供的补偿。

正如威廉姆森所言，一种契约体制是否得到改进，可根据相关的治理成本曲线如何变化来判断。例如，免责条款中的改进将使混合治理的成本下移。因此，免责条款不能太严厉，也不可太宽松。倘若太严，各方都不会愿意进行相互支持的投资，因为一旦发生不可预期的事件，而对方又要坚持严格履行契约，那么遭到真正惩罚性后果的风险就会更大。倘若太宽松，当事人谨慎地考虑契约、明智地选择技术、有效地分担风险和规避不利情况的激励就会受到损害。[1]因此，一方面要放宽WTO法律上应急免责机制的适用门槛；另一方面，要进行必要的改革，以限制反补贴、反倾销等非正式灵活性工具为保护主义之目的的滥用。

理想的情况是，在灵活性与承诺之间寻求最佳的平衡。例如，针对国外竞争的需要，反倾销措施为面对进口商品竞争行业提供的暂时保护，应当是确保该行业能采取措施适应新的竞争。但是，政府在提供暂时救济时，经常会遇到时间连贯性的问题。受保护的行业可能会收获保护带来的利益，而不去承担适应变化所需要的成本。如果政府将来不能可信地承诺消除保护，一个行业可能会出现不在降低成本上进行足够地投资反而能永远地获得保护的情况。有些行业通过不断寻求和不断接受暂时保护，实质上已经获得永久的保护。[2]从本章实证研究的结果来看，钢铁行业和纺织品及服装业等为适应国内和国外竞争而进行长期结构调整，并通过WTO框架下的反倾销、反补贴等制度维持大量的阻止外国竞争的贸易堡垒。尽管如此，例外条款在政治上是必需的，这有助于维持国内民众对开放的世界贸易体系的支持。

执行是WTO贸易政策灵活性机制有效的补充。契约执行问题在国际领域特别相关，这里没有超国家的执行者，游戏规则不能理所当然地被遵守。

---

〔1〕 See Oliver E. Williamson, *The Mechanisms of Governance*, New York, Oxford University Press, 1996, p.115.

〔2〕 参见［美］道格拉斯·A. 欧文：《备受非议的自由贸易》，中信出版社2003年版，第143～144页。

当执行问题突出，即国家在集体行动中的背叛动机很强时，国际合作的效果就会大打折扣。WTO现有执行机制仍存在很多的问题。首先，对善意与恶意的事后不履行不加区分。其次，对损害方进行赔偿是WTO执行的核心，但是目前对“契约外”行为的法律救济并不充分。最后，报复措施效果不佳。在不可预见的情形发生时，加害方可选择具有替代性的正式和非正式的贸易政策灵活性机制，但这对于受害方而言相应的救济都是系统性不足的表现。这些问题将导致成员方机会主义的事后违约，或履行水平低于事前承诺，最终损害多边贸易体制的可靠性和权威性。

第五章　WTO贸易政策灵活性机制改进方向的设想

第一节　WTO权利保护方式的确定

WTO灵活性机制规定当事方是否和如何应对契约成立时未能明确规定的不断改变之情况。灵活性条款明确主动的当事方行为之合法性，而权利问题是关于授予被动的当事方之保护范围。[1]因此，就存在WTO成员应该在何种程度上由"规则导向"所指导并遵守WTO协定与实施DSB裁决的问题。首先，需要判断某一成员对违约进行指控的事实是否已发生。这样的判决不仅给什么是"对"或"错"提供引导，而且也影响到事后成员权利的分配。这就需要以先前商定的规则和程序为基准，由不偏袒的第三方仲裁。随着争端解决程序的更加法律化，在乌拉圭回合谈判后外交争端解决的空间日益缩小。其次，根据"规则导向"的观点，专家组或上诉机构的裁决为争端当事人执行裁决创造了一项国际法义务，败诉方有义务对正式通过的建议"实际履行"。相反的观点认为，败诉方有权在实际履行、在其他领域提供减让或以接受中止减让方式的报复之间选择。相应地，"规则导向"的第二方面并不与"权力导向"相反，而是在实施时拥有自由。[2]

---

〔1〕 See Simon A. B. Schropp, *Trade Policy Flexibility and Enforcement in the WTO: a Law and Economics Analysis*, Cambridge, Cambridge University Press, 2009, p.103.

〔2〕 See Alexander Roitinger, *The Institutional Design of Trade Policy Flexibility in the World Trading Order: Analysis and New Direction for Reform* (Ph. D. diss., University St. Gallen, 2004), pp.143-144.

实际上，WTO灵活性机制与权利保护水平实际上是同一个问题，即国家应该在何种程度上设计条约灵活性规则，在何种程度上设定法律约束水平或例外规则的适用门槛和适用范围限制。新古典契约法通过允许诉诸符合某些免责条款的例外，可避免真正的惩罚性后果。按照新古典契约法，法律系统要求使诺言得到履行的承诺是适度的。[1]如果一味强调对权利的保护，要求违约者对受害方进行过度的赔偿，就可能使加害方在继续履行成本过高时，仍因顾虑到严厉的惩罚而怯于违约，最终导致在无知之幕（veil of ignorance）[2]下进行无效率的事前投资。因此，如果说WTO灵活性机制还有值得继续完善之处，那就是其制度设计和适用应综合考虑各种价值因素，以达到在适当水平上保护权利的目的。

一、国际权利保护水平的理论分歧

为平衡贸易与其他社会价值和利益，WTO主要提供两种立法模式：一方面，通过《卫生及动植物检疫措施协定》和《技术贸易壁垒协定》等，要求成员方必须在履行某些积极义务的前提下，才可采取措施保护他们的社会利益；另一方面为成员方提供广泛的例外，在符合规定的情形时即可背离条约义务。因此，从立法的层面上讲，不存在平衡贸易与非贸易价值的固定标准，一切需要结合具体规定所保护的价值而定。当不同的价值观和社会优先事项之间出现争端时，WTO专家组和上诉机构也将面临特别艰难的制度选择。这种情形在涉及GATT第20条及GATS第14条时表现得尤为明显。在某些情况下，上诉机构明确将这些条款解释为要求一种平衡的方法。对于其他，其似乎放弃完全平衡的方法而允许成员方选择他们的“保护水平”（如“零容忍”），然后询问这种水平能否通过更少的贸易限制管理方法来达到。[3]例如，在墨西哥糖浆

〔1〕 See Oliver E. Williamson, *The Mechanisms of Governance*, New York, Oxford University Press, 1996, p.97.

〔2〕 “无知之幕”是约翰·罗尔斯（John Rawls）在其名著《正义论》中的理论假设，指所有人在不知道自己的特殊身份、地位、禀赋的情况下，一致同意而达成的社会原则，才是正义的原则。“无知之幕使任何人在选择原则时都无法使得原则特别有益于自己，因为他不知道自己究竟会是谁，或者说自己会具有什么样的特征，因此，他只能从所有人的角度去思考选择问题。这里，无论你是利他者还是利己者，都无法使原则偏向于他人或自己。针对现实世界中的人更多的是利己者来说，无知之幕实际上就是要克服人们的利己心，正因如此，罗尔斯声称，此状态就是一种公平的状态。而在此状态下达成的契约就是公平的。”葛四友：《论无知之幕和社会契约的作用》，载《中国人民大学学报》2012年第5期，第46页。

〔3〕 See Gregory Shaffer and Joel Trachtman, “Interpretation and Institutional Choice at the WTO”, *Virginia Journal of International Law*, Vol. 52, Issue 1, 2011, pp.140-141.

案执行情况审查中，上诉机构将DSU第4.3条中的诚信界定为就“从应诉方的磋商行为到申诉方请求建立专家组的权利”关系而言具有平衡的功能。[1]由此可见，WTO法具有一般法律共有的特点，即平衡法律规则所保护的各种价值，其核心在于对不同的权利予以不同方式和不同水平的保护。

对于国际法上的权利应当以何种水平保护，可分为从宪法视角出发的“欧洲绝对主义”和认为国际权利最多只是由责任规则所保护的“美国自愿主义”两种观点。前者认为，权利一旦分配就不能修改或者交易，除非在某些条约中所有成员方同意的情况下再次分配权利，否则应当被实际履行。例如，国际法之父格劳修斯认为，自然法是不可改变的，连上帝都无法改变。据此，所有国际权利都应当是不可让与的。后者从契约的角度理解国际法，认为国际权利之分配只是国家可基于简单的成本—收益分析违背的保证而已。现实主义国际关系理论流派代表人物如汉斯·摩根索和约翰·米尔斯海默认为，超国家的法律约束不存在或充其量很虚弱。美国前驻联合国常任代表约翰·博尔顿说得更为直白：“国际法并不是法，而是一系列靠自身实力的政治和道德安排，除此之外都只是神学和迷信冒充法律”。[2]据此，国际权利至多只是由“责任规则”所保护，即可在支付赔偿时违反契约。[3]有学者甚至提出扩大“责任规则”适用于国内宪法的权利。[4]

不难看出，上述观点一方倡导国际法束缚政府之手以免政治、经济或其他形式的政府失灵，认为保护国际权利的最佳水平是坚持不可让与规则和实际履行。另一方质疑国际法和制度影响国家利益和个人偏好的能力，[5]认为国际法不过是自利、理性的国家之间的契约，不可能也不应该在任何情形下对国际权利提供完全的保护。正是欧美两种截然不同的国际法观点，造成

---

〔1〕 See Appellate Body report, *Mexico - HFCS (Art 21.5), Mexico - Anti-Dumping Investigation of High Fructose Corn Syrup (HFCS) from the United States - Recourse to Art 21.5 of the DSU by the United States*, WT/DS 132/AB/RW, adopted on June 22, 2001, para. 47.

〔2〕 John R. Bolton, “Is There Really ‘Law’ in International Affairs?”, *Transnational Law and Contemporary Problem*, Vol. 10, No. 1, 2000, p.48.

〔3〕 See Joel P. Trachtman, *Building the WTO Cathedral* (February 17, 2006), p.21. Last visited on May 18, 2012. Available at SSRN: http://ssrn.com/abstract=815844.

〔4〕 See Eugene Kontorovich, “The Constitution in Two Dimensions: A Transaction Cost Analysis of Constitutional Remedies”, *Virginia Law Review*, Vol. 91, No. 5, September 2005, pp. 1135-1198.

〔5〕 See Jack L. Goldsmith and Eric A. Posner, *The Limits of International Law*, Oxford, Oxford University Press, 2005, p.9.

大西洋两岸在国际权利保护水平上态度迥异。根据耶鲁大学法学院教授杰德·鲁本菲尔德的研究，有两种宪法观点导致美国和欧洲对国际法产生不同的理解：一是认为宪法源自跨国的原则和权利的欧洲“国际宪法主义”；二是认为宪法来自民主自治行为的美国“民主宪法主义”。〔1〕欧洲大陆法系通常将“且取且付原则”视为不道德。〔2〕但是，普通法系不仅允许而且积极推动“有效违约”的做法。在法律传统上，与大陆法系相比，普通法系并不强调实际履行，对违约的救济相当于预期损失赔偿（expectation damages），并鼓励当事方进行契约的再谈判。这表现出对政治和灵活性的偏好。“欧洲绝对主义”明显表现出康德理想主义国际法的观念，希望尽可能地把国际法与政治区别开来。因此，更加重视国际法之神圣性，进而要求更严格地遵守业已制定的规则。罗伯特·德拉哈蒂持有不同观点，认为欧美对于国际法的分歧在于利益而非价值。〔3〕

无论这两种流派所代表的法系特色或法律传统为何，这种分歧无疑代表着国际权利保护水平的两个极端形态。例如，“欧洲绝对主义”观点坚持国际法不可改变或遵守规则之神圣性，却忽视即便是在有完备执行能力的国内法体系中，也不是所有权利都一视同仁地得到保护。例如，就包括知识产权在内的某些技术革新领域而言，适用责任规则比财产规则更有利。〔4〕国内法体系允许在提供赔偿时从事某些单边取得财产的行为，是因为这样较低水平的权利保护更有效果和效率。简单而言，在任何情况下遵守国际法并不可行，也不需要对所有的权利都提供绝对的保护。〔5〕相比之下，“美国自愿主义”观点

---

〔1〕 See Jed Rubenfeld, “Unilateralism and Constitutionalism”, *New York University Law Review*, Volume 79, No. 6, December 2004, pp.1971–2071.

〔2〕 See Michael J. Sandel, “Editorial, It's Immoral to Buy the Right to Pollute”, *New York Times*, December 17, 1997.

〔3〕 See Robert J. Delahunty, *The Battle of Mars and Venus: Why do American and European Attitudes Toward International Law Differ*?, U of St. Thomas Legal Studies Research Paper No. 6–15. Last visited on May 20, 2012. http://ssrn.com/abstract=899404 or http://dx.doi.org/10.2139/ssrn.899404.

〔4〕 See Jerome Reichmann, “Of Green Tulips and Legal Kudzu: Repackaging Rights in Subpatentable Innovation”, *Vanderbilt Law Review*, Vol. 53, No. 6, 2000, pp.1743–1798.

〔5〕 更高的保护水平可能事实上导致更少的支持手段（back-up instruments），因此推动强行法或集体义务可自动导致更好的保护和执行的假设是错误的。See Joost Pauwelyn, *Optimal Protection of International Law: Navigating European Absolutism and American Voluntarism*, U.of St. Gallen Law and Economics Working Paper No. 27, pp.102–103. Last visited on January 12, 2012. http://ssrn.com/abstract=1019415 or http://dx.doi.org/10.2139/ssrn.1019415.

始终强调国家以利益为基准遵守国际法，国际权利保护的水平也应根据经济效率决定，这不但容易导致国际法虚无主义的思想，也不能解释国际法被广泛遵守的现实。

两种争议之关键在于，到底应该在何种程度上保护国际法上的权利？换言之，条约约束力之刚性与灵活性之间应当如何划定界限？在国家违反其承诺时，应当以何种执行或予以制裁？除上述“欧洲绝对主义”和“美国自愿主义”两种观点过于极端之外，还有如下理由表明研究国际权利保护水平之重要性。首先，国际社会缺乏一个中央式的权威，如何确保权利得到恰当的保护？由于国际法层面缺乏中央执行权威，对于权利保护水平的期望理所当然比国内法低。既然权利保护是基于契约自由和福利最大化，国家如同个人一样是自身利益的最佳裁断者。同国内法一样，国际权利之保护也不能忽略合理和效率的因素。而且，国内法有时会禁止或强迫转移个人财产，但国际社会中并不存在超国家的权威，只要两个国家愿意交易且不损害第三方利益，就不存在中央权威式的干预者。例如，根据DSU第3.5条，只要不影响第三方的权利，WTO成员解决争端的方法可偏离该协定。〔1〕“与协定相一致”的要求主要是为保护第三方的合法权利。这表明只要适用争端的规则不影响第三方权利，WTO协定并不禁止争端当事方改变规则、〔2〕同意违约〔3〕或放弃权利等。〔4〕但是，在允许国家只要提供赔偿就能违反条约的情况下，如何客观精确地计算赔偿的数额呢？这在WTO协定中同样是个难题。WTO仲裁员对于报复的目的或如何计算报复未取得一致的意见，他们的计算充满含糊的假设和粗糙的臆测。的确，对于何为“遵守”的含义通常是不清楚的，因而不清楚如何使用反事实（counterfactual）决定违反所造成的损害大小。在美国赌博案中，仲裁员就面对着决定如何使用与遵守相反的事实来裁决的问题。WTO法律体制处于发展初期，仲裁员的数量到目前为止还较少。鉴于欠缺严格的文

---

〔1〕 DSU第3.5条，对于根据适用协定的磋商和争端解决规定正式提出的事项的所有解决办法，包括仲裁裁决，均与这些协定相一致，且不得使任何成员根据这些协定获得的利益丧失或减损，也不得妨碍这些适用协定任何目标的实现。

〔2〕 根据《条约法公约》第39条，条约得以当事国之协议修正之。

〔3〕《国家对国际不法行为的责任草案》第20条，一国以有效方式表示同意另一国实施某项特定行为时，该特定行为的不法性在与该国家的关系上即告解除，但以该行为不逾越该项同意的范围为限。

〔4〕《国家对国际不法行为的责任草案》第45条，在下列情况下不得援引另一国的责任：(a)受害国已以有效方式放弃要求；或(b)受害国基于其行为应被视为已以有效方式默许其要求失效。

本指导和《补贴与反补贴协定》中关于报复不同措辞所造成的混乱，仲裁员对于何为适当的反事实和量化“丧失或减损”的问题而苦恼，以及仲裁决定之间并不总是具有一致性，就不足为奇了。[1]其次，国际法是基于国家同意而形成的规则体系，如何保证其灵活性以吸引更多国家的参与并阻止其退出？如前所述，如果条约过于刚性而不允许任何退出或偏离的行为，国家将在加入条约之前应谨慎考虑。在灭种罪公约保留案的裁决中，国际法院必须决定《防止及惩治灭绝种族罪公约》是否允许保留。对此形成两种观点：否定的观点认为应坚持公约的绝对完整性；肯定的观点认为应提供灵活性以吸引更多的国家参与。国际法院最终采取第二种观点，即便有些缔约方反对保留，只要该保留符合公约之目的与宗旨，保留国可被视为公约的当事方。[2]这一原则也为1969年《条约法公约》第19条所吸收。根据“欧洲绝对主义”的观点，对国际权利应当以“不可让与规则”来保护，但此时国家认识到规则对其有法律约束力，而且不给予随后退出的机会，将因顾虑重重而不愿意加入条约。最后，多边条约尤其是WTO协定具有不完全性，为协调众多成员之间的利益，有时只能基于满足各成员需要确定某些最低标准权利的保护。例如，TRIPs规定各成员最基本的义务和知识产权保护的最低标准。《海洋法公约》和《生物多样化公约》等也都只是提供比较宽泛的框架，而允许区域性或双边性条约进行更具体规定。在贸易或环境条约中，国家不大可能为未来可能发生的任何情况确定规则，这样做太困难和耗时。而且，即便谈判者愿意支付这样的成本，在人力所能及的范围也不可能预见未来。国际和国内环境可能改变，无论是世界经济、政治联盟或者通过自然灾难，政客被取代后他们选民的偏好可能改变。[3]

---

〔1〕 See Amrita Narlikar et al., eds., *The Oxford Handbook on the World Trade Organization*, New York, Oxford University Press, 2012,p.578.

〔2〕 国际法院认为,《防止及惩治灭绝种族罪公约》目的纯粹是为实行人道主义和文明。在这样的公约中，缔约国没有任何自身的利益，它们只有一个共同的利益，即为实现公约自身存在理由的那些很高的宗旨。这导致得出这样的结论：该公约的宗旨和目的暗示着大会和通过它的国家的意图是尽可能多的国家应参加该公约。See ICJ reports, *The Reservations to the Genocide Convention Case*,1951, pp.23–24.

〔3〕 See Joost Pauwelyn, *Optimal Protection of International Law: Navigating European Absolutism and American Voluntarism*, U.of St. Gallen Law and Economics Working Paper No. 27, p.36. Last visited on December 10, 2012. http://ssrn.com/abstract=1019415 or http://dx.doi.org/10.2139/ssrn.1019415.

二、WTO权利区别保护的可能性

WTO协定之作用是在利益冲突的成员方之间决定权利分配之规则，在初始权利设定之后还应设计保护这些权利的具体方式。因此，从以契约为中心为视角转移到以权利保护为重心，既有利于理解“有效违约”理论是否可适用于WTO，也能更好地理解WTO救济目的是基于“责任规则”的“再平衡”说还是“财产规则”的“遵守说”之学术论战。

首先，争论的焦点在于所涉及的WTO权利是否具有可交易性，这也是贯穿整个国际法领域的重要问题。例如，在《京都议定书》中，对减少有害气体的保护并非是通过彻底禁止超过某个上限的排放，而是提出极具争议性的只要国家买单即允许其污染的可交易排放权概念。甚至在国际难民法领域，也出现可交易配额这样的概念。[1]WTO中的关税再谈判和保障措施，包括国际公法中的征用权、《北美自由贸易区协定》中的征收，都允许通过提供补偿救济以使将权利占为己有的行为合法化。其次，WTO协定是以自我为中心的决策者之间多目的之政治契约，成员方把契约中基本的承诺塑造成不同的契约权利。在签署WTO协定时，缔约方可能受到一系列经济和非经济的缔约目标所推动。政府可能希望在其所在地区促进和平与稳定，推动其在国际体系中的实力排名，吸引外国投资，抵制失业，减轻特殊利益群体的影响，或者阻止其贸易伙伴从事过度的以邻为壑政策。大量的目标催生一系列相互的权利和义务。[2]虽然不同的WTO权利并不像各个协定那样有明显的划分，但市场准入权利、最低标准权利和从属权利贯穿整个WTO协定。任何对WTO权利感兴趣的人都必须查阅每个条款和评定其本质。对于成员方为其与WTO协定不一致的措施而进行的补偿，或者欧洲人权法院的金钱赔偿，都不能使该占有或侵犯他人权利的行为合法化，即不允许通过赔偿或接受报复的方式证明行为之合法性。最后，执行是契约不可分割的一部分，但是WTO协定中除“中止减让或其他义务”之外并没有最后的执行条款，必须通过撤销市场准入的

---

〔1〕 See Peter H. Schuck, “Refugee Burden-Sharing: A Modest Proposal”, *Yale Journal of International Law*, Vol. 23, 1997, pp.243-297.

〔2〕 See Simon A. B. Schropp, *The Equivalence Standard under Article 22.4 of the DSU: A “Tariffic” Misunderstanding?*, in The Law, Economics and Politics of Retaliation in the WTO Dispute Settlement, Chad Brown and Joost Pauwelyn, eds., Cambridge, Cambridge University Press, 2010, p.452.

权利来对违反WTO义务的成员进行报复。[1]因此，区分不同的权利及其合理的保护方式就成为研究WTO贸易政策灵活性机制不容回避的问题。

1972年，圭多·卡拉布雷西和道格拉斯·梅拉米德合作发表的《财产规则、责任规则与不可让与性："大教堂"的一幅景观》一文中提出产权保护方式的问题。根据个人自由和福利最大化的模型，作者提出三种保护国内法律权利的方法。即不同的权利分别由"责任规则""财产规则"和"不可让与规则"所保护。[2]尽管以国内法类比不一定完全合适，但这种划分对于国际法上权利之保护，无疑具有重要的借鉴意义。根据法律经济学的福利最大化和理性行动标准分析财产保护方式的思路，也应该同样也适用于分析个体或国家在金融、道德和宗教等方面的偏好。伯恩斯坦和斯卡利曾言："经济学家关心效率，而仲裁员关心争端解决和分配正义。"[3]但是，WTO仲裁员被授权只是审查利益丧失或减损的同等程度，并不是各自寻求争端解决或分配正义。[4]同国内法一样，WTO也要平衡不同成员方之间多种价值和利益需要，自然不能一概而论地以单一的规则保护不同的权利，也不应该对所有权利给予相同力度的保护。不同的是，国际公约往往需要协调包括普通法系和大陆法系等多种法律传统，而且在缺乏中央立法者的情况下国际法权利大多只能根据国家同意的方式分配，这就意味着主权国家在某些情况下仍然拥有单边退出条约或其他承诺之可能性。因此，同国内法相比，国际权利之保护更加复杂，制度设计更加困难。从更宽泛的意义上说，在"责任规则"与"财产规则"之间的选择涉及国际贸易协定中灵活性的合理程度问题，这也一直是经济学、国际法和政治科

〔1〕 See Simon A. B. Schropp, *Trade Policy Flexibility and Enforcement in the WTO: a Law and Economics Analysis*, Cambridge: Cambridge University Press, 2009, pp.197−198.

〔2〕 See Guido Calabresi and A. Douglas Melamed, "Property Rules, Liability Rules, and Inalienability: One View of the Cathedral", *Harvard Law Review*, Vol. 85, No. 6, April 1972,pp. 1089−1128.

〔3〕 Jason Bernstein and David Skully, "Calculating Trade Damages in the Context of the World Trade Organization's Dispute Settlement Process", *Review of Agricultural Economics*, Vol. 25, No. 2, Autumn−Winter 2003,p.386.

〔4〕 See Joel P. Trachtman, *Building the WTO Cathedral*(February 17, 2006), p.36. Last visited on May 28, 2012. http://ssrn.com/abstract=815844 or http://dx.doi.org/10.2139/ssrn.815844.

学领域重要的争论话题。[1]有学者已经在包括WTO在内的国际法具体领域提及该模型。[2]例如，沃伦·施瓦兹和艾伦·塞克斯使用“有效违约”的政治类比以解释WTO权利目前的保护水平，认为WTO是在政治层面促进“有效违约”的责任规则体制。[3]但杰克逊认为WTO是强加履行义务的财产规则体制。[4]

正如罗伯特·豪斯所言，“不完全契约”是一个很强大的概念，有助于理解GATT为某一成员方关税减让提供再谈判框架（第28条）和解决某一成员方特定承诺再谈判（第21条）的条款。契约理论使这些在事实上允许对特定贸易壁垒进行再谈判的条款变得可以理解，而将WTO视为逐步向完全去除所有这些壁垒的体制发展的宪法主义观点却不能容易做到这一点。但是，这并不意味着这些契约理论的理念就一定能解释或说明所有类型的WTO义务。[5]本书认为，如何保护WTO协定中的各种权利，究竟适用何种规则应视具体情形而定。主要理由在于，法律权利与义务相对应，而WTO义务有可分割和不可分割（indivisible）之区别。对于WTO协定义务的性质，学术界有多边义务或双边义务的两种观点。约斯特·鲍威林认为，WTO协定义务具有双边的性质。首先，WTO协定义务的客体是贸易，而贸易是在双边的国家之间发生的。尽管贸易具有国际性，但义务仍然是双边性质。其次，从WTO义务的来源和不

---

〔1〕 See Kyle Bagwell and Robert W. Staiger, “A Theory of Managed Trade”, *The American Economic Review*, Vol. 80, No. 4, September 1990,pp. 779–795;Sykes and Alan O., “Protectionism as a Safeguard: A Positive Analysis of the GATT Escape Clause with Normative Speculations”, *The University of Chicago Law Review*, Vol. 58, No. 1, Winter 1991, pp. 255–305;Giovanni Maggi and Robert W. Staiger, “*Breach, Remedies and Settlement in Trade Agreements*”, NBER Working Papers 15460, National Bureau of Economic Research, Inc. Last visited on March 6, 2012. http://www.princeton.edu/–ies/Fall09/MaggiPaper.pdf;See *also* B.Peter Rosendorff and Helen V.Milner, “The Optimal Design of International Trade Institutions: Uncertainty and Escape”, *International Organization*,Vol. 55, No. 4,Autumn 2001,pp. 829–857.

〔2〕 See Jonathan B. Wiener, “Global Environmental Regulation: Instrument Choice in Legal Context”, *Yale Law Journal*, Vol. 108, Issue 4, January 1999, pp.677–800; Joel P. Trachtman, *Building the WTO Cathedral* (February 17, 2006). Last visited on June 6, 2012. http://ssrn.com/abstract=815844;Richard Morrison, “Efficient Breach of International Agreements”, *Denver Journal of International Law and Policy*, Vol.23, 1994, pp.183–222.

〔3〕 See Warren F. Schwartz and Alan O. Sykes, “The Economic Structure of Renegotiation and Dispute Resolution in the World Trade Organization”, *The Journal of Legal Studies*, Vol. 31, Issue 1,2002,pp.179–204.

〔4〕 See John H. Jackson, “International Law Status of WTO Dispute Settlement Reports: Obligation to Comply or Option to ‘Buy Out’?”, *The American Journal of International Law*, Vol. 98, No. 1, January 2004, pp.109–125.

〔5〕 See Robert Howse, Comment: China–Measures Affecting the Protection and Enforcement of Intellectual Property Rights, in Henrik Horn and Petros C. Mavroidis, eds., *The WTO Case Law of 2009: Legal and Economic Analysis*, Cambridge, Cambridge University Press, 2011, p.87.

均一性来看，贸易减让是在双边基础上谈判的。WTO不要求每一项承诺都是互惠的，最终WTO成员作出的承诺的具体类型和程度也是不一样的，取决于它们针对某一特定产品或部门做出的减让。修改减让表的再谈判在对涉及产品或部门具有实质贸易利益的有限成员间进行，因此GATT第28条和GATS第21条关于修改减让表的规定也证明WTO义务是双边的。最后，WTO义务的贸易和贸易自由化的目标只是促进所有国家的经济福利的手段，追求的并非“集体利益”。[1]塔尔西斯奥·加齐尼认为，WTO义务并不是国际法院在人权领域意义上那种固有的不可分割的或普遍的义务。一般说来，违反WTO义务的救济，仍仅可用于国际贸易利益受到影响的成员方。因此，WTO义务并不是铁板一块。大多数WTO义务都具有双边的性质，对它们的遵守可以是选择性的。对于禁止补贴和来自GATS的义务，无论对其违反是否对所有成员方的贸易产生事实上或潜在的不利影响，它们都被认为是遭受损失的一方并可向裁决机构提起诉请。[2]首先希俄斯·卡莫迪认为，WTO义务的主要目的是保护政府与贸易相关行为的集体期待，因此将其看成是集体性的会更为恰当。这种义务体现出一种高于WTO成员个体利益的共同利益。例如，根据GATT第1条最惠国待遇条款，WTO成员承诺立即和无条件给予所有其他成员方利益、优惠、特权和豁免。这是对所有WTO成员承担的义务。其次，虽然各种期待可能是条约的主要关注，但它们并不是唯一的关注。WTO协定作为现实立法，也赋予政府某些灵活性以处理现实的贸易情况。最后，WTO协定对期待的保护和对现实的调整，又构成第三类型的法律，可称为相互依存的法律。这种促进不同国家生产者和消费者互动的倾向，建立起超越WTO个体成员利益的、不能分离的经济关系之网。据此，WTO义务应视为集体性的义务。[3]

WTO义务是否可分割，并不是非此即彼的对立关系，而应当视具体情况而定。对于可分割的义务，通常允许选择性遵守和有能力影响或威胁到一种或更多的权利。因其总是有可能对来自特定成员的产品予以不同对待，或者

---

〔1〕 See Joost Pauwelyn, “A Typology of Multilateral Treaty Obligations: Are WTO Obligations Bilateral or Collective in Nature?”, *European Journal of International Law*, Vol. 14, No. 5, November 2003, p.950.

〔2〕 See Tarcisio Gazzini, “The Legal Nature of WTO Obligations and the Consequences of their Violation”, *European Journal of International Law*,Vol. 17, Issue 4,2006,pp. 723-742

〔3〕 See Chios Carmody, “WTO Obligations as Collective”, *European Journal of International Law*, Vol. 17, No.2, 2006, p.419-443.

消极地影响某些贸易利益。这些义务可分为许多双边的关系。例如，最惠国待遇原则、国民待遇、对发展中国家和最不发达国家的差别和优惠待遇、有关不公平贸易的义务等。违反这些义务的法律后果限于从事不法行为和因违约而遭受不利影响的成员，除非缔约方已经决定退出。但是，如果缔约方已决定将某些WTO义务的范围扩及“对世义务”（*erga omnes* obligations），对于这些义务之遵守并不是可选择性的，同时也排除“不守约者不得要求践约”（*inadimplenti non est adimplendum*）原则的适用。换句话说，这种义务在法律上是不可分割的。例如，有关禁止性补贴和源自GATS的义务。如果一项争端涉及不可分割的义务，任何被认为遭受损失的一方都可向司法机构提出索赔，而不管违约对其贸易的事实或潜在的影响。一般说来，反措施必须适当或等于申诉方利益丧失或减损的程度。但是，在WTO义务被视为不可分割的情况下，违约的影响可能是非实质性的，申诉方可能在根本上并未遭受实际或潜在不利的影响下，也有权将争议提交到DSB。此时，反措施将被允许至其能有效地确保遵守的程度。[1]从法律性质上看，WTO报复措施属于国际法上的反措施，其国际法依据是“不守约者不得要求践约”原则。如果某些WTO义务的法律性质属于“对世义务”，则应排除该原则的适用。从条约法上看，一国必须遵守“对世义务”，而不管其他国家是否遵守相同的义务。[2]

由于WTO义务的法律性质具有互惠性或整体性之分，应分别确定相应权

---

〔1〕 See Tarcisio Gazzini, “The Legal Nature of WTO Obligations and the Consequences of their Violation”, *European Journal of International Law*, Vol.17,No.4, 2006,pp.727–729, pp.741–742.也有学者认为，WTO义务实质上具有双边的性质，而不是集体义务（collective obligations）或对所有成员方的义务（obligations erga omnes partes）。See Joost Pauwelyn, “A Typology of Multilateral Treaty Obligations: Are WTO Obligations Bilateral or Collective in Nature”, *European Journal of International Law*, Vol. 14, No. 5, November 2003, p.907.

〔2〕《国家对国际不法行为的责任条款草案》对双边义务和集体义务（collectiveobligations）进行大致的区分。第42条（a）款规定的内容涉及双边的义务。相比之下，第48.1（b）条规定的是对集体或所有缔约国承担的义务（*erga omnes partes* obligations），这与《条约法公约》第53条和第54条的强行法条款重叠。第50.1条是部分与“对世义务”（obligations *erga omnes*）相关的整体义务（integral obligations），规定禁止以不遵守某些义务的形式采取反措施。特别是第50.1（c）条提及具有人道主义性质的义务，这是模仿《条约法公约》第60条第5项而制定，后者规定条约因重大违约而终止或停止施行的情形“不适用于各人道性质之条约内所载关于保护人身之各项规定，尤其关于禁止对受此种条约保护之人采取任何方式之报复之规定”。其中，集体义务包括“互相独立”或“全有或全无”的义务（例如，裁军或无核区条约）以及对所有缔约国承担的义务（人权或人道主义义务和某些关于气候变暖或生物多样性的义务）；“对世义务”与强行法的义务相一致，所有“对世义务”也是整体义务。See Joost Pauwelyn, “A Typology of Multilateral Treaty Obligations: Are WTO Obligations Bilateral or Collective in Nature?”, *European Journal of International Law*, Vol. 14, No. 5, November 2003,pp.915–923.

利的保护方式或保护水平。“救济手段对于一定权利而言是内在的，不同的救济手段对于不同的权利形态和结构具有不同的适用性。”[1]在WTO协定中，一成员方对另一成员方作出市场准入的承诺，之后通过最惠国待遇而成为多边化的承诺，这种具有互惠性质的义务并不是对WTO所有成员集体或共同良心（common conscience）作出的承诺，因此是具有双边契约性质的义务。与此相对应，整体义务是那些对国家的集体或共同良心承担的全球公域（global commons）义务。虽然大多数共存国际法是由互惠的义务构成的，但现代合作国际法[2]具有越来越多的整体性或全面的对整个国际社会的义务。[3]在WTO协定中，与市场准入不相关的权利可能并不和具有互惠性质的义务相对应。例如，TRIMs、TRIPs和ILP等规定任何参与方都要遵守一套最低法律标准。与此相对应的是最低标准权利（minimum standard entitlements），不同于构成GATT和WTO支柱应双边给予的市场准入权利，而是应作为整体给予整个缔约共同体的权利，即具有多边的范围。对所有方面适用的（*erga omnes partes*）的特征使其区别于双边的逻辑。“最低标准权利”要求任何缔约方都要以某种方式行动（例如，每个WTO成员都要建立国家专利局）。该权利并不具有可交换性，强制所有签约方遵守相同的游戏规则。如果违反多边的权利，即削弱所有其他成员的竞争机会，降低总体合作水平和从整体上损害到该体制。[4]可见，某些要求在TRIPs中保持一致性的规则是作为追求所有WTO成员整体共同利益的义务而存在。也就是说，在特定情况下集体利益高于WTO成员个体的利益。如果是这样，这些TRIPs义务就可被描述为整体义务，与此相关的成员之间的偏离或中止就是不能容许的。另外，以GATT/WTO的基石最惠国待遇义务为例，其将原本对某一成员的特定义务转变成对整个集体的义务。尽管世界贸易组织不具有类似世界银行或国际货币基金组织那样强烈的组织性，没有代表成员利益的独立机构，但成员仍然存在对集体的义务，这从某种程度上可理解为对组织的义务。这一义务的来源就是最惠国待遇制度。某一

〔1〕 赵廉慧：《财产权的概念：从契约的视角分析》，知识产权出版社2005年版，第240～241页。

〔2〕 现代国际法是从过去的“共存国际法”发展为现代的“合作国际法”。

〔3〕 See Joost Pauwelyn, *Conflict of Norms in Public International Law: How WTO Law Relates to Other Rules of International Law*, Cambridge, Cambridge University Press, 2003, pp.65-67.

〔4〕 See Simon A. B. Schropp, *Trade Policy Flexibility and Enforcement in the WTO: a Law and Economics Analysis*, Cambridge, Cambridge University Press, 2009, pp.193-194.

成员对某一特定成员作出的每一减让，都是向除它本身之外的其他所有成员作出的，其承担的义务是对所有其他成员的义务。相对于作出减让的成员来说，其他成员就是集体，就是组织。换句话说，不仅是减让成员对其作出减让的特定成员，其他成员中的某一成员个体，在此都变成了集体的代表。[1]

尽管“互惠”和“整体”这两个词并没有出现在任何经编撰的国际法规则中，但这一区分在《维也纳条约法公约》和《国家对国际不法行为的责任草案》的一系列条款里有所体现。因此，即便在互惠和整体义务之间清楚地划出一条线并不总是可能的，这种区分还是很有益的。[2]一般而言，多边条约在缔约方之间的修改，仅得以此项修改与互惠义务相关方可进行。否则可能会“影响其他当事国享受条约上之权利或履行其义务者”或关涉“任何如损抑与有效实行整个条约之目的及宗旨不合之规定者”。其次，区分义务的整体性和互惠性，在对违反条约行为采取反措施或中止履行义务方面也很重要。由于整体义务涉及第三方利益，国际法禁止相互暂停履行整体义务。[3]在违反整体性多边条约的情况下，任一当事方皆可全部或部分中止履行义务。违反互惠性条约将只能由该双边关系的另一方中止履行义务。WTO制定者很清醒地认识到这一点，因此对于多边权利之法律保护相当严格，除非不可预见之偶发事件属于TRIPs第73条、GATT第20条和第21条一般或安全例外，成员方很少有运用灵活性的空间。

第二节 WTO权利保护方式的设计

以不同的方式遵守WTO协定中不同的义务，这就意味着就相互关联的权利中必须存在相应的灵活性。1972年圭多·卡拉布雷西和道格拉斯·梅拉米

---

〔1〕 参见韩立余：《既往不咎——WTO争端解决机制研究》，北京大学出版社2009年版，第25页。

〔2〕 See Joost Pauwelyn, *Conflict of Norms in Public International Law: How WTO Law Relates to Other Rules of International Law*, Cambridge, Cambridge University Press, 2003, pp.54-55.

〔3〕 根据《国家对国际不法行为的责任条款草案》第49条，反措施限于暂不履行对责任国采取措施的一国的国际义务。而且，相互暂不履行整体义务将违反《条约法公约》第34条，即条约非经第三国同意，不为该国创设义务或权利。

德合作发表《财产规则、责任规则和不可让与性："大教堂"的一幅景观》，[1]文中提出三种基本的产权保护方式：财产规则、责任规则与不可让与规则。一项权利不可让与是指，不准许其在自愿的买方和自愿的卖方之间进行转让，即禁止权利在当事人之间进行交易。国家的干预，不仅要确定谁最初享有权利、确定如果权利被占取或者消灭必须支付的补偿，而且要在某些或者所有情况中禁止其销售。不可让与规则要求无条件履行契约，这使其全然不同于财产规则和责任规则。其不仅"保护"权利；还可以被视为是限制或者规制对权利本身的授予。[2]如果权利性质具有不可让与性，就不可进行交易和转移。例如不能将自己变卖为奴隶等。

在WTO协定中，在成员方违反协定时，相应的法律救济应当是什么？协定所规定之权利应当以责任规则还是财产规则的形式保护？对于GATT/WTO到底是财产规则还是责任规则体制，在法律学者之间有不同的意见。例如，朱迪斯·贝洛认为，WTO最好是被看成责任规则体制。因为在成员方违反WTO规则或不遵守 WTO专家组对某成员不利的裁定时，不能指望会有监禁、强制性救济、对损害的赔偿或警察式的强制执行。WTO没有监狱、没有保释担保人、没有蓝盔部队（联合国维和部队）、没有警棍和催泪瓦斯。WTO对 GATT争端解决机制有所改进，但没有从本质上改变它的外交协商的特点。因此，对WTO规则的遵守是选择性而非强制性的。成员方可采取与WTO协定不一致的措施，只要其能够提供补偿或接受报复。[3]根据传统国际法，权利的分配是基于国家之间的同意，这就为一个以市场为基础的权利保护体制提供原型背景（prototype background）。[4]

本书认为，从GATT到WTO是责任规则体制到财产规则体制的逐渐演变过程。一方面，WTO暗含一项停止不法行为的义务。即补偿和中止减让都只

---

〔1〕 See Guido Calabresi and A. Douglas Melamed, "Property Rules, Liability Rules and Inalienability: One View of the Cathedral", *Harvard Law Review*, Vol. 85, No. 6, April 1972, pp. 1089–1128;［美］吉多·卡拉布雷西、A.道格拉斯·梅拉米：《财产规则、责任规则与不可让与性——一个权威的视角》，明辉译，载《哈佛法律评论·侵权法学精粹》，法律出版社2005年版，第275～324页。

〔2〕 See Guido Calabresi and A. Douglas Melamed, "Property Rules, Liability Rules and Inalienability: One View of the Cathedral", *Harvard Law Review*, Vol. 85, No. 6, April 1972, pp.1092–1093.

〔3〕 See J. H.Bello, "The WTO Dispute Settlement Understanding: Less is More", *American Journal of International Law*, Vol.90, No.3, July 1996, pp.416–418.

〔4〕 See Joost Pauwelyn, *Optimal Protection of International Law-Navigating between European Absolutism and American Voluntarism*, Cambridge, Cambridge University Press, 2008, p.49.

是暂时性而不能代替遵守，违法者并没有“花钱消灾”的单边权利。但是，在实践中，违法者仍可暂时性地这样做。例如，在美国版权案中的支付补偿，或者在荷尔蒙案或海外销售公司案争端中的接受中止减让。另一方面，虽然并非全部的灵活性手段现在都规定有赔偿的要求，它们大多是在使用时对受到不利影响的成员方给予赔偿，但WTO确实也维持着GATT责任规则体制的某些方面，例如，保障机制、关税再谈判和其他体制（如GATT1994第24.6条的关税联盟和第12条的收支平衡措施等）。在上述情况下，只要成员方愿意给予补偿，即可单边地重新树立保护主义壁垒而无须其他成员方的同意。在争端解决方面，WTO也保持着“花钱消灾”的可能性，只要这样做不影响到第三方的权利。据此，WTO体制是DSU中暗含的一项财产规则与GATT/WTO特定条款规定的责任规则之混合产物。当然，只要WTO协定仍是一项政府间的契约，任何赔偿都从整体上归于它们政府所代表的国家，直接遭受暂时进口保护损害的私人个体并不会有独立的诉求并获得赔偿。[1]

一、以责任规则保护市场准入权利

一般而言，贸易承诺可以采取两种可能的契约形式。第一种契约分配贸易政策的权利给缔约方。例如，假想有两个国家的世界，进口货物的国家既可实行贸易自由政策，亦可从事保护。这种契约既可分配权利以保护进口国，亦可分配自由贸易的权利给出口国，随后这些权利在两个政府之间通过自愿交易（再谈判）从一方转移到另一方。实际上，这种类型的契约是分配关于贸易政策的权利归属，在法学界通常称为“财产规则”。第二种类型的契约是进口方具有实践自由贸易或者从事保护并赔偿出口商一定数额的损失之选择权。在法学界，这些类型的契约被称为“责任规则”。这两种类型的契约形式是设计国际贸易协定的核心问题。[2]在经济学界，“财产规则”类型的契约有时被称为“非应急契约”（noncontingent contract）；“责任规则”类型的契约通常被称为“选择权契约”（option contract）。

〔1〕 See Alexander Roitinger, *The Institutional Design of Trade Policy Flexibility in the World Trading Order: Analysis and New Direction for Reform*（Ph. D. diss., Universität St. Gallen, 2004）, pp.30–31.

〔2〕 See Giovanni Maggi and Robert W. Staiger, *Optimal design of trade agreements in the presence of renegotiation*, September 2011,p.1. Last visited on May 16, 2012. http://www.igier.unibocconi.it/files/Staiger_23092011.pdf.

责任规则基于市场的客观价值，体现的是一种所有权社会化的理念。由于传统财产权保护方式未必能完全适应社会的发展，有时未被授权的一方在事先未取得权利人同意的情况下使用权利人的财产，事后按照损害赔偿原则，以客观确定的价格购买权利人的全部或部分权利能给社会带来利益，在这种情况下应当授予损害者以权利，因此责任规则保护的是相对所有权。财产规则与责任规则的理论被认为是所有权理论从绝对所有权向相对所有权发展的证明。[1]20世纪财产法从权利绝对化发展到权利分割理论。整个19世纪认为赔偿是一种“要么全有、要么全无”(all-or-nothing)的传统观点已经消失。而且，责任规则使用的日益增加也说明了这一现象，因为责任规则体现的是一种权利分割的理论。[2]根据纯粹的责任规则，一方有单边取走另一方部分权利的选择权，而不需要经过其先前的同意。其前提是，这么做应该赔偿所有者遭受的损失。可见，所谓“责任规则”之适用，是指即便未得到权利人之同意，相对人仍可侵犯其权利，但必须进行适当的赔偿。对于“适当”之标准，应由WTO争端解决机构核定，而非经争端成员方依其主观认定之标准商议。

首先，允许一个国家未经另一个国家同意而单边地取走其权利，理由还在于责任规则比起财产规则更能克服卖方(套牢)或买方(吃白食)的战略性行为。例如，即便是在出售权利有效率，即买家对权利之估价高于卖家时，某些卖家或权利持有者希望获得买家愿意支付的额外费用，而拒绝以正常的价格出售。在国际法中，责任规则可为相似的套牢问题提供解决方法。假设EC想要在WTO协定中再谈判其关税承诺之一，并非常愿意为此向任何WTO成员补偿，某些WTO成员就可能会产生套牢的动机。换言之，即便他们客观上得到完全补偿，也会拒绝签署提案。这些成员当然认识到提案对EC的重要性不言自明，因而具有隐藏其真实估价的动机以便从EC那里获取更多的补偿。当欲取得优厚条件的套牢签约者(hold-outs)足够多时，来自EC的价格要求只会否决掉该交易，尽管其在客观上本应该实现。此时，从财产规则(要求所有

---

〔1〕 参见彭汉英：《财产法的经济分析》，中国人民大学出版社2000年版，第79～80页。

〔2〕 See Guido Calabresi, “Remarks: The Simple Virtues of The Cathedral, in Symposium, Property Rules, Liability Rules and Inalienability: A Twenty-Five Year Retrospective”, *The Yale Law Journal*, Vol. 106, No. 7, May 1997, p.2206.

人同意）转移到责任规则（只要补偿即可单边地取走权利）可提供化解僵局的出路。这正是GATT第28条（关税再谈判）和GATS第21条（服务贸易特定承诺再谈判）所提供的责任机制。[1]在TRIPs中，甚至也有责任规则保护的例子，即在有限的情形下，WTO成员可在未经专利权人同意的情况下颁布强制许可，仅受"支付适当的费用"的限制。[2]

其次，在交易成本低时考虑适用"财产规则"；反之适用"责任规则"更为合理。一方面，由于世界上国家的数量并不多，在很多情况下存在事前同所有潜在的受害国家谈判的可能性。这就意味着在国际法中交易成本可以预计较低。另一方面，正如布坎南所言，国家之间的谈判是双层博弈。[3]同国内环境中个体或单一行为体之间的谈判不同，国家之间的谈判很可能更加复杂和耗费时间。但相同的是，国内法并不会因为车辆可能造成伤害而对其禁止，国际法也没有禁止可能引起跨境损害的所有活动。国家可能有免于受到伤害的某种权利，但只要其他国家对受害方给予赔偿，即可在未经其同意的情况下取走这项权利。正如国内法，允许国家单边地取走权利的理由在于，如果国家在从事任何危险性的活动之前，需要同每个和所有可能的受害方谈判赔偿协议，这样的要求将强加太高的交易成本。换句话说，在这种情形下强加财产保护将可阻止太多具有危险性但总体上可取的活动。同理，如果强迫所有WTO成员在提高关税或修改GATS下特定义务之前与所有成员方达成协议，由此产生的交易成本将会显得太高。[4]当然，单纯根据交易成本的高低

〔1〕 再如，买家也可能出现"吃白食"（free-load）的战略性行为。在国际法中，国际立法在很大程度上是基于共识，即国家通常不能未经其同意被迫接受国际规范或方案，这就严重地限制国际法可对付"吃白食者"（free-loaders）的方式。例如，在国际法中，原则上无法强迫"吃白食者"加入《京都议定书》或参与"金伯利进程"（Kimberly Scheme）。既有《京都议定书》成员只能分别使用萝卜或大棒，引诱或强迫非缔约国加入。但是，在这种情况下，鉴于同意规则和一般的制定规则或多数人决定的征税缺失，责任规则可能难以像在国内法那样适用于国际法。See Joost Pauwelyn, *Optimal Protection of International Law - Navigating between European Absolutism and American Voluntarism*, Cambridge, Cambridge University Press, 2008, pp.57-62.

〔2〕 TRIPs协定第31条第（h）款规定，在任何情况下都必须向专利权人支付适当的费用，费用的数目取决于该准许的经济价值。

〔3〕 See Robert D. Putnam, "Diplomacy and Domestic Politics: the Logic of Two-level Games", *International Organization*, Vol. 42, Issue 3,June 1988, p.434.

〔4〕 See Joost Pauwelyn, *Optimal Protection of International Law: Navigating European Absolutism and American Voluntarism*, U.of St. Gallen Law and Economics Working Paper No. 27, pp.69-70. Last visited on June 8, 2012. http://ssrn.com/abstract=1019415 or http://dx.doi.org/10.2139/ssrn.1019415.

来判断决定适用“财产规则”或者“责任规则”具有局限性，即这种传统思维现实地承认交易困难（由于交易成本）同样却忽视损失赔偿（由于评估成本）。一旦意识到在真实世界中交易成本和评估成本都具有重要性，对“责任规则”毫无修饰的偏好就失去其基础。[1]

本书认为，对于市场准入权利应单一适用“责任规则”。一方面，由于WTO协定是不完全契约的典型例子，贸易谈判者不可能预见所有可能的情形，而不能预测未来国际和国内政治、经济的发展，他们希望有灵活性的责任规则。在贸易契约的履行阶段，与市场准入相关的偶发事件必定会发生。因此，市场准入权利并非是以绝对的方式加以保护。成员方拥有暂时违背先前做出的贸易自由化承诺之自由裁量权。另一方面，从义务的性质方面看，与市场准入相关的义务是可分的。市场准入权利构成GATT/WTO的支柱，是WTO成员方在其贸易伙伴的货物和服务市场上公平竞争的权利。例如，与关税、配额和其他市场准入壁垒有关的义务是可分的，因为成员方可以只对某些但并非全部其他成员方采取只适用于它们的措施，或对它们的产品采取歧视性待遇，从而违反上述义务。监管体制如欧盟香蕉进口体制，特别是根据GATT第13条只对某些成员违反和豁免义务的可能性，都很清楚地说明了这一点。美国对欧盟产品的进口措施案进一步表明，一个成员可能有意专门以指定成员进口的产品为目标，并且潜在地违反GATT第2条。GATT第3条规定的国民待遇义务的可分割特征不是那么直接，但仍然是很明显的。该条款明确禁止成员方为它们的国内生产提供保护，禁止歧视已进入它们国内市场的进口产品。有关不公平贸易的义务也是可分割的。相关条约对成员方施加大量有关采取反倾销或反补贴税的实质性义务，两者都通常是针对一个或更多确定成员方。这些义务对于某些但不一定是所有的声称涉及倾销或补贴的成员而言可以忽略。对于有关保障措施的义务，某一成员可以歧视的方式采取这些措施，因此违反其对某一或更多但不一定是所有产品进口的成员方的义务。这样的可能性出现在包括印度尼西亚诉阿根廷鞋

〔1〕 See James E. Krier and Stewart J. Schwab, “Property Rules andLiability Rules: The Cathedral in Another Light”, *New York University Law Review*, Vol.70, Number 2, May 1995, p. 454.

类进口保障措施的纠纷等数个争端中。[1]

与义务相对应，对WTO市场准入权利的法律保护是采取“非违反之诉”、应急措施和默认规则的方式，事实保护是通过自愿出口限制、补贴、反倾销与反补贴税的方式。在法律上，契约规定的市场准入水平是由四种契约规则构成的一道防线所保障：消极整合条款（negative integration provisions）、“非违反之诉”、应急措施和默认规则。其中，“消极整合条款”旨在阻止某种情形下事后的免责，禁止那些明显以机会主义的意图制定的贸易限制措施或政策手段；“违反之诉”在GATT第23.1（乙）条和DSU第26条中有规定；GATT第19条所规定的成员方可对某些产品进口采取的紧急措施；GATT第28条就是有关市场准入的默认规则。[2]消极整合条款并非灵活性规则。恰好相反，这体现的是为达到契约完全性之努力，旨在某种情形下阻止加害方事后的免责，禁止明显带着机会主义目的制定的贸易限制性措施或政策手段。缔约方整合WTO协定中明确的契约语言，力图规制易于造成市场准入外部性的政策手段。这些消极整合条款包括非歧视规则（例如，GATT第1条和第3条）；涉及非关税壁垒的规则（例如，规定在TBT、SPS、GPA或ROO中）；禁止数量限制、自愿出口限制和有序市场销售的协定（VERS和OMAS；GATT第11条）；禁止出口补贴（GATT第16条和SCM的部分）；禁止不公平贸易行为（GATT第6条和ADA）；有关海关估价的指令（GATT第7条和海关估价协定）。除明显的模棱两可、矛盾和刚性之外，这些条款不太可能提前规制所有易于部分违反契约的政策手段。[3]属于可利用贸易政策灵活性的加害方之漏洞，有些可通过诉诸应急措施来填补。对于不属于消极整合规则和应急措施范围内的偶发事件，

---

〔1〕 See Tarcisio Gazzini, “The Legal Nature of WTO Obligations and the Consequences of their Violation”, *European Journal of International Law*, Vol. 17, Issue 4, 2006, pp. 728–729; Appellate Body Report, *EC–Regime for the Importation, Sale and Distribution of Bananas*, WT/DS27/AB/R, adopted on 9 September, 1997, para.161, 163; Appellate Body Report, *Argentina – Safeguard Measures on Imports of Footwear*, WT/DS121/AB/R, adopted on November 25, 1997, especially para. 112.

〔2〕 See Simon A. B. Schropp, “Trade Policy Flexibility and Enforcement in the WTO: A Law and Economic Analysis”, *International Trade Law and Regulation*, Vol. 16, No.3, 2010, footnote 9.

〔3〕 See Simon A. B. Schropp, *Trade Policy Flexibility and Enforcement in the WTO: a Law and Economics Analysis*, Cambridge, Cambridge University Press, 2009, pp.215–217.

成员方有义务诉诸GATT第28条。[1]因此，所谓“消极整合”结构的国际法只是禁止国家之间进行歧视，其主要由互惠的或双边的义务所构成，而没有施加共同的或协调一致的标准；所谓“积极整合”（positive integration）结构的国际法往往施加更多的整体或对整个国际社会的义务。[2]例如，发展中国家被要求根据TRIPs增强知识产权保护就可被视为一种“积极整合”。在不同程度上，“积极整合和消极整合”都是可被视为试图“内部化”纯粹基于国家利益制定政策所产生的政策外部性。[3]由此可见，市场准入权利并不是由要求无条件强制实际履行的不可让与规则所保护，因为WTO成员需要在有关市场准入的偶发事件发生时，还能获得WTO协定允许的暂时或永久、部分或全部事后不履行的回旋余地。当然，为责任规则机制的运行，还需要有拘束力的第三方决定补偿的范围，即与预期损失补偿相称的关税补偿。仲裁员的功能不在于从价值上判断正确或错误，而是确定合法偏离先前商定的市场准入义务的代价。此时，只要成员方支付赔偿金或接受中止减让就可以偏离WTO法。因此，在采取“责任规则”保护市场准入权利时，首先应当区分市场准入权利与非贸易权利。其次，区分利益促进型应急措施与投机行为。

从本质上看，以“责任规则”保护国际权利并不会使得条约条款较不重要或者更不“法律”，其只界定如何以及在何种程度上保护权利而已。[4]在国际社会中，缔约过程及利益之协调所涉及的成本远远超过私人契约，这表明在

---

〔1〕 See Simon A. B. Schropp, *Trade Policy Flexibility and Enforcement in the WTO: a Law and Economics Analysis*, Cambridge, Cambridge University Press, 2009, pp.220–222.GATT第28.2条规定，在上述谈判的协议中（对其他产品所作的补偿性调整规定可能包括在内），有关缔约国应力求维持互惠互利减让的一般水平，使其对贸易的优待不低于谈判前本协定所规定的水平。

〔2〕 See Joost Pauwelyn, *Conflict of Norms in Public International Law: How WTO Law Relates to Other Rules of International Law*, Cambridge, Cambridge University Press, 2003, p.66.

〔3〕 See Kamal Saggi and Joel P. Trachtman, “Incomplete Harmonization Contracts in International Economic Law: Report of the Panel, China–Measures Affecting the Protection and Enforcement of Intellectual Property Rights”, WT/DS362/R, adopted March 20, 2009, *World Trade Review*, Vol. 10, Issue 1, 2011,p.65. 但是，在国民待遇、比例性和协调（harmonization）之一的情形下，总是存在某种程度的契约不完全性，即不可能精确规定每一个预期情况下的待遇，也不可能事前预期每一个可能的情况。See Kamal Saggi and Joel P. Trachtman, “Incomplete Harmonization Contracts in International Economic Law: Report of the Panel, China - Measures Affecting the Protection and Enforcement of Intellectual Property Rights”, WT/DS362/R, adopted 20 March 2009,in Henrik Horn and Petros C. Mavroidis, *The WTO Case Law of 2009: Legal and Economic Analysis*, eds., Cambridge University Press, 2011, pp.65–66.

〔4〕 See Joost Pauwelyn, *Optimal Protection of International Law - Navigating between European Absolutism and American Voluntarism*, Cambridge, Cambridge University Press, 2008, p.13.

理论上宜采用责任规则保护权利。在WTO协定中，理性选择逻辑指导下的制度设计，确实可得出适宜以"责任规则"保护市场准入权利的结论。但是，在现实中却不多见符合这种选择的实例。主要原因在于：国际制度不都是遵循功利逻辑设计的结果，如果WTO协定只根据成本—收益的标准保护权利，必然产生负面效果而不利于该体制的稳定性和有效性。例如，根据DSU第22.4条，受害方在"责任规则"的保护下得到的救济少于信赖利益的损失，这可能会导致成员方产生过度违反WTO协定之动机。一方面，受害方不一定有能力质疑该措施之合法性，即便这么做也有不能胜诉的可能性。胜诉的受害方未必能实施报复。另一方面，在责任规则下应由争端解决机构来决定违反义务所造成权利损害之程度，但国际法律体系缺少广泛性的制度化或评估损失的法庭，即便这样的机构存在，它们通常也缺乏强制管辖权。WTO争端解决机构虽然属于例外情形，其至少也是首先让争端当事方决定"损失"。[1]更具体而言，反对责任规则适用于国际法领域的理由还有：即便存在集体性的估值，其可能成本过高或易于出错；国际权利通常包括难以定价的独特物品；国际事务中稳定性和作出可靠承诺的需要；国家之间的不平等；国家也许不能将成本内在化或最大化内部福利；国家不是能取走或出售国际权利而使国内个人或公司处境更糟的单一行动者。这些观点可被视为"美国自愿主义"(其支持通过简单责任规则保护国际法权利)在很多情形下和现有国际法语境下冒走得太远危险的理由。[2]根据DSU第21.6条规定，DSB应监督已通过的建议或裁决的执行。这表明，成员方不能单边违约后给予补偿，从而简单结束这件事。

沃伦·施瓦兹和艾伦·塞克斯认为WTO法具有责任规则的特征。[3]如果从事实和实践角度，而非就法律原理来说，WTO法最重要的特点是使用责任规则。原因在于，违反WTO法的国家并不受可执行的实际履行类型救济所支

〔1〕 学者提出下列解释：采用"责任规则"必须负担创设一个可分配管辖权力的财产权利制度；必须负担设立争端解决制度之成本；必须负担决定和评估特定案件损害之成本。上述成本之总和可能超过各国因该制度所得之利益。因此，即便适用"责任规则"的国际法律制度存在，如果事后决定到底谁拥有权利以及执行法律权利的成本过高，国家可能不愿意使用该制度。See Jeffrey L. Dunoff and Joel P. Trachtman, "Economic Analysis of International Law", *Yale Journal of International Law*, Vol.24, Winter 1999,pp.25-26.

〔2〕 See Joost Pauwelyn, "Optimal Protection of International Law: Navigating European Absolutism and American Voluntarism", U.of St. Gallen Law and Economics Working Paper, No. 27, pp.39-53. Last visited on June 6, 2012. http://ssrn.com/abstract=1019415 or http://dx.doi.org/10.2139/ssrn.1019415.

〔3〕 See Warren F. Schwartz and Alan O. Sykes, "The Economic Structure of Renegotiation and Dispute Resolution in the World Trade Organization", *The Journal of Legal Studies*, Vol. 31, Issue 1, 2002, p.190.

配，也没有经历任何超过潜在的授权撤销同等减让的惩罚。[1]在实践中，争端解决机制不能强制违反者在启动或继续一项违反时寻求许可，也不会对违反者施以严苛的惩罚性制裁。在荷尔蒙案中，仲裁员就是拒绝允许施加“惩罚性”的制裁，而只是对欧盟持续违反WTO法的行为给贸易伙伴造成的损害设定价格，裁决其接受同等的报复。这表明，制裁是补偿性而非惩罚性。换句话说，只要被裁定违反特定义务的当事方支付撤销实际相等关税减让的代价，其可选择继续甚至无休止地违反。如果遵守是唯一的目标，救济机制将对违反施以足够高的惩罚以阻止其发生。但是，也有一部分学者坚称DSU是财产规则体制。[2]如果“有效违约”理论简单地将WTO权利理解为由单一的责任规则保护会出现诸多问题。例如，法庭需要计算损失的数额，但是在国际层面很难精确地确定违约造成的损害。连沃伦·施瓦兹和艾伦·塞克斯也承认，在责任很难估量的情形下，财产规则要优于责任规则。[3]

二、以财产规则保护集体性权利

如果每一项权利都由责任规则保护，契约关系中的信任关系将被减损，契约具有约束力的本质也会变得无效，从而导致整个条约体制之不稳定。财产规则基于双方当事人协商，财产价格体现双方的主观价值。如果双方不能就价格达成一致意见，交易就不能发生。因此，财产规则禁止权利在没有事先交易的情况下转让，这体现传统保护绝对所有权的观念。《马拉喀什建立世界贸易组织协定》第10条即可视为财产规则之列。[4]WTO协定中集体性权利由财产规则保护有如下理由：首先，在集体性权利受到侵害时，仲裁员并不

---

〔1〕 See Joel P. Trachtman, *Building the WTO Cathedral* (February 17, 2006), p.23. Last visited on June 12, 2012. http://ssrn.com/abstract=815844 or http://dx.doi.org/10.2139/ssrn.815844.

〔2〕 See Schwartz and Sykes, “The Economic Structure of Renegotiation and Dispute Resolution in the World Trade Organization”, *The Journal of Legal Studies*, Vol. 31, Issue 1,2002,pp.179–204; Robert Z. Lawrence, *Crimes and Punishments? Retaliation under the WTO*, Washington DC, Institute for International Economics, 2003;David Palmeter and Stanimir Alexandrov, ‘Inducing compliance’ with WTO dispute settlement, in *The Political Economy of International Trade Law,Essays in Honour of Robert Hudec* (Daniel Kennedy and James Southwick eds.), Cambridge, Cambridge University Press ,2002,pp.646–666.

〔3〕 See Warren F. Schwartz and Alan O. Sykes, “The Economic Structure of Renegotiation and Dispute Resolution in the World Trade Organization”, *The Journal of Legal Studies*, Vol. 31, Issue 1, 2002, p.187.

〔4〕《马拉喀什建立世界贸易组织协定》第10条明确规定任何成员提出修正本协定或附件1所列多边贸易协定条款的提案的详细程序。如在确定期限内，在部长级会议的一次会议上未能协商一致，则部长级会议应以成员的三分之二多数决定是否将拟议的修正提交各成员供接受。

好评估受害方的损失，且每个成员方都会在主观上夸大自己遭受的损害，并不适宜采用责任规则来保护这些权利。财产规则的救济方式承认存在某种不能被价值化体系之统一标准所涵括的权利，强调权利的独特性和个案所体现出的现实复杂性。[1]其次，集体性权利一般为非贸易权利，在相关的偶发事件发生时，并不会威胁到国家的生存，受害方有充分时间与违约方进行再谈判。如果违约方不满意体制中的缺陷，其事后不履行条约义务的行为如同提出修改条约的要求，这对于完善条约体制的作用远远超过有效违约所带来的好处。最后，集体性权利通常不容易保护，虽然每个缔约方都受到损害，但因此去保护集体权利的性价比不高。

由于所谓“财产规则”之适用，必须在事前获得权利人之同意，否则禁止侵害权利人之利益。双方当事人对财产规则保护下的权利具有实际履行的义务，例如遵守最初权利分配的严格义务。在这种情况下，如果不履行将会受到严厉的惩罚，使其再也不愿意选择违反义务。但是，潜在的索取者可通过再谈判收买所有者的权利。通过获得所有者的允许，其仍然能回避其承诺。当事方可达成协议，所有者放弃其权利，而将其卖给索取者。[2]约斯特·鲍威林指出，根据《条约法公约》第26条，凡有效之条约对其各当事国有拘束力，必须由各国善意履行。除非存在双方协定，否则国际法不能被“买下”（bought out）。更具体地说，正如过去的违约，或在违约已经停止情形下权利的可追溯保护（retrospective protection of entitlements），国际法中退却的原则（the fall-back principle）是恢复原状而非补偿。[3]从这个意义上说，国际法要求实际履行，而不是预期损失赔偿。因此，有效违约或任何时候成本超过收益时阻止遵守都不是国际法的目标。而且，由于同意或受害者对违约豁免的可能性，国际法并非不可让与。因此，除非特定条约体制有其他方面的规定，否则国际法是由财产规则而非责任规则所保护。换言之，集体性或对所有人的（*erga omnes partes*）权利为所有缔约方有效拥有（如大多数人权或环境条

---

〔1〕 参见赵廉慧:《财产权的概念：从契约的视角分析》，知识产权出版社2005年版，第244页。

〔2〕 See Simon A. B. Schropp, *Trade Policy Flexibility and Enforcement in the WTO: a Law and Economics Analysis*, Cambridge, Cambridge University Press, 2009, p.47.

〔3〕 《国家对国际不法行为的责任条款草案》第35条，即恢复到实施不法行为以前所存在的状况。该条同时规定例外情形，恢复原状并非实际上办不到的；从恢复原状而不要求补偿所得到的利益不致与所引起的负担完全不成比例。

约下的权利),原则上只有通过所有权利持有者的协议转移或修改。相比之下,互惠或双边权利即便是制定在多边条约中,如外交关系公约或大多数贸易条约,可在相互之间转移或改变约定,除非这么做被条约所禁止或与对减损将和有效执行条约作为整体之目的及宗旨格格不入的条款相关。[1]据此观点,只有在有限的情形下,国际法权利由责任规则和不可让与性规则所保护。约翰·杰克逊、特拉赫特曼和基德·泽里贝等学者都认为DSU是财产规则体制。[2]DSU条款至少也是含蓄地确认财产规则。[3]WTO仲裁员也确认贸易报复的目的是促使遵守,而非补偿或者再平衡。例如,在加拿大飞机出口信贷案中,仲裁员认为在DSU和补贴协定中都没有创造一项可不遵守DSB建议和裁决的权利。[4]

根据约斯特·鲍威林的观点,财产规则保护在GATT中处于隐匿状态,而在WTO中得到更明确证实。鉴于贸易规则的日益复杂,WTO成员必须在提供灵活性优势的责任规则与对可靠承诺和稳定性更有用的财产规则的需要之间衡量。从GATT到WTO至今,GATT/WTO的成员数量成倍增长,对于所有成员进行完全补偿无论在政治上还是经济上都显得日益困难。而且,随着发展中国家成为WTO成员的绝大多数,在参与者之间实力巨大不平衡面前,与责任规则相关的问题变得更加尖锐。更复杂的贸易承诺也增加了责任规则所要求的集体估价成本和可能的错误。随着贸易承诺由完全国与国之间的事务演化为主要被视为主要受益者为私营企业和贸易商的规则,将补偿和报复作为

---

〔1〕 See Joost Pauwelyn, *Optimal Protection of International Law: Navigating European Absolutism and American Voluntarism*, U.of St. Gallen Law and Economics Working Paper No. 27, pp.59–62. Last visited on June 26, 2012. http://ssrn.com/abstract=1019415 or http://dx.doi.org/10.2139/ssrn.1019415.

〔2〕 See John H. Jackson, "International Law Status of WTO Dispute Settlement Reports: Obligation to Comply or Option to 'Buy Out'?", *The American Journal of International Law*, Vol. 98, No. 1, January 2004, p.109; Joel P. Trachtman, *Building the WTO Cathedral*(February 17, 2006). Last visited on May 25, 2012. http://ssrn.com/abstract=815844 or http://dx.doi.org/10.2139/ssrn.815844;Jide Nzelibe, "Credibility Imperative: The Political Dynamics of Retaliation in the World Trade Organization's Dispute Resolution Mechanism", *Theoretical Inquiries in Law*, Vol. 6, Issue 1, January 2005, pp. 215–254.

〔3〕 DSU第3.7条规定,争端解决机制的首要目标通常是保证撤销被认为与任何适用协定的规定不一致的有关措施。第21.1条规定,为所有成员的利益而有效解决争端,迅速符合DSB的建议或裁决是必要的。第22.8条规定,减让或其他义务的中止应是临时性的,且只应维持至被认定与适用协定不一致的措施已取消,或必须执行建议或裁决的成员对利益丧失或减损已提供解决办法,或已达成双方满意的解决办法。

〔4〕 The Decision by the Arbitrators on *Canada-Export Credits and Loan Guarantees for Regional Aircraft--Recourse to Arbitration by Canada under Article 22.6 of the DSU and Article 4.11 of the SCM Agreement*, WT/DS222/ARB, February 17, 2003, para. 3.104.

履行的同等替代品在政治上变得不合人意(less palatable)。例如,美国机械生产商(由于欧共体的补偿性关税削减)更多的出口,也不能补偿美国农民因WTO一项对转基因生物的禁令不能进入欧共体市场而蒙受的损失。同样地,美国橙子和纺织品生产商(欧共体为应对关于钢铁与WTO不一致关税的报复目标)不愿意为美国钢铁制造商可能提供保护的收益埋单。相关因素也适用于关税再谈判和GATS特定承诺和保障措施的修改,它们也能解释为何在实践中GATT/WTO责任规则一直没有被经常实行和随着时间的推移渐渐减少。[1]

当根据财产规则保护的权利受到侵害,且违法者能履行恢复原状或实际履行的义务时,国际法所提供的救济与责任规则似乎相同,即要求违法者为损害提供赔偿,或为促使其实际履行而对其采取相称的反措施。在一方根本违约时,另一方还可终止或停止施行条约。但是,无论以罚金或惩罚性反措施为形式的制裁或惩罚都被一般国际法所禁止。此时,就可能出现两种观点:一是认为国际法中权利的保护水平还不够高,应当增加惩罚性的制裁等;二是认为国际法这种对权利保护的水平,正好可体现出责任规则的特征。事实上,在国际社会中,如果以惩罚的方式增强权利保护水平,反而可能会引起国际关系之紧张,从而导致争端升级的恶果。随着国际法的更加发达和制度化,包括WTO在内的国际贸易协定可能出现类似于国内法更为多样化和具有滑动尺度的权利保护和执行方法,这既有助于国际权利的有效保护,也保证规则体系具有一定的灵活性。[2]更重要的是,同样提供一比一程度的补偿或报复,根据责任规则只要给予足够的补偿或接受报复,违法的国家即得以免除其责任状态。但是,在财产规则之下,所谓补偿或报复只是暂时性的解决方案,最终的目的仍然是履行或通过对承诺协商一致的再谈判。因此,如果一项规则被理解为责任规则,在给予补偿或接受报复后,就不存在声誉制裁;如果一项规则被理解为财产规则,当不遵守规则并为此付出补偿等代价后,国

[1] See Joost Pauwelyn, *Optimal Protection of International Law: Navigating European Absolutism and American Voluntarism*, U.of St. Gallen Law and Economics Working Paper No. 27, pp.53-54. Last visited on March 12, 2012. http://ssrn.com/abstract=1019415 or http://dx.doi.org/10.2139/ssrn.1019415.

[2] 但是,ICSID仲裁庭不大可能裁决实际履行,相反会集中于赔偿。从这个意义上讲,该体制提供的是责任保护而不是财产保护模式。这种模式具有可行性的原因在于,该体制具有强有力的执行机制,即在国内法院任何金钱裁决之前自动执行。根据《解决投资争端国际中心公约》第54条第1款规定,每一缔约国应承认依照本公约作出的裁决具有拘束力,并在其领土内履行该裁决所加的财政义务,正如该裁决是该国法院的最后裁决一样。

家仍要遭受声誉上的损失。[1]

如前所述，由于各成员方在某些贸易领域无法达成一致意见，WTO协定以例外条款的形式协调各缔约国之间的利益，这些条款允许成员方以维护本国特定产业发展、国家利益与安全甚至环境保护等理由来对另一成员方的贸易活动进行限制。有学者认为，GATT早期运行的是责任规则机制，违约救济等于损失赔偿。[2]在GATT头10年间，大多数（58%）例外条款的使用都伴随着某种形式的自愿补偿或报复。在随后10年里，这种比率迅速下降。在1970年至1980年期间，补偿和报复的比例骤然跌落为5%。换句话说，除前10年外，补偿并不是使用例外条款的预期结果。[3]随着WTO的建立，违约救济开始从损失赔偿发展到实际履行。[4]这就导致禁止数量限制、出口和国内补贴和歧视性关税等权利通常由财产规则保护；而商定的关税约束等权利仍然由合适的例外规则所保护。佩尔茨认为，例外条款正在向着财产规则的方向发展。[5]

三、以不可让与规则保护最低标准权利

如前所述，对于WTO执行的目的，有"遵守"说和"再平衡"说两种截然不同的思想流派。还有学者将WTO协定视为不可改变的贸易宪法。这种观点认为，WTO协定是国内宪法的延伸，其旨在为基本的经济财产权利提供无条件的保护，使其免于任何类型的政府保护主义。因为国内政策制定者的保护主义措施不仅导致经济上无效率的生产决策，对国内消费者和消费产业也不利。此外，受害国的报复行动可能以不存在过失的无关的国内各部门为目

〔1〕 See Joel P. Trachtman, *Building the WTO Cathedral* (February 17, 2006), p.22. Last visited on May 21, 2012. http://ssrn.com/abstract=815844 or http://dx.doi.org/10.2139/ssrn.815844.

〔2〕 See Robert Z. Lawrence, "Crimes and Punishments? Retaliation under the WTO", *Institute for International Economics*, Electronic Resoures, 2003, p. 29.

〔3〕 See Krzysztof J. Pelc, "Eluding Efficiency: Why Do We Not See More Efficient Breach at the WTO?" *World Trade Review*, Vol. 9, Issue 4, 2010, pp.633-634.

〔4〕 See Krzysztof J. Pelc, "Seeking Escape: The Use of Escape Clauses in International TradeAgreements", *International Studies Quarterly*, Vol. 53, Issue 2, June 2009, pp.349-68; See also Steve Charnovitz, *the WTO's Problematic "Last Resort" Against Noncompliance*, Aussenwirtschaft. The Swiss Review of International Economic Relations, December 2002. Last visited on June 18, 2012. http://www.worldtradelaw.net/articles/charnovitzlastresort.pdf.

〔5〕 See Krzysztof J. Pelc, "Seeking Escape: The Use of Escape Clauses in International Trade Agreements", *International Studies Quarterly*, Vol. 53, Issue 2, June 2009, pp.349-368.

标。目标产业先前做生意的经济权利由此被剥夺，这可能造成一种形式的征收。而且，WTO对于“中止减让或其他义务”的规则是某无涉当事方也因他们未从事的行为而受到惩罚的集体责任。因此，在“不可让与”的视角下，政府机会主义被视为某种形式的非法征收。[1]

当权利转移（获得、出售或交易剩余权利）被认为是无效率或不道德，不可让与规则即“强制性实际履行”（mandatory specific performance）规则就达成对初始权利分配的保护被称为绝对的，并严格禁止该权利的获得。政治权利就是不可让与权利之一，例如，在法律上不可能对投票权进行交易。如果缔约方普遍同意事后交易或重新分配权利的可能性，他们就可以决定是否以“责任规则”或“财产规则”或者两者混合的方式保护初始权利。[2]不可分割的国际权利可分为不同的类型。首先，强行法所保护的权利。经常引用的例子，如禁止奴隶制、种族灭绝、侵略和违反人类罪。在国内法中，不可分割的权利如禁止出售人的器官。其次，制定所谓“集体义务”具有立法性质的条约所规定的人权，或劳工条约和某些环保条约所保护的权利。经过所有缔约方的同意，这些条约中的权利可重新分配。但是，随着当今区域或多边条约中成员与日俱增，通过立法行为重新分配权利已被证明非常困难。更重要的是，正如强行法一样，一旦根据“集体义务”的权利为多边条约所分配，它们通常就很难在缔约方之间进行转移或修改。[3]

明显的外部性、道德主义和父爱主义（paternalism）[4]都是规则具有不可让与性的原因。首先，在国际法中，如果转移一项权利将产生显著的外部性，一般而言应当禁止这种权利之转移。毕竟，没有国家愿意、也不可能对跨境

---

〔1〕 See Simon A. B. Schropp, *Trade Policy Flexibility and Enforcement in the WTO: a Law and Economics Analysis*（Ph. D. diss., the University of St. Gallen, 2008）, pp.259-260.

〔2〕 See Simon A. B. Schropp, *Trade Policy Flexibility and Enforcement in the WTO: a Law and Economics Analysis*, Cambridge, Cambridge University Press, 2009, pp.46-47.

〔3〕 See Joost Pauwelyn, *Optimal Protection of International Law: Navigating European Absolutism and American Voluntarism*, U.of St. Gallen Law and Economics Working Paper No. 27, p.58. Last visited on June 16, 2012. http://ssrn.com/abstract=1019415 or http://dx.doi.org/10.2139/ssrn.1019415.

〔4〕 “父爱主义”一词来自拉丁语pater，意思是指像父亲那样行为，或对待他人像家长对待孩子一样。因此，又称为家长主义。源自西方的法律父爱主义（又译为法律家长主义）理论主张，政府在某些领域为了公民自身的利益可以不顾其意志而限制其自由或自治。参见孙笑侠、郭春镇：《法律父爱主义在中国的适用》，载《中国社会科学》第47～48页。法律父爱主义是指公权力主体为了保护公民个体免受伤害，增进其利益或福利水平而作出的强行限制和干预。这是政府对于公民的强制的“爱”。参见吴元元：《法律父爱主义与侵权法之失》，载《华东政法大学学报》2010 年第 3 期。

污染或核武器造成的损害赔偿损失。其次，道德主义是一种特殊类型的外部性，在完全不可让与的语境下相当重要。道德主义对道德敏感的第三方构成侵犯。例如，我知道你将自己卖为奴隶会引起我的痛苦，你与新主人的交易就构成一种外部性。[1]对于奴隶制、灭绝种族和危害人类罪等，国际社会普遍认为这些价值不能以金钱衡量，而应当对这些权利提供绝对的保护。最后，“不可让与规则”的另一理论基础是父爱主义。“从历史上看，对特定群体的人是否具有为其最大利益而行事的能力所持有的怀疑，是父爱主义核心的正当理由。”[2]一般人在决策时都容易顾及眼前利益，而忽视长远的利益。在此情况下，应当对理性不足进行弥补。一旦缔约方选择该规则保护权利，那么原先建立的契约框架就得以彻底地维持下去。无论是否有外部或行为冲击的发生，都禁止任何事后灵活性的行为。换句话说，在事后调整行为被严格限制的情况下，所有缔约方都有实际履行的义务。在国际法中，国家自缚手脚于某种国际法规范之桅杆，以避免偏离这种规范的未来诱惑，或者禁止在被胁迫或强迫的情况下缔约（自我父爱主义）。他们可能也认为有必要限制国家在特别虚弱时转移所持有的权利（真实父爱主义）。[3]例如，《1949年8月12日日内瓦第四公约》禁止被保护人员和被占领地放弃或转移公约中赋予其的任何权利。[4]

“不可让与”观点的理论支持是以“承诺方法”来理解贸易协定，其宣称可通过国际贸易公约解决明显的“内向型”（inward-oriented）国内问题。政策制定者只是利用缔结国际契约的拘束力以克服政府和私人部门之间战略性互动导致的国内的无效率。一项贸易协定的缔结，是为有意地限制政府未来对贸易政策的自由裁量权。通过将自身暴露于如果发生违约的情形就要遭受制裁的后果，国内贸易政策制定者能可靠地将贸易自由化置于福利优先的位

---

〔1〕 See Madeline Morris, “The Structure of Entitlements”, *Cornell Law Review*, Vol. 95, 1992, p.882.

〔2〕 Colin Camerer et al., “Regulation for conservatives: Behavioral Economics and the Case for ‘Asymmetric Paternalism’”, *University of Pennsylvania Law Review*, Vol.151, No. 3, January 2003, p.1213.

〔3〕 See Joost Pauwelyn, *Optimal Protection of International Law: Navigating European Absolutism and American Voluntarism*, U. of St. Gallen Law and Economics Working Paper No. 27, pp.28–29. Last visited on June 20, 2012. http://ssrn.com/abstract=1019415 or http://dx.doi.org/10.2139/ssrn.1019415.

〔4〕 《1949年8月12日日内瓦第四公约》第8条规定，在任何情况下，被保护人不得放弃本公约或上条所述之特别协定——如其订有这项协定——所赋予彼等权利之一部或全部。第47条重申并扩展该禁令，本公约所赋予在占领地内之被保护人之各项利益，均不得因占领领土之结果引起该地制度或政府之变更，或因被占领地当局与占领国所订立之协定，或因占领国兼并占领地之全部或一部，而在任何情况下或依任何方式加以剥夺。

置。因此，对国际协定所作的承诺被用来作为政府不能违背其最初契约承诺的信号。[1]当某缔约方意图不遵守契约义务，从而破坏其他缔约方合作的动机时，不可让与规则就开始发挥其作用。相比于具体的市场准入权利，不可让与规则尤其保护某些因性质不允许或不可能部分履行的权利。例如，不可能轻微地减损强行法，不能只建立半个专利局，不能只给著作权一点保护等。在公约规定保护专利权期限为20年时，如果允许缔约方对于这样的权利有事后灵活性，如决定只授予这项专利权3年的保护期限，就会导致多米诺效应，即所有成员方都认为其他缔约方不会授予20年的专利保护期限，从而一致放弃按照公约规定之期限保护该专利。对于某些权利的保护，必须要求强制性实际履行，以便避免部分履行或任何事后自由裁量的行为削弱整个体制的有效性。

在多边协定尤其是WTO协定中，解决其不确定性的风险需要特别的技术。首先，国家在加入多边协定时可能并不确定其伙伴最终会是谁，因而它可能必须面对宁愿不与之合作的国家，或它愿意与之合作但该国事实上不参加，甚至阻挠协定目的之实现。其次，随着国家潜在伙伴的增加，更难预测他方将有何表现，以及参加该协定最终结果是什么。最后，比起两个或少数国家，在利益和观点不同的大量国家之间更难找到互相可接受的妥协。有时就单一文本达成协定的唯一方法是接受“最低标准”（lowest common denominator）协定，其义务限于所有国家包括最不妥协和风险规避的国家都能接受的最小承诺。[2]

在WTO协定中，市场准入承诺确实存在一种互惠关系，而且双边给予的基于市场准入的贸易权利构成GATT和GATS的支柱，但还有其他重要的权利不能被解释为个体谈判的结果。WTO法的某些特征，使其不仅被理解为保护成员方之间市场准入承诺的互惠交换，而且进一步被解读为旨在通过建立和保护某些市场条件来保护个体的经济活动。例如，在美国—贸易法案301节案中，专家组认为：成员方的很多收益是接受GATT/WTO不同纪律的结果，取决于国家和全球市场上个体经济经营者的活动。这些纪律的目的，确实是

〔1〕 See Simon A. B. Schropp, *Trade Policy Flexibility and Enforcement in the WTO: a Law and Economics Analysis*（Ph. D. diss）the University of St. Gallen, p.160.

〔2〕 See Richard B. Bilder, *Managing the Risks of International Agreement*, Madison, University of Wisconsin Press, 1981, p.64.

GATT/WTO整体上的主要目标之一，即产生某些允许个体活动繁荣的市场条件。[1]无论是否在实际上影响贸易，成员方都有义务确保其行为与WTO法相一致。这旨在保护个体经济经营者免受不利竞争地位，以及仅仅是预期具有歧视性的贸易限制可能会在未来适用而导致的“寒蝉效应”之害。[2] WTO法除界定经济行为的空间和限度之外，还协调贸易与人权、环境等相互冲突的利益。因此，将WTO法视为如同契约一样，是规定成员之间双边承诺交换的规则集合体，并不能准确概括该法律体制的全部本质。换句话说，WTO法不仅保护国家的利益，也协调跨国共享的社会利益。

WTO是包含多种权利的协定，其中至少包括：互惠市场准入权利；可能无法用互惠关税减让的逻辑解释的最低标准权利；程序规则和透明度要求等辅助权利。最低标准权利或积极整合规范要求每个参与的WTO成员都遵守一整套商定的核心法律标准和履行相同的游戏规则。这些最低标准条款旨在获得每个参与的成员积极的减让。相比于应双边给予的市场准入权利，最低标准权利是给予作为一个整体的缔约共同体，从而具有多边的范围。对所有当事方（*erga omnes partes*）的逻辑使其区别于市场准入权利。多边义务有时被称为对所有缔约国承担的义务（obligations *erga omnes partes*），对其违反将损害所有其他成员方的竞争机会。[3]例如，《实施动植物卫生检疫措施的协定》（SPS协定）和《与贸易有关的知识产权协定》（TRIPs）具有多边的涵盖范围，这与GATT和GATS中平衡关税减让的交换理念没有关系。可见，某些WTO义务能够减让而成为互惠交换的对象，但其他义务却是绝对的。至少，在WTO协定中有相当部分义务并不依赖于市场准入承诺的水平。[4]

因此，对WTO协定的违反可影响不同的权利和单一权利的不同方面，如

---

〔1〕 Panel Report, *US-Section 301Trade Act*, WT/DS152/R, adopted on January 27, 2000, para.7.73.

〔2〕 Panel Report, *US-Section 301Trade Act*, WT/DS152/R, adopted on January 27, 2000, para.7.73.

〔3〕 See Simon A. B. Schropp, “The Equivalence Standard under Article 22.4 of the DSU: A ‘Tariffic’ Misunderstanding?”, in Chad Brown and Joost Pauwelyn, eds., *The Law, Economics and Politics of Retaliation in WTO Dispute Settlement*, Cambridge University Press, 2010, pp.454–455.

〔4〕 作为实在法（DSU第3条第4款），WTO权利和义务在法律上可适用于所有成员方。根据这样的洞察，有学者认为互惠性和双边市场准入相关权利和义务已经成为历史，所有WTO法律义务都具有多边的范围。Joost Pauwelyn, “Enforcement and Countermeasures in the WTO: Rules Are Rules – Toward a More Collective Approach”, *American Journal of International Law*, Vol. 94, 2000,pp.335–347; Steve Charnovitz, “Rethinking WTO trade sanctions”, *American Journal of International Law*, Vol. 95, Issue 4, October 2001, pp.792–832.本书从市场准入权利在内在逻辑上具有双边性质而言，尽管该权利在法律上为全部WTO成员方所有。

果不能确定权利的性质和形式，则计算损失时就会出现问题。例如，违反互惠市场准入权利（如违反关税减让）与违反对所有成员方的承诺（如透明度义务）有可能对申诉方引起不同的损害后果。例如，在挪威公路收费设备采购案中，挪威未能遵守《政府采购协定》中的透明度义务，因为特隆赫姆市政府把没有通知的市政工程分配给挪威的公司。这种违反行为可能产生损害。原则上，经营相关领域和源自协定缔约方的任何公司都可能获得合同投标。但是，谁是该措施的受害方以及如何量化这些损失呢？相比之下，如果一国向另一个国家非法征收关税，即可基于市场准入权利的双边性质评估该措施的影响。[1]可见，从"不可让与规则"排斥市场机制的运作，促进或保护其他社会利益的特点而言，其似乎适合用于规制WTO有关非经济目的方面的权利，即贸易自由化之外的其他社会价值。但是，鉴于贸易自由化是WTO构建的核心原则和任务，最低限度的贸易自由化承诺应当以"不可让与规则"进行保护。例如，TRIPs规定知识产权保护的最低标准，如有违反将构成"契约外"行为，并应受到强制性的惩罚。尽管"不可让与规则"与"财产规则""责任规则"有实质的不同，对其使用仍然可以依据与支撑其他两种规则之使用同样的效率和分配目标予以分析。从效率角度看，对于违反关税减让承诺或其他法律上的保护主义措施，甚至一些在事实上明显会减少福利的保护主义措施，应当适用实际履行救济。对于可能违反国民待遇、最惠国待遇、TBT或SPS协定要求或GATS相似要求的国内监管措施，也许会对福利产生更大的不确定性而不太适合通过实际履行予以救济。[2]乍看之下，效率目标似乎由于限制了从事交易的能力而受到削弱，但更仔细的分析表明，在一些实例中施加这些限制反而更趋近经济效率。当交易会造成显著的外部性，即向第三方强加成本时，这种情况就可能发生。使"不可让与"正当化的外部成本出现在道德领域。此外，"父爱主义"也是支持"不可让与"的一个重要的经济效率理

---

〔1〕 See GATT Panel Report, *Panel on Norwegian Procurement of Toll Collection Equipment for the City of Trondheim*, GPR.DS2/R, adopted on May 13, 1992, BISD 40S/319. Last visited on March 20, 2011. http://www.sice.oas.org/dispute/gatt/91trondh.asp.

〔2〕 See Joel P. Trachtman, *Building the WTO Cathedral* (February 17, 2006), p.8. Last visited on June 6, 2012. http://ssrn.com/abstract=815844 or http://dx.doi.org/10.2139/ssrn.815844.

由。[1]据此，如果允许事后免责或重新谈判将产生无效率的结果，或者事后免责是不道德的，[2]或者特定的承诺水平对于契约之目的至关重要时，[3]应当通过“不可让与规则”来保护，禁止任何不履行契约义务的行为。约斯特·鲍威林认为，如果福利最大化是WTO的目标，那么，只要不影响第三方的权利，允许成员方退出WTO义务也许会更好。[4]但是，即便存在心甘情愿的买家和卖家，并且交易并不影响到第三方的权利，WTO对于人权和文化多样性等权利的保护水平，也不应当与大多数的贸易权利相提并论。换言之，有必要适度地减少WTO成员方的政策空间，以更好地保护不能货币化或具有道德内容的价值。

四、以混合方式适用三种权利保护规则

GATT/WTO的建立者当时认识到必须保护市场准入权利免于不想要的事后回溯行为（*ex post* back-tracking），从而在权利保护与事后灵活性之间达到平衡。严格地从法律意义上说，贸易自由化承诺如积极关税和GATS减让很容易通过配额、自愿出口限制、出口补贴、管理型的官方措施或者构设技术障碍而被抵销。事后的贸易障碍具有完全抑制最初允诺的潜力。但是，贸易权利不能只通过要求无条件和强制性实际履行的方式来保护。缔约者很清醒地意识到WTO协定必须给加害者留下一些喘息的空间，以防在不可预见的市场准入偶发事件出现时可证明暂时或永久、部分或全部事后不履行的正当性。[5]

鉴于WTO协定中涉及诸多复杂的法律问题，可适当地参照契约法中“不可让与规则”“责任规则”和“财产规则”的保护方式。根据圭多·卡拉布雷

---

〔1〕 See Guido Calabresi and A. Douglas Melamed, “Property Rules, Liability Rules, and Inalienability: One View of the Cathedral”, *Harvard Law Review*, Vol. 85, No. 6, April 1972, pp.1111–1114.

〔2〕 人权就是普遍被接受不得被剥夺或进行交易的权利，不能通过金钱的赔偿而将一个人当成奴隶出卖，或者剥夺其言论自由的权利。在国际法领域，这些权利通常为强行法所保护。此外，在任何社会、团体都有其普遍接受而不容许减损的价值和规范。

〔3〕 例如，《战略武器限制条约》（Strategic Arms Limitations Treaty，简称SALT）和《反弹道导弹条约》（the Treaty on Anti–Ballistic Missiles，简称ABM）等国际军控条约。如果任何缔约方都可暂时退出条约，就没有国家愿意加入这样的条约。

〔4〕 See Joost Pauwelyn, *Optimal Protection of International Law: Navigating European Absolutism and American Voluntarism*, U. of St. Gallen Law and Economics Working Paper No. 27, p.67.

〔5〕 See Simon A. B. Schropp, *Trade Policy Flexibility and Enforcement in the WTO: a Law and Economics Analysis*, Cambridge, Cambridge University Press, 2009, p.214.

西和道格拉斯·梅拉米德的模型，至少在国内法的语境中，产权保护需要有一种默认规则。换句话说，权利一旦被分配，就应当是可自由交易的。除非有充分的理由通过使权利不可让与，停止或阻止这样的交易；或者通过纯粹的责任规则，有很好的激励或促使一种有益的转让。这种权利的“自由市场”（free market）来自于私人市场和构成其基础的方法论的个人主义的法律经济学类比，后者是指每个人对他或她的效用函数（utility function）负责和通过私营交易使其偏好最大化的潜在假定。在允许自由贸易的国际法领域，对于财产保护也有相似的默认偏好。首先，可从国内法的契约自由和福利最大化得出这种推断。如果两个国家想要改变一项较早的条约或同意解决争端，即便这样做与该项较早的条约不一致，也不应该以不可让与规则阻止它们。让国家决定转让它们的权利，原则上可最大化国家之间的福利和确保最有效的资源分配。其次，在国际法的特定语境下，财产保护要求最少量的干预。如果使一项权利不可让与，谁来保证在实践中这项权利不被转让或违反呢？同样地，如果只要国家支付赔偿，就允许其单边夺走权利或违反条约，谁能客观地决定适当水平的赔偿并确保赔偿实际上得到支付呢？但是，在如下情形下，以不可让与规则保护国际权利更为适宜：如果权利转让的成本超过任何可能的收益（显著的外部性），或该权利涉及普遍的道德价值（禁止奴隶制或种族隔离）而使任何转让都显得不可能或不恰当，或限制通过胁迫和强制的方式缔约等。〔1〕

值得指出的是，上述模型也只是建立初步的分析框架，仍有待在具体的语境中适时进行补充。在某一国际法领域或条约体制内，不一定只有一种权利保护方式。在GATT或WTO整个运行过程中，责任规则和财产规则都在各自发挥作用。再如，《京都议定书》第3条对承诺国家设定排放的上限，缔约方之间不能改变，这种集体设定上限的特征符合不可让与规则的概念。但是，《京都议定书》也允许缔约方通过“补偿”的方式突破该上限，或通过向其他缔约方购买配额，双方同意成立的转移表明这是财产规则；或通过发达国家与发展中国家进行项目级的减排量抵销额的转让与获得的“清洁发展机制”来，这又与“责任规则”相一致。如果缔约方一般同意事后交易或再分配权利

〔1〕 See Joost Pauwelyn, *Optimal Protection of International Law - Navigating between European Absolutism and American Voluntarism*, Cambridge, Cambridge University Press, 2008, pp.46-55.

的可能性，他们还可通过责任规则或财产规则（或两者之混合，例如GATT第19条）来保护最初的权利。责任规则与财产规则还存在转化的可能性。例如，要依据一个等同于客观确定的被盗财产价值的刑罚来处罚小偷，就是要将所有财产规则权利转换为责任规则权利。再如，《北美自由贸易协定》对于投资者的保护介于责任规则与财产规则之间。这表现在，只要提供充分的赔偿，即允许为公共目的征收外国投资，这不被认为是违约。另一方面，对于外国投资不公平或歧视性的待遇构成违约（类似于财产规则），不过对该违约的救济明确地限于赔偿（与责任规则相似）。但是，由于责任规则仅仅表现为趋近于客体对其最初所有者的价值，因而不能把所有的财产规则转换为责任规则。即使经济效率是人们的唯一动机，对于身体的不受侵害性就不能作出客观估价。例如，人们不会客观地擅自估价强奸对于受害人的成本和对于强奸犯的收益。换言之，即使只是基于经济效率的理由，财产规则也是可取的。[1]

WTO关于关税和服务减让表再谈判的规则表明，并非所有在WTO法律框架下的权利都在所有时候由"财产规则"保护，其中部分权利可能以无法反映所有者主观评估的价格被取走。例如，就关税和服务承诺再谈判而言，任何发生于正式争端范围之外的个别减让修改，似乎更适合于将WTO规则描述为由"责任规则"所保护。当然，这显然不能被理解为根据现有的再谈判规则，WTO成员方被鼓励进行有效率的权利转移。这关键取决于在何种程度上评价补偿的水平和中止减让适当地反映一WTO成员方因另一成员方修改减让表而将会发生的损失。然而，如果一WTO成员方单边地回复到更早、预备谈判阶段的关税或服务减让表，现有再谈判的法律框架并不要求其对过去或未来的损失提供赔偿。另一个成员方只能撤销实质上等同于更早前撤销的减让，除非其足够强大，否则这将会导致自身经济的额外伤害。因此，虽然现有关税和服务减让表再谈判的法律框架是根据"责任规则"保护，但这与预期损失赔偿（expectation damages）为受影响的WTO成员方提供的完全补偿相差甚远。因此，可以肯定地说，通过调节一些"契约内"灵活性，WTO成员方不会设法鼓励有效背离最初商定的交易，而是旨在建立具有一定灵活性的再谈判

〔1〕 See Guido Calabresi and A. Douglas Melamed, "Property Rules, Liability Rules and Inalienability: One View of the Cathedral", *Harvard Law Review*, Vol. 85, No. 6, April 1972,pp. 1125–1126.

条款的法律框架。[1]

既然WTO协定规定了不同的义务，对于与之相对的应当是不同的权利类型，不同的权利保护规则代表着不同的保护水平。对于多边权利，既有以不可转让规则或是财产规则提供绝对保护的必要，也有以责任规则提供相对保护的必要。此时，缔约方所拥有的自由裁量空间也有所差异，对于事后不履行的救济方式也有所区分。“责任规则”保护有利于加害方，并确保受害方以剩余索取者（residual claimant）的身份防止承受或遭受伤害。根据“财产规则”的权利保护，受害方可选择坚持让加害方如允诺那样履行。受害方对执行最初协定条款的威胁使其成为漏洞的“物主”。此时，受害方很可能从契约灵活性的事后收益中占有很大的份额。根据“不可让与规则”，事前分配的收益与事后的分配相同，因为契约分配被禁止。[2]从维护国际事务稳定性和WTO承诺可靠性的角度看，在财产规则和责任规则之间通常应当选择前者以维护任何复杂社会发展所必需的占有稳定性和社会期望。[3]

如上所述，对国际权利的保护应维持在适当的水平。国际协定如同面对预测未来状态不确定性的私人契约。当这些预测被证明不正确时，刚性承诺使得当事人境况更糟糕。认识到这种结果可能发生，当事人应当理性地规定在何种条件下不适用协定的义务，而不是坚持在所有未来状态下履行承诺。在缺乏完全预知时，国家必须通过限制其承诺的范围和违约引发制裁的程度以平衡承诺与灵活性。同样，与其规定在某种情形出现时某项义务将停止存在，不如在协定中为当事方提供一系列选择。在某种规定情形下，当事方可选择遵守或接受制裁。[4]

---

〔1〕 See Claus D. Zimmermann, “Toleration of Temporary Non-Compliance: The Systemic Safety Valve of WTO Dispute Settlement Revisited”, *Trade, Law and Development*, Vol.3, No. 2, 2011, pp.396-397.

〔2〕 See Simon A. B. Schropp, *Trade Policy Flexibility and Enforcement in the WTO: a Law and Economics Analysis*, Cambridge, Cambridge University Press, 2009, pp.104-105.

〔3〕 See Paul Epstein, “A Clear View of the Cathedral: the Dominance of Property Rules”, *The Yale Law Journal*, Vol. 106, No. 7, May 1997, p.2120.

〔4〕 See Robert Scott and Paul Stephan, “Self-enforcing International Agreements and the Limits of Coercion”, *Wisconsin Law Review*, Vol. 2, 2004, pp.615-116.

第三节　WTO争端解决机制的现状和改进

一、争端解决机制之功能

在现实中，并没有条约是完全的。在未来的不确定性面前，国家可被推定为在“无知之幕”背后谈判贸易协定的细节。由于没有任何当事方知道其未来从最初具有确定性的协定中的收益或损失，“无知之幕”将促使缔约方签订有利于所有缔约方共同福利的协定。缔约方想授予机构充当先前商定的游戏规则看门人的角色。机构充当着一旦“无知之幕”被掀开和现实暴露于契约方后，有效地阻止国家削弱、漠视和违背最初协定的监督机制。[1]简言之，契约不完全凸显事后保障措施的重要性，尤其是更加强调争端解决机构的作用。

争端解决程序和惩罚是对贸易协定为不完全契约的反应。[2]由于WTO协定如同国内契约一样，不可能写明所有的偶发事件，并面面俱到地设计所有规则，而规则设计过程中的疏漏往往成为争端之来源。因当时并不知道未来申请加盟国家的身份，WTO成员可视为在“无知之幕”下加入该组织。缔约方不能预知在未来贸易争端中的角色，以及未来偶发事件将如何影响缔约方的政治和生活水平等事项。事后，所有当事方都很清楚其所在位置以及什么对他们最好，便可能对原先协定中的措辞感到后悔和产生扭曲这些规则的动机。尤其是面临重大政治或者经济压力时，对协定进行重新谈判或者改变的欲望会更加强烈。争端解决可作为决定WTO成员是否遵守一项豁免实质性条款和条件的有用工具。[3]在事前契约不完全的环境下，法院可发挥司法能动性作用。事前，缔约方草拟的契约不能包括风险不可预见的突发事件；事后，

〔1〕 See *World Trade Report* 2007, p.119. Last visited on October 10, 2011. http://www.wto.org/english/res_e/publications_e/wtr07_e.htm.

〔2〕 See Wilfred J. Ethier, *Punishments and Dispute Settlement in Trade Agreement*（May 2001）. PIER Working Paper No. 1-21. Last visited on December 1, 2011. http://ssrn.com/abstract=273212 or http://dx.doi.org/10.2139/ssrn.273212.

〔3〕 See James Harrison, “Legal and Political Oversight of WTO Waivers”, *Journal of International Economic Law*, Vol. 11, Issue 2, June 2008, pp. 411-425.

法院观察一项发生的偶发事件并决定是否需要解除或执行契约。[1]

那么，在条约缺乏相应规定或者出现规则模棱两可时，司法机构应如何应对？在1974年核试验案中，对于核武器使用违法性指控的辩解是，当时并不存在禁止使用核武器的一般国际法。这就是主张国际法规则不存在（gaps in international law）观点的事例之一。与此相对，英国著名国际法学家Hersch Lauterpacht坚信国际法具有完全性（the completeness of international law）和禁止宣布案情不明（the prohibition of the declaration of *non liquet*）。在事前契约不完全的环境下，法院可发挥司法能动性作用。事前，缔约方草拟的契约不能包括风险不可预见的突发事件；事后，法院观察一项发生的偶发事件并决定是否要解除或执行契约。[2]从定义上看，国际法的完全性与禁止宣布案情不明是同一个意思。[3]在国际司法中，由于没有可适用的法律，法庭不可能做出裁决的情况极为少见，这主要不是因为国际法是一个完全和完美的体系，不存在尚未得到解释的事情，而是因为国际法庭不喜欢放弃他们解决或试图解决争端的最终功能。案情不明原则从未被WTO专家组或上诉机构援引以允许或宽恕某个成员的行为。在专家组或上诉机构报告中唯一提及这个概念的是对该原则的批评。[4]对作出案情不明裁决的普遍厌恶，促使法官设法采用非WTO原则来填补WTO法中解释性或其他不可避免的漏洞。对于法官（或国际法学者）而言，宣称不存在法律仍然是件极其让人反感的事情。[5]

根据国际法上著名的格言："不得宣告案情不明"，这要求国际司法机构

---

〔1〕 See Luca Anderlini, Leonardo Felli and A. Postlewaite, "Courts of Law and Unforeseen Contingencies", *Journal of Law, Economics and Organization*, Vol. 23, Issue3, 2007, pp.662-684.

〔2〕 See Luca Anderlini, Leonardo Felli and A. Postlewaite, "Courts of Law and Unforeseen Contingencies", *Journal of Law, Economics and Organization*, Vol. 23, Issue3, 2007, pp.662-684.

〔3〕 See Akashi Kinji,The Completeness of International Law: Its History and Current Status (4)[in Japanese], *Journal of Law, Politics, and Sociology*,Vol.84, No.8, 2011, pp.1-33.明石欽司,「国際法の完全性(一)その理論史と概念整理」,法學研究84巻4號,2011,第1～29頁。Park Pae-keun, "The Non-existence of Rule in International Law", *Journal of law and politics*, Vol.63, No.2, 1996, pp.351-381.

〔4〕 See Panel Report, *India - Quantitative Restrictions on Imports of Agricultural, Textile, and Industrial Products*, para.3.119, WT/DS90/R, April. 6, 1991;Richard H. Steinberg, "Judicial Lawmaking at the WTO: Discursive", Constitutional and Political Constraints, *The American Journal of International Law*, Vol.98, No.2, April 2004, p.260.

〔5〕 See José E. Alvarez, "The internationalization of U.S. law", *Columbia Journal of Transnational Law*, Vol. 47, No. 3, 2009, pp.555-556.

或仲裁机构不得以对争端没有可适用的、明显的法律规则为由拒绝裁判。[1]约斯特·鲍威林也认为，一般法律原则可起到填补条约和习惯留下的空白之功能。[2]英国学者郑斌在《国际法院与法庭适用的一般法律原则》一书中，通过研究国际法院与法庭的裁决以识别一般法律原则及其在国际法中的范围和实际适用。[3]在韩国政府采购案中，专家组强调在涉及《政府采购协定》的“非违反之诉”时适用诚信原则的相关性，因为如果不是这么做，在WTO争端中适用法律时将会留下漏洞，而在WTO协定的语言中并没看到留下这种漏洞的意图。[4]即便是将某事项推迟到随后谈判来决定，通常是基于一般国际法会继续适用的假定，而非意图让争议悬而未决。例如，在一般国际法中，司法机构经常援引诚信原则。WTO司法机构也遵循这种模式，但专家组比上诉机构使用该原则更为频繁。上诉机构认为，只有附属于某特定法律义务时，诚信原则才具有可执行性。即特定法律义务可加强或补充DSU第3.10条和第4.3条所模糊描述的诚信义务之规范性影响。由于强大的WTO成员经常滥用DSU规则中的灵活性，即以牺牲发展中国家成员的代价拉长争端，诚信原则有助于为发展中国家收紧这种余留在由成员驱动的争端程序中的灵活性。[5]可见，一般法律原则是防止法庭宣布“案情不明”的最后保障。[6]此外，根据法院应了解法律（*ejura novit curia*）原则，如果在可适用协定的文本中找不到某成员方的措施是否与可适用的协定相一致，这并不能免除专家组或上诉机构适用国际公法习惯规则的责任。[7]

WTO争端解决机制发挥使契约完全作用的表现在于：首先，WTO协定中的模糊不清或空白并不意味着没有可适用的法律，专家组或上诉机构时常需

---

〔1〕 参见刘敬东：《WTO法律制度中的善意原则》，社会科学文献出版社2009年版，第24页。

〔2〕 See Joost Pauwelyn, *Conflict of Norms in Public International Law: How WTO Law Relates to other Rules of International Law*, Cambridge, Cambridge University Press, 2003, p.129.

〔3〕 Bin Cheng, *General Principles of Law as Applied by International Courts and Tribunals*, Cambridge, Cambridge University Press, 2006.

〔4〕 Panel Report, *Korea-Government Procurement*, WT/DS163/R,para.7.101.

〔5〕 See Marion Panizzon, “Fairness, Promptness and Effectiveness: How the Openness of Good Faith Limits the Flexibility of the DSU”, *Nordic Journal of International Law*, Vol.77,No.3, 2008,pp.275-299.

〔6〕 See Isabelle Van Damme, *Treaty Interpretation by the WTO Appellate Body*, Oxford, Oxford University Press, 2009, p.113.

〔7〕 See Joost Pauwelyn, “Cross-Agreement Complaints Before the Appellate Body: A Case Study of the EC-Asbestos Dispute”, *World Trade Review*, Vol.1, Issue 1, 2002, pp.63-87.

要通过条约解释的技术来填补法律的漏洞。例如，解释模糊不清的义务，填补契约给政府留下灵活性的漏洞，并对于刚性的义务赋予例外。[1]在墨西哥电讯案中，专家组确认WTO成员个体或整体地保留在GATS中很大程度上的管理自治，WTO谈判者有时通过"建设性的模棱两可"的外交手段以使WTO规则获得共识，而专家组在DSU下的职责是对法律诉求作出决定。[2]因为前者并不在其权限范围之内，解释这样的空白将会扰乱WTO的权力平衡。换言之，若非对解决目前的争端有绝对的必要性，专家组对于解释"建设性的模棱两可"留下的余地很小。其次，如果上诉机构承认WTO协定存在漏洞，也能很好地避免宣布案情不明。例如，在美国热轧钢反倾销案中，上诉机构发现《反倾销协定》有个漏洞，但基于"本上诉并不提出如何根据《反倾销协定》现有文本克服漏洞的问题"，上诉机构认为没必要解决这个问题。[3]

"新问题继续出现，条约不能全面解决这些问题。在原则上，可谈判达成一项新的妥协。但政治约束条件可能妨碍再谈判。有些空白也许只涉及该条约范围之外的事项；其他空白在其范围之内，但可推迟到未来的谈判；也有上诉机构认为有必要解释的空白。"[4]首先，程序性空白很常见。对WTO制度运行重要的程序并非穷尽和全面地规定于WTO协定之中。程序通常随着实践和时间得到发展。WTO成员允许上诉机构拟定其工作程序，正如除国际商会之外所有国际法庭的标准做法。WTO制度的有效运行需要专家组或上诉机构解释这些空白。举证责任、提起诉讼所需之"利益"、法庭之友陈述之可采信性和既判力原则等都是程序性空白的例子。其次，实质性空白通常不如程序性空白明显。例如，相比于缔约国"与供应有关产品有实质利害关系"，GATT1994第13.2条（d）项在各供应国之间分配关税配额方面存在空白。在欧共体—香蕉案（三）中，上诉机构认为不能假定WTO协定的起草者有意不让非歧视原则适用于没有实质性利益的缔约国。当实质性空白是关于一般国际法

---

〔1〕 See Giovanni Maggi and Robert W. Staiger, "The Role of Dispute Settlement Procedures in International Trade Agreements", *Quarterly Journal of Economics*, Vol. 126, Issue 1, 2011,pp.475-515.

〔2〕 Panel Report, *Mexico-Telecoms*, WT/DS204/R,para.7.3.

〔3〕 Appellate Body Report, *United States - Anti-Dumping Measures on Certain Hot-Rolled Steel Products from Japan*, WT/DS184/AB/R, paras.125-126.

〔4〕 See Isabelle Van Damme, *Treaty Interpretation by the WTO Appellate Body*, Oxford, Oxford University Press, 2009, p.126.

而非实质性贸易法时，上诉机构更愿意解释实质性空白。上诉机构根据条约法解释WTO协定中的空白就说明这一点。在事关实质性贸易法时，通常没有对一般国际法可利用的默认规则，解释要求有更多的说明。[1]

由于预先制定详细规则的代价很高，国际协定通常可认为是不完全契约。因此，国家将解释这些契约的权限赋予国际法庭。同样，WTO成员方作出拟定规则的制度选择，而将澄清WTO协定条款的任务交给专家组和上诉机构。[2]正如《关于争端解决规则和程序的谅解》第3.2条所言，WTO争端解决体制在为多边贸易体制提供可靠性和可预测性方面是一个重要因素。在暂时不能改变WTO既有规则，即“初级规则”所确定的灵活性条款不能够完全消减契约不完全性带来的弊端时，争端解决机制就是使契约完全的一道重要防线。无论是一般法律原则或其他填补法律空白之方法，都必定要在司法的过程中才得以体现和运用。司法能动性决定于法官造法功能之范围，如在具体情形下是否容易填补漏洞，或填补该漏洞将等同于创造一项全新的规范。如果一项裁决确是建设性的漏洞填充器，对其遵守将产生共同收益，对最惠国关税承诺的再谈判比起违反非关税条款而言通常会是保护进口竞争产业的一种更好方式。[3]例如，对于某项贸易措施是否构成违约和对违约造成损害的评价，均可从争端解决机制中得到确定的答案。再如，对于“契约外”救济不足和报复效果不佳等问题，WTO仲裁员可在争端解决过程中根据具体情况，在规则允许的范围内进行适当灵活的裁断。例如，欧共体诉美国版权侵权案是WTO首个根据DSU第22条规定授予金钱赔偿的案例。对于是否应采取金钱赔偿作为WTO救济引起很大的争论。[4]在该案中，给予金钱赔偿与WTO协定是相一致的，无论是根据WTO法或一般国际法都有正当性，给予私人当事方金钱赔偿的观点也得到很多支持，[5]金钱补偿对于解决贸易救济在实践中的困境能

---

〔1〕 See Isabelle Van Damme, *Treaty Interpretation by the WTO Appellate Body*, Oxford, Oxford University Press, 2009, pp.135-140.

〔2〕 See Gregory Shaffer and Joel Trachtman, “Interpretation and Institutional Choice at the WTO”, *Virginia Journal of International Law*, Vol. 52, Issue 1,Fall 2011,pp.110-111.

〔3〕 See Warren F. Schwartz and Alan O. Sykes, “The Economic Structure of Renegotiation and Dispute Resolution in the World Trade Organization”, *The Journal of Legal Studies*, Vol. 31, Issue 1, 2002, p.201.

〔4〕 See Bernard O’Connor and Margareta Djordjevic, “Practical Aspects of Monetary Compensation”, *Journal of International Economic Law*, Vol. 8, Issue 1, 2005,pp.127-142.

〔5〕 See Proposal by the Group of Least Developing Countries, TN/DS/W/17, October 9, 2002, para.13.

起多大的作用仍不得而知。理由在于，如果该补偿没有起到弥补损失或者促使遵守的作用，那么将严重地削弱WTO执行的力度。无论金钱补偿是否能正式被纳入WTO体制，该案至少表明争端解决机制可在具体案件中发挥充分的灵活性，弥补现有规则下WTO关于执行问题之不足。此外，DSU规则看似虚弱的执行得到非正式救济（如声誉问题）而增强，对于WTO成员的遵守起到适当的平衡和有效的激励作用。只要确实是暂时不可能履行DSB的建议或裁决，成员不会被完全地驱除出WTO，或不得不面临大量的贸易报复或面对支付惩罚性损失赔偿的法院指令。这种对于"不遵守"暂时性地容忍构成一种很有价值的系统性的"安全阀"。否则，国际社会可能要面临一个不那么开放的全球贸易体系。[1]

虽然条约法可能疏导冲突和为国家提供无须付诸武力的解决争端方法，但其在重要问题上缺乏有约束力的争端解决机制。[2]国际法学界普遍认为，WTO争端解决机制是对传统国际法的重大突破。解决机制融政治方法、外交方法和司法方法于一身之特点，使其成为促使成员方履行义务的重要制度保障，这也是国际法效力得到强化的重要体现。WTO日益法律化体现在经过修订的争端解决程序（DSP）被证明是国家在一段不确定时期内增加暂时中止其义务机会的一项制度创新，但这使国内要求保护的政治压力显著提高。该体制灵活性的增加，虽然减少国家之间每段时间的合作，但也减少该体制完全崩溃的可能性。这也被证明是面对不可预见但不时紧张的国内政治压力时，国际制度设计对刚性与稳定性之间的权衡。DSP增强合作性机制的稳定性，这并非因其变得更加严格，而是变得更加灵活。例如，现在DSP更多地强调对违约的赔偿，其允许一旦得到授权即赔偿，并限制赔偿支付数额使其与损失程度相称，因此所增加的灵活性将使世界贸易体制更具有稳定性。[3]

---

〔1〕 See Claus D. Zimmermann, "Toleration of Temporary Non-Compliance: The Systemic Safety Valve of WTO Dispute Settlement Revisited", *Trade, Law and Development*, Vol.3, No 2, 2011,pp.404-405.

〔2〕 See Annemarieke Vermeer-Künzli, "The Merits of Reasonable Flexibility: The Contribution of the Law of Treaties to Peace", in Georg Nolte eds., *Peace Through International Law: The Role of the International Law*, Dordrecht, Springer, 2009, p.82.

〔3〕 See B. P.Rosendorff, "Stability and Rigidity: Politics and Design of the WTO's Dispute Settlement Procedures", *American Political Science Review*, Vol. 99, No. 3, August 2005, pp. 389-400.

二、争端解决机制之局限

WTO争端解决机制体现出司法程序对契约不完全所造成的无效率之法律干预。很多学者强力主张通过法律干预减少不完全契约所带来的无效率，但是实际上法律干预的前提条件相当苛刻。有效的法律干预要求法庭面对的是具有同质性的大量案件，并且法庭在信息方面至少不比当事人处于下风，这在现实中几乎不存在。所以，法律干预理论虽然在法经济学界得到一些学者的支持，但在经济学界却并不被看好。[1]即便是在当事方有意用模糊的语言留下契约漏洞的情况下，由第三方或一个独立实体担当建设性的漏洞填补者是否能符合理性交易者的利益也受到学者的质疑。[2]

第一，就方法论原则而言，看不出把责任交给可能回到外部漏洞填补标准的法院能如何符合缔约方的利益。如果法院承担使契约完全的任务，其首先会解释当事方关系中固有的规则，此后考虑契约外部的规则。但是，以自我利益为中心的缔约方更愿意自己制定与每位参与者利益一致的规则，借助于外部的参考坐标系与个人主义方法论相冲突。

第二，即便法院在填补漏洞时适用“假设的同意”（hypothetical consent）的教条，即法官假设理性的缔约方会期待他们以缔约方事前原本会同意的方式编造条款，或对既有的条款给予解释，也可能不符合理性缔约方的主要利益。法院解释一个不完全契约在概念上等同于澄清当事方何者拥有何种权利，以及确立该权利应当如何保护。但是，如果没有缔约方周详的引导，例如告诉法院如何解释他们的意图，法院如何能有判断力地澄清契约权利呢？缔约方必须告诉法院如何理解他们的意图。一言概之，当事人想要法官作出有利于己方的判决，必须先要给其指出一条他最愿意走的路。可是，缔约方事前写下交易的权利（缔约初级规则）和保护权利的规则（缔约次级规则），让无

---

〔1〕 参见杨瑞龙、聂辉华：《不完全契约理论：一个综述》，载《经济研究》2006年第2期。虽然经济学家已经设计事前和事后都能有助于最大化共同福利的契约机制，但这些机制依赖于完美地运行和无成本的执行体制的假设。在现实世界中，当事人必须花费大量的资源合法地执行承诺，且在大多数情况下法院缺乏评价有关当事人行动的信息。See Robert E. Scott and Paul B. Stephan, *The Limits of Leviathan: Contract Theory and the Enforcement,* Cambridge, Cambridge University Press, 2006, p.26.

〔2〕 比起诉讼，在灵活性功能和弥补漏洞方面，第三方帮助解决争端和评估履行通常更具有优势。See Oliver E.Williamson, “Transaction-Cost Economics: The Governance of Contractual Relations”, *Journal of Law and Economics*, Vol. 22, No. 2, October 1979, pp.233-261.可见，第三方不一定是法院。

关的第三方来制定初级规则和次级规则对他们并没有好处。而且，在有必要不完全的情形下，即便法官毫无瑕疵地操作，也不能填补契约漏洞。如果法院不能核实案件的事实，就无法以任何有意义的方式使契约完全。〔1〕

第三，人们还经常避免通过法律手段来处理契约纠纷，主要是为节省交易成本。一方面，契约本身可能是不完全的，可能遗漏某些条款；另一方面，可能遇到法官本人的有限理性和知识局限性问题，也可能出现因各种原因而偏袒一方的情况。因而，诉诸法院可能是一场冒险。〔2〕而且，并不是所有条约体制都有WTO这样强制性的争端解决机制。因此，与其事后弥补漏洞不如在事前就设计好规则。其理由在于，由于存在机会主义、欺骗、无知等行为，要执行已签订的契约，就要通过法院和第三方强制执行，这并不是一种有效的办法。签约双方可通过规定一种自动履行的范围，通过签约双方的履约成本，而使契约自动履行。如果一方违约，另一方可通过实施个人惩罚而使对方损失比不履约时更大。而如果市场条件发生不可预见的变化，那就由双方在订立契约时，就规定一个不确定的契约条款。当遇到这种情况时，由双方谈判协商解决。当然，当双方利益无法协调时，强制解决也可能是一种不得已的次优办法。〔3〕

第四，一方当事人能够通过法院强制执行契约的条款，而他之所以这么做，可能有善良的理由，但也可能有卑鄙的理由。例如，如果一方当事人要求在某种概率很低的状态出现的情况下执行契约条文，但按照字面意义来执行会对另一方造成极其恶劣的困苦，那么契约就会被用来满足某个并非原先意图的目的。与内部组织比较起来，如果对契约的这种惩罚性使用被允许的话，那么对契约的使用相对会造成更多损害。如果缔约当事方事先规定有“免责条款”（excuse doctrine）的，即可有效地避免这样的契约滥用。〔4〕

---

〔1〕 See Simon A. B. Schropp, *Trade Policy Flexibility and Enforcement in the WTO: a Law and Economics Analysis*, Cambridge University Press, 2009, pp.96–97.交易成本是不完全性原因的假设产生“模仿”（mimicking）的漏洞填补原则。法律应当把缺失的条款等同于当事方本来会同意的条款（假设的同意）。通过模仿当事方假设的意愿，法律可使当事方节约明确地草拟相同条款的交易成本。See Omri Ben-Shahar, “‘Agreeing to Disagree’: Filling Gaps in Deliberately Incomplete Contracts”, *Wisconsin Law Review*, Vol. 2, 2004, p.397.

〔2〕 ［美］科斯等：《契约经济学》，李凤圣主译，经济科学出版社1999年版，第18页。

〔3〕 ［美］科斯等：《契约经济学》，李凤圣主译，经济科学出版社1999年版，第26～27页。

〔4〕 See Oliver E. Williamson, *The Mechanisms of Governance*, New York, Oxford University Press, 1996, p.49.

第五，虽然争端解决机构可解释模糊不清的条款和对刚性的契约义务有效地赋予例外的积极作用，从而有助于使一个不完全契约变得更完全，[1]但WTO协定不完全性之特性决定着其法律空白和漏洞不能得到完全消除。首先，无论采取何种工具解决定义的问题，某些词语之最终使用仍旧是内在地具有开放性和可操纵性。例如，就其本质而言，"紧急"是具有弹性的词语。[2]在澳大利亚鲑鱼案中，专家组不愿意对"为遵守法律而采取的措施"进行穷尽的界定，但认为不能留给实施成员决定该定义的自由。[3]在加拿大航空器案中，专家组认为没有必要对"撤销补贴"之措辞形成全面的定义。[4]这种模糊性给法律元素的确切本质和范围留下大量的不确定性。其次，法院或法庭是否能够或应当填补条约中的漏洞，以及适用恰当的条约外部的法律，大部分取决于可适用的程序和规则，特别是特定法院或法庭的管辖权和能够适用的法律。在争端中，参与者所容许填补漏洞的程度取决于裁断者如何和多大程度上为解释空白提供法律依据。[5]由于专家组和上诉机构实质上有限的管辖权，即其管辖权限于决定是否存在对协定具体条款之违反，因而WTO在"案情不明"的问题上有些简单。专家组不能裁决违反非WTO法，如果专家组查明申诉方所援引的WTO条文并不禁止被申诉方的措施或行为，则被申诉方胜。[6]专家组或上诉机构完全可能面临WTO协定并未提供答案的法律问题，只因为该事项并不在WTO争端解决的可适用法律的范围之内，专家组或上诉机构就拒绝解释这样的空白。例如，在美国小麦面筋案中，上诉机构表示DSU中关于商业秘密信息之空白是一个"严重的系统性问题"，这暗示着上诉机构并不认为该事项属于司法部门解决的范围。[7]然而，可适用法律是空白的

---

〔1〕 See Giovanni Maggi and Robert W. Staiger, "The Role of Dispute Settlement Procedures in International Trade Agreements", *Quarterly Journal of Economics*, Vol. 126,Issue 1, 2001,pp.475–515.

〔2〕 See Oren Gross and Fionnuala D. Ni Aolain, *Law in Times of Crisis: Emergency Powers in Theory and Practice*, Cambridge, Cambridge University Press, 2006, pp.5–6.

〔3〕 *Australia - Salmon*（Art. 21.5）, WT/DS18/RW, February 18, 2000, para. 22.

〔4〕 See *Canada - Measures Affecting the Export of Civilian Aircraft*（21.5）, WT/DS70/RW, May 9，2000, para. 5.63.

〔5〕 See Isabelle Van Damme, *Treaty Interpretation by the WTO Appellate Body*, Oxford, Oxford University Press, 2009, p.115.

〔6〕 See Joost Pauwelyn,*Conflict of Norms in Public International Law: How WTO Law Relates to Other Rules of International Law*, Cambridge, Cambridge University Press, 2003, pp.152–153.

〔7〕 See Report of the Appellate Body, *United States–Definitive Safeguard Measures on Imports of Wheat Gluten from the European Communities*,WT/DS/166/AB/R, para.170.

或不完全的，与宣布一个法律体系中“案情不明”并不相同。谈判者或有意将该事项排除于条约之外，或无意将该事项留给未来的谈判。最终，专家组和上诉机构在具体的争端中需要将该意图加以考虑。[1]最后，根据DSU第3.2条，DSB的建议和裁决不能增加或减少适用协定所规定的权利和义务。因此，对于WTO文本用语之不同理解，如《反倾销协定》中“倾销”定义之不明确，也不能通过争端解决机制得到彻底解决。从多个专家组在归零议题上不是与上诉机构意见相左，就是无奈地勉强遵循上诉机构的立场看，专家组和上诉机构解释条约作用之有限性可见一斑。

三、默认规则的可适用性

人们签订的契约不可避免地存在漏洞，特别是对于那些低概率的事件。漏洞可节约谈判和制定具体条款的交易成本，但同样也会增加对于一项未解决偶发事件发生争端的风险。谈判成本和解决争端的成本必须有所平衡。当谈判和制定具体条款的成本超过发生争端风险的成本时，理性的缔约方会留下漏洞。当契约存在漏洞，法律通过提供遗漏的术语来填补。漏洞填补规则也称为“默认规则”（default rules），该规则在没有明确的措辞表示相反的意思时用以界定当事方的义务。当一个明确的措辞存在时，就无视任何可以适用的默认规则。有效的默认规则通过降低漏洞所产生的风险来降低交易成本。[2]

由于理性的行为者不太会把填补漏洞的责任交给第三方诉讼人。因此，就逻辑而言，只有在契约构成可预测的不完全性时，他们才会把填补漏洞的权限交给法庭。法庭还需要具体的操作指南，特别是默认规则。法院或立法机关不可避免地要设定默认规则，因为存在空白的契约需要解释。法院必须作出决定，即便决定是不予执行。立法者选择大多数缔约方本来想要的默认

---

〔1〕 See Isabelle Van Damme, *Treaty Interpretation by the WTO Appellate Body*, Oxford, Oxford University Press, 2009, p.128.

〔2〕 See Robert D. Cooter, “The theory of market modernization of law”, in *Economic Dimensions in International Law: Comparative and Empirical Perspectives*, Jagdeep S. Bhandari and Alan O. Sykes, eds., Cambridge, Cambridge University Press, 1998, p.307.

规则，可将缔约费用降到最低。[1]默认规则是指根据契约解决争端时，在当事人契约中未有规定而大多数了解信息的人如果就该事项进行协商就会采用的规则。[2]换句话说，在法律漏洞需要填补和模棱两可的契约语言需要解释时，法庭就是契约关系中不可或缺的重要实体。当弥补契约漏洞时，法院需要默认规则的指导。法院承担着设定当事方本来要制作默认规则之责任。为此，法院肯定非得要解释文本。从概念上说，解释一个不完全契约等同于明确哪一方拥有哪一项权利，以及确定如何保护权利。[3]

首先，法律空白或漏洞可能是当事人有限理性之局限，或为节约缔约或履约成本而引起。在WTO协定的语境下，如果规则漏洞之根源在于成员方的有限理性，或者为节约成本而并非选择事无巨细地制定规则，裁断者在司法的过程中可通过文本之外的某些标准来推测当事人的意图以填补缺憾。如果司法者的裁决足够精确，并为解决争端提供填补漏洞的有效指引，即可达到促进效率的目的。例如改进契约中规定不清楚的义务，并承认事后的书面更优契约等。当然，如何设计默认规则所需要考虑的因素很复杂，既要顾及当事人的私人成本，又要考虑到司法机构确认默认规则所需要的信息成本。[4]从另一方面讲，如果司法者的裁决不能做到足够精确，成员方政府需要为自己留下余地，并在契约中对法庭的权限有所控制，法庭对于契约不完全所能起

---

〔1〕 参见［美］尹恩·艾尔斯、罗伯特·格特纳：《填补不完全合同的空白：默认规则的一个经济学理论》，李清池译，载《北大法律评论》2005年第2期。

〔2〕 See Alan Schwartz, "Proposals for Products Liability Reform: A Theoretical Synthesis", *Yale Law Journal*, Vol. 97, No. 3, February 1988, p.361.默认规则与默示条款紧密相联。默认规则内容的确定是一个过程，经过该过程所获得的结论就是默示条款。从实证考察的角度来说，中国《合同法》规定立法上的默认规则，这表现在第 61条、第62条、第150条、第168条、第169条、第171条、第371条。例如，第 171条关于当事人以行为完成交易的默认规则规定，试用买卖合同的买受人在试用期间届满对是否购买标的物未作表示的，视为购买。根据立法上的默认规则那样，如果合同未明确规定有关的事项，法院就可以直接依法确认合同包含相应的条款，无须自由裁量。而且，我国合同领域的司法实践中也存在着司法上的默认规则。根据《合同法》第61条，在当事人将合同纠纷提交人民法院裁决后，法院可以根据合同的有关条款或者交易习惯确定合同未约定或约定不明确的内容。对于何为"合同的有关条款"和"交易习惯"，就需要法院或法官的自由裁量。因此，在具体的案件中，法院所采纳的"合同的有关条款"以及"交易习惯"就是司法上的默认规则的一种。参见杨圣坤、吕东：《法律经济学视角下的默认规则》，载《天津商业大学学报》2009年第5期。

〔3〕 See Simon A. B. Schropp, *Trade Policy Flexibility and Enforcement in the WTO: a Law and Economics Analysis*, Cambridge, Cambridge University Press, 2009, p.97.

〔4〕 "人们通常假定——有时出于策略性地认为，产权的界定是明晰的，法院可无成本地执行正义。有关机制设计的文献明显地诉诸法庭安排的效能。许多类似的法律文献都假定，适当的法律规则业已到位，法庭是提出和解决契约争端的论坛。" Oliver E. Williamson, *The Mechanisms of Governance*, New York, Oxford University Press, 1996, p.57.

到的填补作用就会大打折扣。换句话说，成员方赋予争端解决机构或仲裁员的权限范围，将决定其弥补法律漏洞能力之大小。

其次，WTO协定之不完全性也可能是处于相对信息优势的缔约方策略行为所致。一方面，立法者可通过改变博弈的默认规则，大幅度减少这种寻租策略行为的机会。另一方面，缔约时当事方策略行为的存在，意味着司法者有必要策略性地解释规则。事前协商的费用可能无效率，从而促使缔约方将填补契约空白的过程留给事后的法院裁决。如果法院确定大多数缔约方本来想要内容的费用高昂，那么选择默认规则是有效率的。换句话说，当缔约方事前商定契约条款的费用比法院事后估测缔约方想要的内容费用更低时，惩罚性默认规则是适当的。公共财政资助的法院应当惩罚那些留下无效率空白的缔约行为，以激发当事方事前协商的动机。[1]

因此，有必要区分由于人的有限理性所导致成员方贸易政策不符合WTO规则之处理方式与成员方出于机会主义考虑而违反WTO规则的制裁方式。一方面，当契约漏洞之出现不可避免，且可能可取时（如贸易政策灵活性机制所允许之行为），这种为弥补成员方有限理性缺憾和节约交易成本，以假定成员方“本来想要”为归依而制定的规则为“多数的默认规则”。另一方面，任何一方都可能实施导致契约出现漏洞的机会主义行为，只是给予当事人所希望选择的条款以降低交易成本未必可实现福利之最大化。因此，还应当设置一种当事人不喜欢的规则，即旨在促使当事人向契约相对方或司法机构披露信息以使得总体福利最大化的“惩罚性默认规则”。

如前所述，比起国内法律体系，国际司法机构如何解释的问题构成特定的悖论。由于高交易成本和未来不确定性，条约比起国内语境倾向于更加不完全的契约。特别是在多边条约的情形下，很多缔约方必须就单一的文本达成共识，因此故意把模糊不清之处转化为多边语言。鉴于条约的刚性和模糊性，条约更需要解释。国际法为解释条约提供“一般规则”，这体现在《条约法公约》第31～33条中，这些规则反映出拘束所有国家的习惯国际法。《条约法公约》规则本身也是谈判的产物，充满模棱两可之处。因此，当专家组必须解释某一WTO协定条款时，实际上是在诠释一个不完全契约（WTO 协定）的

〔1〕 参见［美］尹恩·艾尔斯、罗伯特·格特纳：《填补不完全合同的空白：默认规则的一个经济学理论》，李清池译，载《北大法律评论》2005年第2期。

意义时，适用另一个不完全契约(《条约法公约》)为指导。此外，《条约法公约》规则具有一般适用性，但其并不必然是详尽无遗的，其他的原则或指导方针必须存在，或发展为习惯国际法或特定条约体制的一部分。这就给予了国际司法机构额外的灵活性。[1]

本书认为，WTO争端解决机构可根据所需保护权利性质的不同，适用因情形而定的产权保护规则，这可体现出合理的执行力度。与此同时，在国际法一般条约解释规则之外适用这样具有灵活性的默认规则，也能克服现有WTO体制中对“契约外”和“契约内”的执行不加以区分的问题。毋庸置疑，最佳的执行并不是最大化的执行。[2]政治学和法学界都有学者假定最大化法律执行是理想的，这种观点可能受到自然法概念的私权影响。与此相反，相关的法律和经济学界认为执行最大化可能并不是理想的，执行应当平衡其他的社会成本和收益。[3]

本章小结

本章认为，WTO灵活性机制的最优设计是以适当的水平和不同的方式保护WTO协定中的各项权利。对于WTO协定中的多边权利是否可适用事后贸易政策灵活性并不可一概而论。理由在于，有些权利主要是规定程序方面的义务，有些是规定影响深远的最低标准承诺，有些只是并入契约的外部行为规则等。相应地，可将WTO法定权利的保护规则分为三种类型。一是基于道德或体系的原因不允许事后自由裁量权的权利，应当强制性实际履行，应由不可让与规则保护；二是某些权利虽然不允许侵犯，但因此对WTO体制的损

---

〔1〕 See Joost Pauwelyn and Manfred Elsig, “The Politics of Treaty Interpretation: Variations and Explanations across International Tribunals”, in Jeffrey L. Dunoff and Mark A. Pollack eds., *Interdisciplinary Perspectives on International Law and International Relations: The State of the Art*, Cambridge, Cambridge University Press, 2012, pp.447–448.

〔2〕 See Robert E. Scott and Paul B. Stephan, *The Limits of Leviathan Contract Theory and the Enforcement of International Law*, Cambridge, Cambridge University Press, 2006, p.7.

〔3〕 See Joel P. Trachtman and Philip M. Moremen, “Costs and Benefits of Private Participation in WTO Dispute Settlement: Whose Right is it Anyway”, *Harvard International Law Journal*, Vol.44, No.1, Winter 2003, p.235.

害也不大，可由责任规则来保护；三是适宜以灵活性财产规则保护的其他权利。由于WTO市场准入权利具有双边互惠的性质，只需要单一适用“责任规则”来保护。相反，追求超越国家之间利益和关系的集体利益，并不是基于互惠基础分配的权利，可能以不可让与的形式来保护权利更为适当。[1]对于同等适用于所有成员方的义务可能也可采取财产规则的保护方式，对于其他承诺，如在减让表中制定因WTO成员不同而异的特定承诺则适宜以责任规则保护。允许单边取走权利的特定再谈判方案只适用于关税、特定服务承诺和由于GATT承诺的进口激增。对于其他WTO承诺，在缺乏这些明确的契约退出规定时应适用一般国际法中的财产保护规则。[2]当计算损失极为困难时，财产规则更具有吸引力；当拒不合作者的期待或其他相似原因的谈判失败造成再谈判成问题时，责任规则也许较好。[3]从更宽泛的层面来说，最优的救济方式可能需要视个案而定。因为在千变万化的现实世界中，每一个交易都不一样，有时可能以“强制执行”为佳，有时以“恢复原状”为宜，有时或许以“返还利益”更好。[4]

从现有WTO规则无法覆盖未来所有可能的贸易问题和争端的意义上讲，可认为WTO成员资格是一个不完全契约。或许正是因为WTO协定涵盖议题和成员众多造成的各种复杂性，“WTO试图在判定成员方政府‘非法’的争端解决机制与允许成员不受惩罚地违反协定之间建立起一个微妙的中间地带”。[5]成员方政府也认识到WTO协定的不完全性所造成的困难，因此依赖该组织对其核心原则的承诺和任何内置措施来保护他们的利益。在这方面，WTO核心协定的一个重要特征是其得到DSU的支持。换句话说，WTO的不完全性也凸显出争端解决机制的重要性。在暂时不能改变WTO既有规则，

---

〔1〕 See Joost Pauwelyn, *Optimal Protection of International Law - Navigating between European Absolutism and American Voluntarism*, Cambridge, Cambridge University Press, 2008, p.41.

〔2〕 See Joost Pauwelyn, *Optimal Protection of International Law: Navigating European Absolutism and American Voluntarism*, U.of St. Gallen Law and Economics Working Paper No. 27, p.72. Last visited on March 8, 2011. http://ssrn.com/abstract=1019415 or http://dx.doi.org/10.2139/ssrn.1019415.

〔3〕 See Amrita Narlikar et al., eds., *The Oxford Handbook on the World Trade Organization*, Cambridge, Oxford University Press, 2012, p.569.

〔4〕 参见王文宇:《民商法理论与经济分析》，中国政法大学出版社2002年版，第141～142页。

〔5〕 Andrew W. Shoyer et al., “Chapter 28:Implementation and Enforcement of Dispute Settlement Decisions”, in Patrick F. J. Macrory, Arthur E. Appleton, Michael G. Plummer et al., eds., *The World Trade Organization: Legal, Economic and Political Analysis*, Springer, 2005, p.1342.

即“初级规则”所确定的灵活性条款不能够完全削减契约不完全性带来的弊端时，争端解决机制是使契约完全的一道重要防线。WTO的价值依赖于阻止由于其他成员“诈骗行为”导致利益损失的条款。WTO成员可基于此质疑其他成员的贸易实践，由专家组审查争议中的政策是否违反WTO规则并因此导致申诉方根据有关协议所拥有的权益受损或丧失。[1]由于WTO 协定的不完全性，成员会发现其事前商定的承诺不是最优选择，而想撤回承诺就可能因违反WTO协定引起争端。此时，WTO 争端解决机构起到增加事后谈判成本和为申诉方及被诉方建立重新谈判平台的作用。[2]

综上所述，由于WTO协定具有不完全性，对不同的权利宜采取合理的保护水平和方式，既要实现法律权利的价值，也应减少交易成本。与此同时，争端解决机制应有利于降低诉讼成本和错误成本，即将争端产生的社会成本降到最低程度。

---

〔1〕 See Kent Jones, “The WTO Core Agreement, Non-Trade Issues and Institutional Integrity”, *World Trade Review*, Vol.1, Issue 3, 2002, p.260.

〔2〕 See Heinz Hauser and Alexander Roitinger, “A Renegotiation Perspective on Transatlantic Trade Disputes”(April 2002), *U of St. Gallen Dept. of Economics Working Paper* No. 2002-2009. Last visited on May 6, 2012. http://ssrn.com/abstract=333200 or http://dx.doi.org/10.2139/ssrn.333200.

结　　语

对 WTO法的定位与归属上的分歧，使GATT或WTO规则长期游离于国际公法之外。但是，自从1996年WTO上述机构在审理第一个案件时发出不要把WTO规则与“国际公法隔离开来理解”的呼吁之后，WTO规则是国际公法的一个组成部分的观念，已日趋深入人心，获得了广泛认同。[1]从本质上讲，WTO规则就是国际公法规则，因此研究WTO规则必须结合一般国际法秩序及其社会基础的宏大背景。

当今国际公法的目标不只是划分主权的影响范围，协调相互对立的国家利益，或国际法主体之间互惠交换的利益，其越来越多地追求和保护社会利益和个人权利，并参与迄今为国内立法专门管理的社会生活。这些利益经常通过单独的国际法律体制进行调整，这就导致国际法律秩序碎片化的事实。在保护公共物品或环境、人权或贸易利益的法律体制制度性地分隔的同时，国内政府机构也反映出一种相似的分离，它们的主题相互联系以及每一体制所追求的利益潜在地冲突。[2]国际法在促进国际社会共享利益和价值的同时，也必须在经济和非经济利益方面进行交易，例如权衡个体的自由和公共政策之间的关系。随着国际法范围和涉及议题的扩张，及其对国内行政、立法和司法过程的干涉，在国际治理和国内政府、不同发展阶段

〔1〕 参见赵维田、刘敬东编:《WTO:解释条约的习惯规则》，河南科学技术出版社2006年版，第1页。

〔2〕 See Isabel Feichtner, “The Waiver Power of the WTO: Opening the WTO for Political Debate on the Reconciliation of Competing Interests”, *European Journal of International Law*, Vol. 20, No. 3, 2009, pp.615–616.

的社会、不同形式的政府和促进重叠或相互矛盾目标的国际法律体系之间造成若干张力。换言之，社会偏好和现实的持续变迁和传统国际立法文件尤其是国际条约的刚性之间，存在一定的紧张关系。[1]

鉴于刚性的国际法律文件具有限制国内政府自由的威胁，在不确定未来自治性的国际机构将如何适用这些规则时，国家可能不愿轻易地同意受这些规则约束。此外，我们对于意图治理的社会和自然之认识并不如普遍认为的那样可靠，并且我们预测干预后果的能力也比自己所相信的更加有限。[2]国际法和国际关系学界认为，国家有时更喜欢较少有约束力和较少可靠的承诺，因为它们重视这些较少严格的义务所提供的灵活性。这些观点最早是在软法和硬法之间选择的语境下提出。其基本观点是较弱或较少拘束力的承诺可给予国家在履行上更大的灵活性，这是可取的，因为其帮助国家应付一个不确定的世界，减少终止或放弃的成本，并使得再谈判更加容易。[3]灵活性还有助于行动者解决体制中的“噪声”(noises)，即正确决定发生什么并精确地决定另一方对该事件责任方面的无能为力。例如，由于很难评估战俘待遇的标准，就很难确定违反这种待遇的责任，某些灵活性对于避免错误的惩罚是必不可少的。如果每个感知的违反(包括不存在的违反)都引发一种反应，以牙还牙的争执将连续发生。理性主体充分意识到来自错误制裁的问题，因而有很好的理由来设计带有某些灵活性的体制。[4]

“以和平变革和在刚性和灵活性之间寻找方法之途径协调稳定性的问题，一直困扰着国际社会并产生一个又一个经常以战争收场的危机。”[5]国际条约灵活性机制的主要作用在于：首先，在对国际法议题的扩张和多样化发展尚缺乏足够信息加以把握的情况下，国家不可能仓促地完全接受某条约体制的

〔1〕 See Isabel Feichtner, *The Law and Politics of WTO Waivers: Stability and Flexibility in Public International Law*, Cambridge, Cambridge University Press, 2012, p.1.

〔2〕 See Rosie Cooney and Andrew T.F. Lang, “Taking Uncertainty Seriously: Adaptive Governance and International Trade”, *European Journal of International Law*, Vol. 18, No. 3, 2007, pp. 523-524.

〔3〕 See Andrew T. Guzman, *How International Law Works: a Rational Choice Theory*, Oxford, Oxford University Press, 2008, pp.260-261.

〔4〕 See Koremenos et al., Rational Design: Looking Back to Move Forward, *International Organization*, Vol. 55, No. 4, Autumn 2001, p.1061.

〔5〕 Lord McNair, *War and Treaties* ,1940, p.15.转引自Annemarieke Vermeer-Künzli, the Merits of Reasonable Flexibility: the Contribution of the Law of Treaties to Peace, in Georg Nolte, eds., *Peace through International Law: the Role of the International Law*, Dordrecht, Spring, 2009, p.67.

全面约束。此时，灵活性安排或条款可在特定问题上扮演缓冲带的作用，为最终形成硬法创造前提条件。其次，当国家对其他国家的缔约意愿和履约能力仍怀有疑虑时，就极有可能不情愿轻易让自身付出受到国际法义务约束的代价。最后，在国家加入一项条约的政治成本和收益不确定时，条约中的灵活性机制有助于打消国家的顾虑。在国际社会日益不确定的缔约环境中，条约的地位和作用不仅在于通过提高国家承诺的可靠性以促进国际合作，更在于其可被用以避免正式和明显的国家承诺，从而避免批准的政治障碍，以便更快速和安静地达成协定，并为后续修改甚至宣布终止提供灵活性。[1]

WTO体制旨在协调潜在冲突的社会利益，其作为国际公法的一部分，既有助于公共物品（全球市场）的创造，也可以对国内公共权威施加限制。要充分发挥这些功能，WTO体制必须有足够的灵活性以应对各种挑战。原因在于：根据不完全契约理论的假设，WTO各项协定不可能考虑到所有可能的偶发事件，因此可视为国际层面的不完全契约，需要有条约灵活性机制以适应履约环境之变化。为应对契约之不完全性，缔约方试图通过设计复杂的契约方案以预测和评价未来的偶发事件。但是，谈判和写出偶发事件成本昂贵且花费时间。明确的契约语言有时具有以刚性代替灵活性的风险。如果契约的偶发事件都是以明确的语言描述，经常会对环境变化表现出不灵活，并激起无效率的行为和代价高昂的争端。在这些情况下，更难以灵活地适应动态的世界。[2]

为应对规则刚性导致的机会主义，WTO协定规定各种形式的灵活性条款，但由于法律上的灵活性机制适用范围有限和相应的救济规则不足，而事实上的灵活性机制又很容易被滥用，还不能在实践中发挥出更好的效果。由于正式的灵活性机制适用范围过窄，导致成员方选择更符合其利益的非正式灵活性机制，甚至作出违反协定的行为。非正式、事实上的灵活性手段，例如对其他WTO成员不公平贸易所采取的反倾销、反补贴措施和自愿出口限制等，也是WTO成员方经常使用以逃避贸易自由化承诺的方法。但是，采取这

---

〔1〕 See Charles Lipson, "Why are Some International Agreements Informal?", *International Organization*, Vol. 45, No. 4, Autumn 1991, pp. 495–538.

〔2〕 See Simon A. B. Schropp, *Trade Policy Flexibility and Enforcement in the WTO: a Law and Economics Analysis*, Cambridge, Cambridge University Press, 2009, pp.91–92.

些事实上的灵活性手段通常同法律上的措辞相违背，或者至少违背WTO协定的精神。

条约制定者以为通过规定更明确的义务，可弥补法律漏洞而克服契约之不完全性，事实上却产生了不必要的刚性规则而阻碍事后的灵活性。这表明，最有效率的契约应当能在权利保护与事后灵活性规则之间保持合理的平衡。WTO面临的"结构性"挑战，就是如何在灵活性的利益与成本之间取得适当的平衡。WTO贸易政策灵活性机制就是这样一把"双刃剑"。一方面，其通过为国家决策者增加自由裁量空间而增加协定之灵活性；另一方面，其可能侵蚀到国际贸易协定的可靠性和贸易自由化的效果。前者已为人们广泛认识到，而如何避免其可能造成的负面影响，则还需要更多的研究。国际条约灵活性机制所设定合理的条件应能够表明，缔约方在外部冲击一旦平息时，就会回归到合作的道路，即让贸易伙伴有充分理由相信它们继续合作的愿望。但是，一旦WTO制定者为应对契约之不完全性，以附加契约语言形式引入独立的辅助性权利，即关于偶发事件和政策措施的贸易政策灵活性条款和执行机制，这样做的代价是产生额外的不确定性，即新类型的不完全性：任何时候添加明确的契约语言，反而会产生模棱两可、矛盾和刚性的随意漏洞。〔1〕

执行是WTO贸易政策灵活性机制的有效补充。正是对WTO执行目标的不同理解，最终导致是否可将"有效违约"理论适用于WTO领域和"遵守"抑或"再平衡"之争，也称为"财产规则vs责任规则""合法性观点vs效率观点"或"规则导向vs效率导向"的争论。前者依据"约定必须信守原则"和国际强行法，后者基于经济逻辑和理性选择理论。上述分歧集中表现为人们对于WTO执行目的之不同理解，这导致法理对于违反WTO协定允许的贸易制裁水平处于混乱状态。〔2〕深入研究这些学术争议，对于进一步探讨WTO贸易政策灵活性机制及其改善，还有探讨WTO权利应该以何种方式保护，都具有重要的意义。有效率的契约架构必须能阻止非法行为，并为各种权利提供充足的保护和救济。但是，即便WTO对"契约内"和"契约外"的不履行进行明确区

〔1〕 See Simon A. B. Schropp, *Trade Policy Flexibility and Enforcement in the WTO: a Law and Economics Analysis*, Cambridge, Cambridge University Press, 2009, p.212.

〔2〕 例如，在美国伯德修正案中，仲裁员认为："完全不清楚在DSU中中止义务扮演着什么角色，如果清楚的'目的及宗旨'被确定，在这些诉讼中很大一部分的概念争论就可以得到避免。" *Recourse to Arbitration by the United States under Article 22.6 of the DSU*, WT/DS217/ARB/CHL, August 31, 2004, para.6.4.

分，根据当前WTO贸易救济体制，受害方也不能得到充分的保护。如果对权利之救济力度不够，权利保护之水平必定会相应地降低，从而损害多边贸易体制的稳定性和有效性。

在WTO灵活性与权利保护之间寻求最佳平衡，相当于在何种程度上给予国际权利保护的问题。法律允许的免责规则过于刚性，不能满足成员方对于灵活性之需要；另一方面，当加害者违反契约之成本低于守约成本时，投机主义行为会随之增加而损害多边贸易体制之稳定性。“欧洲绝对主义”观点认为所有国际权利应当是不可让与的；“美国自愿主义”观点认为国际权利最多只是由责任规则所保护。[1]本书认为，WTO灵活性机制所确定的权利保护水平，应当介于“欧洲绝对主义”与“美国自愿主义”之间。首先，由于契约的不完全性，WTO协定对权利的保护不能基于单一的标准或者规则，而应当根据权利性质分别采取责任规则、财产规则或不可让与规则。例如，以责任规则保护市场准入权利，以财产规则保护集体性权利和以不可让与规则保护最低标准权利。其次，在“次级规则”所确定的灵活性条款不能完全削减契约不完全性所带来的弊端时，WTO争端解决机制担任使契约完全的任务。虽然整个WTO体制是以规则为导向，但也不是绝对的规则导向，至少在实施方面不是这样。争端解决和实施程序是基于一套法律规则，但这些规则是成员之间政治谈判和妥协的产物，在某些方面具有抽象性和模糊性的特点，以便为成员方的立法和行政机构留下可操作的余地。这表明，多边贸易体制的成功不能完全基于纯粹的、自我接受的法律规则，而应当把包括每个成员不同的力量、政治意愿、对贸易体制的国内可接受性和成员之间的政治平衡等因素都考虑在内。[2]

本书的智识或贡献可能在于：首先，基于不完全缔约理论，分析WTO灵活

---

〔1〕 See Joost Pauwelyn, *Optimal Protection of International Law - Navigating between European Absolutism and American Voluntarism*, Cambridge, Cambridge University Press, 2008.欧洲和美国对国际法有根本不同的认识。当欧洲国家把自己锁进新欧盟宪法时，美国总统候选人在宣誓不为联合国或其任何他“全球准则”（global test）所限制而获得最大的掌声。Joost Pauwelyn, *How Binding are WTO Rules? A Transatlantic Analysis of International Law* Presented at the University of Tuebin-gen, October 14-16, 2004 Conference on the Changing Patterns of Authority in the Global Political Economy, p.3. Last visited on June 16, 2011. http://scholarship.law.duke.edu/faculty_scholarship/1315/.

〔2〕 See Xin Zhang, "Implementation of the WTO Agreements: Framework and Reform", *Northwestern Journal of International Law and Business*, Winter 2003, Vol. 23, No. 2, p.426.

性机制的理论基础、表现形式、实际运用情况及可能的改进方向。其次，在圭多·卡拉布雷西、道格拉斯·梅拉米德和约斯特·鲍威林的研究基础上，提出应当根据WTO权利法律性质采取三种不同的规则分别加以保护，而不是以单一的“责任规则”保护WTO权利。不同的契约属性代表不同的交易费用，因而需要采用不同的治理结构。这种思路符合交易成本经济学的原理。[1]当然，以一个特定的框架或建立模型来解决大量的法律问题具有其不足之处，因为模型可能会被错误当成现象的全景，而法律关系过于复杂无法被画在任何一张图片上。[2]在WTO未来的改革中，不一定会很快在条约文本上有所体现，但这种思路却可为具体规则的设计以及个案的解决提供有益的理论借鉴。再次，在采取法律经济学分析方法的同时，本书注意到国际制度设计或选择中侧重功利逻辑的局限性。本书指出，无论是“有效违约”理论或“再平衡”说，都是体现“责任规则”对权利的保护方式，这也是“美国自愿主义”关于国际权利保护水平的态度，即基于功利性逻辑从成本—收益的角度考虑某种国际制度的选择。[3]这种方法固然在某种程度可解释WTO协定某些规则乃至有关实践，但该单一视角不足以为平衡条约承诺与灵活性之间的关系提供最优的方案。国际问题的复杂性和国际法的多样化要求人们采取更精确化和更具有灵活性的方法设计国际法规则。最后，本书关于WTO灵活性机制的研究，同样可为其他领域国际条约规则的设计提供方法论上的参考。

但是，由于学识、时间等所限，还有诸多问题需要进一步研究。在理论层面，如何具体设计WTO规则，为市场准入权利提供最佳的保护？以何种方式保护不同的非互惠性的多边权利？成员方是否允许暂时从所有先前商定的承诺中偏离，或某些交换的权利应当由不可让与规则来保护？贸易政策灵活性

---

〔1〕“交易成本经济学作品的主要假设是：以一种区别对待（主要是节约交易成本）的方式，把各种属性不同的交易与各种在成本和竞争力方面不同的治理结构相匹配。” Oliver E. Williamson, *The Mechanisms of Governance*, New York, Oxford University Press, 1996, p.311.

〔2〕See Guido Calabresi and A. Douglas Melamed, “Property Rules, Liability Rules and Inalienability: One View of the Cathedral”, *Harvard Law Review*, Vol. 85, No. 6, April 1972, pp. 1127–1128.

〔3〕但是，在现实的国际制度中，既有功利逻辑，又有适当性逻辑；既有历史演化的逻辑，又有人为设计的逻辑；既有设计者的能动性，又有设计者的局限性。例如，作为当代国际关系最基本制度的主权制度，既与1648年威斯特伐利亚和会上各大国的能动设计有关，又与13～17世纪400年间欧洲物质环境变化、人们之间的战略互动变化、社会人之变化等长时段历史演化有关；既包含当时各大国的利益、权力的考虑，也与当时的社会规范以及以前的制度存在千丝万缕的联系。参见朱杰进：《规范、制度与国际制度设计》，上海外国语大学2007年博士学位论文，第39页。

机制应设计为即时可用的责任规则类型免责，还是加害方和受害方事后再谈判的形式？对于使用贸易政策灵活性机制，是否应该设置最佳水平的条件？如果责任规则类型的灵活性是谈判平衡，那么什么是救济基准？例如，“契约内”不履行损失赔偿的规则是什么？受害者是否应当处于如同契约得到履行时的位置？是否应当恢复到契约的原状？或者受害方是否应当从违约方不履行产生的有效收益中获得公平的份额？对待“契约内”不履行的政策选择应当是关税赔偿还是报复？应当以何种执行机制保护契约权利？鉴于国际法在执行方面的局限性，何种“契约外”救济能保护对契约规则的遵守？[1]自由贸易区协定主要旨在消除当事方之间的贸易壁垒。很多自由贸易区协定倾向于建立特殊保障机制，以暂时保护某些国内产业免于消除关税的影响。由于谈判者通常为每个自由贸易协定设计大量的保障机制，如何解决这种保障措施的适用与WTO法律体系的兼容性问题？[2]在实践层次，本书还需要继续从浩繁的GATT与/或WTO案例中充分发掘足以论证主题的证据，并对WTO灵活性机制的现实使用情况及其发展趋势进行更深入的研究。

自加入WTO以来，中国从自由贸易体系中获益良多，同时也在规则导向的WTO体制内承担相应的责任。入世伊始，中国就其承诺做出全面的改革，例如通过结束垄断，特殊待遇改制国有企业，结束苛刻的关税制度，打开国内市场和工业，接受国外竞争。但是，以美国、欧盟等西方发达国家为首的WTO成员认为，中国仍然存在低估本国货币、贸易保护主义横行等问题，不仅针对中国出口的商品征收反倾销税，还考虑采用其他的报复措施。应当看到，现在中国所受到的WTO规则支配，并不是近代意义上被动地为西方制度安排所控制，而是通过自愿承诺遵守普遍性贸易规则的同时，也获得一种对规则正当性及其隐含价值进行发言的权利。这种资格的获得，为中国的国际化和发展提供了千载难逢的机遇，但也给中国应当如何参与并影响游戏规则的制定和修改提出了更高的要求。如何有效利用现有国际制度，化解国际社会对“中国发展”的忧虑，并走出“中国威胁论”的困境，是中国当前必须面对的挑

〔1〕 See Simon A. B. Schropp, *Trade Policy Flexibility and Enforcement in the WTO: a Law and Economics Analysis*, Cambridge, Cambridge University Press, 2009, pp.258-259.

〔2〕 See Won-Mog Choi, “FTAs and Safeguard Norms: Their Variation and Compatibility”, *Asian Journal of WTO and International Health Law and Policy*, Vol. 6, No. 1, March 2011,pp. 81-108.

战。通过积极参与国际制度建设，一方面可体现出中国对现有国际秩序的认同和融入，愿意提供与自身实力和大国身份相称的国际公共物品，有助于澄清和消除国际社会对中国的某些误解和疑虑；另一方面，通过参与某些国际制度的设计和重新谈判过程，有利于中国从“体制外国家”的角色逐渐转变为现有世界体系的主要参与者、追随者和塑造者。

近些年，中国已成为国际上的大国，经济利益遍及全球。中国也越来越多地参与其他领域的全球治理活动，并日益具备塑造国际制度的能力。在采取强有力、更积极的外交政策的同时，中国还应该更加灵活地寻求和充分利用WTO协定乃至其他国际条约中存在的灵活性空间，以实现善意履行国际条约义务与自主制定国家经济政策之间的完美契合。为在全球经济中塑造负责任的大国形象，中国既要习以为常地坚守自由和正义的原则，还应有能力根据自身需要充分利用国际条约中的灵活性空间来维护合法的权益。例如，由于“一带一路”沿线国家经济、政治等情况不同，中国应当特别重视研究制度设计的灵活性问题，以规避对外投资的政治和经济等风险。希望本书的研究思路和方法，能为中国走出由西方话语霸权建立起来的国际制度提供一个切入点，充分利用多边贸易体制规则中的灵活性机制为本国利益服务。与此同时，我们也应当在国际制度建设中主动传达自己的价值理念，为国际制度和规则的设计做出应有的贡献。正如学者所言：“一个民主化的全球化形式的实现，其在很大程度上希望存在于这样一种可能性：亚洲——主要是中国——将能够提供文化价值观和典章制度，而且这些价值观和典章制度足以对世界的其余部分产生吸引力，以弱化在全球化进程中西方的支配地位。”[1]

---

〔1〕［美］郝大维、安乐哲：《杜威、孔子与中国民主之希望》，何刚强译，江苏人民出版社2004年版，第7页。

参 考 文 献

一、中文著作及译著类

1.[英]克里斯托弗·希尔:《变化中的对外政策政治》,唐小松、陈寒溪译,上海人民出版社2007年版。

2.韩立余:《既往不咎——WTO争端解决机制研究》,北京大学出版社2009年版。

3.[美]奥利弗·E.威廉姆森:《资本主义经济制度——论企业签约与市场签约》,段毅才、王伟译,商务印书馆2002年版。

4.钱穆:《中国历代政治得失》,三联书店2001年版。

5.[美]道格拉斯·A.欧文:《备受非议的自由贸易》,陈树文等译,中信出版社2003年版。

6.[美]吉多·卡拉布雷西、A.道格拉斯·梅拉米:《财产规则、责任规则与不可让与性——一个权威的视角》,明辉译,载《哈佛法律评论·侵权法学精粹》,法律出版社2005年版。

7.[美]詹姆斯·M.布坎南:《经济学家应该做什么》,罗根基、雷家瑞译,西南财经大学出版社 1988 年版。

8.[日]佐藤慎一:《近代中国的知识分子与文明》,刘岳兵译,江苏人民出版社2008年版。

9.[美]富兰克·H.奈特:《风险、不确定性和利润》,王宇、王文玉译,中国人民大学出版社2005年版。

10.[美]科斯等:《契约经济学》,李风圣主译,经济科学出版社1999年版。

11.[美]威特曼主编:《法律经济学文献精选》,苏力等译,法律出版社2006年版。

12.[美]威廉·巴雷特:《非理性的人——存在主义哲学研究》,上海译文出版社1992年版。

13.[美]何塞·E.阿尔瓦雷斯:《作为造法者的国际组织》,蔡从燕等译,法律出版社2011年版。

14.[美]阿尔伯特·O.赫希曼:《退出、呼吁与忠诚——对企业、组织和国家衰退的回应》,卢昌崇译,经济科学出版社2001年版。

15.陈卫东:《WTO例外条款解读》,对外经济贸易大学出版社2002年版。

16.[美]理查德·A.波斯纳:《法律的经济分析》,蒋兆康译,中国大百科全书出版社1997年版。

17.赵廉慧:《财产权的概念:从契约的视角分析》,知识产权出版社2005年版。

18.[美]汉斯·摩根索:《国家间政治——权力斗争与和平》(第七版),[美]肯尼思·汤普森、戴维·克林顿修订,徐昕、郝望、李保平译,北京大学出版社2006年版。

19.王文宇:《民商法理论与经济分析》,中国政法大学出版社2002年版。

20.余菲:《WTO保障措施及其例外法律制度研究》,上海人民出版社2006年版。

21.胡代光、高鸿业主编:《西方经济学大辞典》,经济科学出版社2000年版。

22.李晓玲:《WTO争端裁决的执行机制研究》,中国社会科学出版社2012年版。

23.彭汉英:《财产法的经济分析》,中国人民大学出版社2000年版。

24.刘敬东:《WTO法律制度中的善意原则》,社会科学文献出版社2009年版。

25.赵维田、刘敬东:《WTO:解释条约的习惯规则》,河南科学技术出版社2006年版。

26.[美]郝大维、安乐哲:《杜威、孔子与中国民主之希望》,何刚强译,刘东校,江苏人民出版社2004年版。

二、中文期刊类

1.秦亚青:《世界格局、安全威胁与国际行为体》,载《现代国际关系》2008年第9期。

2.李傲、夏军:《试论我国行政补偿制度》,载《法学评论》1997年第1期。

3.韩立余:《WTO争端解决中的案例法方法》,载《现代法学》2008年第3期。

4.张弛:《国际法学的"量子力学革命"——评法经济学在国际法研究中的应用》,载《东南学术》2012年第1期。

5.[美]伊恩·艾尔斯、罗伯特·格特纳:《填补不完全合同的空白:默认规则的一个经济学理论》,李清池译,载《北大法律评论》2005年第7卷。

6.杨艳红:《WTO争端解决机制的不完全契约理论及启示》,载《中南财经政法大学学报》2011年第3期。

7.杨瑞龙、聂辉华:《不完全契约理论:一个综述》,载《经济研究》2006年第2期。

8.袁艺、茅宁:《从经济理性到有限理性:经济学研究理性假设的演变》,载《经济学家》2007年第2期。

9.周忠海:《论海洋法中的剩余权利》,载《政法论坛》(中国政法大学学报)2004年第5期。

10.杨艳红:《WTO争端解决机制的不完全契约理论及启示》,载《中南财经政法大学学报》2011年第3期。

11.顾婷:《WTO法的国际公法属性》,载《东方法学》2009年第3期。

12.林毅夫:《新结构经济学——重构发展经济学的框架》,载《经济学》(季刊)2011年第1期。

13.罗良文、杨艳红:《世界贸易体制的经济学研究进展》,载《经济学动态》2011年第6期。

14.田野:《国际制度对国内政治的影响机制——来自理性选择制度主义的解释》,载《世界经济与政治》2011年第1期。

15.都亳:《WTO贸易救济制度的政治经济学分析》,载《世界贸易组织动态与研究》2010年第2期。

16.钟龙彪、王俊:《中国和平崛起中的“双层博弈”》,载《美国研究》2007年第4期。

17.张皞:《多边贸易谈判中的政策协调与交易》,载《经济经纬》2006年第2期。

18.强永昌、权家敏:《贸易争端解决机制及其选择研究综述》,载《经济评论》2010年第3期。

19.姜建明、陈立虎:《WTO 例外条款及其法理基础》,载《苏州大学学报》(哲学社会科学版)2007年第2期。

20.李广辉、李红:《世贸组织例外规则的法律经济分析》,载《云南大学学报》(法学版)2005年第3期。

21.杨圣坤、吕东:《法律经济学视角下的默认规则》,载《天津商业大学学报》2009年第5期。

22.吴元元:《法律父爱主义与侵权法之失》,载《华东政法大学学报》2010年第 3 期。

23.葛四友:《论无知之幕和社会契约的作用》,载《中国人民大学学报》2012年第5期。

24.肖威:《论WTO“贸易救济制度”的新发展——以DSB对GATT/WTO法理的“激进主义”突破为视角》,载《政治与法律》2009年第9期。

25.李勤昌:《反倾销滥用报复实证及中国的对策》,载《东北财经大学学报》2012 年第4 期。

26.李勤昌:《反倾销滥用的政治经济分析》,载《财经问题研究》2011 年第9期。

27.向前、左海聪、王鸿喜:《WTO 合法外衣下贸易保护主义的利器——日本保障措施制度及其对策》,载《国际贸易》2007年第7期。

28.彭光明、杨莉英:《气候贸易措施:GATT 第 20 条的限制性和适用的不确定性》,载《河北法学》2012年第5期。

29.陈立虎:《论贸易救济措施滥用的制约与应对》,载《江南大学学报》(人文社会科学版)2011年第1期。

30.王俊:《作为事实情况的“未预见发展”探讨——以美国钢铁保障措施案为例》,载《苏州大学学报》(哲学社会科学版)2007年第1期。

31.王孝松、谢申祥:《"中国特保"案件的统计分析:分布特点及应对方案》,载《财贸经济》2011年第1期。

32.王晰、宗毅君:《欧盟反倾销、反补贴运作维护产业国际竞争力的效果实证研究》,载《世界经济研究》2009年第1期。

33.朱彤、李磊:《WTO成立后反倾销之新趋势及特点》,载《世界贸易组织动态与研究》2008年第6期。

34.李秀娜:《世界贸易组织法学方法论问题刍议》,载《当代法学》2006年第6期。

三、学位论文类

1.李昕:《国际组织中的制度变化和制度适应能力——基于国际能源机构制度变化的研究》,上海外国语大学2011年博士学位论文。

2.冯维江:《安全、不完全契约与国际规则》,中国社会科学院2008年博士学位论文。

3.杨宏力:《本杰明·克莱因不完全契约理论述评》,山东大学2012年博士学位论文。

4.Krzysztof J. Pelc, *The Cost of Wiggle-Room: on the Use of Flexibility in International Trade Agreements*(Ph. D. diss., Georgetown University, 2009).

5.Alexander Roitinger, *The Institutional Design of Trade Policy Flexibility in the World Trading Order: Analysis and New Direction for Reform*(Ph. D. diss., University St. Gallen, 2004).

6.Simon A.B. Schropp, *Trade Policy Flexibility and Enforcement in the WTO-Reform Agenda towards an Efficient "Breach" Contract*(Ph. D. diss., University of St. Gallen, 2008).

7.Manooher Mofidi, *Applying Rational Choice Theory to Customary International Law:* Enrichment *or Impoverishment*?(Ph. D. diss., University of Denver, 2005).

四、外文案例及报告类

1. Appellate Body Report, *Japan–Alcoholic Beverages*, WT/DS8/AB/R, WT/

DS10/AB/R, WT/DS11/AB/R, adopted on November 1, 1996.

2.Appellate Body Report, *Canada-Export Credits and Loan Guarantees for Regional Aircraft - Recourse by Canada to Article 22.6 of the DSU and Article 4.11 of the SCM Agreement*, WT/DS222/ARB, adopted on February 17, 2003.

3. *EC – Measures Affecting Butter Products*, WT/DS72.

4. Panel Report, *United States-Anti-Dumping Administrative Reviews and Other Measures Related to Imports of Certain Orange Juice from Brazil*, WT/DS382/R, March 25, 2011.

5. Appellate Body Report, *Canada-Autos*, WT/DS139/AB/R, WT/DS142/AB/R.

6. Panel Report, *United States-Sections301-310 of the Trade Act of 1974*, WT /DS152/R, adopted on December 22, 1999.

7. Appellate Body Report, *United States-Import Prohibition of Certain Shrimp and Shrimp Products*, WT/DS58/AB/R, adopted on October 12, 1998.

8. Appellate Body Report, *Korea-Measures Affecting Imports of Fresh, Chilled and Frozen Beef*, WT/DS161/AB/R, WT/DS169/AB/R, December. 11, 2000.

9. Panel Report, *US-Sugar Waiver*, BISD 37S/228.

10. Appellate Body Report, *European Communities-Regime for the Importation, Sale and Distribution of Bananas-Second Recourse to Article 21.5 of the DSU by Ecuador*, WT/DS27/AB/RW2/ECU and WT/DS27/AB/RW/USA, adopted on November 26, 2008.

11. Panel Report, *United States-Anti-Dumping Administrative Reviews and Other Measures Related to Imports of Certain Orange Juice from Brazil*, WT/DS382/R, March 25, 2011.

12. Panel Report, *United States-Continued Existence and Application of Zeroing Methodology*, WT/DS350/R, October 1, 2008.

13. Panel Report, *United States-Measures Relating to Zeroing and Sunset Reviews*, WT/DS322/R, September 30, 2006.

14. Panel Report, *United States-Laws, Regulations and Methodology for*

Calculating Dumping Margins ("Zeroing"), WT/DS294/R, October 31, 2005.

15. Appellate Body Report, *Korea-Taxes on Alcoholic Beverages*, WT/DS75/AB/R, WT/DS84/AB/R.

16. Appellate Body Report, *European Communities-Regime for the Importation, Sale and Distribution of Bananas*, WT/DS27/AB/R, adopted on September 25, 1997.

17. Panel Report, *Dominican Republic-Measures Affecting the Importation and Internal Sale of Cigarettes*, WT/DS302/R, November 26, 2004.

18. Appellate Body Report, *Korea Dairy Safeguards*, WT/DS98/AB.

19. Appellate Body Report, *Argentina Footwear*, WT/DS121/AB/R.

20. Panel Report, *Japan-Measures Affecting Consumer Photographic Film and Paper*, WT/DS44/R, March 31, 1998.

21. Panel Report, *European Communities-Measures Affecting Asbestos and Asbestos-Containing Products*, WT/DS135/R, September 18, 2000.

22.*The Decision by the Arbitrators on Canada-Export Credits and Loan Guarantees for Regional Aircraft--Recourse to Arbitration by Canada under Article 22.6 of the DSU and Article 4.11 of the SCM Agreement*, WT/DS222/ARB, February 17, 2003.

23. *The Decision by the Arbitrators on Regime for the Importation, Sale and Distribution of Bananas-Recourse to Arbitration by the European Communities under Article 22.6 of the DSU*, WT/DS27/ARB, April 9, 1999.

24. *The Decision by the Arbitrators on United States-Anti-Dumping Act of 1916-Recourse to Arbitration by the United States under Article 22.6 of the DSU*, February 24, 2004.

25.*United States-Tax Treatment for "Foreign Sales Corporations" - Recourse to Arbitration by the United States under Article 22.6 of the DSU and Article 4.11 of the SCM Agreement*, WT/DS108/ARB, August 30, 2002.

26. *Canada-Export Credits and Loan Guarantees for Regional Aircraft - Recourse by Canada to Article 22.6 of the DSU and Article 4.11 of the SCM Agreement*, February 17, 2003, WT/DS222/ARB.

27. Appellate Body Report, *United States-Standards for Reformulated*, WT/DS2/AB/R, adopted on May 20, 1996.

28. *Norway-tendering procedures on Trondheim toll ring project*, Report of the Panel adopted by the Committee on Government Procurement on May 13, 1992 (GPR.DS2/R).

29. *Measures Concerning Meat and Meat Products (Hormones)*, WT/DS26/ARB, July 12, 1999.

30. *United States-Section 110(5) of the U.S. Copyright Act*, WT/DS160/ARB25/1, November 9, 2001.

31. Appellate Body report, *Mexico-HFCS (Art 21.5), Mexico-Anti-Dumping Investigation of High Fructose Corn Syrup (HFCS) from the United States - Recourse to Art 21.5 of the DSU by the United States*, WT/DS 132/AB/RW, adopted on June 22, 2001.

32. Appellate Body Report, *EC-Regime for the Importation, Sale and Distribution of Bananas*, WT/DS27/AB/R, adopted on September 9, 1997.

33. Appellate Body Report, *Argentina-Safeguard Measures on Imports of Footwear*, WT/DS121/AB/R, adopted on November 25, 1997.

34. Panel Report, *India-Quantitative Restrictions on Imports of Agricultural, Textile, and Industrial Products*, WT/DS90/R, April 6, 1991.

35. Panel Report, *Korea-Government Procurement*, WT/DS163/R.

36.Appellate Body Report, *United States-Anti-Dumping Measures on Certain Hot-Rolled Steel Products from Japan*, WT/DS184/AB/R.

37.GATT Panel Report, *Panel on Norwegian Procurement of Toll Collection Equipment for the City of Trondheim*, GPR.DS2/R, adopted on May 13, 1992, BISD 40S/319.

38. *Australia-Salmon (Art. 21.5)*, WT/DS18/RW, February 18, 2000.

39.Report of the Appellate Body, *United States–Definitive Safeguard Measures on Imports of Wheat Gluten from the European Communities*, WT/DS/166/AB/R.

40. Appellate Body Report, *US – Carbon Steel*, WT/DS213/AB/R.

41. Appellate Body Report, *European Communities-Regime for the Importation, Sale and Distribution of Bananas*, WT/DS27/AB/R, adopted on September 9, 1997.

42. *Recourse to Arbitration by the United States under Article 22.6 of the DSU*, WT/DS217/ARB/CHL, August 31, 2004.

43. *World Trade Report* 2007.

44. *World Trade Report* 2009.

45. Víctor Rodríguez Cedeño, *Ninth report on unilateral acts of States*, A/CN.4/569/Add.

46. N. Sea Continental Shelf (F.R.G. /Den., F.R.G. /Neth.), 1969 I.C.J. 3, 38–39.

47. WT/TPR/M/204/Add.1.

48. WT/COMTD/W/143.

49. Consultative Board to the Director–General Supachai Panitchpakdi (ed.) (2004): *The Future of the WTO-Addressing Institutional Challenges in the New Millennium.*

50.*General Council, Implementation of Paragraph 6 of the Doha Declaration on the TRIPs Agreement and Public Health*, Decision of 30 Aug. 2003, WT/L/540, September 2, 2003.

51. *Contribution of the European Communities and its Member States to the Improvement of the WTO Dispute Settlement Understanding*, TN/DS/W/1.

52.U.N. HUMAN RIGHTS COUNCIL, *Report of the Special Rapporteur on the right of everyone to the enjoyment of the highest attainable standard of physical and mental health*, U.N. Doc. A/HRC/11/12, March 31, 2009.

53. Report by the Chairman, Annex, TN/DS/9.

54. General Council, *Waiver Concerning Kimberley Process Certification Scheme for Rough Diamonds*, Decision of 15 May 2003, WT/L/518, May 27, 2003.

55. *Proposal by the Group of Least Developing Countries*, TN/DS/W/17, October 9, 2002.

56.GATT Panel Report, *European Community-Payments and Subsidies Paid to Processors and Producers of Oil* Seeds *and Related Animal-feed Proteins*, L/6627, adopted on December 14, 1989.

57.Panel Report, *US-Section 301 Trade Act*, WT/DS152/R, adopted on January 27, 2000.

58.GATT Panel Report, *European Community-Payments and Subsidies Paid to Processors and Producers of Oil* Seeds *and Related Animal-feed Proteins*, L/6627, adopted on December 14, 1989, para.148.

59.Panel report, *Japan-Measures Affecting Consumer Photographic Film and Paper*, WT/DS44/R, adopted on March 31, 1998.

60. Panel Report, *Mexico-Telecoms*, WT/DS204/R.

61. ICJ reports, *The Reservations to the Genocide Convention Case*, 1951.

62.*Canada-Measures Affecting the Export of Civilian Aircraft (21.5)*, WT/DS70/RW, May 9, 2000.

五、外文论著类

1. Abram Chayes and Antonia Handler Chayes, *The New Sovereignty: Compliance with International Regulatory Agreements*, Cambridge, Harvard University Press, 1998.

2. André Nollkaemper, *Unilateralism/Multilateralism*, MaxPlanck Encyclopedia of Public International Law, Oxford University Press, 2011.

3. Andrew T. Guzman, *How International Law Works: a Rational Choice Theory*, Oxford, Oxford University Press, 2007.

4. Isabel Feichtner, *The Law and Politics of WTO Waivers: Stability and Flexibility in Public International Law*, Cambridge, Cambridge University Press, 2012.

5. Anne O.Krueger, *The WTO as an International Organization*, Chicago and London, University of Chicago Press, 1998.

6. Anthony Aust, *Modern Treaty Law and Practice*, New York, Cambridge University Press, 2007.

7. Bernard M. Hoekman and Michael M. Kostecki, *The Political Economy of the World Trading System: From GATT to WTO*, Oxford, Oxford University Press, 1995.

8. Bin Cheng, *General Principles of Law as Applied by International Courts and Tribunals*, Cambridge, Cambridge University Press, 2006.

9. Bryan A. Garner, *Black's Law Dictionary*, 7th Edition, St.paul, Min. West Group, 1999.

10. Christoph Ohler, *Unilateral Trade Measures*, Max Planck Encyclopedia of Public International Law, Oxford, Oxford University Press, 2011.

11. Dam and Kenneth W., *The GATT: Law and International Economic Organization*, Chichago: University of Chicago Press, 1970.

12. Daniel L. Bethlehem et al., *The Oxford Handbook of International Trade Law*, Oxford, Oxford University Press, 2009.

13. Debra P. Steger, *Peace Through Trade: Building the WTO*, London, Cameron, 2004.

14. Duncan Brack, Michael Grubb, Craig Windram, *International Trade and Climate Change Policies*, London, Earthscan, 2000.

15. Fernando R.Tesón, *A philosophy of international law*, Boulder, West view Press, 1998.

16. Ross B. Emmett eds., *Selected Essays by Frank H. Knight*, Vol. 2: Laissez Faire: Pro and Con, Chicago, University of Chicago Press, 1999.

17. Gary P. Sampson and W. Bradnee Chambers, *Developing Countries and the WTO: Policy Approaches*, Tokyo, United Nations University Press, 2008.

18. George A. Akerlof and Robert J. Shiller, *Animal Spirits: How Human Psychology Drives the Economy, and Why It Matters for Global Captitalism*, Princeton, Princeton University Press, 2009.

19. George W. Downs and David M. Rocke, *Optimal Imperfection? Domestic Uncertainty and Institutions in International Relations*, Princeton, Princeton University Press, 1995.

20. Gross, Oren and Fionnuala D. Ní Aoláin, *Law in Times of Crisis:*

Emergency Powers in Theory and Practice, Cambridge, Cambridge University Press, 2006.

21. International Labour Office, *Rules of the Game: a Brief Introduction to International Labour Standards*, Geneva, International Labour Organization, 2005.

22. Isabel Feichtner, *The Law and Politics of WTO Waivers: Stability and Flexibility in Public International Law*, Cambridge, Cambridge University Press, 2012.

23. Isabelle Van Damme, *Treaty Interpretation by the WTO Appellate Body*, Oxford, Oxford University Press, 2009.

24. Henry David Thoreau, *Civil Disobedience*, Raleigh, NC Hayes Barton Press, 2012.

25. Henrik Horn and Petros C. Mavroidis eds., *The WTO Case Law of 2001: The American Law Institute Reporters' Studies*, Cambridge, Cambridge University Press, 2004.

26. Jack L. Goldsmith and Eric A. Posner, *The Limits of International Law*, Oxford, Oxford University Press, 2005.

27. Jackson, *Sovereignty, the WTO and Changing Fundamentals of International Law*, Cambridge, Cambridge University Press, 2006.

28. Jaime Oràà, *Human Rights in States of Emergency in International Law*, Oxford, Clarendon Press, 1992.

29. Jeffrey D. Myhre, *Antarctic Treaty System: Politics, Law, and Diplomacy*, Boulder: Westview Press, 1986.

30. Joel P. Trachtman, *The Economic Structure of International Law*, Cambridge, Harvard University Press, 2008.

31. Joost Pauwelyn, *Optimal Protection of International Law - Navigating Between European Absolutism and American Voluntarism*, Cambridge, Cambridge University Press, 2008.

32. Joost Pauwelyn, *Conflict of Norms in Public International Law: How WTO Law Relates to Other Rules of International Law*, Cambridge, Cambridge

University Press, 2003.

33. Krzysztof J. Pelc, *Making and Bending International Rules: The Design of Exceptions and Escape Clauses in Trade Law*, Cambridge, Cambridge University Press, 2016.

34. J.Pauwelyn and C.Bown, *The Law, Economics and Politics of Trade Retaliation in WTO Dispute Settlement*, Cambridge, Cambridge University Press, 2010.

35. Louis Henkin, *How Nations Behave*, Sage CA, Columbia University Press, 1979.

36. Oliver E. Williamson, *The Mechanisms of Governance*, New York, Oxford University Press, 1996.

37. Oren Gross and Fionnuala D. Ni Aolain, *Law in Times of Crisis: Emergency Powers in Theory and Practice*, Cambridge, Cambridge University Press, 2006.

38. Martti Koskenniemi, *From Apology to Utopia: The Structure of International Legal Argument*, Cambridge, Cambridge University Press, 2005.

39. M. Fitzmaurice, O. A. Elias, Olufemi Elias, *Contemporary Issues in the Law of Treaties*, Utrecht, Eleven International Publishing, 2005.

40. Nicholas Perdikis and Robert Read, *The WTO and the Regulation of International Trade: Recent Trade Disputes Between the European Union and the United States*, Cheltenham, Edward Elgar Publishing, 2005.

41. Niccolo Machiavelli, *The Prince, Translated by Luigi Ricci*, New American Library, 1952.

42. Peter Van Den Bossche, *The Law and Policy of the World Trade Organization: Text, Cases and Materials*, Cambridge, Cambridge University Press, 2005.

43. Debra P. Steger, *Redesigning the World Trade Organization for the Twenty-First Century*, Wilfrid Laurier University Press, 2010.

44. Richard B. Bilder, *Managing the Risks of International Agreement*, Madison, University of Wisconsin Press, 1981.

45. Robert Cooter and Thomas Ulen, *Law and Economics*, 3rd edition, Addison Wesley Longman, June 2000.

46. Robert E.Scott and Paul B.Stephan, *The Limits of Leviathan: Contract Theory and the Enforcement*, Cambridge, Cambridge University Press, 2006.

47. Robert Kagan, *Of Paradise and Power: America and Europe in the New World Order*, New York, Vintage Books, 2004.

48. Robert Z. Lawrence, *Crimes and Punishments? Retaliation under the WTO*, Washinton, D.C, Institute for International Economics, 2003.

49. Ronnie R.F. Yearwood, *The Interaction between World Trade Organisation (WTO) Law and External International Law*, Milton park, Routledge, 2012.

50. Simon A. B. Schropp, *Trade Policy Flexibility and Enforcement in the WTO: a Law and Economics Analysis*, Cambridge, Cambridge University Press, 2009.

51. Stanley Milgram, *Obedience to Authority: An Experimental View*, New York, Taylor and Francis, 1974.

52. Thomas M. Kane, *Theoretical Roots of Us Foreign Policy: Machiavelli and American Unilaterlism*, London, Routledge, 2006.

53. William Rasch, *Sovereignty and its Discontents*, London, Birkbeck Law Press, 2004.

54. William Elliott Butler, *Control over Compliance with International Law*, Dordrecht, Nijhoff Publishers, 1991.

55. William E. Scheuerman, *Frankfurt School Perspectives on Globalization, Democracy, and the Law*, New York, Routledge, 2008.

56. Ronnie R.F. Yearwood, The Interaction Between World Trade Organisation (WTO) Law and External International Law, Routledge, 2011.

六、外文编著类

1. Georg Nolte eds., *Peace Through International Law: The Role of the International Law*, Dordrecht, Springer, 2009.

2. Tomer Broude and Yuval Shany eds., *Multi-Sourced Equivalent Norms in International Law*, Oxford, Hart Publishing, 2011.

3. Henrik Horn and Petros C. Mavroidis eds., *The WTO Case Law of 2009: Legal and Economic Analysis*, Oxford, Cambridge University Press, 2011.

4. Amrita Narlikar eds., *Deadlocks in Multilateral Negotiations: Causes and Solutions*, Cambridge, Cambridge University Press, 2010.

5. Barbara Koremenos, Charles Lipson, Duncan Snidal eds., *The Rational Design of International Institutions*, Cambridge, Cambridge University Press, 2004.

6. Chad Brown and Joost Pauwelyn eds., *The Law, Economics and Politics of Retaliation in WTO Dispute Settlement*, Cambridge, Cambridge University Press, 2010.

7. Jagdeep S. Bhandari and Alan O. Sykes eds., *Economic Dimensions in International Law: Comparative and Empirical Perspectives*, Cambridge, Cambridge University Press, 1997.

8. Jeffrey L. Dunoff and Mark A. Pollack eds., *Interdisciplinary Perspectives on International Law and International Relations: The State of the Art*, Cambridge, Cambridge University Press, 2012.

9. Patrick F. J. Macrory, Arthur E. Appleton and Michael G. Plummer eds., *The World Trade Organization: Legal, Economic and Political Analysis*, New York, Springer, 2005.

10. Tomer Broude, Marc L. Busch and Amelia Porges eds., *The Politics of International Economic Law*, Cambridge, Cambridge University Press, 2011.

11. Amrita Narlikar, Martin Daunton and Robert M. Stern eds., *The Oxford Handbook on the World Trade Organization*, New York, Oxford University Press, 2012.

七、外文论文类

1. Aditya Swarup, "Making a Case for the Imposition of Unilateral Trade Sanctions to Protect Labour and Basic Human Rights", *Trade, Law and*

Development, Vol.1, No.2, 2009.

2. Alan Schwartz, "The Case for Specific Performance", *The Yale Law Journal*, Vol.89, No.2, 1979.

3. Alan Schwartz, "Proposals for Products Liability Reform: A Theoretical Synthesis", *Yale Law Journal*, Vol. 97, No. 3, February 1988.

4. Alan O.Sykes, "Protectionism as a Safeguard: A Positive Analysis of the GATT–Escape Clause with Normative Speculations", *University of Chicago Law Review*, Vol. 58, No. 1, 1991.

5. Alan O. Sykes, "The Safeguards Mess: A Critique of WTO Jurisprudence", *World Trade Review*, Vol. 2, No. 3, 2003.

6. Alan Schwartz and Robert E. Scott, "Contract Theory and the Limits of Contract Law", *Yale Law Journal*, Volume 113, Issue 3, 2003.

7. Albert Choi and George Triantis, "Strategic Vagueness in Contract Design: The Case of Corporate Acquisitions", *Yale Law Journal*, Vol. 119, Issue 5, March 2010.

8. Alberto Martin and Wouter Vergote, "On the Role of Retaliation in Trade Agreements", *Journal of International Economics*, Vol. 76, Issue 1, 2008.

9. Alena Drieschova, Itay Fischhendler and Mark Giordano, "The Role of Uncertainties in the Design of International Water Treaties: an Historical Perspective", *Climatic Change*, Volume 105, Issue 3–4, April 2011.

10. Alexandra Guisinger, "Determining Trade Policy: Do Voters Hold Politicians Accountable?" *International Organization*, Vol. 63 Issue 3, Summer 2009.

11. Alexander Keck, "WTO Dispute Settlement: What Role for Economic Analysis? A Commentary on Fritz Breuss", *Journal of Industry, Competition and Trade*, Volume 4, Number 4, December 2004.

12. Alexander M. Feldman, "Evolving Treaty Obligations: A Proposal for Analyzing Subsequent Practice derived from WTO Dispute Settlement", *Journal of International Law and Politics*, Vol.41, 2009.

13. Alexander Thompson, "Rational Design in Motion: Uncertainty and

Flexibility in the Global Climate Regime", *European Journal of International Relations*, Vol.16, No. 2, June 2010.

14. A. Martin and W. Vergote, "On the Role of Retaliation in Trade Agreements", *Journal of International Economics*, Vol. 76, Issue 1, 2008.

15. Andrew Green and Michael Trebilcock, "Enforcing WTO Obligations: What Can We Learn from Export Subsidies?", *Journal of International Economic Law*, Vol. 10, No. 3, 2007.

16. Andrew T. Guzman, "The Design of International Agreements", *European Journal of International Law*, Vol. 16, No.4, 2005.

17. Andrew T. Guzman, "Reputation and International Law", *Georgia Journal of International and Comparative Law*, Vol. 34, No. 2, Winter 2006.

18. Andrew T.Guzman and Jennifer Lansidle, "The Myth of International Delegation", *California Law Review*, Vol. 96, No. 6, 2008.

19. Andrew T.Guzman, "the Cost of Credibility: Explaining Resistance to Interstate Dispute Resolution Mechanisms", *Journal of Legal Studies*, Vol. 16, No. 4, June 2002.

20. Andrew T. Guzman, "International Tribunals: A Rational Choice Analysis", *University of Pennsylvania Law Review*, Vol. 157, No. 1, 2008.

21. Andrew T. Guzman, "Why LDCs Sign Treaties That Hurt Them: Explaining the Popularity of Bilateral Investment Treaties", *Virginia Journal of International Law*, Vol. 38, 1998.

22. Anne Van Aaken, "International Investment Law between Commitment and Flexibility: A Contract Theory Analysis", *Journal of International Economic Law*, Volume 12, Issue 2, 2009.

23. Anthea Roberts, "Who Killed Article 38(1) (b)? A Reply to Bradley and Gulati", *Duke Journal of Comparative and International Law*, Vol. 21, No. 1, Fall 2010.

24. Anu Bradford and Eric A. Posner, "Universal Exceptionalism in International Law", *Harvard International Law Journal*, Vol. 52, No. 1, Winter 2011.

25. Bagwell, K. and Staiger, R., "Enforcement, Private Political Pressure and the GATT/WTO Escape Clause" , *Journal of Legal Studies*, Vol. 34, Issue 2, June 2005.

26. Barbara Koremenos, "Contracting around International Uncertainty" , *American Political Science Review*, Vol. 99, Issue 4, November 2005.

27. Barbara Koremenos, "Loosening the Ties That Bind: A Learning Model of Agreement Flexibility" , *International Organization*, Vol. 55, No. 2, Spring 2001.

28. Barbara Koremenos, "Can Cooperation Survive Changes in Bargaining Power? The Case of Coffee" , *Journal of Legal Studies*, Vol. 31, No. 1, 2002.

29. Barbara Koremenos, "Contracting around International Uncertainty" , *American Political Science Review*, Vol. 99, Issue 4, November 2005.

30. Barbara Koremenos, "If Only Half of International Agreements Have Dispute Resolution Provisions, Which Half Needs Explaining?" , *The Journal of Legal Studies*, Vol. 36, No. 1, January 2007.

31. Barbara Koremenos, "When, What, and Why Do States Choose to Delegate?" , *Law and Contemporary Problems*, Vol. 71, No. 1, Winter 2008.

32. Barbara Koremenos and Allison Nau, "Exit, No Exit" , *Duke Journal of Comparative and International Law*, Vol. 21, No.1, Fall 2010.

33. B. Boockmann and Paul Thurner, "Flexibility provisions in multilateral environmental treaties" , *International Environmental Agreements: Politics, Law and Economics*, Vol. 6, No. 2, Springer, 2006.

34. Bernard Hoekman, Will Martin and Aaditya Mattoo, "Conclude Doha: it matters!" , *World Trade Review*, Vol.9, Issue 3, 2010.

35. Bernard O'Connor and Margareta Djordjevic, "Practical Aspects of Monetary Compensation" , *Journal of International Economic Law*, Vol. 8, Issue 1, 2005.

36. Bodansky, "What's so bad about Unilateral Action to Protect the Environment?" , *European Journal of International Law*, Vol.11, No. 2, 2000.

37. B.P.Rosendorff, "Stability and Rigidity: Politics and Design of the

WTO's Dispute Settlement Procedures", *American Political Science Review*, Vol.99, No.3, August 2005.

38. B.Koremenos, Ch.Lipson and D. Snidal, "The Rational Design of International Institutions", *International Organisation*, Vol. 55, No. 4, Autumn 2001.

39. Bryan Mercurio, "'Seizing' Pharmaceuticals in Transit Analyzing the WTO Dispute That Wasn't", *International and Comparative Law Quarterly*, Vol. 61, Issue 2, April 2012.

40. Carl Davidson and Steven J. Matusz, "An Overlapping-Generations Model of Escape Clause Protection", *Review of International Economics*, Vol. 12, Issue. 5, Special Issue November 2004.

41. Carlos Manuel Vazquez and John H. Jackson, "Some Reflections of Compliance with WTO Dispute Settlement Decisions", *Law and Policy in International Business*, Vol. 33, No. 4, Summer 2002.

42. Caroline Freund and Çağlar Özden, "Trade Policy and Loss Aversion", *American Economic Review*, Vol. 98, No. 4, September 2008.

43. Cesare P.R. Romano, "The Shift from the Consensual to the Compulsory Paradigm in International Adjudication: Elements for a Theory of Consent", *New York University Journal of International Law and Politics*, Vol. 39, No. 4, Summer 2007.

44. Cf. Donald H. Regan, "The Meaning of 'Necessary' in GATT Article XX and GATS Article XIV: The Myth of Cost-Benefit Balancing", *World Trade Review*, Vol. 6, Issue 3, November 2007.

45. Chad P. Bown, "The Economics of Trade Disputes, The GATT's Article XXIII, and the WTO's Dispute Settlement Understanding", *Economics and Politics*, Volume 14, Issue 3, November 2002.

46. Chad P. Bown, "Why Are Safeguards under the WTO So Unpopular?", World Trade Review, Vol.1, Issue 1, 2002.

47. Christina Fattore, "Interest Group Influence on WTO Dispute Behaviour: A Test of State Commitment", *Journal of World Trade*, Volume 46, Issue 6,

2012.

48. Christine Jolls, Cass R. Sunstein and Richard Thaler, "A behavioral approach to law and economics", *Stanford Law Review*, Vol. 50, No. 5, May 1998.

49. Christopher Marcoux, "Institutional Flexibility in the Design of Multilateral Environmental Agreements", *Conflict Management and Peace Science*, Vol.26, No.2, April 2009.

50. Claude Chase, "Norm Conflict Between WTO Covered Agreements – Real, Apparent or Avoided?", *International and Comparative Law Quarterly*, Vol.61, Issue 4, October 2012.

51. Claude E.Barfield, "Free Trade, Sovereignty, Democracy: Future of the World Trade Organization", *Chicago Journal of International Law*, Vol. 2, No. 2, Fall 2001.

52. Claus D. Zimmermann, "Toleration of Temporary Non–Compliance: The Systemic Safety Valve of WTO Dispute Settlement Revisited", *Trade, Law and Development*, Vol.3, No.2, 2011.

53. Cogan and Jacob Katz, "Noncompliance and the International Rule of Law", *Yale Journal of International Law*, Vol. 31, No. 1, 2006.

54. Colin Camerer et al., "Regulation for conservatives: Behavioral Economics and the Case for 'Asymmetric Paternalism'", *University of Pennsylvania Law Review*, Vol.151, No. 3, January 2003.

55. Cristiane Carneiro, "From the United Nations Arms Register to an Arms Trade Treaty–What Role for Delegation and Flexibility", *ILSA Journal of International and Comparative Law*, Vol. 14, Spring 2008.

56. Curtis A. Bradley and Mitu Gulati, "Customary International Law and Withdrawal Rights in an Age of Treaties", *Duke Journal of Comparative and International Law*, Volume 21, Number 1, Fall 2010.

57. Daniel Bodansky, "What's in a Concept? Global Public Goods, International Law, and Legitimacy", *European Journal of International Law*, Volume 23, Issue 3, August 2012.

58. Daniel Friedmann, "The Efficient Breach Fallacy" , *The Journal of Legal Studies*, Vol. 18, No. 1, January 1989.

59. Daniel N. Adams, "Back to Basics: The Predestined Failure of NAFTA Chapter 19 and its Lessons for the Design of International Trade Regimes" , *Emory International Law Review*, Vol. 22, No. 1, Fall 2008.

60. Dawinder S. Sidhu, "The Immorality and Inefficiency of an Efficient Breach" , *The Tennes* See *Journal of Business Law*, Vol.8, No.1, 2006.

61. David A. Gantz and Simon A.B. Schropp, "Rice Age: Comments on the Panel Report in Turkey–Measures Affecting the Importation of Rice" , *World Trade Review*, Vol.8, Issue 1, 2009.

62. David Collins, "Efficient Breach, Reliance and Contract Remedies at the WTO" , *Journal of World Trade*, Vol. 43, Issue 2, 2009.

63. David J. Luban, "Opting Out of the Law of War: Comments on 'Withdrawing from International Custom' " , *Yale Law Journal*, Vol. 120, December 2010.

64. D. Bernheim and M. Whinston, "Incomplete Contracts and Strategic Ambiguity" , *American Economic Review*, Vol. 88, No. 4, September 1998.

65. Dr. Arie Reich, "From Diplomacy to Law: The Juridicization of International Trade Relations" , *Northwestern Journal of International Law and Business*, Winter 1996 / Spring 1997.

66. Edward T. Swaine, "Unsigning" , *Stanford Law Review*, Vol. 55, No. 5, 2003.

67. Edward T. Swaine, "Reserving" , *Yale Journal of International Law*, Vol.31, No.2, 2006.

68. Emilie M. Hafner–Burton, Laurence R. Helfer and Christopher J. Fariss, Emergency and Escape: Explaining Derogations from Human Rights Treaties, *International Organization*, Vol. 65, Fall 2011.

69. Emily Barrett Lydgate, "Sustainable Development in the WTO: From Mutual Supportiveness to Balancing" , *World Trade Review*, Vol.11, Issue 4, 2012.

70. E. Rasmusen, "Explaining Incomplete Contracts as the Result of Contract-Reading Costs", *Journal of Economic Analysis and Policy*, Vol. advances.1, Issue 1, 2001.

71. Eric Neumayer, "Qualified Ratification: Explaining Reservations to International Human Rights Treaties", *Journal of Legal Studies*, Vol. 36, No. 2, 2007.

72. Eric S. Maskin and Jean Tirole, "Unforeseen Contingencies and Incomplete Contracts", *Review of Economic Studies*, Vol. 66, Issue 1, January 1999.

73. Ernst-Ulrich Petersmann, "Mini-Symposium on Multilevel Governance of Interdependent Public Goods Introduction and Overview: A Research Agenda for Making 'Global Public Goods Theory' More Policy Relevant", *Journal of International Economic Law*, Volume15, Issue 3, 2012.

74. Ernst Ulrich Petersmann, "Time for a United Nations 'Global Compact' for Integrating Human Rights into the Law of Worldwide Organizations: Lessons from European Integration", *European Journal of International Law*, Vol. 13, No. 3, 2002.

75. Eugene Kontorovich, "The Constitution in Two Dimensions: A Transaction Cost Analysis of Constitutional Remedies", *Virginia Law Review*, Vol. 91, No. 5, September 2005.

76. Fabrizio Cafaggi and David D. Caron, "Global Public Goods Amidst a Plurality of Legal Orders: A Symposium", *Journal of International Economic Law*, Volume 23, Issue 3, 2012.

77. Francesco Parisi and Catherine Sevcenko, "Treaty Reservations and the Economics of Article 21(i) of the Vienna Convention", *Berkeley Journal of International Law*, Vol. 21, No. 1, 2003.

78. Fritz Breuss, "WTO Dispute Settlement: An Economic Analysis of Four EU-US Mine Trade Wars", *Journal of Industry, Competition and Trade*, Volume 4, Issue 4, 2004.

79. Funda Tekin and Wolfgang Wessels, "Flexibility within the Lisbon

Treaty: Trademarkor Empty Promise?" , *EIPASCOPE*, Issue 1, 2008.

80. Gabrielle Marceau, "WTO Dispute Settlement and Human Rights" , *European Journal of International Law*, Volume 13, Issue 4, 2002.

81. Gabrielle Marceau and Joel P. Trachtman, "TBT, SPS, and GATT: A Map of the WTO Law of Domestic Regulation" , *Journal of World Trade*, Vol. 36, Issue 5, 2002.

82. Gillian K. Hadfield, "Weighing the Value of Vagueness: An Economic Perspective on Precision in the Law" , *California Law Review*, Vol. 82, Issue 3, May 1994.

83. Giovanni Maggi and Andres Rodriguez–Clare, "A Political–Economy Theory of Trade Agreements" , *American Economic Review*, Vol. 97, No. 4, September 2007.

84. Giovanni Maggi and Robert W. Staiger, "The Role of Dispute Settlement Procedures in International Trade Agreements" , *Quarterly Journal of Economics*, Volume 126, Issue 1, 2011.

85. Goodman, Ryan and Derek Jinks, "How To Influence States: Socialization and International Human Rights Law" , *Duke Law Journal*, Vol. 54, No. 3, 2004.

86. Gregory Shaffer and Tom Ginsburg, "The Empirical Turn in International Legal Scholarship" , *American Journal of International Law*, Vol.106, No. 1, January 2012.

87. Gregory Shaffer and Joel Trachtman, "Interpretation and Institutional Choice at the WTO" , *Virginia Journal of International Law*, Vol. 52, Issue 1, 2011.

88. Guglielmo Verdirame, " 'The Divided West' : International Lawyers in Europe and America" , *European Journal of International Law*, Vol. 18, No.3, 2007.

89. Guido Calabresi and A. Douglas Melamed, "Property Rules, Liability Rules, and Inalienability: One View of the Cathedral" , *Harvard Law Review*, Vol. 85, No. 6, April 1972.

90. Guzman, "The Cost of Credibility: Explaining Resistance to Interstate Dispute Resolution Mechanisms", *Journal of Legal Studies*, Vol. 31, Issue 2, June 2002.

91. Hafner, Helfer and Christopher J. Fariss, "Emergency and Escape: Explaining Derogation from Human Rights Treaties", *International Organization*, Vol. 65, No. 4, Fall 2011.

92. Harrison, J., "Legal and Political Oversight of WTO Waivers", *Journal of International Economic Law*, Volume 11, Issue 2, 2008.

93. Heinz Hauser and Alexander Roitinger, "Two Perspectives on International Trade Agreements", *Zeitschrift für ausländisches öffentliches Recht und Völkerrecht*, Vol. 64, No. 3, 2004.

94. Henrik Horn, Giovanni Maggi and Robert W. Staiger, "Trade Agreements as Endogenously Incomplete Contracts", *American Economic Review*, Vol. 100, No. 1, March 2010.

95. Henrik Horn and Petros C. Mavroidis, "Still hazy after all these years: the interpretation of national treatment in the GATT/WTO case-law on tax discrimination", *European Journal of International Law*, Volume15, Issue 1, 2004.

96. Holger Spamann, "The Myth of 'Rebalancing' Retaliation in WTO Dispute Settlement Practice", *Journal of International Economic Law*, Volume 9, Issue1, 2006.

97. H. V. Milner and P. B. Rosendorff, "Democratic Politics and International Trade Negotiations: Elections and Divided Government as Constraints on Trade Liberalization", *Journal of Conflict Resolution*, Vol.41, No.1, February 1997.

98. Ian R. Macneil, "The Many Futures of Contracts", *Southern California Law Review*, Vol.47, No.3, 1974.

99. I. Ayres and R. Gertner, "Filling Gaps in Incomplete Contracts: an Economic Theory of Default Rules", *Yale Law Journal*, Vol. 99, No. 1, 1989.

100. Irving B. Kravis, "The Trade Agreements Escape Clause", *The American Economic Review*, Vol. 44, No. 3, June 1954.

101. Isabel Feichtner, "The Waiver Power of the WTO: Opening the WTO for Political Debate on the Reconciliation of Competing Interests", *European Journal of International Law*, Vol. 20, No. 3, 2009.

102. James E. Krier and Stewart J. Schwab, "Property Rules and Liability Rules: The Cathedral in Another Light", *New York University Law Review*, Vol.70, Number 2, May 1995.

103. Jed Rubenfeld, "Unilateralism and Constitutionalism", *New York University Law Review*, Vol. 79, Number 6, December 2004.

104. John H. Jackson, "International Law Status of WTO Dispute Settlement Reports: Obligation to Comply or Option to 'Buy Out'?", *The American Journal of International Law*, Vol. 98, No. 1, January 2004.

105. Joost Pauwelyn, "Enforcement and Countermeasures in the WTO: Rules Are Rules–Toward a More Collective Approach", *American Journal of International Law*, Vol. 94, April 2000.

106. Joost Pauwelyn, "How to Win a WTO Dispute Based on Non–WTO Law: Questions of Jurisdiction and Merits", *Journal of World Trade*, Vol. 37, No. 6, 2003.

107. L. Anderlini, L. Felli and A. Postlewaite, "Courts of Law and Unforeseen Contingencies", *The Journal of Law*, Economics, and Organization, Vol. 23, Issue 3, 2006.

108. Laurence R. Helfer, "Constitutional Analogies in the International Legal System", *Loyola of Los Angeles Law Review*, Vol. 37, Issue 2, Fall 2003.

109. Laurence R. Helfer, "Not Fully Committed? Reservations, Risk, and Treaty Design", *Yale Journal of International Law*, Vol. 31, Issue 2, Summer 2006.

110. Jason Bernstein and David Skully, "Calculating Trade Damages in the Context of the World Trade Organization's Dispute Settlement Process", *Review of Agricultural Economics*, Vol. 25, No. 2, Autumn–Winter 2003.

111. Jean Tirole, "Incomplete Contracts: Where Do We Stand, Incomplete Contracts: Where Do We Stand?" *Econometrica*, Vol. 67, No. 4, July 1999.

112. Jeffery Atik, "Democratizing the WTO", *George Washington International Law Review*, Vol. 33, Issue 3 and 4, 2001.

113. Jeffrey L. Dunoff, "The Many Dimensions of Softwood Lumber", *Alberta Law Review*, Vol. 45, November 2007.

114. Jeffrey L. Dunoff and Joel P. Trachtman, "Economic Analysis of International Law", *Yale Journal of International Law*, Vol.24, Winter 1999.

115. Jeffrey Kucik and Eric Reinhardt, "Does Flexibility Promote Cooperation? An Application to the Global Trade Regime", *International Organization*, Vol. 62, No. 3, Summer 2008.

116. J. H. Weiler, "The Transformation of Europe", *Yale Law Journal*, Vol. 100, No. 8, June 1991.

117. Jerome Reichmann, "Of Green Tulips and Legal Kudzu: Repackaging Rights in Subpatentable Innovation", *Vanderbilt Law Review*, Vol. 53, No. 6, 2000.

118. Jide Nzelibe, "The Credibility Imperative: The Political Dynamics of Retaliation in the World Trade Organization's Dispute Resolution Mechanism", *Theoretical Inquiries in Law*, Vol. 6, Issue 1, January 2005.

119. Joel P. Trachtman, "The Domain of WTO Dispute Resolution", *Harvard International Law Journal*, Vol. 40, No. 2, Spring 1999.

120. Joel P. Trachtman, "The WTO Cathedral", *Stanford Journal of International Law*, Vol. 43, No. 1, Winter 2007.

121. Joel P. Trachtman, "Persistent Objectors, Cooperation, and the Utility of Customary International Law", *Duke Journal of Constitutional Law and Public Policy*, Vol. 21, No. 1, Fall 2010.

122. Joel P. Trachtman and Philip M. Moremen, "Costs and Benefits of Private Participation in WTO Dispute Settlement: Whose Right is it Anyway", *Harvard International Law Journal*, Vol.44, No.1, Winter 2003.

123. John Conlisk, "Why Bounded Rationality?", *Journal of Economic Literature*, Vol.34, No.2, 1996.

124. John H. Jackson, "The Case of the World Trade Organization",

International Affairs, Volume 84, Issue 3, May 2008.

125. John O. McGinnis and Mark l. Movsesian, "The World Trade Constitution" , *Harvard Law Review*, Vol. 114, No. 2, December 2000.

126. John K. Setear, "Ozone, Iteration, and International Law" , *Virginia Journal of International Law*, Vol. 40, No. 1, 1999.

127. John R. Bolton, "Is There Really 'Law' in International Affairs?" , *Transnational Law and Contemporary Problem*, Vol. 10, No. 1, 2000.

128. Jonathan B. Wiener, "Global Environmental Regulation: Instrument Choice in Legal Context" , *Yale Law Journal*, Vol. 108, Issue 4, January 1999.

129. Jonathan Garton, "The Judicial Review of the Decisions of Charity Trustees" , *Trust Law International*, Vol.20, No. 3, 2006.

130. Jo Anna Gray, "On Indexation and Contract Length" , *Journal of Political Economy*, Vol. 86, No. 1, Feb., 1978.

131. John H.Jackson, "The WTO Dispute Settlement Understanding—Misunderstandings on the Nature of Legal Obligation" , *American Journal of International Law*, Volume 91, Issue1, January 1997.

132. Joost Pauwelyn, "Enforcement and Countermeasures in the WTO: Rules Are Rules–Toward a More Collective Approach" , *American Journal of International Law*, Vol. 94, 2000.

133. Joost Pauwelyn, "The Transformation of World Trade" , *Michigan Law Review*, Vol. 104, No. 1, October 2005.

134. Joost Pauwelyn, "A Typology of Multilateral Treaty Obligations: Are WTO Obligations Bilateral or Collective in Nature?" , *European Journal of International Law*, Vol. 14, No. 5, November 2003.

135. Joost Pauwelyn, "Cross–Agreement Complaints before the Appellate Body: A Case Study of the EC–Asbestos Dispute" , *World Trade Review*, Vol.1, Issue 1, 2002.

136. José E. Alvarez, "The internationalization of U.S. law" , *Columbia Journal of Transnational Law*, Vol. 47, No. 3, 2009.

137. Juan A. Marchetti and Petros C. Mavroidis, "What Are the Main

Challenges for the GATS Framework? Don't Talk about Revolution", *European Business Organization Law Review*, Vol. 5, No. 3, 2004.

138. Judith Hippler Bello, "The WTO Dispute Settlement Understanding: Less is More", *American Journal of International Law*, Vol. 90, No. 3, July 1996.

139. Julius Stone, "Fictional Elements in Treaty Interpretation – A Study in the International Judicial Process", *Sydney Law Review*, Vol.1, 1953–1955.

140. Kal Raustiala, "Form and Substance in International", *The American Journal of International Law*, Vol. 99, No. 3, July 2005.

141. Kamal Saggi and Joel P. Trachtman, "Incomplete Harmonization Contracts in International Economic Law: Report of the Panel, China–Measures Affecting the Protection and Enforcement of Intellectual Property Rights", WT/DS362/R, adopted on March 20, 2009, *World Trade Review*, Vol. 10, Issue 1, 2011.

142. Kaplow and Shavell, "Property Rules versus Liability Rules: An Economic Analysis", *Harvard Law Review*, Vol. 109, No. 4, February 1996.

143. Karen J. Alter, "International Courts Are Not Agents! The Perils of the Principal–Agent Approach to Thinking about the Independence of International Courts", *American Society of International Law Proceedings*, Vol. 99, 2005.

144. K. Bagwell and R. Staiger, Enforcement, "Private Political Pressure and the GATT/WTO Escape Clause", *Journal of Legal Studies*, Vol. 34, Issue 2, June 2005.

145. Klaus Peter Berger, "Renegotiation and Adaptation of International Investment Contracts: The Role of Contract Drafters and Arbitrators", *Vanderbilt Journal of Transnational Law*, Vol.36, October 2003.

146. Kenneth W. Abbott and Duncan Snidal, "Hard and Soft Law in International Governance", *International Organization*, Vol. 54, Issue 3, June 2000.

147. Kent Jones, "The WTO Core Agreement, Non–trade Issues and Institutional Integrity", *World Trade Review*, Vol.1, Issue 3, 2002.

148. Koremenos, Lipson, and Snidal, "Rational Design: Looking Back to Move Forward" , *International Organization*, Vol. 55, No. 4, Autumn 2001.

149. Krzysztof J. Pelc, "Eluding Efficiency: Why Do We Not See More Efficient Breach at the WTO?" , *World Trade Review*, Vol.9, Issue 4, 2010.

150. Krzysztof J.Pelc, "Seeking Escape: The Use of Escape Clauses in International Trade Agreements" , *International Studies Quarterly*, Vol. 53, No. 2, 2009.

151. Kurt Eggert, "Limiting Abuse and Opportunism by Mortgage Servicers" , *Housing Policy Debate*, Vol. 15, No. 3, 2004.

152. Kyle Bagwelland Robert W. Staiger, "A Theory of Managed Trade" , *American Economic Review*, Vol. 80, No. 4, September 1990.

153. Kyle Bagwell and Robert W.Staiger, "What Do Trade Negotiators Negotiate About? Empirical Evidence from the World Trade Organization" , *The American Economic Review*, Vol. 101, No. 4, June 2011.

154. Laurence R. Helfer, "Constitutional Analogies in the International Legal System" , *Loyola of Los Angeles Law Review*, Vol. 37, Issue 2, Fall 2003.

155. Laurence R. Helfer, "Exiting Treaties" , *Virginia Law Review*, Vol. 91, No. 7, 2005.

156. Laurence R. Helfer, "Nonconsensual International Lawmaking" , *University of Illinois Law Review*, Vol. 2008, No. 1, 2008

157. Laurence R. Helfer, "Understanding Change in International Organizations: Globalization and Innovation in the ILO" , *Vanderbilt Law Review*, Vol. 59, No. 3, 2006.

158. Laurence R.Helfer and Anne-Marie Slaughter, "Why States Create International Tribunals: A Response to Professors Posner and Yoo" , *California Law Review*, Vol. 93, No. 3, 2005.

159. Laurence R. Helfer, "Overlegalizing Human Rights: International Relations Theory and the Commonwealth Caribbean Backlash Against Human Rights Regimes" , *Columbia Law Review*, Vol. 102, No.7, November 2002.

160. Lea Brilmayer and Isaias Yemane Tesfalidet, "Treaty Denunciation and

'Withdrawal' from Customary International Law: An Erroneous Analogy with Dangerous Consequences", *Yale Law Journal Online*, January 5, 2011.

161. Leonardo Baccini, "Explaining Formation and Design of EU Trade Agreements: The Role of Transparency and Flexibility", *European Union Politics*, Vol. 11, Issue 2, 2010.

162. Luca Anderlini, Leonardo Felli and A. Postlewaite, "Courts of Law and Unforeseen Contingencies", *Journal of Law, Economics and Organization*, Vol. 23, Issue3, 2007.

163. Madeline Morris, "High Crimes and Misconceptions: The ICC and Non-party States", *Law and Contemporary Problems*, Vol.64, No.1, Winter 2001.

164. Madeline Morris, "The Structure of Entitlements", *Cornell Law Review*, Vol. 95, 1992.

165. Marco Bronckers and Naboth van den Broek, "Financial Compensation in the WTO Improving the Remedies of WTO Dispute Settlement", *Journal of International Economic Law*, Vol. 8, No. 1, 2005.

166. Markus Krajewski, "Democratic Legitimacy and Constitutional Perspectives of WTO Law", *Journal of World Trade*, Vol.35, No.1, 2001.

167. Marion Panizzon, "Fairness, Promptness and Effectiveness: How the Openness of Good Faith Limits the Flexibility of the DSU", *Nordic Journal of International Law*, Vol. 77, No. 3, 2008.

168. Michael Finger, "A Diplomat's Economics: Reciprocity in the Uruguay Negotiations", *World Trade Review*, Vol. 4, Issue 1, March 2005.

169. Michael M. Du, "Standard of review under the SPS Agreement after EC - Hormones II", *International and Comparative Law Quarterly*, Vol. 59, Issue 2, April 2010.

170. Milton Harris and Bengt Holstrom, "On the Duration of Agreements", *International Economic Review*, Vol. 28, No. 2, June 1987.

171. Naboth Van den Broek, "Power Paradoxes in Enforcement and Implementation of World Trade Organisation Dispute Settlement Reports:

Interdisciplinary Approaches and New Proposals" , *Journal of World Trade*, Vol.37, No.1, 2003.

172. Oliver Wendell Holmes, "The Path of the Law" , *Harvard Law Review*, Vol. 10, No. 8, March 1897.

173. Oliver E.Williamson, "Transaction–cost economics: the governance of contractual relations" , *Journal of Law and Economics*, Vol. 22, No. 2, October 1979.

174. Omri Ben–Shahar, " 'Agreeing to Disagree' : Filling Gaps in Deliberately Incomplete Contracts" , *Wisconsin Law Review*, Vol. 2004, No. 2.

175. Onuma Yasuaki, "International Law in and with International Politics: The Functions of International Law in International Society" , *European Journal of International Law*, Vol. 14, Issue 1, 2003.

176. Oona A. Hathaway, "Between Power and Principle: An Integrated Theory of International Law" , *University of Chicago Law Review*, Vol. 72, No. 2, 2005.

177. Oona A.Hathaway, "Do Human Rights Treaties Make a Difference?" , *Yale Law Journal*, Vol. 111, 2002.

178. Peter H. Schuck, "Refugee Burden–Sharing: A Modest Proposal" , *Yale Journal of International Law*, Vol. 23, 1997.

179. Philip Allott, "The concept of international law" , *European Journal of International Law*, Vol.10, Issue 1, 1999.

180. Philip Alston, "Resisting the Merger and Acquisition of Human Rights by Trade Law: A Reply to Petersmann" , *European Journal of International Law*, Vol. 13, Issue 4, 2002.

181. Rachel Brewster, "The Domestic Origins of International Agreements" , *Virginia Journal of International Law*, Vol. 43, 2003.

182. Rachel Brewster, "The Remedy Gap: Institutional Design, Retaliation, and Trade Law Enforcement" , *The George Washington Law Review*, Vol. 80, Issue 1, November 2011.

183. Rachel Brewster, "Shadow Unilateralism: Enforcing International Trade Law at the WTO" , *University of Pennsylvania Journal of International Economic Law*, Vol. 30, Issue 4, 2009.

184. Rachel Brewster, "Unpacking the State's Reputation", *Harvard International Law Journal*, Vol. 50, Issue 2, Summer 2009.

185. R.Fischer and T.Prusa, "WTO Exceptions as Insurance", *Review of International Economics*, Vol.11, Issue 5, November 2003.

186. R. H. Coase, "The Problem of Social Cost", *Journal of Law and Economics*, Vol. 3, 1960.

187. Richard Craswell, "Efficiency, Renegotiation, and the Theory of Efficient Breach", *Southern California Law Review*, Vo.61, No.3, March 1988.

188. Richard H. Steinberg, "Judicial Lawmaking at the WTO: Discursive, Constitutional and Political Constraints", *The American Journal of International Law*, Vol.98, No.2, April 2004.

189. Richard Hyland, "Pacta Sunt Servanda: A Meditation", *Virginia Journal of International Law*, Vol. 34, Winter 1994.

190. Richard Morrison, "Efficient Breach of International Agreements", *Denver Journal of International Law and Policy*, Vol.23, 1994.

191. Robert Scott and Paul Stephan, "Self-Enforcing International Agreements and the Limits of Coercion", *Wisconsin Law Review*, Vol. 2004, No. 2, 2004.

192. Ronald D. Fischer and Thomas J. Prusa., "WTO Exceptions as Insurance", *Review of International Economics*, Vol.11, Issue 5, November 2003.

193. Ronald J. Scalise Jr., "Why No 'Efficient Breach' in the Civil Law? A Comparative Assessment of the Doctrine of Efficient Breach of Contract", *The American Journal of Comparative Law*, Vol. 55, No. 4, Fall 2007.

194. Chios Carmody, "WTO Obligations as Collective", *European Journal of International Law*, Vol. 17, No.2, 2006.

195. Rosie Cooney, Andrew T.F. Lang, "Taking Uncertainty Seriously: Adaptive Governance and International Trade", *European Journal of International Law*, Vol. 18 No. 3, 2007.

196. R.W.Staiger and G.Tabellini, "Do GATT Rules Help Governments Make Domestic Commitments?", Economics and Politics, Vol.11, No.2, 1999.

197. Raymond G. Riezman, "Dynamic Tariffs with Asymmetric Information", *Journal of International Economics*, Vol.30, Issue 3–4, 1991.

198. Tarcisio Gazzini, "The Legal Nature of WTO Obligations and the Consequences of their Violation", *European Journal of International Law*, Vol. 17, Issue 4, 2006.

199. Timothy L. Meyer, "Soft Law as Delegation", *Fordham International Law Journal*, Vol. 32, No. 3, February 2009.

200. Paul Epstein, "A Clear View of the Cathedral: the Dominance of Property Rules", *The Yale Law Journal*, Vol. 106, No. 7, May 1997.

201. Peter Gerhart, "Two Constitutional Visions of the World Trade Organization", *University of Pennsylvania Journal of International Economy Law*, Vol.24, 2003.

202. Philippe Sands, "Unilateralism, Values, and International Law", *European Journal of International Law*, Vol. 11, Issue 2, 2000.

203. Pierre–Marie Dupuy, "The Place and Role of Unilateralism in Contemporary International Law", *European Journal of International Law*, Vol. 11, Issue 1, 2000.

204. PC Mavroidis, "Remedies in the WTO Legal System: between A Rock and a Hard Place", *European Journal of International Law*, Volume 11, Issue 4, 2000.

205. Peter Gerhart, "Two Constitutional Visions of the World Trade Organization", *University of Pennsylvania journal of International Economic Law*, Vol. 24, 2003.

206. Paul B. Stephan, "Accountability and International Lawmaking: Rules, Rents and Legitimacy", *Northwestern Journal of International Law and Business*, Vol.17, Winter 1996 / Spring 1997.

207. Paul Krugman, "What Should Trade Negotiators Negotiate About?", *Journal of Economic Literature*, Vol. 35, No. 1, March 1997.

208. Peter J. Boettke, Christopher J. Coyne and Peter T. Leeson, "Institutional Stickiness and the New Development Economics", *American Journal of*

Economics and Sociology, Vol. 67, Issue 2, 2008.

209. Petros Mavroidis, "Remedies in the WTO Legal System: Between a Rock and a Hard Place", *European Journal of International Law*, Vol. 11, Issue 4, 2000.

210. Petros C. Mavroidis, "Highway XVI Re-visited: the Road from Non-discrimination to Market Access in GATS", *World Trade Review*, Vol.6, Issue 1, 2007.

211. Petersmann, "How to Constitutionalize International Law and Foreign Policy for the Benefit of Civil Society?", *Michigan Journal of International Law*, Vol. 20, No. 1, Fall 1998.

212. Petros C. Mavroidis, "Trade in Goods, Reviewed by Maria J. Pereyra and Christopher Clinton", *International Trade Law and Regulation*, Vol. 14, Issue 3, 2008.

213. Petros C. Mavroidis, Patrick A. Messerlin and Jasper M. Wauters, "The Law and Economics of Contingent Protection in the WTO", Reviewed by Maria J. Pereyra, *International Trade Law and Regulation*, Vol. 15, Issue 1, 2009.

214. Pierpaolo Battigalli and Giovanni Maggi, "Rigidity, Discretion, and the Costs of Writing Contracts", *American Economic Review*, Vol. 92, No. 4, 2002.

215. Posner, Eric and John C. Yoo, "Judicial Independence in International Tribunals", *California Law Review*, Vol. 93, No. 3, 2005.

216. Robert D. Putnam, "Diplomacy and Domestic Politics: the Logic of Two-level Games", *International Organization*, June 1988, Vol. 42, Issue 3.

217. Rudolf Adlung, "Services Negotiations in the Doha Round: Lost in Flexibility?", *Journal of International Economic Law*, Vol. 9, No. 4, December 2006.

218. Ryan Goodman, "Human Rights Treaties, Invalid Reservations, and State Consent", *American Journal of International Law*, Vol. 96, No. 3, 2002.

219. Schwartz, W. and A.Sykes, "The Economic Structure of Renegotiation and Dispute Resolution in the World Trade Organization", *The Journal of Legal Studies*, Vol. 31, Issue 1, 2002.

220. Sébastien Jodoin, "Engagement and Escape: International Legal Institutions and Public Political Contestation", *Journal of International Law and*

International Relations, Vol.6, No.1, Summer 2010.

221. Sebastiaan Princen, "EC Compliance with WTO Law: the Interplay of Law and Politics" , *European Journal of International Law*, Vol. 15 No. 3, 2004.

222. Simon A. Schropp, "Commentary on the Appellate Body Report in Australia–Apples (DS367): Judicial Review in the Face of Uncertainty" , *World Trade Review*, Vol. 11, Issue 2, April 2012.

223. Simon A.B. Schropp and David Palmeter, "Commentary on the Appellate Body Report in EC–Bananas Ⅲ (Article 21.5): Waiver–Thin, or Lock, Stock, and Metricton?" , *World Trade Review*, Vol.9, Issue 1, 2010.

224. Simon A.B. Scropp, "Revisiting the 'Compliance–vs–Rebalancing' Debate in WTO Scholarship: Towards a Unified Research Agenda" , *HEI Working Paper* No: 29/2007.

225. Steven Charnovitz, "Rethinking WTO Trade Sanctions" , *American Journal of International Law*, Vol. 95, Issue 4, October 2001.

226. Steven Shavell, "Damage Measures for Breach of Contract, Bell Journal of Economics" , Vol. 11, No. 2, Autumn 1980.

227. Sungjoon Cho, "Beyond Rationality: A Sociological Construction of the World Trade Organization" , *Virginia Journal of International Law*, Vol. 52, No. 2, Winter 2012.

228. Sungjoon Cho, "The Nature of Remedies in International Trade Law" , *University of Pittsburgh Law Review*, Vol. 65, No. 763, February 2004.

229. Thomas J. Prusa, "Anti–dumping: A Growing Problem in International Trade" , *The World Economy*, Vol. 28, No. 5, May 2005.

230. Thomas Sebastian, "World Trade Organization Remedies and the Assessment of Proportionality: Equivalence and Appropriateness" , *Harvard International Law Journal*, Vol. 48, Issue, Summer 2007.

231. Timothy Meyer, "Power, Exit Costs, and Renegotiation in International Law" , *Harvard International Law Journal*, Vol. 51, No. 2, 2010.

232. Tirole, "Incomplete Contracts: Where Do We Stand, Incomplete Contracts: Where Do We Stand?" , *Econometrica*, Vol. 67, No. 4, July 1999.

233. Tom Ginsburg, "Bounded Discretion in International Judicial Lawmaking", *Virginia Journal of International Law*, Vol.45, No. 3, Spring 2005.

234. Valentin Zahrnt, "Domestic Constituents and the Formulation of WTO Negotiating Positions: What the Delegates Say", *World Trade Review*, Vol.7, Issue 2, 2008.

235. Wade M.Cole, "Hard and Soft Commitments to Human Rights Treaties, 1966–2000", *Sociological Forum*, Vol. 24, No. 3, 2009.

236. Warren F. Schwartz and Alan O. Sykes, "The Economic Structure of Renegotiation and Dispute Resolution in the World Trade Organization", *The Journal of Legal Studies*, Vol. 31, Issue 1, 2002.

237. Wilfred J. Ethier, "Unilateralism in a Multilateral World", *Economic Journal*, Vol.112, 2002.

238. William S. Dodge, "Withdrawing from Customary International Law: Some Lessons from History", *Yale Law Journal Online*, Vol. 120, 2010.

239. Won–Mog Choi, "FTAs and Safeguard Norms: Their Variation and Compatibility", *Asian Journal of WTO and International Health Law and Policy*, Vol. 6, No. 1, March 2011.

240. Yuku Fukunaga, "Securing Compliance Through the WTO Dispute Settlement System: Implementation of DSB Recommendations", *Journal of International Economic Law*, Vol. 9, Issue 2, 2006.

241. Gabrielle Marceau and Joel P. Trachtman, "TBT, SPS, and GATT: A Map of the WTO Law of Domestic Regulation", *Journal of World Trade*, Vol. 36, Issue 5, 2002.

八、外文网站类

1. *World Trade Report* 2007. Last visited on April 30, 2012. http://www.wto.org/english/res_e/publications_e/wtr07_e.htm.

2. *World Trade Report* 2009. Last visited on July 26, 2012. http://www.wto.org/english/res_e/publications_e/wtr09_e.htm.

后　　记

四五月，校园绿意盎然。学生时代即将画上句号。此时，我心里没有感到如释重负的轻松，或悄然盛放的窃喜。深夜里，脑海里清晰浮现出往事的光影。

我在家里最小，有兄弟姐妹共四人。这种特殊的身份，使我在读博临近毕业时，还依然像小孩一样得到家人的爱护。如果不是他们，我无法尽情遨游浩瀚的书海，享受校园如梦似幻的时光，就像走在到处是星星碎片的花园，沉浸在桃花源般远离尘嚣的世界里，现在或许正顶着烈日在建筑工地干活，或迎着风雨在农村田野头种地。当大多数父母为子女身体的健康成长努力时，奶奶早已决定让孩子们“读万卷书，行万里路”。对于普通家庭而言，解决生活温饱问题才是主要目标，再同时负担四个小孩读书的费用，更不是一件简单的事。正是奶奶的睿智与勇气，帮助全家人穿过成片的荆棘，她是我们面对困境时的精神支柱。

父亲认真、耐心和勤劳，以及他对书籍近乎痴迷的喜好，都是我人生路上一笔宝贵的财富。母亲贤惠能干，她做的可口饭菜，是我身在外地所想念的家乡味道。长子如父，哥哥是老大，承担着协助父母照顾弟妹，乃至主持家务的责任。从高中时的文理分班，到考研读博等诸多选择，他都给予我富有建设性的意见，并把最后的选择权留给我。除在智识层面源源不断地给予启发外，他还全力支持我在读书期间衣食住行事宜。两位姐姐对我无微不至的照顾，也让我从朋友羡慕不已的目光里感到幸福。兄弟姐妹，手足情深。正如奶奶说，你们就像手心手背的肉，是彼此不能割舍的整体。我要特别感谢嫂子和姐夫，他们为这个家庭所做的一切，让所有亲戚朋友感动和佩服，简直无可挑剔。你们是我隐形的翅膀。

大学十年所遇到的老师、同学和朋友，让我学会将视野扩展到恢宏无涯的外部世界，去体验更为深刻和广阔的情感。如果说书上读来的知识只是第二手经验，从他们身上学到的则是活生生的智慧。尤其感谢两位导师，一是硕士生导师管建强教授，二是博士生导师朱榄叶教授。管老师为人正派，热情风趣，精心治学。他经常跟我一起到图书馆借书、参加各种学术会议、讨论时事生活等等，我们的交流已远远超越普通师生的范围和深度。管老师爱人平易近人，不但同我分享文学写作的心得和讨论国际法理论问题，还多次亲自下厨房给我们烧拿手好菜。朱老师待人谦和，通晓外语，治学严谨，乃大师之风范。以指导我的博士论文为例，她全文逐字阅读第一稿，纠正各个类型的错误，并提出诸多修改的意见。在此过程中，我获益匪浅。由于大量引用外文资料，我的论文好像是缺乏弹性与韵味的术语组合，她提醒我要用清晰简洁的语言传递论文的思想。要像伟人一样思考，像普通人一样表达。世界贸易组织法博大精深，我经常囫囵吞枣地引用某些外文著作的观点。幸好，论文初稿得到朱老师严格把关，及时指出我所引用观点之偏颇乃至错误之处。正是她这种精益求精、追求卓越的态度，让我得以窥见学术殿堂之神圣与奥妙。我俩还有更多不可言说的缘分。例如，她亲自授予我硕士毕业证书，担任我研究生入学专业课复试、博士入学英语复试的老师等。她对学术研究要求极高，但平时对学生无比温和。她一直是我的博客好友，多年来彼此访问留言。她爱人鲁老师也很平易近人。因此，大家都亲切称他们为“鲁爸朱妈”。

古之学者必有师。师者所以传道、授业、解惑也。根据老师这三项任务，所有老师对学生都是有恩的。感谢国际法学院的周洪均教授，他多年来为我提供大量的帮助。例如，允许我使用他的办公室复习司法考试，邀请我参与国家社科基金重大课题“南海地区国家核心利益的维护策略研究”等。感谢李伟芳教授，让我得以参与中国极地中心科研项目“中国与北极有关国际组织之关系”，这对于我顺利完成硕士毕业论文大有裨益。林燕萍教授时常关心我学习、生活情况，如知己朋友一样亲近。感谢丁伟、王虎华、司平平、丁成耀、刘晓红、刘宁元、陈宪民等老师，他们无论是在学业还是生活上都给我许多有益的启发。张国元、袁发强老师也给予我诸多的指点。李娟、王勇老师分别对我本科、硕士论文提出宝贵的意见。贺小勇、徐冬根、林燕萍和丁成耀教授在博士论文预答辩时提出有益的建议。刘俊博士经常和我进行学术上的探讨。他乐观向上，积极进取的精神，是我勤勉奋进的好榜样。感谢黄骅老师，他踏实敬业、细心负责，为学院处理好无数琐碎的事务。感谢上海海关学院的老师，让我得以参与海关总署课题"我国海关在应对国际贸易摩擦中的地位及对策研究"，并有机会到深圳、广州和常熟市海关等部门进行实地调研。由于篇幅的限制，我在这里一并向所有华政老师致以真挚的敬意与谢意。谢谢你们！

百年修得同船渡，千载结缘同窗读。感谢大学十年的室友。本科时，我在王均伟、陈磊和李浩楠水晶般剔透的吉他旋律里度过寂寞的季节。空旷的松江大学城，想要远行的信念与梦想无处安放，寝室成为给予我们阅世读人，共同进步的场所。硕士时，韩谷乔、李彧、谢建峰和我围着小锅煮面、煮粥和煮火锅，大家挤在斗室之内举杯起筷，反而更能感受到家的温馨。我与博士室友吴迪同学从深夜读书、白天吃饭到健身房锻炼、打球，从分享授课的经验到分享读书的收获，两个人就像是影子兄弟一样。我们隔三差五跑到上海图书馆借书、复印，回来不分白天黑夜阅读写作。当我看到窗外天色微亮，洗刷完毕倒在床上时，他一骨碌爬起来，哗啦啦地敲响键盘。有时，我半夜醒来，依稀看到他还在电脑前用功。感谢何爱华、尹雪萍、董开星、戴玉鑫、李晓孚、黄贞凤、叶洋恋、胡金颖、张丽珍、蒋琳、林一、唐琼琼、陈虹等博士班同学。感谢张磊师兄，六年来真诚的支持与真挚的鼓励。感谢许凯师兄，如果不是他有声有色地组织活动，诸多博士生就无法从茶话会、龙虾局和玩游戏等活动中获取灵感，可能只会终日循规蹈矩地埋头书堆闭门造车。邓永军、陈绍玲、沈志韬和王捷博士俨然是兄长的角色，在生活阅历等方面都给予我贴心的指导。这种坦诚相告、无所保留的信任可遇不可求。李国卿博士性格开朗、热情随和，个人能力很出众。张正怡博士聪颖能干，优雅懂事，是灵动的气氛和轻松情绪的创造者。吴玄和李彧两位博士也为单调的博士生活增添别样的色彩和乐趣。感谢庞景师弟在思想上的交流和共鸣。感谢硕士、博士同门的师兄师姐、师弟师妹，他们可敬可亲、活泼可爱、聪明伶俐，我们一起喝茶、包饺子等记忆何等温暖人心。感谢复旦大学张建伟老师、中国社会科学院刘敬东老师、山东大学姜世波老师等对我论文写作的鼓励与支持。感谢清华大学谈中正博士、图书馆顾欣欣老师提供宝贵的资料。哈佛大学胡小倩博士的建议也为我的博士论文增色不少。感谢吉林大学胡宏雁博士、厦门大学陆超铭、上海财经大学华臻、浙江财经学院兰婷婷和武汉大学刘艳博士等好友。感谢广东星辰律师事务所的林图大哥给予我兄长般的关照。限于篇幅，还有很多人不能在后记里提及，但这并不意味着你们不够重要，你们同样是我生命中最温暖的阳光和最斑斓的星辉。

感谢上苍，把健康、平安、幸福和快乐赐予爱我的人和我爱的人。随着学生时代的远去，我要褪下幼稚的外衣，开始负担，开始顽强地爱着生活，爱着这个世界。人的生存，全要靠自己来经历和体会。成功和失败的滋味，如人饮水，冷暖自知。无论如何，时间会用它独有的方式让人释然，明白不管怎样被生活对待，依然要许诺自己明日必有太阳。人类如一张画在沙滩上的脸，终将被浪花抹去，消逝不见。人生如白驹过隙，忽然而已。一切，终将湮没于时间的洪流之中，就像泪水消逝在雨中。但是，那段燃情岁月，那些人和那些事，还是会让我怀念和感慨不已。感谢自己以往的努力和坚持。谨以此篇，致终将逝去但却永驻心中的青春。

图书在版编目(CIP)数据

WTO贸易政策灵活性机制研究 / 韩逸畴著. -- 北京 : 法律出版社, 2018
ISBN 978-7-5197-1945-6

Ⅰ. ①W… Ⅱ. ①韩… Ⅲ. ①世界贸易组织-国际贸易政策-研究 Ⅳ. ①F743

中国版本图书馆CIP数据核字(2018)第015267号

WTO贸易政策灵活性机制研究
WTO MAOYI ZHENGCE LINGHUOXING JIZHI YANJIU

韩逸畴 著

策划编辑 张 珺
责任编辑 张 珺
装帧设计 汪奇峰

出版 法律出版社
总发行 中国法律图书有限公司
经销 新华书店
印刷 固安华明印业有限公司
责任校对 郭艳萍
责任印制 张建伟

编辑统筹 独立项目策划部
开本 720毫米×960毫米 1/16
印张 22.75
字数 330千
版本 2018年7月第1版
印次 2018年7月第1次印刷

法律出版社/北京市丰台区莲花池西里7号(100073)
网址/www.lawpress.com.cn
投稿邮箱/info@lawpress.com.cn
举报维权邮箱/jbwq@lawpress.com.cn
销售热线/010-63939792
咨询电话/010-63939796

中国法律图书有限公司/北京市丰台区莲花池西里7号(100073)
全国各地中法图分、子公司销售电话:
统一销售客服/400-660-6393
第一法律书店/010-63939781/9782
西安分公司/029-85330678
重庆分公司/023-67453036
上海分公司/021-62071639/1636
深圳分公司/0755-83072995

书号:ISBN 978-7-5197-1945-6
定价:60.00元